哈尔滨市科技攻关计划项目资助(项目编号:2016AC9QT025)

产业技术创新战略联盟理论与实践研究

闫广实　王春梅　刘春丽　著

哈尔滨工业大学出版社

内 容 简 介

本书全面系统地研究了产业技术创新战略联盟的起源与发展、理论基础,分析比较了国内外产业技术创新战略联盟的异同、运行机制,从而剖析我国产业技术创新战略联盟在实践过程中遇到的问题,提出解决思路和策略。

本书适合政府部门工作人员、产业技术创新战略联盟成员、企业管理者、高等院校经济管理类科研人员参考阅读。

图书在版编目(CIP)数据

产业技术创新战略联盟理论与实践研究/闫广实,王春梅,刘春丽著.—哈尔滨:哈尔滨工业大学出版社,2020.8
ISBN 978-7-5603-9011-6

Ⅰ.①产… Ⅱ.①闫… ②王… ③刘… Ⅲ.①产业经济—技术革新—企业联盟—研究—中国 Ⅳ.①F279.244

中国版本图书馆 CIP 数据核字(2020)第 158073 号

策划编辑	闻 竹
责任编辑	马 媛
封面设计	郝 棣
出版发行	哈尔滨工业大学出版社
社 址	哈尔滨市南岗区复华四道街 10 号 邮编 150006
传 真	0451-86414749
网 址	http://hitpress.hit.edu.cn
印 刷	哈尔滨市工大节能印刷厂
开 本	787mm×960mm 1/16 印张 17 字数 385 千字
版 次	2020 年 8 月第 1 版 2024 年 6 月第 2 次印刷
书 号	ISBN 978-7-5603-9011-6
定 价	99.00 元

(如因印装质量问题影响阅读,我社负责调换)

前　言

产业技术创新战略联盟是以企业为主体,联合高等学校、科研机构或其他组织机构,以产业技术创新发展需求和各方的共同利益为基础,以提升产业技术创新能力为目标,以具有法律约束力的契约为保障,在市场经济条件下,形成的联合开发、优势互补、利益共享、风险共担的产学研结合技术创新合作组织,是我国实施技术创新工程的三大载体之一,在国家创新驱动发展战略引领下迅速成长。

产业技术创新战略联盟作为新型产学研协同创新组织形态,已成为实施国家创新驱动发展战略、建设我国技术创新体系的重要载体。自2007年6月启动全国产业技术创新战略联盟试点工作以来,陆续有3批共146家联盟参加了试点工作。2008年12月30日,科技部、财政部、教育部、国务院国资委、中华全国总工会、国家开发银行六部门联合发布了《关于推动产业技术创新战略联盟构建的指导意见》(以下简称《意见》)。《意见》中就产业技术创新战略联盟的概念,推动产业技术创新战略联盟构建的重要意义、指导思想、基本原则以及联盟的主要任务、应具备的基本条件和开展产业技术创新战略联盟试点工作等多方面都提出了明确的意见和要求。

从我国的产业技术创新战略联盟发展情况来看,通过政府支持产业技术创新战略联盟的发展来促进产业创新已成为产业政策的重要发展趋势。10多年的发展历程中,我国大部分联盟在实践中能够勇于探索,积极围绕产业链构建技术创新链,打通将科技成果转化为现实生产力的通道;针对产业技术创新中的关键、共性问题,组织联合攻关,共同研究制定和完善产业技术标准,引领产业技术进步;整合盟员单位资源,建立面向行业的技术研发和技术创新服务平台及机制,推进研发条件资源和知识产权共享;联合培养创新人才,促进产学研科技人员交流、互动,为产业持续创新提供人才支撑。同时也在不断加强自身组织建设和健全运行规范,努力发挥着引领和带动产业技术进步的作用。通过政府支持产业联盟的发展以促进产业创新已成为产业政策的重要发展趋势。联盟的成立必将为传统产业升级换代、重燃生机带来全新的创新发展理念。

本书全面系统地研究了产业技术创新战略联盟的起源与发展,理论基础,分析比较了国内外产业技术创新战略联盟的异同、运行机制,剖析了我国在实践过程中遇到的问题,提出了解决思路和策略。本书共分为9章,分别为导论、产业技术创新战略联盟的模式、产业技术创新战略联盟的稳定性、产业技术创新战略联盟的政府行为分析、产业技术创新战略联盟的运行机制、产业技术创新战略联盟的网络能力评价研究、我国产业技术创新战略联盟的实践、黑龙江省产业技术创新战略联盟的实践、研究报告。本书由闫广实负责拟定撰写大纲、组织协调和总纂,王春梅配合统稿,闫广实、刘春丽负责附录的编写。具体章节分工如下:闫广实负责撰写第3章、第6章、第8章、第9章;王春梅负责撰写第1章、第2章、第5章、第7章;刘春丽负责撰写第4章。此外给予本书指导和帮助的还有哈尔滨市产业技术创新战略发展路径研究课题组的宋彧教授和田雪莲副教授以及科技部产业技术创新战略联盟网络组组长陈杰飞等专家和联盟理事长单位的企业家们。

  为了丰富内容,书后附有"2016年度产业技术创新战略联盟活跃度评价报告""2017年度产业技术创新战略联盟活跃度评价报告""产业技术创新战略联盟成员单位调查问卷""国家产业技术创新战略试点联盟名单",以便更好地展示出产业技术创新战略联盟发展的全貌。

闫广实
2020年7月

目　　录

第1章　导论 ··· 1
　1.1　产业技术创新战略联盟的起源与形式 ························· 2
　1.2　产业技术创新战略联盟相关理论研究 ························· 4
　1.3　产业技术创新战略联盟的科学内涵 ··························· 11
　1.4　典型国家产业技术创新战略联盟发展经验分析 ··········· 14

第2章　产业技术创新战略联盟的模式 ································· 28
　2.1　环境因素对产业技术创新战略联盟产生的影响 ··········· 28
　2.2　产业技术创新战略联盟的组建方式 ··························· 33
　2.3　产业技术创新战略联盟的治理模式 ··························· 38

第3章　产业技术创新战略联盟的稳定性 ····························· 42
　3.1　产业技术创新战略联盟稳定性的内涵分析 ·················· 42
　3.2　产业技术创新战略联盟稳定性的相关研究角度 ··········· 44
　3.3　对产业技术创新战略联盟稳定性产生影响的因素分析 ···· 46
　3.4　产业技术创新战略联盟稳定性的改进方法 ·················· 54

第4章　产业技术创新战略联盟的政府行为分析 ···················· 68
　4.1　产业技术创新战略联盟的主客体因素构成 ·················· 68
　4.2　产业技术创新战略联盟的主体行为特征 ····················· 73
　4.3　产业技术创新战略联盟政府介入的必要性 ·················· 77

第5章　产业技术创新战略联盟的运行机制 ··························· 97
　5.1　国内对产业技术创新战略联盟运行机制的研究 ··········· 97
　5.2　产业技术创新战略联盟的合作模式研究 ····················· 98
　5.3　产业技术创新战略联盟的成员选择机制 ···················· 100
　5.4　产业技术创新战略联盟的信任机制 ·························· 102
　5.5　产业技术创新战略联盟的协同创新运行机制 ············· 104
　5.6　产业技术创新战略联盟的利益分配机制 ···················· 108
　5.7　产业技术创新战略联盟的激励机制 ·························· 111

第6章　产业技术创新战略联盟的网络能力评价研究 ············· 115
　6.1　基于模糊综合评价法的产业技术创新战略联盟核心企业网络能力评价 ······
··· 115

  6.2 基于多模型的鲁棒软测量建模方法评价研究 …………………………… 120
  6.3 基于解释结构模型的产业技术创新战略联盟核心企业网络能力分析 …… 127
  6.4 产业技术创新战略联盟可持续发展评价研究——以黑龙江省石墨产业
    为例 …………………………………………………………………………… 131

第 7 章 我国产业技术创新战略联盟的实践 ……………………………………… 143
  7.1 我国产业技术创新战略联盟的典型案例 ………………………………… 143
  7.2 我国产业技术创新战略联盟现阶段的经验及存在的问题 ……………… 161
  7.3 我国产业技术创新战略联盟的发展策略 ………………………………… 165

第 8 章 黑龙江省产业技术创新战略联盟的实践 ………………………………… 167
  8.1 黑龙江省产业技术创新战略联盟的组织结构与运作情况 ……………… 168
  8.2 黑龙江省产业技术创新战略联盟管理存在的问题 ……………………… 171
  8.3 加强黑龙江省产业技术创新战略联盟建设的对策措施 ………………… 172
  8.4 黑龙江省产业技术创新战略联盟的典型案例 …………………………… 174

第 9 章 研究报告 …………………………………………………………………… 209
  9.1 哈尔滨市产业技术创新战略联盟发展状况分析 ………………………… 209
  9.2 哈尔滨市产业技术创新战略联盟发展的优势和条件分析 ……………… 212
  9.3 哈尔滨市产业技术创新战略联盟存在的主要问题 ……………………… 216
  9.4 哈尔滨市产业技术创新战略联盟发展路径选择 ………………………… 223

附录 …………………………………………………………………………………… 228
  附录一 2016 年度产业技术创新战略联盟活跃度评价报告 ……………… 228
  附录二 2017 年度产业技术创新战略联盟活跃度评价报告 ……………… 241
  附录三 产业技术创新战略联盟成员单位调查问卷 ……………………… 256
  附录四 国家产业技术创新战略试点联盟名单 …………………………… 258

参考文献 ……………………………………………………………………………… 264
后记 …………………………………………………………………………………… 265

第 1 章 导 论

资料链接

联盟协发网及 17 家试点联盟获得"创新中国·2018 年度评选"
"创新服务平台"奖

首届"创新中国·2018 年度评选"活动颁奖典礼在中国宋庆龄青少年科技文化交流中心举行。本次评选由科技日报社、中国科技网主办,旨在贯彻落实党的十九大精神,寻找创新典范,弘扬创新精神。共评选出了 2018 年度具有创新精神和创新活力的创新管家和创新服务平台、硬科技新锐企业、新锐企业家、创新投资家、原创科技产品奖项,代表了当今中国民营科技创新领域的主力阵容。

科技部党组成员、科技日报社社长李平致欢迎辞。中国发明协会党委书记、常务副理事长兼秘书长余华荣,中国工程院院士廖万清,海尔家电产业集团副总裁、超前研发总经理王晔分别致辞。全国政协原副主席、全国工商联原主席黄孟复发表主旨演讲,他表示要把创新希望寄托在自己人身上,把民营经济的潜力和活力充分发挥出来,精准施策,我国经济就能够在困难中一往无前,继续取得经济发展的新成绩。

本次评选体现了高水准和严谨性,对参选的人员和单位实行了严格的筛选标准,例如此次"创新服务平台"评选,就要求参选方必须具备较高的活跃度和影响力,在我国行业发展、产业创新、企业服务锐意创新方面发挥重要作用等诸多"硬性条件"。TD 联盟、汽车轻量化联盟、半导体照明联盟、化纤联盟、集成电路封测联盟、再生资源联盟、粉末冶金联盟、闪联联盟、存储联盟、煤化工联盟、农业装备联盟、纺织设备联盟、烟气污染治理联盟、太阳能光热联盟、住宅联盟、木竹联盟、电子贸易联盟 17 家试点联盟荣获"创新中国·2018 年度评选""创新服务平台"奖。集成电路封测联盟秘书长于燮康荣获"创新管家"奖。

产业技术创新战略联盟是以企业为主体,同时联合高等学校、科研机构或其他组织机构,以产业技术创新发展需求和共同利益为基础,以提升产业技术创新能力为目标,以具有法律约束力的契约为保障,在市场经济条件下形成的联合开发、优势互补、利益共享、风险共担的产学研结合的技术创新合作组织。产业技术创新战略联盟是我国实施技术创新工程的三大载体之一,在国家创新驱动发展战略引领下迅速成长。

产业技术创新战略联盟作为新型的产学研结合创新的组织形态,已成为我国实施创新驱动发展战略和建设创新体系的重要载体。从我国产业技术创新战略联盟试点工作启动以来,陆续有 3 批(共计 146 家)产业技术创新战略联盟参加了试点工作。2008 年 12 月 30 日,科技部、财政部、教育部、国务院国资委、中华全国总工会、国家开发银行六部门联合发布了《关于推动产业技术创新战略联盟构建的指导意见》。该文件就产业技术创新战略联盟的概念,构建产业技术创新战略联盟的重要意义、指导思想、基本原则以及联盟的主要任务做出了详细的说明,并且对应具备的基本条件和开展产业技术创新战略联盟试点工作等方面也提出了明确的意见和要求。若要对产业技术创新战略联盟进行研究,就需要从战略联盟的起源进行研究。

1.1 产业技术创新战略联盟的起源与形式

从企业生产经营的角度来看,企业的资源是有限的,企业在面对强大的竞争对手、激烈的竞争环境、不确定的风险因素时,往往显得心有余而力不足。为了增强企业抗击风险的能力,获得最大的竞争优势和效益,企业就会选择合作竞争方式,建立企业之间的战略联盟。战略联盟从定义上来讲,是指企业、组织或个人通过建立长期合作关系,进入新的业务领域的过程。所以战略联盟相当于成立一个新的商业实体,如合资企业,从而来经营新的业务。合作双方一般互不拥有,经营单个业务的企业也常采用此战略来增强自身的竞争能力。企业之所以需要战略联盟无外乎以下几种情况:

首先,针对那些对于技术要求比较高的企业而言,研发新技术的费用很大,一个企业很难独立支付,而企业之间建立战略联盟后可以共同分担,从而促进技术创新,拓展新的发展领域,实现优势资源互补的目的。

其次,企业之间建立战略联盟可以有效规避经营风险。任何企业在经营过程中都会遭遇各式各样的经营风险,建立企业之间的战略联盟能够快速地实现扩大信息传递的密度与速度的目的,避免企业在规避经营风险时出现盲目性或者孤军作战而导致失败。

再次,企业之间建立战略联盟有利于减少或者避免竞争。企业之间的竞争关系分为对抗性竞争和合作性竞争两种。一般而言,对抗性竞争往往会出现两败俱伤的结果,而合作性竞争就会减少或者避免竞争,这种合作性竞争关系往往是通过建立企业之间的战略联盟来实现的。

最后,企业之间建立战略联盟有利于降低协调成本。如果企业通过并购的方式扩大其竞争优势,则必然会面临企业内部整合的问题,而且整合过程中会遭遇各种困难,使得整合成本较大,但是企业之间如果建立战略联盟则省去了内部整合的环节,有利于降低协调成本。

1.1.1 战略联盟的起源

战略联盟作为一种新的现代企业组织形式,被众多当代经济学家视为企业实施全球发展战略最迅速、最经济的方法。它打破了企业之间只有对抗竞争的传统信条,为企业重新审视自己同竞争对手的关系提供了一个新的角度和范式。20 世纪 90 年代以来,战略联盟每年以超过25%的速度在增长。对于全球范围内战略联盟迅速发展的这一现象，经济学界与管理学界都进行了大量研究，并形成了包括交易费用理论、价值链理论、社会网络理论以及企业生态系统理论等在内的诸多理论流派。这些理论分别站在不同的研究层面，从不同的视角切入，对战略联盟这个复杂的产业组织进行了相应的分析，解释了现实经济活动中一些战略联盟现象，但这些理论的局限性也颇为明显：它们或者从静态或者从动态着眼，而没有运用两者相结合的分析方法去研究战略联盟，更是忽视了企业能力差异是企业间结成战略联盟的本质原因，因而无法解释现实经济活动中的诸多现象，特别是企业知识联盟大量发展的现象。目前战略联盟的研究状况为战略联盟理论的深度研究提供了一个广阔的空间，实践中不断丰富和发展的战略联盟形式更是呼唤更多的理论家对战略联盟给予关注。

企业能力理论是在对传统企业理论、产业组织理论"结构—行为—绩效"分析框架和当代主流的战略管理理论的批判基础上形成的。该理论认为企业能力是分析企业的切入点，企业本质上是一个能力体系的集合；企业能力决定了企业的经营规模与经营范围；企业是异质的，企业之间存在差异的原因主要是企业所具有的能力不同；企业获得长期竞争优势的源泉是企业的能力，特别是核心能力。企业能力理论突破了古典、新古典经济学完全竞争范式下"企业万能"的假设，将企业拉回到"有限能力"的现实世界，从本质上重新认识和解答"企业是什么"以及"企业为什么会产生竞争优势"这样一些实践问题，推进了经济学和战略管理理论的发展，为我们分析战略联盟提供了一种新的理论分析工具。从企业能力出发能使我们更深刻地认识战略联盟形成的内在机制。

现代企业间的能力分工造成了企业能力体系的不完备，从而使企业的现实能力与目标能力不匹配，形成了企业能力缺陷。企业间合作结成战略联盟比企业自我积累和通过兼并或收购获取外部能力来弥补能力缺陷更为快捷、有效。企业核心能力的异质性和不能仿制性等特征，构成了企业之间彼此学习、互补的客观需要。通过组建战略联盟，企业可以实现核心能力互补，使企业的能力得以延伸，从而开拓新的市场与业务。战略联盟的组织特征决定了它既能克服企业核心能力的刚性倾向，又能有效地培育企业的动态能力。

不同能力的企业合作结成战略联盟的根本目的在于获取竞争优势。战略联盟一旦形成，联盟成员个体的能力、竞争优势与联盟的整体竞争优势之间将相互推动。联盟成员个体的能力奠定了联盟整体竞争优势的基础；联盟整体的竞争优势同时强化了联盟成员个体的能力，进而增强联盟成员个体的竞争优势；联盟成员个体的竞争优势则又提升了联盟的整体竞争优势。不同能力的互补与融合使联盟获得了整体竞争优势，这种整体竞争优势不仅体现在能够实现规模经济效应和范围经济效应，还体现在能够获取速度效应与学习效应。基于能力互补组建的企业战略联盟不仅没有抑制竞争，反而促进甚至激化了竞争，使社会资源的配置得以优化，从而提高了社会福利效应。

1.1.2 战略联盟的形式

战略联盟主要有以下几种形式：

1. 合资

双方或几方共同投资创办企业,由投资的企业共同出资、共担风险、共享收益,形成联盟企业,这是当前发展中国家普遍存在的战略联盟形式。

2. 合作研发

企业、科研院所、高等院校、行业基金会和政府等组织机构,为了克服研发中的高额投入、降低不确定性、规避风险、缩短产品的研发周期、应对紧急事件的威胁、节约交易成本而组成伙伴关系。它以合作创新为目的,以组织成员的共同利益为基础,以优势资源互补为前提,通过契约或者隐形契约的约束联合行动而自愿形成战略联盟,该战略联盟在形成之后,有明确的合作目标和合作期限,成员共同遵守契约规定的合作行为规则、成果分配规则、风险承担规则。

3. 定牌生产

卖方按买方的要求在其出售的商品或包装上标明买方指定的商标和牌号,称之为定牌生产。定牌生产,可以利用一方闲置的生产能力去谋取相应的利益,同时,可以将投资、购并产生的风险降低。

企业在组建战略联盟时,要慎重地选择合作伙伴,从而建立起合理的组织结构关系,合作的各方也需要加强沟通。

1.2 产业技术创新战略联盟相关理论研究

1.2.1 产业技术创新战略联盟的含义

通过上文可知,产业技术创新战略联盟是指由企业、大学、科研机构或其他组织机构,以企业的发展需求和各方的共同利益为基础,以提升产业技术创新能力为目标,以具有法律约束力的契约为保障,形成的联合开发、优势互补、利益共享、风险共担的新型技术创新合作组织。产业技术创新战略联盟由多个创新主体组成,所以在组织、目标、资源配置、协调等方面存在着明显的复杂性以及不确定性,导致产业技术创新战略联盟的运行存在着较大的风险。

产业技术创新战略联盟在我国的形成与发展,主要得益于区域创新体系以及以企业为主体的技术创新体系在我国的推进。近些年来,我国一直致力于在各地建设区域创新体系,这个体系主要是由所在区域的产业创新体系来支撑的。因此,许多地方政府大力推进产业技术创新体系的建立,通过建立产业技术创新战略联盟的方式来整合本地的创新资源,积极建立产业技术创新的平台,并借此吸引区域外的创新资源,建立以企业为主体的技术创新体系。

我国的产业技术创新战略联盟得以发展的重要动因之一是追求产业技术的跨越。产业技术的跨越式创新,实质上是通过技术后进产业来实现技术跨越的过程,它与一般的产业技术创新不同。产业技术的跨越式创新,在目标上强调赶上或超越产业技术先进者,并不仅仅是缩小与先进者的差距。产业技术的跨越式创新追求的是产业技术的整体跨越,并不是针对某个企业的技术的突破。2008年,我国的产业技术对外的依存度达到50%以上,摆脱这一现状,产业技术创新战略联盟是首选。

20世纪80年代后期~90年代早期,我国的产业技术创新战略联盟已经出现萌芽,不过总体发展速度还是比较缓慢,这种现象一直持续到2000年。虽然当时有一些企业战略联盟的相关实践,但有实质性合作的比较少,还是停留在形式阶段。这个时期的战略联盟主要还是以企业之间的战略合作伙伴关系为主。2004年,产学研战略联盟在我国开始兴起,它是我国产业技术创新战略联盟的前身,是实质性的产业战略联盟实践的开始。

产学研战略联盟也称产学研联盟,是在产学研合作的基础上发展而来的,是指政府、企业、高校、科研院所等各方基于各自的发展战略目标和战略意图,为了实现共同愿景、获得最佳利益和综合优势或抓住新的市场机遇,结合彼此的资源或优势而建立的一种优势互补、风险共担、利益共享、共同发展的正式但非合并的合作关系。产学研战略联盟是产学研之间的战略联盟,是产学研结合的一种高级形式,是企业基于资源集成的自主创新的重要实现形式。产学研联盟与传统的产学研合作的主要区别在于:联盟要求成员之间实现风险共担、利益共享。这样不仅可以解决一次性交易产生的不确定性可能给企业带来风险的问题,而且也可使高校在承担一定风险的同时获得丰厚的回报,因此产学研战略联盟成为企业、高校和科研院所实现各自利益目标的战略性选择。

我国有关部门对产学研战略联盟十分重视。1992年,国家两委一院(即原国家经贸委、国家教委和中国科学院)在全国范围内组织实施了"产学研联合开发工程",为其后产学研战略联盟的发展奠定了基础。2006年12月,科技部、财政部、教育部、国资委、全国总工会和国家开发银行成立了推进产学研结合工作协调指导小组,共同推动产学研紧密结合,并确定把推动产业技术创新战略联盟作为一项重点任务。

到2007年,我国产学研战略联盟的基本情况如下:从区域分布来看,我国产学研战略联盟主要分布在北京、广东、上海、辽宁等省市。例如,广东省有影响且运作比较成功的产学研战略联盟有20余个,包括数字家庭产学研战略联盟(申请了2 000~3 000项发明专利,形成了专利池、系列国家标准、行业标准及地方标准规范);数字装备产学研战略联盟;绿色包装与数字化产学研战略联盟(有30所部属高校、300家企业参与);广东饲料产学研战略联盟;TFT-LCD产学研战略联盟;白色家电产学研战略联盟(包括美的集团、科龙电器、格兰仕集团等12家企业,以及清华大学、上海交通大学等12所高校和科研机构);机械装备产学研战略联盟;广东省无线射频识别(RFID)技术产学研战略联盟;等等。上海市的产学研战略联盟也达到30余个,如上海清洁能源产学研战略联盟、上海移动视音频产学研战略联盟、复旦大学上海硫酸厂产学研战略联盟、上海电子标签与物联网产学研战略联盟、上海机床厂产学研战略联盟(包括上海机床厂有限公司、上海大学、上海理工大学和上海交通大学)、南汇区产学研战略联盟(包括区内12家企业与复旦大学、同济大学、浙江大学)、青浦区政府—上海交通大学产学研战略联盟等。

根据群体案例研究,我们得出以下结论:(1)联盟在实现公司战略目标方面的重要性已得到公认。(2)制造业产学研战略联盟多一些,非制造业相对较少,可能是因为技术创新在制造业受到了更多的重视。(3)双边联盟多,多边联盟和联盟网络少,说明我国当时的产学研战略联盟大多还停留在初级阶段。(4)只建立了少数联盟的企业,联盟成功率较高,拥有联盟数量很多的企业联盟成功率却不理想。其原因是,不同的组织需要不同的联盟能力,一个只有少数几个不太重要的联盟的企业可能不需要发展广泛的联盟能力,但是,如果一个企业拥有众多复杂的联盟,它就需要尽可能广泛地发展联盟的能力。这也说明我国企业管理复杂联盟网络的能力严重不足。(5)当时东风汽车公司建立了50多个战略联盟,可是成功率却只有40%;上汽通用五菱同样拥有众多的联盟伙伴,联盟成功率达到90%。其间的差别就体现在有效的联盟管理工具方面。实地调查证明,上汽通用五菱在建立联盟管理工具方面做了大量的研究和投资,而东风汽车公司还没有将如何更有效地管理联盟网络提上战略日程。东风汽车公司的双边联盟较多,缺乏整合,而上汽通用五菱则建立了联盟的一核平台,其中,一核是指通用集团体系中的两个研发机构。上汽通用五菱技术中心与上汽通用的泛亚技术中心结成内核型联盟,以此为核心,建立产学研战略联盟平台并制定了平台协议,从而使单个的双边战略联盟集成到一个统一的内核和平台中,提高了产学研战略联盟的整体绩效。

1.2.2 产业技术创新战略联盟的相关理论

1. 产业组织理论

产业组织这一概念最早产生于英国,后经过美国的经济学家们的系统化研究得以发展扩大。产业组织理论是微观经济学的一个重要分支,主要研究在不完全竞争条件下,市场中的企业的行为和市场构造,基本的研究对象是产业内企业的规模效应和企业之间竞争活力的冲突性。如果追溯更早的产业组织的概念,其大概产生于20世纪30年代末,当时,学者将"产业"和"制造业"视为同样的范畴,将产业看成是生产同样的或相近的产品的企业集合。20世纪60年代,分别出现了"结构主义""芝加哥学派"。最早给出产业组织概念的是英国经济学家阿尔弗雷德·马歇尔,同时也是由他创立了剑桥学派。在马歇尔看来,产业与自然界生物组织体是一样的,都是一个伴随着组织体内各部分的机能分化和各部分之间紧密联系和联合的社会组织体。产业组织主要侧重于从供给角度研究单个产业内部的市场结构、企业行为和经济绩效。以贝恩为代表的哈佛学派以微观经济理论为基础,大量运用实证研究(贝恩模型),他将各个不同产业分解为特定的内部市场,并按照结构、行为、绩效3个方面运用三分法对市场进行分析,强调不同的市场结构会导致不同的厂商定价和非价格行为,也会导致不同的经济效率。但由于对经验分析的过分强调,在研究过程中该学派忽略了长期过程中的产业动态效率和资源配置效率。

随着对产业组织研究的深入,施蒂格勒于1968年出版了代表作《产业组织》一书,代表着芝加哥学派的正式形成。该学派摈弃了传统的经验实证主义,转而采用理论分析为主的研究方法,认为产业组织理论的思路与基本价格理论的推论有很多相似之处:在基本价格理论中,通过对完全竞争以及垄断市场的假定,利用形式化模型分析推断出企业不同的定价行为。根据竞争环境的不同,在完全竞争环境中,价格由市场供需平衡所决定,而企业仅仅是价格的被动接受者,因此短期抑或长期价格均恒等于边际成本。在垄断竞争环境中,具有垄断地位的企业拥有完全的定价权,在定价过程中采用的是剩余需求的方法,而其他众多非垄断企业则仍然是价格的接受者,此时的竞争仅局限于两个或多个处于行业垄断地位的企业之间,市场定价的行为便是垄断企业们讨价还价的结果。因此,芝加哥学派更加重视对结构—行为—绩效的理论层次分析,认为产业组织理论的基本假定应当以价格理论的基本假定为出发点,强调市场的自主竞争效率,它的主要理论思想来源于竞争性均衡模型。从市场的长期竞争效率来看,芝加哥学派认为市场在长期竞争过程中能够自我达到最佳效率水平。因此,在政策方面,芝加哥学派认为应当减少政府干预,以便于市场充分发挥自我调节作用。

产业组织理论将研究重点放在了对企业在市场中的行为进行分析,在研究方法上主要运用数学和博弈论,通过建立一系列理论模型来探讨企业行为的合理性。战略联盟作为产业组织形式的一种,在激烈的市场竞争中是企业保持竞争优势的必然选择。企业选择战略联盟的主要原因包括获取互补性资源以增强竞争优势,以及通过强强联合来谋求和制定产业标准。因此,在产业技术创新与产学研结合过程中,多数企业认为与高等院校、科研机构展开技术研发合作的主要目的是拓宽、深化企业的技术知识面,接触产业技术前沿,在合作中获取突破性技术或行业领军人才,从而获得领先于竞争对手的潜在市场机会。而与高等院校、科研机构建立稳定的战略联盟关系,则能够使双方合作更具有长期性和可持续性。

2. 技术创新理论

创新的概念是由约瑟夫·熊彼特(Joseph Schumpeter)在其著作《经济发展理论》中首次提出的。他认为创新是一种新的生产函数的建立,即实现生产要素和生产条件的一种从未有过的新结合,并将这个生产函数引入其生产体系。1951年,索罗(Solo)首次对技术创新成立的两个条件(新思想的来源和以后阶段的实现发展)做出了阐述,理论界也将此作为技术创新概念界定上的一个里程碑。美国经济学家曼斯菲尔德(Mansfield)指出,"创新就是一项发明的首次应用"。伊诺斯(J. L. Enos, 1962)认为几种行为综合的结果就是技术创新,这些行为包括资本投入保证、制订计划、招收工人、组织建立和开辟市场等。进入21世纪,人们对信息技术推动下知识社会的形成及其对技术创新的影响产生了进一步的认识,科学界对技术创新进行了深刻的反思。宋刚等(2008)通过对科技创新复杂性的分析以及AIP应用创新园区的案例剖析,认为技术创新是各创新要素与创新主体交互作用下的一种复杂现象,是应用创新与技术进步的"双螺旋结构"一同演进的产物。信息通信技术的进步与发展推进了社会形态的变化,进而催生了知识社会,这就让传统的实验室边界逐步"融化",也就进一步推动了技术创新模式的转变。要完善科技创新体系必须要构建以需求为驱动、以用户为中心、以社会实践为舞台的开放创新、共同创新的创新应用平台,通过创新双螺旋结构的相互作用形成良好的创新生态,构建用户参与的创新模式。波特在其著作《国家竞争优势》中指出,企业寻找竞争优势时,最重要的行动是"创新"。这里指的创新是广义角度的,包括改善技术和改进做事方法。

国内学者对技术创新的定义多集中于技术的商业化开发。傅家骥(1998)认为,技术创新是企业家捕捉市场信息,以获取商业利益为目的,重新组织生产要素和条件,构建起更高效率、更强效能以及更低费用的生产经营系统,进而推出新的工艺、新的产品,获得新的原材料来源,开辟新的市场或建立企业新组织的过程。柳卸林(2000)强调,技术创新是指与新工艺过程或新产品的制造等首次商业应用有关的设计、技术、制造及商业的活动。赵玉林(2006)认为,创新就是企业家要把握新技术中潜在的盈利机会,通过重新组织生产要素和条件并将其引入生产系统,从而推出新工艺、新产品,获取新材料来源,开辟新市场,以及由此引发组织、金融和制度变革。从市场经济的角度来看,科技创新作为一种无形的知识产品,在使用方面具有典型的公共物品属性和较强的外部性,以及进入市场后的非竞争性和非排他性等显著特征,如果没有外界力量的介入容易出现市场失灵的问题(吴林海,2009)。

自从熊彼特首次提出创新是经济增长最重要的驱动力和核心之后,"创新理论"朝着两个不同的方向发展:一是技术创新经济学派。该学派主要深入研究技术创新活动中的技术扩散、推广和转移,以及市场结构与技术创新之间的关系等。许多学者先后研究了技术创新的动力机制及其相互作用,并提出需求拉动型、技术推动型、一体化、技术—市场交互作用、系统集成网络等技术创新过程模型,并据此提出了模仿创新、自主创新和合作创新3种基本模式。随着全球化技术竞争的不断加剧,技术创新活动中的技术问题越发复杂化,技术的综合性越发加强,单个实体仅凭自身能力想取得技术进展变得越发困难,然而合作创新能够缩短创新的时间,提高产业实体的竞争能力。二是新制度学派。该学派主要是结合熊彼特的"创新理论"与制度学派的"制度"两个方面的理论基础来研究企业经济效益与制度变革之间的关系。构建产学研战略联盟模式可以使寻找交易伙伴的费用大大减少,减少了转移技术过程中所产生的不确定性,更加利于合作的持久性与技术的持续供给,从而可以获取更多的经济利益。农业技术创新是一个受多因素影响、由多个环节组成的复杂过程,也是一项由多个主体参与的社会经济活动。因此,其产业技术创新战略联盟本身也是一个复杂的创新体系,涉及政府、企业、中介组织、高校以及科研院所,甚至是相关农户等主体,农业产业关键共性技术的研发和产业化不是单个联盟成员的任务,而是共同研发的成果,所有联盟成员及相关机构共同参与才能实现联盟组织的技术创新需求。综合国内外学者研究,技术创新必须与商业化的成功运作结合在一起,但是农业领域的技术创新多数属于公益性、社会效益性以及生态效益性的技术创新,科技成果尚未真正实现全面市场化。

3. 制度变迁理论

制度指的是一套行为规则,是通过一系列的规则来界定人们的选择空间,约束人们之间的关系,降低交易费用,减少环境的不确定性。制度学派及对创新制度的研究,开阔了国内外学者的研究视角。制度是一个网络,是一个动态的连接体系,而连接的要素主体仍然是技术、市场、信息、机构、资金等。从这个意义上看,创新体系概念的提出将过去的静态研究转向动态研究,由对多因素的单一研究转向系统研究,由对技术的高度关注转向对整个系统连接的关注。美国经济学家道格拉斯·C.诺思(Douglass C. North)在研究中发现了制度因素的重要作用,其在著作《制度、制度变迁与经济绩效》中对制度变迁进行了总结,认为"制度是一个社会的游戏规则,也可以说是人为设定的一些制约,这种制约是为决定人们的相互关系而设定的。制度构造了人们在社会、政治或经济方面发生交换的激励结构,社会演进的方式则由制度变迁决定。因此,理解历史变迁的关键就在于此"。诺思为了解释这种结构的稳定与变迁而建立了有关经济结构的理论,用这种理论解释制度变迁基本要素的意识形态和政治组织。诺思认为,制度才是对历史进步起决定性作用的因素,技术不是决定性因素,他提出人类社会的历史是一部制度选择、认知和演变的历史。拉坦(Lantan)在综合舒尔茨和诺思等人理论的基础上,提出了一种关于制度变迁的诱导性创新理论模型。在他看来,"导致技术变迁的新知识的产生是制度发展的结果,技术变迁反过来又代表了一个制度变迁需求的有力源泉"。在此前提下,他把技术创新和制度创新整合在一个相互作用的逻辑框架中,应用其对技术变迁的研究方法来考察制度变迁(林毅夫,2008)。制度变迁理论说明一种知识存量的重大变化,在内外相关制度的调整和变迁过程中,必然引起社会生产潜力的重大变化。产业技术创新战略联盟集合了相关产业,且大多为产业化龙头企业、高校、科研院所等组织,其知识量和资金量充足,由此推进技术研发的全面开展,必然会导致技术的重大变革。

4. 交易费用理论

1937年,罗纳德·科斯(Ronald Coase)在《企业的性质》一文中首次提出交易费用理论,该理论认为,市场和企业是两种可以互相替代的资源配置机制,存在机会主义、有限理性、不确定性与小数目条件,使得市场交易费用高昂,为了降低交易成本,企业代替市场作为资源配置的另一种方式应运而生,同时企业也通过兼并收购、资本重置、股权买卖等形式来降低交易费用。此外,交易费用理论主要研究单个组织如何构建它的边界范围,从而实现交易成本和生产成本最小化的目的。威廉姆森在早期的研究中,认为组织的两种形式是科层制和市场,同时组织间形式的重要性也开始被他发现,而作为组织间形式的技术联盟正好在避免市场或科层组织存在的问题方面相对比较有效。技术联盟不仅可以发挥联盟松散组织的灵活性,整合内外部的技术基础和技术力量,开展创造性的研发活动,而且还能够进行有效管理,把握技术前沿,联合关系网络,以及开发有竞争力的适应市场的服务和产品。加里洛(Jarillo,1988)提出了企业间的战略网络比市场或科层组织能更有效地降低参与企业的交易费用的观点。加里洛认为战略网络的中心概念是存在"中心企业"的,即技术联盟的发起者和联盟的组织管理者必须能有效地整合联盟伙伴的竞争优势,一方面要把竞争优势专业化,另一方面要把目标对象进行有效的分解,将之分包给具有不同优势的联盟合作伙伴,从而促使技术创新活动加快并有效,进而让网络中的企业全部从专业化分工的优势中得到好处,以此来降低技术创新的成本。技术交易也是商品交换的一种形式,但由于有限理性和机会主义行为的存在,技术交易行为是典型的伴随着高额交易费用的一种交易方式。现今经济与科技的高速发展对降低交易费用提出了新的要求,只有通过制度创新才能达到降低交易费用这一目的,也正是消除或降低技术交易费用的共同愿景促进和推动了各种模式技术联盟的诞生。作为传统产学研合作模式新的延续和发展的技术联盟,成为推动产业结构转型和升级、实现经济与科技协调发展的重要手段,它着重强调通过技术联盟形式来实现技术的突破,并将科技成果产业化和商品化,其本质就是通过发挥联盟合作者各自在技术创新过程中的比较优势来谋求自身利益的最大化。传统的交易费用理论从交易费用节约的角度认为,在交易复杂、成本较高的情况下,技术联盟是一种比市场合约更为有效的治理结构。同时根据交易费用理论,产业技术创新战略联盟各成员间建立起来的合作关系,可以有效避免技术交易中的机会主义,减少技术转移中的不确定性,从而达到减少交易费用的目的。交易费用是产业技术创新战略联盟形成的基础,交易费用的多少会影响联盟合作的可能性和收益情况。关于技术联盟的产生的研究是从联盟成员间为了实现资源共享、能力互补、成本共担等方面来统筹考虑,并不是从市场规制的视角来考虑。技术联盟是一种有效的第三方规则,这种技术创新联盟不仅可以创建一个小而富有活力的组织结构,还能够有效解决技术创新中的两难冲突,从而有效避免市场内在的监督成本和机会主义,对交易费用的降低比较有效。以往大多数研究只是比较笼统地阐述了技术联盟利益冲突产生的缘由以及利益协调的方法,并没有提高其理论高度。从经济学的角度来分析技术联盟的产生及运作的文献还比较少,微观的理论基础在技术联盟的研究中一直欠缺。为从理论上探讨促使技术联盟合作效益最大化的有效方式,本书将整合联盟构建的微观基础,运用交易费用理论对技术联盟这种创新方式进行系统的解析。

5. 生态系统理论

"生态系统"概念是由英国生态学家坦斯莱(A. G. Tansley)在其1935年发表的《植被概念与术语的使用和滥用》一文中首次提出的,坦斯莱认为"生物与环境构成了一个自然系统,因此不能把生物与其特定的自然环境分开。这种自然系统构成了地球表面上不同类型和大小的基本单位,就是生态系统"。此后,学术界逐渐接受了生态系统的概念。各领域学者基于各自研究领域的不同,对生态系统进行各种定义,总体来看,目前比较通用的定义为:生态系统是指在一定空间和时间范围内,由生物群落与其环境组成的一个整体,该整体具有一定的大小和结构,系统内成员借助物质循环、能量流动和信息传递相互影响和相互依存,形成具有调节和自组织功能的复合体。每一个生态系统都是由一定的生物群落与其栖息的环境组成,进行着能量、物质和物种的交流。在一定时间和相对稳定的条件下,系统内各组成要素的功能与结构处于动态和协调之中。总体而言,生态系统具有竞争性、动态演化性、协同进化性、平衡性和多样性以及自我调控能力有限等特征。按照生态系统理论并结合产业技术创新战略联盟的实际情况,参与联盟的政府、高校、企业、科研院所以及中介机构等组织是组成系统的各要素(单元),在创新联盟这个整体中,在一定的时间和空间范围内,借助物质循环、能量流动和信息传递相互影响、相互联系、相互依存,形成具有自我调节和自组织功能的创新联盟复合体。实践中,创新联盟作为一个具有一定目的、功能的利益共同体,其创新合作的模式、环境等因素将决定合作创新的效率和稳定程度。面对日益激烈的市场竞争环境和农业企业技术创新的日趋艰巨和复杂,单个农业企业很难依靠自身的力量及时、快速并且灵活地完成技术创新活动,尤其是在开放式的创新环境下,技术创新不可避免地需要跨越单个组织边界,通过结盟的方式共享研发成本,有效地规避研发过程中的风险,并且能够以更快的速度获取创新资源、开发新技术和新产品、抢占新市场,从而快速适应不断变化的市场。产业技术创新战略联盟是一个独立的生态系统,同时又和其环境和外部各影响因素结合,构成一个相互关联、相互影响的大系统,并且各环节、各方面通力协作、优势互补以达到创新绩效最大化的目的,最终实现产业的发展。

1.3 产业技术创新战略联盟的科学内涵

产业技术创新战略联盟是产业共性问题内部化的组织,是企业获取外部科技资源的重要手段,其由于克服了产学研合作模式的缺陷,成为企业提高创新效率、获取竞争优势的关键方式。联盟从技术层面提升产业创新力,作为新型的合作组织,以法律的形式将高校、企业、科研院所或其他组织紧密联系在一起,是从企业的需求出发,实现各方优势互补的利益共同体。联盟以企业的发展目标和多方共同利益为基础,在产业层面上,制定切实可行的运行机制来指导整个合作体系的活动。联盟中的各组织利用各自优势,在提升创新力的活动中通过知识转移和共享来取得创新价值。在研究早期很多学者给出了联盟的内涵,如赵志泉、吴刚、蒋樟生、高广文等。

从已有的研究文献来看,目前联盟的研究尚处于初级阶段,研究成果没有形成系统的理论体系,有待不断深化研究。作为产学研合作的全新模式,产业技术创新战略联盟在促进经济与产业增长、推动国家创新体系建设方面具有重要的作用,这使其成为当前国内外关注和研究的理论前沿和热点。为了更好地推动产业技术创新战略联盟建设,结合当前研究存在的实际问题,应该大力加强研究力度,通过调查问卷、走访、座谈、实地调研等多重研究手段收集我国产业技术创新战略联盟相关原始资料,构建产业技术创新战略联盟技术协同管理的相关理论体系,并运用结构方程模型、系统动力学模型、计量经济模型等相关研究方法,采取规范和实证研究的方式,采用不同的研究视角,不断拓宽研究领域。未来,主要研究领域包括联盟伙伴的选择、联盟风险、联盟内部技术协同及其管理等,同时也可以借鉴发达国家的产业技术创新战略联盟的建设经验。

1.3.1 产业技术创新战略联盟的基本特征

产业技术创新战略联盟除了具有一般联盟的特点之外,还具备创新型联盟的自身特征。韩立民等(2008)总结了产业技术创新战略联盟的3个特征:产业技术创新战略联盟是高效而稳定的创新价值网络;联盟的运行遵守优势互补、风险共担、利益共享和合作共赢的原则;联盟是新经济条件下的组织。蒋芬等(2009)认为,产业技术创新战略联盟具有4个特点:(1)联盟的建立是以各成员内在需求为前提的;(2)联盟体现的是战略性创新目标;(3)联盟成员之间通过法律契约保障自身的利益;(4)联盟内部实行的组织运作模式具有开放性,不断发展变化。胡枭峰(2010)认为产业技术创新战略联盟实质上是以众多企业自身对科技的长期需求为前提,与高校及科研机构形成的更高层次的技术联盟,具有合作的互利性、多样性、长期性等特征,但其独立性更为显著。胡争光等(2010)认为,联盟有3个特征:主体企业化、目标产业化、合作自由化。陈佳(2011)根据产业技术创新战略联盟的内涵总结出联盟的主要特征:联盟是多元化成员的外部合作;联盟合作是长期并且稳定的;联盟有具有法律约束力的契约作为保障。李国武等(2012)认为,产业技术创新战略联盟与产学研相比,具有主体企业化、目标产业化、契约法律化、合作自由化等特征。联盟中的企业不仅是创新资源的投入主体,也是推动创新成果应用的主体;产业技术创新战略联盟的主要目标是提高产业的国际竞争力,重点是发展关键共性技术、亟待消化的引进技术和区域经济发展急需的支撑性技术;联盟通过具备法律约束力的联盟契约明确各个合作伙伴的权利义务关系;联盟合作伙伴的进入与退出遵循自愿原则。纪占武等(2012)归纳出4个特征:产业技术创新战略联盟的主体是企业;产业技术创新战略联盟有特定的产业目标;产业技术创新战略联盟有正式的法律形式;产业技术创新战略联盟一般具有明确的存续时间。

1.3.2 产业技术创新战略联盟的内涵

目前被广泛引用和认可的对产业技术创新战略联盟的定义是2008年12月科技部等六部委给出的:产业技术创新战略联盟是指由企业、高校、科研机构或其他组织机构形成的共同开发、资源互补、利益共享、风险共担的技术创新合作组织,它以企业的发展需求和合作各方的共同利益为基础,以提升产业技术创新能力为目标,以具有法律效力的契约为保障。

产业技术创新战略联盟定义为由企业、高校、科研院所等,以国家战略或区域重点产业核心技术创新为目标,在政府的引导或任何一方倡导下,以契约或股权为纽带结成的利益共享、风险共担、创新知识和资源相互转移方式的长期、稳定、制度化的网络型组织。相对于传统的产学研合作,产业技术创新战略联盟有一些新的特点:首先,能够拥有独立的法人地位;其次,以国家和区域重点产业内的共性和关键性技术创新为目标,为国家和地区经济社会的发展而服务;再次,产业技术创新战略联盟中企业是创新的主体,技术创新以产业中企业的需求为基础,这样就使得技术创新成果通过企业与市场连通,使技术优势转化为经济优势;最后,产业技术创新战略联盟成员间的合作更加持久和长期,合作层次也较深。总体来说,产业技术创新战略联盟是一种基于满足参与主体长期技术创新合作需要的联盟,而不仅仅是简单的企业与科研机构或者高校之间开展的短期或者一次性的技术开发合作。产业技术创新战略联盟是一种新的联盟合作模式,既具有技术联盟的一些特征,又有一些自身独特的特点,是我国产学研合作经历多年的实践和摸索,总结经验教训发展而来的一种新型产学研技术创新合作组织。它由产业内龙头企业、高校和科研院所和政府构成,它们各司其职,分工明确。产业技术创新战略联盟的构成及分工如图1-1所示。

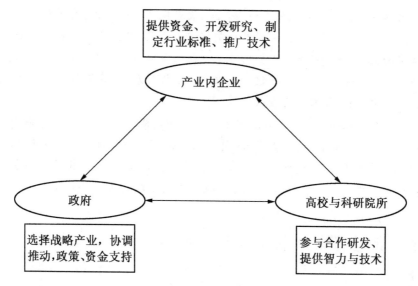

图1-1 产业技术创新战略联盟的构成及分工

资料链接

《"十三五"国家技术创新工程规划》大力支持联盟在构建产业创新体系中发挥作用

2017年4月,科技部、发改委等15个部门联合发布了《"十三五"国家技术创新工程规划》(国科发创〔2017〕104号),规划中多处提出建设产业技术创新体系,加强产业技术创新,围绕产业链构建创新链,把联盟作为新形势新需求下,支撑产业技术创新、完善我国技术创新体系建设的重要抓手。

在总体目标中,提出到2020年,"企业主导的产学研合作深入发展,建设一批带动产业整体创新能力提升的产业技术创新战略联盟,试点联盟达到300家以上。突破一批产业核心、关键和共性技术,形成一批国际和国家技术标准"。

在六大重点任务中,第三大任务专门针对联盟提出,围绕优化布局、提升功能、指导服务等几方面,发展产业技术创新战略联盟,促进产学研协同创新。

"在深化改革基础上,按照自愿原则和市场机制,优化产业技术创新战略联盟总体布局,提升联盟功能,加强服务,发挥联盟对推动产业重大技术创新和促进产学研协同创新的重要作用。

鼓励产学研联盟发展。加强对联盟引导,聚焦新兴产业发展及传统产业转型升级,围绕长江经济带、京津冀等重点区域,结合重点任务实施和重大成果应用,鼓励产学研联合组建产业技术创新战略联盟,协调推进完善技术创新生态体系建设,推动产业技术、标准、服务与应用达到国际领先水平。鼓励成立跨行业、跨领域协同创新联盟。及时总结运行规范、在推动产业技术创新中发挥重要作用的联盟经验,发挥联盟示范带动作用,鼓励承担国家重大科技计划和任务的实施。

提升联盟功能。围绕发展战略性新兴产业、改造提升传统产业、培育现代服务业,引导联盟开展产业技术研发创新,强化联盟在制订技术标准、编制产业技术路线图、加快技术转移和成果转化、构建和完善产业创新链等方面的重要作用。探索依托联盟成员单位建设国家科技创新基地,企业以市场化方式设立产业投资基金,建设研发与产业化实体,面向产业提供人才培养、技术熟化等服务。

加强对联盟指导服务。鼓励联盟在自愿基础上构建协同创新网络,搭建联盟自组织与协同互动的桥梁与平台,促进联盟交流,引导联盟健康发展。拓展联盟宣传交流、信息咨询、法律援助、国际合作渠道,研究完善支持联盟发展的政策措施,探索突破联盟法人实体地位。加强联盟内部组织和制度建设,完善运行与发展机制。"

1.4 典型国家产业技术创新战略联盟发展经验分析

1.4.1 美国产业技术创新战略联盟发展经验分析

作为世界头号科技大国,美国的产业技术创新战略联盟有着较长的发展历史和比较成熟的发展模式,其已成为美国政府促进产业创新的重要手段之一。美国产业技术创新战略联盟从无到有,经历了一个漫长的发展历程。早期美国促进大学与产业相结合的主要途径是产学研合作,经过不断的深入和发展,逐渐演变成现在的产业技术创新战略联盟。可以说,在产学研合作方面的探索为今天美国产业技术创新战略联盟的蓬勃发展奠定了坚实的基础。1862年《莫雷尔法案》的颁布以及1906年产生的辛辛那提合作教育模式,可以说是美国产学研合作的开端,随后美国的产学研结合逐步走向蓬勃发展阶段。两次世界大战的洗礼,让美国政府意识到了科技的重要,为此美国政府制订了一系列计划来加大科技的投入,鼓励大学和工业界的合作研究。1950年美国成立的国家科学基金会(NSF)旨在强化政府与大学间的技术合作,政府一方面加强了对基础研究的支持力度,另一方面大力促进航空航天、计算机通信等尖端科学领域的发展。短短的10年,研究开发经费增长了4倍,到20世纪50年代末,高校中近七成的科研得到了联邦政府的资助,而对私营工业的资助也超过了一半。同时,为了进一步鼓励产学研合作,美国开始尝试制订一系列技术合作发展的计划。20世纪中叶,在美国形成了一批以大学为中心的高技术密集区,就是大家熟知的科学园区或工业园区,例如斯坦福研究园,闻名于世的美国"硅谷"也在这时孕育而生。进入20世纪80年代以后,科技工业园区的建设伴随着经济的振兴得到了高速发展。到目前为止,美国已建成科学工业园区超过150个,遍布全国,总数居全球首位。除了建立工业园外,美国许多大学也和企业、其他科研机构合作创办产学研合作联合体,如科技研发中心等。

综上所述,通过对美国100多年产学研发展历程的研究可见,美国大学与产业相结合方面呈现合作范围广泛、合作形式多样化等特点。美国对产学研领域的不断探索,促进了政府、产业、大学、科技机构合作创新模式的迅速升级,对产业技术创新战略联盟的发展起到了重要的推动作用。

1. 美国产业技术创新战略联盟的发展阶段

伴随着产学研合作研究的不断深入、科学技术进步的加快以及全球竞争的加剧,自20世纪70年代末,产业技术创新战略联盟在美国蓬勃发展起来。在过去的几十年里,美国产业技术创新战略联盟大致历经了20世纪70年代末的兴起、90年代的热潮以及21世纪的平稳发展这3个发展时期。

(1) 20世纪70年代末的兴起。

通过研究发现,美国产业技术创新战略联盟大多在产业研发技术水平落后、缺乏国际竞争力以及出现产业危机的背景下产生的。早期的美国产业技术创新战略联盟的形成主要由于日本科技实力的崛起及其强有力的挑战。1982年,日本政府提出了用10年时间研制出第五代人工智能计算机的计划。此计划一经提出,就受到了美国计算机行业的高度关注。为了应对日本将可能控制全球高端计算机市场的局面,美国政府于同年晚些时候,联合国内计算机和半导体制造行业内的12家主导企业成立了微电子和计算机技术公司,该联盟的成立可以说是美国计算机领域第一家正规的产业技术创新战略联盟。不同于以往聚焦具体产品开发的研究目的,该联盟关注更多的是计算机公共技术的开发。与此相似,80年代末出现的美国半导体制造技术联合体也是在与日本的行业竞争中产生的。同期,为了应对来自日本科技和工业界的巨大挑战,美国NSF还相继出台了企业等价研究计划等7个促进产学研合作的计划,旨在通过开展基础和应用研究将科技与国家工业的未来紧密地联系在一起。而《技术创新法》《史蒂文-环德勒法》《贝赫-多尔法案》等一系列法案的颁布和出台,标志着美国知识产业化进入了快速发展时期,政府、工业界和大学间的新型合作伙伴关系正式进入了发展阶段,同时为产业技术创新战略联盟的有力发展提供了重要基础。

(2) 20世纪90年代的热潮。

伴随着微电子和计算机技术公司与半导体制造技术联合体两大联盟的成功运行,美国政府、产业界以及大学有着前所未有的协作意愿,成立了许多产业技术创新战略联盟。特别是1984年《国家合作研究法案》的颁布,标志着美国产业技术创新联盟进入了快速发展的时期。该法案的成功通过不仅从法律制度层面为企业开展合作研究扫除了不少障碍,同时使得产业技术创新战略联盟不再受反垄断法的束缚。1993年,美国国会在老合作法案的基础上增添了合作生产方面的章节内容,形成了《国家合作研究和生产法案》,依照该法案,产业技术创新战略联盟的合作研究领域扩展到研发以外的生产制造环节。司法部的数据显示,1985至1996这10多年间美国建立了600余个产业技术创新战略联盟,主要分布在生物化工、材料能源以及通信信息技术等领域。正是有着如此有效而宽松的联盟发展环境和法制氛围,使得整个90年代毋庸置疑地成为美国产业技术创新战略联盟发展的热潮期。

(3) 21世纪的平稳发展。

迈入新世纪,经济全球化的迅猛发展在给美国企业带来机遇的同时也使其面临着更多的挑战。此时,为了应对如此快速的信息更替,产业技术创新战略联盟成为美国政府促进创新最重要的科技手段之一。近些年,美国产业技术创新战略联盟逐步处于平稳发展阶段,国家信息技术科研计划、国家纳米技术行动计划(NNI)以及自由汽车计划(Freedom CAR)等的制订和实施拓展了21世纪产业技术创新战略联盟的合作领域。此外,政府还加大了面向中小企业自主创新的扶持力度,诸如在《技术转移商业化法》中明确增设了针对小企业的优惠条款,同时通过向民用机构开放国家实验室等方式加速科技成果转化。可见,在今后几十年内,美国产业技术创新战略联盟还将继续为国家科技创新能力的提升发挥重要的推动作用,这些也无疑将为企业的发展和提升核心竞争力提供更多的机会和支撑。

2. 美国产业技术创新战略联盟的组建模式

纵观整个美国产业技术创新战略联盟的形成及发展历程,我们可以看出,作为美国产学研合作的深化,产业技术创新战略联盟在组建方面没有固定的组织模式,在具体的实践过程中采取的方式也是多种多样的,呈现多层次、多形式的特点。其中,最具代表性且产生了广泛社会影响的形式主要有政府引导型联盟模式、工程研究中心模式和工业大学合作研究模式等。具体分述如下:

(1) 政府引导型联盟模式。

此类模式以政府引导为特点,主要通过政府部门直接进行资金资助、多渠道的引资筹资等方式整合产业各方资源,诱导产业各方主体参与国家战略性技术研究。在该模式中,初期政府提供经费,直接对联盟的研发给予资助,并配套提供各项优惠政策;在运行中政府更多是通过科技计划目标、产业技术发展路线对联盟加以引导。如美国的新一代汽车合作伙伴计划(PNGV),该联盟由美国前总统直接分管,并纳入了能源部、商务部等7个联邦政府机构,联邦政府的直接引导不仅充分调动了联邦机构在信息资源、组织管理等方面的优势,而且强化了联盟目标与国家技术发展战略目标的一致性。美国Freedom CAR计划、半导体制造技术联合体也均是此类产业技术联盟模式的典型代表。

(2) 工程研究中心模式。

自1985年NSF设立首批工程研究中心之后,美国政府陆续在麻省理工学院、斯坦福大学等一些实力雄厚的研究型大学建立工程研究中心(ERC)。ERC关注重大工程科学研究领域间的跨学科课题研究,突出大学同企业的合作关系。中心研究内容不限于某一技术领域或技术应用的局部问题解决,而是涉及设计、制造、生产等各环节的整个过程的系统、全面的研究。研究费用由联邦政府、州政府、工业界和大学共同缴纳。其中,工业界除了每年需提供三成左右的中心研究资金外,还需为ERC在科学研究仪器、器械等设备方面给予无偿援助。在组织管理方面,ERC的方式非常灵活,中心组织架构依据不同高校的各自特点呈现出差异化。此外,新型工程人才的培养也是工程研究中心的重要任务,通过开展多学科综合教育、开设继续工程教育计划等形成了不同于传统大学的ERC独特文化,培养出多批知识与实践技能兼备的优秀工程师。

(3) 工业大学合作研究模式。

较之于政府在大学内设立的工程研究中心,这类组织模式更多是根据企业的要求开展课题研究,旨在加强企业与大学间的长期科研合作。工业大学合作研究中心(IUCRC)

的主要任务是解决行业内的共性问题,换句话说,中心项目更加迎合企业的需求。研究中心在机构上并不依附于企业或高等院校,通常具有较强的独立性,有着自己的技术物资等。在组织形式方面,IUCRC 大致可分为三类:一是单对多的合作形式,即通常由一所高等院校与多个企业联合形成的组织方式。二是多对多的合作形式,即多个大学与多个企业间的联合研究方式,这种形式旨在加强和深化大学与工业间的合作密切程度,目前这种形式的比例呈不断上升趋势。三是计划合同的合作方式,IUCRC 通过与产学方签订合作协议,推动各项合作研究工作的安排和开展。

3. 美国产业技术创新战略联盟的运行特点

美国的产学研合作经过长期的实践和研究,形成了研究内容广泛、技术运用前景性强以及合作持久而深入等特点。正是在这些特点的影响下,近几十年涌现出一大批优秀的产业技术创新战略联盟,有力地推动了美国的科技进步和经济的快速发展,具体运行中在以下几方面呈现出独特的特点:

(1)联盟目标。

联盟关注于商业化研究领域之间的共性技术研究环节。出于这样的联盟研究目标,基础科研同商业应用间的市场缝隙得到了有效的填补,美国产业国际竞争力无疑得到了提升。例如半岛体制造技术联合体(SEMATECH)研究的核心目标是半导体产品设备的制造和改进过程、评价改善控制等技术平台方面的问题,而涉及产品开发制造等的具体内容交由联盟企业自行处理。ERC 中心所从事的研究活动旨在攻克阻碍国家中长期科技发展的普遍性难题,通过提供知识支持和解决方案来推动美国高科技研究的发展和国际市场竞争力的提升。

(2)选择机制。

在联盟成员选择方面,美国联邦政府有针对性地选择具有核心技术的研发单位以及行业顶尖企业等组建联盟的核心团队,充分发挥它们在关键技术的研发、技术标准的制定以及产业链驱动等中的优势,集中力量解决产业共性技术问题。同时美国还保持联盟的开放性,通过一系列的扶持计划和优惠政策,鼓励和支持中小企业参与,这不仅带动了中小企业自身的技术发展,更激发了美国产业技术创新战略联盟的活力。在联盟项目选择方面,有着严格的甄选标准和程序制度。除了将技术的通用性和基础性作为进行联合研究的前提,还要求在每一项研究项目中必须内容具体。例如美国先进技术计划(ATP)除了严格的五步遴选流程外,还要求清楚说明技术研究中的创新点、可能存在的技术难点和风险以及具体的解决方法、途径等;同时计划中还应包括研究时间、地点、人员等详细要素和执行步骤。在实际项目选择中,还会考察项目组织结构、管理运行情况、科技成果转化及扩散利用等。

(3)组织管理。

与常规合作相比,产业技术创新战略联盟可以说是较长期的合作研发项目,其组织与运作过程的复杂性也远远增大了。美国一方面通过制定同产业发展相匹配的科技评价制度,加大对联盟合作实施的评估,解决联盟内部间的分歧,提高研究开发的质量和效益。另一方面在遵循联盟战略定位的基础上,提出明确的分阶段合作研究目标,保持项目研究的有效性和灵活性。此外,针对产业技术创新战略联盟中的合作研发技术复杂、参与伙伴数量多等特点,联盟组织者还制定了严格的项目合作路线图、详细的定期报告制度和时间表,加速联盟成员的资源分享和交流协调,保障联盟项目的顺利运作。例如在20世纪90年代,半导体行业先后制定了三份路线图,随着半导体联盟趋于国际化,半导体国际技术路线图于1998年制定实施。

(4)利益机制。

风险投资作为一种权益资本以其独有的特点已广泛运用在美国很多高科技企业中。风险投资引入到美国产业技术创新战略联盟,在一定程度上化解了产学研合作资金方面的问题,降低了运行管理中的成本和风险,从而在帮助理顺产权关系以及激励制度等方面加以规范和引导。可以说"风险投资"的介入在保证联盟成员各自利益、加速科技成果转化方面发挥了重要的作用。此外,美国政府采取一系列措施来推进产业技术创新战略联盟的科技成果转化:提供资金援助、减免税收及低息贷款等财政支持;制定一套完整的知识产权法律体系,以及其他相关法规和鼓励倾斜政策;构建提供科技成果转化服务的中介机构等,加速科技成果的产业化进程。

(5)政府作用。

在产业技术创新战略联盟实践中,美国政府并没有取代企业的创新主体角色,而是更多地在产学研技术创新的环境营造上发挥作用,主要着力于政策法规以及市场环境等的构建。首先,《国家合作研究法案》使得联盟的合作研究摆脱了垄断法的束缚;1993年通过相关修订案扩展了联盟的研究领域。在科技成果转化方面,20世纪80年代的《贝赫-多尔法案》和《技术创新法》打开了研究机构同工业界间的合作之门。其次,美国联邦政府向产业技术创新战略联盟提供经费资助,但具体提供资助的情况由多种因素共同决定;同时政府通常在联盟创新初期,或联盟成员企业规模较小的情况下给予大量的经费支持,但随着联盟运行的不断深入和成熟,政府可能逐步减少投入来促进联盟企业的自我发展。例如SEMATECH,一开始政府与企业采取分摊模式,到1996年政府就停止了对联盟投入资金。再次,营造了良好的创新市场环境。在创新联盟组建过程中,政府利用自身的公信度,协助创新联盟成员与企业间建立信任,形成良好的创新氛围。

4. 美国产业技术创新战略联盟的案例分析——SEMATECH

SEMATECH被认为是美国产业技术创新战略联盟的一个成功典范,对美国半导体行业发展产生了广泛又深刻的影响。接下来对该技术联合体的组织管理和主要成就等进行深入的研究。

(1)案例描述。

美国作为半导体技术发源地,在产业发展早期较长时期内都处于世界领先地位,但日本的迅速崛起开始威胁到美国半导体的市场份额。在1980年之后的6年里,日本在国际半导体市场中的份额逐年上升,到1986年,以44%的市场份额首次超过美国成为世界最大半导体生产国。为了夺回原有的市场地位,次年8月,美国政府联手包括AT&T,IBM和Intel等在内的美国半导体制造业14家龙头企业组成了研发战略技术联盟,即美国半导体制造技术联合体(SEMATECH)。经过短短4年的时间,美国半导体设备以46.7%的国际市场份额重新回到世界第一的位置;到 90 年代中期美国已重新全面确立了在半导体领域内的技术研究优势。可以说,SEMATECH 的成功运行对美国半导体行业的重新崛起起到了至关重要的作用,对美国整个工业的发展产生了深刻的影响。

(2)案例分析。

①灵活的组织方式。

在组织结构方面,SEMATECH 具有一些明显的特点。一方面,同日本 VLSI 等联合体不同,SEMATECH 由一个中心部门统一进行管理。由于中心管理机构的管理人员均来自成员企业,丰富的半导体行业市场运作经验使得中心管理机构在进行研究工作时更加符合企业的实际需要,联盟在攻克共性技术难关的同时,加速推动了研究成果的商业化进程。另一方面,具体的项目研究和开发管理由中心实验室负责。SEMATECH 大部分技术人员是成员企业的技术专家,优秀的工程技术人员的参与使得项目研究能够聚焦于半导体制造的核心技术和薄弱环节,这样的管理人员配置,也有利于依据市场或行业动态进行及时的调整。由此可见,SEMATECH 既具有研究开发的统一性,又具有较好的灵活性;在保持高度自主性的同时,又能兼顾企业利益。它能适应研究发展变化的需要,又能及时把技术信息反馈给成员企业。SEMATECH 不仅有着内部完善的管理组织,还积极保持和加强同外部相关企业及相关组织的合作。一方面,加强同美国半导体产业链上游企业的联系。SEMI/SEMATECH 吸收了占据半导体制造设备市场份额八成以上的企业,并派遣专员在 SEMATECH 制造中心的专职岗位上开展合作研究工作。另一方面,技术联合体同半导体研究公司(SRC)也有着密切的合作。SEMATECH 的组织结构如图 1 - 2 所示。

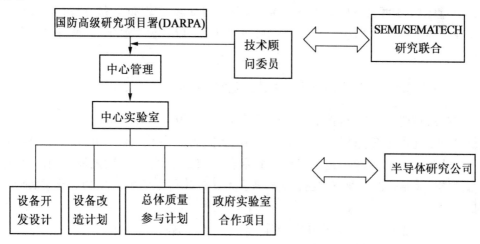

图 1 - 2　SEMATECH 的组织结构图

②正确的政府引导支持。

研究产业共性技术是 SEMATECH 成立的关键目的所在,但由于共性技术投资费用巨大的特点,SEMATECH 采取了联盟成员企业和国防高级研究项目署(DARPA)平摊经费的投入方式解决这一难题。其中政府的资助随联盟运营的日趋稳定而逐年减少,政府于 1996 年正式退出 SEMATECH，政府的退出为企业进一步发挥自主创新性提供了更广阔的施展平台，调动了企业在技术创新活动中的主导性。不同于以政府为主导的日本 VLSI 联合体，美国政府在 SEMATECH 的组织运作过程中更多是起到了组织协调的作用，联盟的具体运作管理归由成员企业来负责。DARPA 在技术联合体中主要负责提供经费支持、引导制定时间计划表和规划图、协调同国家其他相关研发项目间的联系等方面工作。

③合理有效的利益保障机制。

SEMATECH 通过融资、知识产权归属等方面机制的建立，明确联盟成员的责权利关系，加强联盟企业间的联系，促进联盟的长期稳定合作。在研究投入方面，联合体的运营经费由成员企业和政府平摊，每年各投入约一亿元。其中企业每年以当年半导体利润的百分之一向联合体缴付合作费用，同时单个企业缴纳的总额上下限也有明确规定。确定的投入比例不仅激发了伙伴成员的研发积极性，也兼顾到了联盟成员各自的利益和公平。在知识产权保护方面，起初联合体制定了对成员利益具有强保护性的专利等知识产权的使用规定，但联合体在运行了一段时间后改变了这一具有一定独占性的规定，允许所有的美国公司通过一定的技术转让等第一时间使用最新技术。此规定的修改一方面促进了创新知识和成果在更广阔的市场上及时分享；另一方面联盟成员企业因其直接参与技术研发改进等，在技术使用和开发方面也有着一定的竞争优势。为促进研究交流、加速新技术的扩散和成果转移，SEMATECH 每隔一段时间，都会召集研究项目技术人员聚到一起共同交流探讨各自的研究进展。同时，通过组织一系列培训班和会议等来促进半导体产业链上下游企业间的沟通合作。此外，联合体还致力于提供和搭建技术交流平台，每年组织至少两百场聚集了企业界以及学术界众多专家和学者的研讨会，会议内容集中在半导体产业制造技术开发的基础共性方面，以及分工协作中遇到的重点难点问题。

1.4.2 日本产业技术创新战略联盟发展经验分析

二战后初期，日本的科技水平在很多领域远不及欧美，但日本通过短短几十年的时间就完成了现代化工业体系的技术跨越。到 20 世纪 80 年代，日本的经济技术全面赶超主要发达国家，科技竞争力也一度跃居世界第一。纵观日本经济的发展历程，独具特色的官产学研相结合的产业技术创新战略联盟无疑是日本经济、科技实力迅速发展的成功秘诀之一。

1. 日本产业技术创新战略联盟分析

(1) 日本产业技术创新战略联盟的产生背景。

在 1960 年以前，日本民间企业就开展了一系列通过签订合作契约等方式进行共同技术研发的活动。但这类技术合作缺乏正式的研究组织或缺少具有法律效应的制度约束，使得合作研究组织在资源管理、资金使用控制、项目研究以及知识、技术转移利用等方面存在很多问题及漏洞，致使政府很多相关合作扶持政策都无法有效实施。正是在上述发展背景下，日本政府大胆引进了英国的 RA 制度，发展并形成了世界闻名、独具特色的日本技术研究组合制度。与此同时,战后初期日本经济实力并不乐观,重研究轻基础的研究投资结构、较低的企业研发投资规模和比率,以及中小企业数量过多等因素都严重制约着日本经济和贸易的快速发展,国际市场面临着前所未有的巨大竞争压力。为了改变国内企业在国际市场的竞争地位,避免造成国内社会的危机和动荡,日本政府意识到了技术联合研究的重要性,通过出台相关政策鼓励和加强官产学研间的合作,集中和整合资源共同攻克技术难关。

(2) 日本产业技术创新战略联盟的发展现状。

20世纪60年代初,日本政府曾颁布《工矿业技术研究组合法》,该法案鼓励日本民间企业以协作合作方式构建"技术研究组合(协作组织)",积极开展涉及国家重大产业技术项目中的共性及关键技术的开发活动。与此同时,日本政府还出台了一系列税收财政等方面的优惠及援助政策,配合《工矿业技术研究组合法》的实施和推广。

《工矿业技术研究组合法》的颁布无疑是日本产业技术创新战略联盟诞生的标志。据相关数据统计,在该法案颁布后短短10年间,日本就在钢铁、纺织等国家重点扶持部门率先成立了十几家技术研究组合。进入20世纪70年代,日本的技术研究组合得到迅速发展,数量和规模都呈现直线上升趋势。70年代的10年间又新增30余家联盟,其中近三分之一的组合集中在当时最为热门的计算机通信行业。研究同时发现,当时得到高额研发经费资助的组合数量众多,有的研究组合获得的补助高达数百亿日元。90年代以后,随着《科技基本法》等一系列法案的颁布,日本进入了科技创新立国的新阶段,产业技术创新战略联盟同时也得以继续稳步发展。截止到目前,日本全国累计建立近两百家技术研究组合,现在运行的有30余个。

2. 日本产业技术创新战略联盟的组建模式

随着20世纪60年代《工矿业技术研究组合法》的诞生、80年代日本科技立国战略的提出以及90年代日本政府积极推进产学研一体化进程,日本产业技术创新战略联盟在不断探索中逐步形成了独具特色的合作方式,主要有以下几种:

(1) 技术研究组合。

技术研究组合是日本开展产业技术创新战略联盟最主要的联盟形式,现已成为最具日本特色的成功模式典范。该合作研究组织是在《工矿业技术研究组合法》下设立的具有特殊法律地位的组织,它是介于公益法人与企业法人之间的非盈利法人。技术研究组合指出,其组织形式并不是长久存在的,在完成指定合作任务后联盟企业就解散回至原来企业。在联盟经费方面,技术研究组合采取成员分摊方式,尤其强调投入费用不能因中途退出而要求返还。技术研究组合还承担为研究合作提供研究技术指导、研究成果管理和利用、研究试验设备资助等相关工作。在技术研究组合的具体形式上主要有水平和垂直两种合作形态。水平合作型主要强调联盟企业成员间进行分担的组织结构,在联盟统一进行实现研究开发目标的战略部署后,具体的项目研究由联盟成员带回各自的企业进行单独研究;而垂直合作型则是将技术研究组合的所有成员汇集到一起,集中进行研究开发工作。在合作早期,技术研究组合主要采取水平合作方式,伴随着日本企业整体国际水平的提升,现在更倾向开展垂直型和水平型相结合、更具灵活性的混合型合作方式。

(2)混合研究模式。

20世纪80年代后,为了实现国家技术强国的发展战略,日本政府通过采取多种混合研究模式来加速工业界同国立大学的合作。依据合作形式的不同,主要分为以下几种类型:一是国立大学同日本民间研究机构开展的技术合作研究。二是工业界或政府部门依托自身需要,委托国立大学进行某项技术研究的委托合作研究。三是具有单独研究场所的,高校和工业界共同合作的合作研究中心。合作研究中心一方面给企业技术改进和创新提供了条件,另一方面也加速了高校科技成果的转化和利用。

(3)技术标准联盟。

伴随着经济全球化的迅速蔓延,具有业界及国际标准的技术产品成为当代科技发展的重要标志,尤其在高科技领域更是如此。在经历了索尼和松下两大公司在录像机技术标准领域里的猛烈争夺之后,"技术标准"这一词汇得到了日本企业界的广泛关注。技术标准合作组织作为一种新的联盟形式迅速发展起来。纵观整个日本的技术标准联盟,我们可以发现联盟按主体的不同可划分成具有合理法人资格的正式的联盟和不具有法人资格的非正式的联盟两种组织类型。在技术标准联盟最多的通信信息技术产业联盟中,又大致可分为两类:一类是由行业龙头企业主导的标准联盟形式,例如1995年由日本日立、东芝等公司牵头成立的DVD标准化论坛;又如2002年由松下电器等公司牵头成立的ECHONET财团,到2008年这一财团已成为制定国际相关技术标准的组织。另一类是在风投公司推动下成立的技术联盟。目前,技术标准联盟已逐步成为日本产业技术创新战略联盟的发展新趋势,并迅速成长起来。

3. 日本产业技术创新战略联盟的运行特点

通过对日本产业技术创新战略联盟的大量研究我们不难发现,基于技术研究组合发展起来的产业技术创新战略联盟在组织结构、运行机制、创新效果等方面最具日本特色。因此,在全面研究整个日本产业技术创新战略联盟发展的基础上,重点结合技术研究组合的运作情况归纳总结以下几方面所具有的特点:

(1)联盟目标。

纵观整个日本产业技术创新战略联盟的发展历程,其中最为突出的特点就是官方主导。日本政府将技术研究组合等产业技术创新战略联盟视作实现国家重大产业技术发展战略的重要载体、制定重大技术标准以及推动知识技术创造和转移的平台和通道,联盟倾向关注行业内企业均需面临的共性技术和竞争前的研究阶段。例如由日本电子材料设备行业内30余家知名大企业共同出资组建的超尖端电子技术开发组合,该联盟就是着眼于半导体技术设备以及电子芯片等的技术研究开发工作,旨在提升整个行业的竞争力和产业自主创新能力。

(2)选择机制。

在联盟伙伴的选择上,企业更注重于选择具有自身核心技术和成员间资源存在差异的合作伙伴。从日本联盟的成功经验来看,成员伙伴间资源是否具有互补性、企业是否具备自身独特的核心技术都是联盟进行伙伴选择时需考虑的关键因素。只有具备了上述特点,联盟在开展合作研究时才能获得更多资源,以及培育出更富有竞争力的技术能力。例如在日本政府组织实施的第五代计算机项目联盟中就包括了 NEC、东芝、日立等 6 家处于行业龙头地位的计算机公司;而石油集团高度统合技术研究组合,目前吸纳了新日本石油株式会社、富士石油株式会社等行业内著名的 28 家单位。

(3)组织管理。

在联盟组织管理方面,日本主要以技术研究组合为主的组织管理形式在调动参与成员的合作意识以及研究项目的顺利进行等方面发挥了重要作用。由于联盟是介于公益法人和公司之间的一种特殊法人,虽不以营利为目的,但追求组织成员的共同利益、联盟所需资金由各成员分摊支付、具有平等的投票权等权利和义务,在一定程度上调动了联盟成员的研发激情和责任感。而在联盟内部,日本企业更加注重联盟伙伴间的信任,定期进行的互访和会议制度增加了成员伙伴间彼此合作的机会,加速了技术的交流和推广,促进了研究水平的提升,为联盟更好地开展持续性技术创新奠定了基础。

(4)利益机制。

从研究投入方面看,日本产业技术创新战略联盟的研究经费主要由参与成员分摊缴纳,同时也接受政府的研究补助。实际上,由于日本很多产业技术创新战略联盟是为了实施政府制定的研究项目而建立的,因此政府的资金支持无疑是组合的重要经费来源。例如在 1983 年的 44 个研究组合中,略高于五成的使用经费来源于日本政府的支持。VLSI 技术研究组合在运行期间,所有费用的四成是由通产省资助的,金额高达 290 多亿日元;超尖端电子技术开发组合,至目前政府已累计补助近 1 000 亿日元。从知识产权管理来看,完善的知识产权体系成为日本国家创新体系的重要组成部分。新世纪以来,日本每年保持着近 20 万件的专利增加量,一直位居世界前列。2002 年,在新设的知识产权战略委员会指导下,仅仅用了一年时间日本就完成了全国范围内知识产权整体战略的规划。当然,日本同时通过构建国家相关信息资源网络,以及资源评估体系等加速知识产权的推广和应用。从成果转让及技术转移方面来看,1986 年通过的《促进研究交流法》使得国家与民间企业的合作和交流有法可依;1998 年颁布的《促进大学等的技术成果向民间事业转移法》明确了技术成果向企业转移的具体要求;同年颁布的《大学技术转让促进法》以及 2000 年通过的《加强产业竞争力法》,预示着日本大学同工业间的合作进入了新阶段。此外,日本政府还通过设立高科技市场等中介机构来促进技术转移和研究成果产业化。

(5)政府作用。

与欧美等国家、地区产生鲜明对比的是,由于日本经济属于政府主导型的经济体系,日本政府在产业技术创新战略联盟实践过程中始终处于主导地位,一直在联盟运作中扮演着指挥的角色。从国家科技战略计划角度,20 世纪 80 年代日本政府提出了大力发展创造性科技的强国计划,构建出以微电子技术为龙头产业的技术群。新千年后,日本政府围绕着技术标准化制订了一系列相关的战略计划。例如,2001 年日本政府提出 27 个分领域标准化发展战略等。2006 年推行的"第三期科技基本计划"中明确提出了技术标准化在研究开发中的重要意义。这一系列具有国家发展战略高度的计划和行动,给日本产业技术创新战略联盟提供了重要发展条件。从法律政策角度,日本出台了相关的法律法规为产业技术创新战略联盟保驾护航,包括最早的《工矿业技术研究组合法》,之后的《促进研究交流法》《加强产业竞争力法》等。同时,日本政府配套推出了一系列扶持政策,例如早在1948年日本政府就制定了《工矿业技术研究补助金交付制度》,从50年代开始向企业界尤其是民间企业的研究试验提供高比例的资金援助。又如在税收优惠方面对企业或联盟提供支持,如《技术研究法》规定了对研究仪器设备等固定资产提供税率减免等。

4. 日本产业技术创新战略联盟的典型案例分析:VLSI

(1)案例描述。

日本产业技术创新战略联盟发展历史较长,有着丰富的实践经验和卓有成效的联盟业绩。其中,通产省推动组建的"超大规模集成电路(VLSI)技术研究组合"可以说是日本官产学研合作中最具代表的创新典范。20世纪70年代,日本半导体市场遭到来自美国企业的强大攻势,尤其在集成电路技术领域日本已全面被美国赶超,如何攻克这一领域的核心技术成为日本半导体产业甚至整个电子行业发展的关键所在。1976年,在《工矿业技术研究组合法》的指导下,日本政府联合日立等五大核心企业以及日本国立大学共同投资成立了VLSI。VLSI研究项目通过几年的实践,在微制造技术上取得重大突破;到80年代中期,日本半导体国际市场占有率首次超过美国,成为世界半导体头号大国;至80年代末,在国际市场上日本在该领域全面位居领先地位。联盟成立的数十年间,VLSI技术研究组合在共1 000来项的申请中有近六成项目获得专利权,无论在专利申请数量还是质量上,在日本乃至世界上都是值得称赞的。VLSI技术研究组合的成功,使得日本迅速跃居为世界半导体头号强国,并对日本半导体行业的发展产生了广泛而又深远的影响。

(2)案例分析。

①有效的组织管理结构。

日本研发机构具有多、散、活的特点,VLSI就是在继承和发扬日本传统产业联盟组织模式的优势基础上,形成了自己的组织结构,其组织结构如图1-3所示。

VLSI项目的研究是在由理事会、委员会、实验室等五级构成的研究组合指导下进行的,其中政府的专家同企业高层共同担任联盟中的关键职位。在具体的项目研究中,VLSI依据通用性和基础性的特点将研究划分为微细加工技术、结晶技术等4个领域,共有6个联合实验室进行研究。在整个项目中起关键作用的微细加工技术,因其所具有的基础性特点使其非常适合开展联合研究,但日立、富士通和东芝公司已在该领域有了一定的研究基础和成果,考虑到公司间的竞争关系,VLSI通过由三家公司分别管理一个联合实验室的方式来兼顾各方利益,从而保证研究项目的顺利实施。由此可见,VLSI这种直线职能型的协会组织模式保持了职能部门所具有的专业化优势,而灵活的联合研究形式又充分发挥了各参与公司的积极性,其中政府的有效管理确保了合作的顺利进行。

由于通产省以共性技术作为开展联合研究的基础,故VLSI以此作为划分研究领域的依据,多个实验室从不同角度进行研究开发(如图1-3所示)。6个联合实验室的研究项目分别由不同的公司进行日常领导管理;而在联合实验室内,则以小组的形式开展不同题目的研究。这种扁平化的管理方式不仅提高了合作研究的效率,同时成员彼此间具有一定意义上的竞争意图,又调动了研究积极性。另外,VLSI 还极加强与联盟外部的合作,将部分不擅长的研究项目通过"委托—代理"模式外包给其他研究机构,例如参与单位有在光学设备加工领域里拥有领先技术的理光和佳能,有在电子束扫描技术方面拥有优势的日本电子等。据统计,在联盟运行期间,VLSI 和产业链上 50 多家企业开展了合作研发活动。

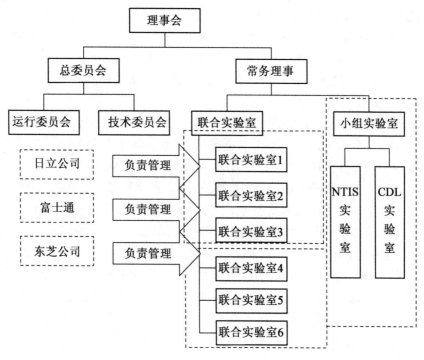

图 1-3　VLSI 组织结构图

② 政府的大力支持。

在整个项目管理中,通产省始终将技术研究的基础通用性作为开展合作的前提条件。虽然这种技术研究符合企业的共同利益,但难度大、风险高的特点使得其更无法缺少政府的参与和支持。一方面,政府通过提供高额度的补助金给予经费支持。值得强调的是,通产省的资助大致可分为两部分:一部分用于联合实验室的研究工作,另一部分投入到企业内部的应用性研究中。另一方面,通产省以政府部门的身份直接介入到联盟领导层,联盟的最高领导决策机构的理事会中就包括通产省的代表,其对联盟各项战略计划等的制订和实施有着重要的影响。同时,通产省的专家在 VLSI 很多其他关键性岗位上也担任职务,管理国家大型研究项目的丰富经验,以及在日本半导体技术研究中的杰出声誉,使得他们赢得各大公司的信任,强化了成员企业间的合作意识和组织凝聚力。

1.4.3 欧盟产业技术创新战略联盟发展经验分析

产业技术创新战略联盟这一组织的来源最早可上溯至20世纪初英国的研究联合体（RA），可以说，欧洲是产业技术创新战略联盟的发源地。欧盟作为当今世界最具影响力的一体化组织，发展产业技术创新战略联盟有着更加重要和深远的意义，产业技术创新战略联盟是欧盟继经济、政治共同体后向科技共同体迈进的一项新的战略选择。经过多年的发展，形成一套具有欧洲特色的实践模式。

1. 欧盟产业技术创新战略联盟分析

作为产业技术创新战略联盟的发源地，欧洲真正意义上的产业技术创新战略联盟诞生于20世纪五六十年代，本部分将从其产生背景和发展现状两方面分析欧盟产业技术创新战略联盟，展示欧盟产业技术创新战略联盟的发展脉络。

（1）欧盟产业技术创新战略联盟的产生

通过研究产业技术创新战略联盟的发展历史，我们可以看出这种模式最早源于20世纪初的英国研究联合体，随后进一步传播至法、德等欧洲国家，但当时并没有赢得各国政府及专家学者的足够关注。直至60年代，日本模仿研究联合体模式建立了"工矿业技术研究组合"等组织，有效地带动了日本在相关领域的技术跨越的步伐，之后产业技术创新战略联盟才在全球范围内迅速发展起来。作为最早进入工业化时代的欧洲，在20世纪前几十年一直位居全球发达国家和地区的前列。然而国际战争的爆发导致了国际形势的巨变，美国和日本作为后起国家逐渐赶上并超过了欧洲。正是这种世界形势让欧洲各国逐步认识到，只有欧洲各国联合起来，作为一个整体才能和美、日相抗衡，才能保持自己在世界上的经济大国的地位。同时，也发现，国际市场竞争的愈演愈烈使得很多企业难以单独承受来自大量研发投入的风险等方面的压力，共同体内部企业也暴露出诸如缺乏协调管理等许多问题。产业技术创新战略联盟作为一种新的创新发展模式，不仅是科技进步的体现，而且也迎合了欧盟企业应对激烈的国际竞争形势的战略需要。

（2）欧盟产业技术创新战略联盟的发展现状。

欧盟从第一个医药与卫生研究计划开始的系列计划条约中感觉到政府在合作中的引导和协调作用一直是进行产学研合作所强调的重要部分。同时欧盟还将区域化的集群以及科技平台等的建设作为开展联合研究和创新的关键方式来抓。西欧各国早在20世纪中叶就建立了煤钢铁一体化的合作组织。作为西欧最早的产业界联合组织，它聚集了西欧主要国家的煤炭与钢铁工业，政府牵头的合作方式也强化了联合力度。欧盟作为一个整体，在工业规模、人才储量等方面都有着巨大的发展潜力，因此欧洲的联合势在必行。

目前，欧盟的产业技术创新战略联盟主要集中在电子航天航空、交通通信信息以及高新技术产业等领域。如德国的技术联盟在微电子领域占据主导地位；法国的电子电器是国家产业联盟的核心发展领域。而欧盟聚焦在开展跨国家的尖端技术研究。随着技术的不断发展和革新，具有跨学科跨领域特点的产业相互交叉，如化学物理与电子工程间的交叉、计算机科学和电子通信技术间的联合、材料同电子化工间的合作研究等也成为联盟发展的新趋势。据统计,仅德国境内目前就形成了跨九大研究领域、覆盖八大创新区域的呈网络状的联盟布局。

2. 欧盟产业技术创新战略联盟的组建模式

近现代的欧洲一直在工业以及科研基础领域拥有着雄厚的实力,科技人才储备充足,而欧盟的成立无疑为加强各国之间的合作、提升整个欧洲国家的科技水平起到了重要的作用。欧盟内部各国家之间的技术创新战略联盟的主要形式有:

(1)网络中心模式。

网络中心模式是欧盟各国进行产业技术创新战略联盟的基本模式之一,它通过加强官产学研各方进行多项技术研究合作来推动产业技术的革新。该模式多以开展技术研究项目合作为前提,联合工业界、高等院校以及科研机构等形成虚拟的组织形式。网络中心模式在一定程度上摆脱了时间、地域等方面的限制,通过建立明确的知识产权归属及技术转移办法等强化和集中了技术研究力量。例如20世纪末德国推行的促进创新网络计划(InnoNet),该项目主要是针对中小企业开展竞争前的研究合作,研究涉及研究开发从简单到复杂的整个发展过程,加快了联盟知识向中小企业倾斜和转移的推进速度。

(2)技术转移模式。

该联合方式重在促进产业技术创新战略联盟内的技术转移,通过此类联盟机构的建立加速产学研合作中知识的流动和共享。其中德国的弗琅霍夫联合体(FHG)就是这种模式的典型,该联合体不仅进行产业技术研究工作,同时也关注技术研究成果的使用和产业化过程,尤其值得一提的是该联合体通过发放技术许可证、设立专门化的机构和部门等形式为技术转移提供更多样化、专业化的服务。此外,英国设立了诸如"科技开发应用中心"这样专业性的机构组织进行科研成果的转化,主要围绕科学技术的开发、研究成果的转移、商业化以及利用等方面进行研究。

(3)战术整合模式。

欧盟产业技术创新战略联盟除了采取上述的模式外,战术整合模式也是其进行合作研究的主要形式。该模式通过成员分担研究费用、共享研究成果等方式强化了欧盟企业间具有地缘性的合作成果,同时也提高了欧盟这一联合体对外的整体竞争实力和科研技术水平。例如在1989年,由荷兰的欧得、法国的卡西诺等企业牵头成立了欧洲零售联盟,这一联盟通过整合各自的技术优势,不仅帮助各家企业实现了技术创新的低成本,同时还联手设计研制开发了具有专利成果的新产品工艺技术,通过联合战术研究取得了巨大的经济规模效应。

第2章 产业技术创新战略联盟的模式

2.1 环境因素对产业技术创新战略联盟产生的影响

2.1.1 我国产业技术创新战略联盟的发展现状

1. 国家政策引导提升企业核心竞争力

当今社会,市场作为主导,各企业、高校、科研机构等单位为主要载体,形成了全新的产、学、研相结合的技术创新体系,从而在不同程度上加速提升了企业的最终核心竞争力。21世纪初科学技术部颁布了《关于推动产业技术创新战略联盟构建与发展的实施办法(试行)》,文件重点提出了联盟建设的具体方式和方法。对联盟的建设要以国家战略产业和区域支柱产业的技术创新需求为导向,使企事业单位、普通高等学校以及科学研究机构等在战略层面有效结合,共同攻克产业发展的技术难题。随后,全国各个省市县(区)根据实际情况全面落实国家的相应政策,制定多项切实可行的政策和办法,全力支持产业技术创新战略联盟的建设及未来发展。我国颁布的多项政策很大程度上调动了企事业单位、科研机构和普通高等学校投入科技创新的积极性,这些国家政策的建立和引导,使得省市不同地方、不同层次、不同领域、不同规模的产业技术创新战略联盟如雨后春笋般纷纷建立,在建设创新型国家战略中迈出了极为重要的一步。

2. 创建大批支柱产业的高新技术产业技术创新战略联盟

无论是从国家层面抑或是从省、市级的工作角度来讲,支柱产业、高新技术产业以及战略性新兴产业一直以来都是工作的重点。国家专门成立了推进产、学、研相结合工作协调指导小组,在该小组的助推下,国家科技部等6部委的产业技术创新战略联盟的框架构建等工作取得了长足的进步。通过严谨、缜密的调研工作,并经过相关部门充分的调查发现,钢铁、煤炭、化工和农业装备等行业是我国十分重要的基础产业,随着国际行业的迅速发展,这些行业的发展水平亟须通过技术创新来达到提升的最终目的。考虑到国家战略需要,同时兼顾相关产业的利益需求,在钢铁、煤炭、化工和农业装备领域率先构建国家产业技术创新战略联盟,助推产、学、研相结合再上新台阶。钢铁、煤炭等行业充分考虑可持续发展原则,将开发钢铁可循环流程和新一代煤化工、煤炭的开发再利用等作为联盟的主要发展方向,由此才能打破国外技术封锁,对粮食和能源的安全起到保障的作用,达到有效提升我国传统产业科学技术水平的目的,打破受资源环境等限制的壁垒,最终实现推动产业和国民经济可持续发展。

3. 产业技术创新战略联盟增强了行业核心竞争力

从我国行业总体来看,精工电子、煤炭、农业、钢铁等行业相继建立了联盟组织。可以说,全国产业技术创新战略联盟带动了产业进步以及技术发展,其作用越来越明显。经过联合攻关,联盟研究开发了更多重点核心技术,带动了行业的整体实力提升,增强了行业在国际市场上的核心竞争力。

随着联盟的成立,我国又陆续颁布了若干指导性的文件,各省市结合本地区实际陆续出台了实施细则,例如云南、吉林、山西、湖南等省依据本省产业发展实际情况和特色,组建了众多具有一定影响力的产业技术创新战略联盟。产业技术创新战略联盟在实际组建和运行中发挥其特有的地域特色,做到了有的放矢。

2.1.2 联盟环境因素分析

联盟环境因素主要起到如下作用:

1. 有效地将产业链资源进行融合

联盟内的各个成员单位想要具有一定的竞争力,并且兼顾可持续发展就必须将联盟内的产业链资源有效地整合。企事业单位针对产业链进行整合的方法有以下两种:由内部建设、并购、组建战略联盟进行简单地整合;依据当下资本市场的完备性,相关法规、制度的完备性,整个市场的成熟度等情况,有条件地进行合作。

2. 提升企事业单位自主创新水平

自主创新的含义就是经过自身努力积极研究并实现技术上的突破,依靠联盟这个平台,在不断的努力下,使得该技术实现其商业价值,并获取相应利润的活动。目前,全国的科技创新涵盖了以高等学校、科研单位为主体的原始创新体系,以企事业单位为主体的技术创新体系,以技术中介和转化为主体的服务体系3个体系。可以说,提高自主创新能力是一个系统工程,通过产业技术创新战略联盟,企事业单位依靠高等学校和相应的科研机构掌握最新的产品研发技术,通过市场推广来提升占有率,引导企事业单位开展更多的活动,吸引更多的部门参与到联盟中来,为企事业单位自主创新能力的培育提供新的动力。

3. 构建长效机制,推动产学研关系的健康发展

企事业单位自主创新能力的提高,除了企事业单位自身大量投入,还需要高校、科研单位以及科技界的大力支持。相应的科研单位、高校不但在科学研究上具有超前性,在人力资源保障上也可以给企业很多支持。产业技术创新战略联盟是市场经济条件下产学研结合的新型技术创新组织,其以具有法律约束力的契约为基础,有益于提升产、学、研结合的组织化程度,建立长期稳定、有法律保障的合作关系。坚固的、行之有效的产、学、研关系,更加利于相关的普通高校、科学研究机构、企事业单位针对技术创新的各种问题展开密切合作。产业技术创新战略联盟中的产、学、研必须相辅相成共同提高,使科学研究与生产衔接更加紧密,降低技术创新的成本和风险,促进技术创新的效率,完全发挥企业的各自优势,实现资源优化配置,加快科技成果向现实生产力转化,获得独立运作

难以达到的效果。

2.1.3 产业技术创新战略联盟相关的环境因素

在理清思路的前提下,明确所建立的联盟与产业的发展方向后,正确分析环境,从而确定产业技术创新战略联盟的环境因素主要有以下几点:

1. 知识经济环境因素

对于产业技术创新战略联盟组建,其经济环境重点就是减少成本的投入,提高产业联盟的基本利润。以知识经济的出现为标志,人类社会开启了全新的经济时代。知识经济是一种以现代科技知识为基础、以信息产业为核心的经济类型,同时知识作为现代社会特别重要的资源之一,对企业壮大起到了不可忽视的作用,当然,这还需要不断地进行知识和相关信息的更新、普及推广和进一步的应用。知识的不断更迭、高新技术的不停涌现、科学技术更加紧密地交叉融合,促使企业与科研机构之间展开了更加紧密的合作,从而大大推进科技成果商品化、高新技术产业化的进程。开发新产品、研究新技术都是非常复杂的系统工程,在研发过程中需要投入巨大的成本,同时要承担一定的风险。产业技术创新战略联盟将各个产业链中不同类别的企业分别加入到相关的联盟中,再经过更加专业化的分工,同时将产业内部的有效资源合理利用,以进行充分的开发或制造,这样,固定成本不会有太大的变化,而新增的产品从数量或种类上均能够分担更多的固定成本和开发成本,从而使总成本下降,进而产生一定的规模经济或者是范围经济。尽管同一些经济发达的国家相比较而言,国内的知识经济体制还处于不断完善的阶段,但由其所衍生的新的经济环境,对于联盟的构建来说,目前来看是非常有益的宏观大环境,未来可期。

2. 市场竞争环境因素

综观全世界各个国家的竞争就是市场因素之间的竞争。市场因素对于覆盖率的要求比较高,因此想要取得垄断的优势,仅凭个别企业是难以做到夺取市场覆盖率的。为此,我国相继组建成立了多种类型的团体联盟,例如专利类、产业技术创新战略类、技术标准类等联盟组织,通过产业联盟在整体实力上逐步提升,形成成熟稳定的技术标准,向国际标准看齐,并且最终建立属于我们国家的国际标准。所以,要想在激烈的国际竞争中不断提升我国的自主创新能力,建立产业技术创新战略联盟是必然选择,只有在国际竞争中拥有一席之地,才能掌握建立标准的主动权和话语权。另外,在市场竞争中,对客户需求的快速反应和准确定位,更是满足市场需求的制胜法宝。因此,我们对联盟产业各层级企业经营的实践经验进行了总结,并对高等院校及相应研究机构的发现进行了研究。结果表明,产业技术创新战略联盟在同等市场竞争条件下能够做到快速反应、准确定位并及时生产、投入市场及衍生与之相关的系列产品,并提供相应的服务。

3. 技术变革环境因素

当前,技术变革的速度不断加快,产品的研发技术朝着"高、精、尖、新"方向发展,当技术涉及的领域逐渐宽泛、愈来愈繁复,更新的速度逐渐加快时,随之产生巨大变化的是商品或产品的科技含量水涨船高。而同时,随着产品不断以加速度的速率更新时,新技术的保鲜期逐渐在缩短,企业与其被动地进行革新,不如主动迎合发展,主动变革,在竞争中主动出击。随着科技的发展进步,各行业各领域的技术与知识的融合度越来越高,其结合的紧密度也进一步加强。基于这种现实状况,对异质资源和相关技术知识无法摆脱的依赖,导致企业想要靠单打独斗来完成技术创新需求简直就是异想天开。更何况,在现在的市场上,研发、生产、销售一条龙模式的企业已越来越不适应现代企业发展,产业内部开始出现越来越精细化的分工。因此,在整个链条产业里还包含很多合作伙伴提供的相关支撑的主体或边缘产品,尤其是其间接或直接提供的配套管理和商品及售后服务,这些对企业自身的产品服务质量影响很大。所以想要在众多企业的商品大战中获得有力的竞争能力,脱颖而出,产业链中相关合作企业的周边产品及其生产技术必须与之相应配套。不但要在联盟内实现技术创新内部联网,加强合作,一如建立联盟的初衷,而且联盟和联盟之间与联盟外的组织之间在竞争的基础上更要加强交流、合作,亦敌亦友才能够将技术研发生成合力,参与竞争才能取得优势,以规模取胜,并以此最终达到提升联盟影响力的目的。

4. 国家政策环境因素

基于我国社会主义市场经济体制的国情,企业和联盟多在国家政策的大导向下考虑未来发展的问题,这个因素是不能够避而不谈的,国家的相关文件会对联盟的发展思路以及未来的方向有一个导向作用,而企业要做的就是,对这个导向要敏感,要及时准确地领会相关精神,作为联盟的主要管理者要善于在国家文件精神的领会及掌握的基础上,为联盟掌好舵,同时要密切关注与之相关的联盟的参与动向,以及介入发展的相关产业。联盟要建立在符合国家政策的基本要求之上,还要能够充分体现出国家的发展战略目标;最好能够与规划纲要中确定的重点领域相符合或者有交集;要以国家产业政策为导向,大力倡导节能减排;要努力提升企业或联盟的管理水平、提高科学技术水平,从而最终符合提升国家核心竞争力的迫切要求。

2.1.4 建设产业技术创新战略联盟应遵守的基本准则

1. 竞争环境的导向与地方政府参与原则

在产业技术创新战略联盟构建过程中,必须遵守竞争环境的规则,以竞争环境为导向,充分发挥市场资源配置的优势作用,以联盟成员的共同利益为根本,基于联盟未来发展方向的内部需求趋势,按照市场的个性需求,形成符合市场需求的联盟创新链。由于我国国情及历史发展的必然,企业和地方政府及相关社会组织有着千丝万缕的密切联系。妥善处理好这种关系,能够为联盟的发展起到一定的积极作用。在政府积极作用的影响下,可抵挡市场经济活动带来的不利因素的影响,同时克服各种不利经济现象,建立牢固的信任关系,并解决联盟在建立之初和后期正常运转时不可预知的问题,并化解所面临的来自各方面的危机。当然,政府的参与更多地体现在投入和积极的导向作用上,这种投入不只是经济上的支持,更多的是创造良好的营商环境,给予有力的政策支撑,积极地、更好地推动重点领域联盟的构建工作。

2. 互相信任,加强联系,合作中产生共同利益的原则

互惠互利的双赢理念是产业技术创新战略联盟建立的初衷。因此,联盟的组织机构通过运作联盟伙伴间的互助、合作,有效地降低了市场带来的各种风险,并在原有产能的基础上提高效率,同时扩大并延伸产业链条。经过产业技术创新战略联盟的引导,聚集各方的优势和资源,可以降低成本,提高发展的速度,减少市场风险,促进本身的竞争能力快速加强,同时达到前瞻性的胜利。联盟成员在抉择时都相信自身存在对方无法拥有的能力,通过各自存在的优势实现互补。基于自身与选择对象在各自业务、技术、管理、文化、财务等方面的优势,选取存在互补性的企业,经过整合达到协作效应。为了让联盟达到目的,联盟内部要精诚合作,互相尊重、相互信赖。在很长一段时间的奋斗中,确立长期稳固的关系,最后实现共同赢利的目的。而在建设过程中,由于个体、合作体自身都具有各自的经济目标,联盟内部各自的利益要得到充分保障,就很有必要设计合理的利益分配方案,否则会影响合作者的参与积极性,甚至会导致合作的失败。

3. 遵守联盟内部合作要求,建立诚实守信的原则

诚实守信原则是产业技术创新战略联盟长时间生存的一个前提条件,也是为联盟内部各方带来长期利益的基础。建立产业技术创新战略联盟不可能是持续时间较短的行为,而是从战略角度思考,为了在很长一段时间内得到该产业市场的优势,而建立的一种稳定的联盟。产业技术创新战略联盟内部的各个成员,可以是产业链中各不相同的先进企事业单位,也可能是某个行业中的相互补充的企业,抑或是某个行业中强强联合的企业。为此,联盟新成员之间有着既竞争又合作的关系,联盟内成员企业要想灵活地适应环境,在为联盟奉献的同时,也要提高本身的竞争能力,要在互相合作与自身利益之间寻找平衡。相互合作要求各成员之间相互信任、彼此忠诚、信守承诺。可见,联盟内成员间的诚信非常重要,有了彼此间的诚信,可以更加快速、准确地规避一些由于环境的改变而产生的风险,这远远要比通过预判或者依赖权威,甚至是与对方进行谈判这些方式更快捷、更高效。

4. 平衡稳定发展的原则

平衡稳定发展的原则能够充分展现联盟未来的发展方向。产业技术创新战略联盟的构建不可能是一成不变的,在联盟中要依据产业本身的战略目标,依照计划首先选择联盟成员,做好选择之后要与有初步加入联盟意向的成员企业进行谈判并达成一定的契约,最后对联盟成员开展定期的维护等。根据不同时期的不同要求,联盟需要接纳的成员企业是不同的,因此在选择联盟成员时,不同时期的选择条件也不尽相同。在联盟建设过程中,组织机构的设立、联盟伙伴成员的选择,以及整个联盟的运行方式等,都会随着环境的变化而随时做出与之相应的调整,合作平台的层次也会随之不断提升,合作伙伴的能力和水平也会不断攀升。

2.2 产业技术创新战略联盟的组建方式

2.2.1 主体及任务

产业技术创新战略联盟是一个联合体,将联盟中的利益各方通过外在制约进行联合。事实上这个组织很松散,由政府、企业、高校以及科研院所组成。下面将通过连接图的形式直观显示整个联合体的架构(如图 2-1 所示)。

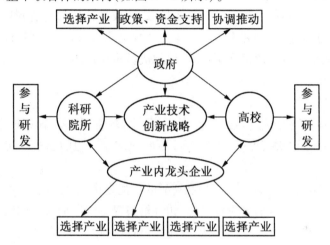

图 2-1 产业技术创新战略联盟主体及分工

1. 作为产业的主导力量,龙头企业是联盟的核心主体

龙头企业是创新资源与创新利益的拥有者和享用者,它的主要任务如下:

(1)为企业提供创新资源。

其中包括资金、技术人员和科研设施等。

(2)参与企业的研究开发。

龙头企业与高校、科研院所一起进行技术开发,制定技术的标准。

(3)大力推广创新后的成果,实行产业化的技术战略。

企业也要积极参与到联盟中,这样才能取得更大的利益,也可以让联盟发挥更大的集体优势。

2. 政府扮演着推动者的角色

在产业层面,政府落实到国家创新体系的战略举措是产业联盟,这也是其运用市场经济促进产学研结合的有效措施,在联盟组建过程中,政府的定位体现在以下 5 个方面:

(1)把握产业需求,以确定联盟的模式。

通常联盟作为企业的战略应将重点放在更有利于社会发展的技术上。而政府作为产业需求的全控者首要任务就是根据所选择的适合的产业制订合理发展计划。企业通过对市场现状进行数据分析进一步深度剖析产业的发展规律,不难找出企业发展的关键点,以对应最适合的产业技术。那么政府就可以根据产业发展可能的新需求以及分析得到的关键点委托第三方设定组建的模式及任务。

(2)联盟成员的选择。

政府将根据对企业、研发单位等研发者进行的综合评估,判定哪个企业更适合联盟的组建模式、可以更好地完成组建后的任务。这些企业将作为联盟的核心团队被正式组建,同时政府还建立联盟的运行模式以及保障机制。

(3)为支持联盟的运行,制定推进的机制。

政府在联盟组建后会致力于联盟的推进机制,以吸引企业的参与,增加联盟的竞争优势,保证联盟的长久运行。积极建立联盟试点;积极进行技术创新调控;制定有利于企业发展的经济产业政策,鼓励并大力支持企业的规范化运行。如:制定优惠政策、设定专项资金、进行税收优惠等。联盟在运行时,内部成员难免产生摩擦,所以要对企业之间的冲突进行有效调解。

(4)进行实时评估。

市场的发展瞬息万变,联盟在实际运行过程中,政府可以聘请专业的研究机构对联盟的运行和企业的发展进行评估,以便可以更好地掌握联盟的运行状况,并且及时解决企业发展的问题。

(5)促进联盟重要参与方——高校和科研院所的合作。

通过网络合作,将各方的异质性资源,如科技与智力资源加入到联盟的运行中,进行整合,实现资源获取与资源共享,以达到组建联盟的目的。

3. 联盟主要完成以下任务

(1)进行技术方面合作,突破核心技术。

(2)形成技术支撑平台和技术标准。

(3)实现技术转移,加速创新成果商业化。

(4)培养创新型人才。

为了完成以上任务,联盟将会有不同的组建模式。

2.2.2 联盟的组建原则

联盟本身具有分散性和功能不完整性,组织结构也并非是永久的。在确定了联盟的目的和原则后,企业要发挥自身的优势,不断完善联盟的功能、提升联盟的优势,进行创新,形成最优组合,用最快的速度占领市场。当然,在这个过程中还要遵循以下4个原则:

1. 统一目标、统一发展方向

组建联盟首要考虑的因素就是确定共同的发展方向。发起者要确立企业共同的目标,如研发技术、技术标准、具有竞争优势的产业链并共同开拓市场。优先整合易于整合的并且可以体现自身优势的技术资源,获得理想的生产形式,以达到企业想达到的目标。联盟的发展方向应该保持统一,与国家的战略目标需求相一致,明确技术的开发方向与产出目标。

2. 慎重选择联盟成员

联盟成员享受权利的同时也要履行自身义务。加入联盟之初就要保证可以为联盟带来利益,并且要获得联盟成员的认可。为保证联盟的顺利运行,在组建时就要对成员进行明确的约定(最好以书面形式为准)。

3. 坚持共享理念,注重相互协调

产业技术创新战略联盟的最终目标是抓住市场机遇,不断地将现有的市场做大并实现进一步的共享。联盟是一个动态开放的组织结构,不断吸收新成员的同时也在不断地提升自身目标。联盟在组建时就已经建立了共享概念,这样就可以使联盟成员之间进行优势互补,还可以实现利润共享,在必要的时候共同承担风险。联盟内部一定要注意协调沟通,更好的沟通可以促进成员之间的相互协作,快速实现成员重组,以便联盟可以顺利地动态运行,这样才能够证明联盟组建是成功的。

4. 联盟成员共同对知识产权进行保护

联盟成员之间会进行大量的技术传播、业务转移,所以组建的过程中就一定要注重对知识产权的保护,防止知识产权泄露。

2.2.3 联盟的组建模式

联盟的形式多种多样,划分角度不同决定不同的分类。美国学者多萝西·海德(Dorothy Heide)根据研究开发阶段将联盟分为:与产品用户组成的技术联盟(Customer Alliance),与零部件的供应商组成的技术联盟(Supplier Alliance),与以往竞争的企业组成的技术联盟(Competitor Alliance),与和本企业技术关联密切的企业组成的技术联盟(Complementary Alliance),与政府有关部门、高校、科研院所等非企业组织组成的技术联盟(Facilitating Alliance)。日本学者首滕信彦按照资源互换的不同方式将联盟分为 5 个类型:交叉型联盟、竞争战略型联盟、短期型联盟、环境变化适应型联盟和开拓新领域型联盟。而国内学者认为联盟应根据不同要素分为以下 5 个类型:政府推动型、大学主导型、科研机构型以及企业主导型和联合开发型。当前最流行的有 3 种:

1. 企业自发型组建模式

在科学技术发展迅速的时代,技术是第一生产力,企业之间通过自发形成的组织已经成为一种常见的合作形态。这种合作形态要求参与者自发进行创新,深刻理解"竞合"的概念,以便更好地解决产业共性技术问题。

自发型组建模式的特征:主要的创造者与科学技术全部转化为创新元素,将研发与生产主体看作一体;联盟以参与者的共同需求作为基础来组建。

此模式下的成员作用是加强合作、资源互补完成创新;减少研发时间;降低研发成本与风险。

为了避免各自为政,有效减少共性技术的重复投资,政府应对联盟合作行为进行有效引导,这种方法虽然不是政府直接干预,但企业联盟合作也应当受到区域政府的支持。政府对联盟具有促进作用,根据市场的需要,企业一方面要提高自身水平,另一方面要在政策上寻求政府支持,在技术上寻求高校与科研机构的支持。在这种情况下,企业与高校、科研机构建立长期的合作关系。同时,企业在合作中起着主导作用,高校与科研机构属于参与者,所有的研发都要以企业为中心进行。具体模式如图2-2所示。

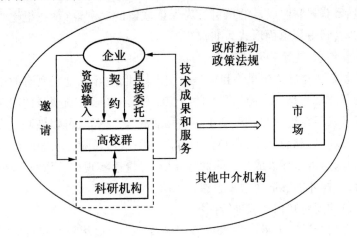

图2-2　企业自发型组建模式

2. 政府主导型组建模式

政府主导型组建模式,其实就是政府引导企业、高校和科研机构根据自身需求形成联盟。联盟往往存在于政府主推产业或者新兴产业领域,尤其是高科技领域和关键性战略领域。组建目的在于通过联盟实现企业的战略性提升跨越,构建国家地区竞争力,推动产业竞争力提升。

政府不直接干预联盟的组建,而是对联盟的合作创新进行鼓励,或者是对企业进行政策方面的鼓励。政府引导下组建的联盟可以借助政府的财政、金融与资源政策等方面的支持,其中包括组建过程中的支持,比如说有效地引导、快速地审批以及进行跟踪服务等。在政府的积极引导下,联盟顺利运行才能促进计划的实现,保证联盟的稳定发展,政府主导型组建模式如图2-3所示。

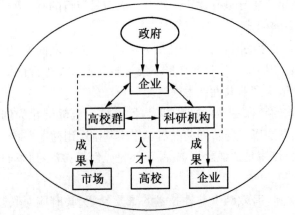

图2-3　政府主导型组建模式

3. 高校和科研机构主导型组建模式

这种组建模式以高校和科研机构为主,建立与企业的长期合作关系,高校和科研机构是科技成果和科学技术转化为产品并形成产业化的创造者。高校和科研机构一方面需要将企业作为载体;另一方面需要进行人才培养,在这种模式下,研究、开发、中间试验、生产、销售、服务可以实现完全一体化,但是与此同时高校和科研机构要承担的风险将会更高。高校和科研机构主导型组建模式如图2-4所示。

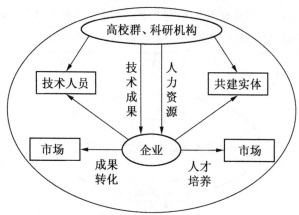

图2-4 高校和科研机构主导型组建模式

这种模式下的企业在拥有自己核心技术的同时也可以大大降低自身成本,同时获得长期效益。以高校和科研机构为主体组建产、学、研联合体,可完成从产业的基础研究到产品化并占有市场的全部流程,需要高校与科研机构付诸行动,其具有扎实的基础研究能力、高效的生产实力、强大的研究能力、科研方面的控制能力。但是从现实角度来讲,大多数的科研机构都将有限的资金应用在了生产销售部门,导致在研究方面的投入被削弱甚至被取消,有一批研究人员转为管理人员,造成了科研人员的浪费,制约了企业的发展。通常高校和科研机构主导型组建模式主要有以下两种形式:

(1)以技术入股合作生产。

这种形式多以股份合作方式使高校、科研机构以及企业可以互通信息、各行所长、协同通关,可以获得更大的经济利益。

(2)共建经济实体。

通过建立新联合体共享资源,以拥有最优的资源配置,这种形式是最有效、最实用的合作方式。具有如下特点:实体各方有共同的发展目标和利益趋向;在合作中,高校、科研机构和企业之间需要相互信赖与互补;责任、权利、利益明确,建立合理的管理体制和运行模式;利益分配上要保障合理地按比例分配。

2.3 产业技术创新战略联盟的治理模式

2.3.1 联盟治理模式的影响因素

联盟的治理首先关注的是联盟的稳定关系,联盟在运行与发展的过程中,组织因素和制度因素成为影响联盟稳定的关键性因素(如图2-5所示)。

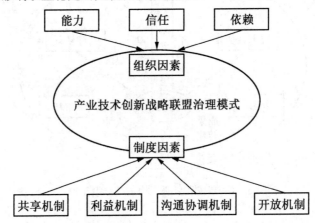

图2-5 产业技术创新战略联盟治理模式的影响因素

1. 组织因素

(1)能力。

联盟内部在合作中不断相互学习,提升各方的能力,同时提高联盟的实力,因此研发能力与学习能力在合作中至关重要。

(2)信任。

联盟各成员之间的合作关系有效地展开归根结底还是要依赖成员之间的相互信任。成员之间的相互信任可以具体分为对组织能力与对合作组织的信任。信任是联盟组建最重要的基础,如果成员之间没有信任,那么联盟内部的知识与技术分享将会受到阻碍,也必将会使联盟运作的成本大大提高,威胁到整个团队的利益,甚至导致联盟解体。

(3)依赖。

按其程度分为3种类型:直线性依赖、竞争性依赖与互惠性依赖。联盟各成员之间相互依赖才能够让成员间的关系更为密切,才能保证企业间的长久合作。

2. 制度因素

(1)共享机制。

在联盟内,若没有共享机制,那么资源共享将更多地依赖于自身的责任感与意识行为。联盟内部的合作松散,会使技术与知识无法共享和重组,进而出现重复性投入与研发,影响联盟的产出和绩效。

(2) 利益机制。

联盟内部如果没有约束机制将会出现追求个体利益最大化的情况,这会影响联盟的正常运行,因此合理的利益分配是运行的重要前提。

(3) 沟通协调机制。

联盟内部各方需要建立沟通机制作为润滑剂,以此来确保联盟内部的有效交流与沟通,完成技术和成果的转化。

(4) 开放机制。

开放机制可以构建竞争优势、拓展联盟的规模、实现内部组员的优势互补,以满足联盟的发展需求。

2.3.2 组织形式视角下联盟的治理模式

从联盟的组织形式来看,其治理模式可分为股权式联盟和非股权式联盟。具体比较如图2-6所示。

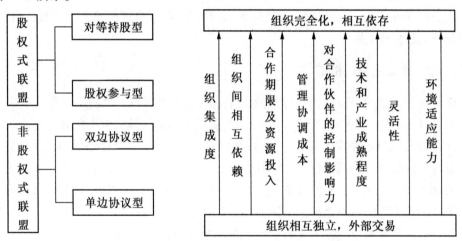

图2-6 产业技术创新战略联盟治理模式比较

1. 股权式联盟

以产权机制为主导模式,对合作各方在责权利方面都有明确的规定,违约要承担风险和经济损失。通过资金投入将联盟中各企业的利益联合在一起,壮大实力。从博弈论角度看类似"囚徒困境",只有双方都遵守规则、履行职责,才可以达到利益最大化,否则只能导致联盟的失败。股权式联盟分为以下两种:

(1) 对等持股型联盟。

按同等比例建立独立企业,由联盟成员共同派管理人员管理。双方共同投入资源,并且提前制定知识保护制度。由于专用性资产提高了双方的退出壁垒,合资企业仍然可以保证较强的稳定性。

(2) 股权参与型联盟。

股权参与型联盟,可以分为部分持股、交叉持股。但是联盟的成员不直接接触,这样可以更好地减少联盟中的关系风险。由于内部的约束需要得到外界的金融、物质等资源的支持,因此这些高技术企业可以通过出让少数股权的方式与其他企业组成股权参与型联盟来达到目的。

2. 非股权式联盟

非股权式联盟也称契约式联盟,简单灵活,更加注重企业内的协调与控制程度。联盟内各方以协议为纽带,结构相对松散,缺乏稳定性和长久性。主要分为以下两种:

(1) 双边协议型联盟。

同等实力的联盟双方进行合作,特点是在平等互利的基础上提高联盟参与度;灵活性高,即使联盟解散,双方的资源也不会受到特别大的影响。一方面互补性资源结合促进了联盟内的学习,有利于应对未来更多的不确定性;另一方面更易于根据市场进行重组,但是这种联盟比较缺乏稳定性。

(2) 单边协议型联盟。

这种联盟的伙伴之间结构松散,不易于知识与技术的转移,所以联盟中机会主义行为发生的可能性较小,关系风险也小。随着时间的推移,双方在战略上会互相依赖,可以产生较好的稳定性。

2.3.3 联盟的治理机制

联盟是契约型的组织,联盟内企业的权利和义务都要依靠约束进行规范。如果契约不完全或者不对称,那么联盟各企业之间的交易成本和交易风险就不能够通过协议进行解决,联盟内部交易的过程中合作伙伴如果产生分歧就会使合作行为发生扭曲,然后产生机会行为。所以,调节联盟成员之间的利益,以及尽可能地降低交易的成本就成了治理的关键。联盟内成员之间的合作与竞争在成员之间具有很大的影响力,所以这时候制定有效合理的治理机制以此来保证联盟的正常运行是必要的。

联盟的治理机制与传统企业的治理机制都涉及激励、监督和决策等方面,只不过联盟是松散的,作为一个契约型组织其治理具有自身特点。

联盟的治理机制主要是联盟成员之间的利益机制、知识产权保护机制、信任机制、协商谈判机制、声誉机制的有机构成,最终实现联盟目标和绩效(如图2-7所示)。

1. 利益机制

企业组建联盟的根本目的在于依靠联盟的强大竞争力获取更大的经济利益,所以合理的利益机制会对联盟成员之间长远的合作产生必要的影响,甚至关系到联盟组建的成败。其中一种方法是形成合理的利益转移机制,达到"双赢"的结果;另一种方法是形成联盟内部的权利与义务对等的利益分配机制。机制主要包括三个方面:一是联盟成员的类型与联盟收益相关联;二是联盟成员的研发投入与联盟经济收益成正比;三是联盟成员承担的风险与经济收益成对等关系。

2. 知识产权保护机制

联盟的知识产权是企业内部最为重要的,也是联盟内部必须透明的部分,但是知识的外泄容易导致知识产权的法律诉讼,需要耗费大量的资金和人力,所以在建立的时候一定要避免由知识产权信息的不完整引起的纠纷。

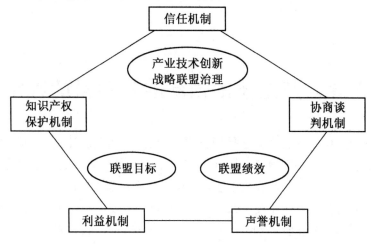

图2-7 产业技术创新战略联盟治理机制

3. 信任机制

联盟是合作竞争型组织,企业不仅要相互合作也要彼此防范,以避免对方的欺骗行为。联盟成员的关系风险,是联盟的一大威胁。在联盟的实际运作中,如果企业间的信任和承诺很难建立,就会破坏联盟的稳定性。只有联盟成员之间建立信任,才能更有利于联盟的长期稳定。

4. 协商谈判机制

联盟是一种"竞合性"的组织,各成员的关系是竞争中包含合作、合作中包含竞争。联盟的决策意在将联盟的整体利益与联盟各成员的协调发展进行统一。在个体企业中,决策者是企业内部人员,他们代表着相同的利益主体,即便意见有分歧,其都是为了企业整体利益。因此,最高权力机构以行政命令方式便能消除个体企业内的决策差异。联盟要通过不断沟通协调联盟内各成员存在的分歧,合理分配联盟的共同利益,使联盟决策更加理性。协商谈判取决于企业的"谈判力",这是联盟有序运行的基础与工具。

5. 声誉机制

联盟的声誉机制实际就是联盟中各企业的历史形象,也就是联盟的历史信誉,只有历史信誉过硬才可以保障联盟中各个企业的互相信任以及组织的稳定性。声誉机制作为有效的治理机制,约束成员的同时也在维系联盟成员的长期合作关系。

联盟的治理机制是有机协调的,由联盟内每个成员努力形成一股"合力",共同建设,促使联盟可以获得更好的绩效。

第3章 产业技术创新战略联盟的稳定性

经济一体化的国际社会分工已呈现世界性,它的快速发展让技术问题越来越复杂,表现出更加综合和系统的特性。于是,企业开始更多地体验到仅凭一己之力无法在纷繁复杂的技术市场生存,这时,产业技术创新战略联盟应运而生,其作为开发相关行业共性技术并能够有效提高行业产业技术水平、十分有效且重要的组织形式,它不但能够使技术经济内部化,还能够达到一定的规模化并产生协同效应。通过对相关信息、应用知识及资金链更好地整合,从而降低成本和风险,而内部环境中联盟企业间高频次的信息交流使知识和研发取得的成果能够得以共享,最终从整体上提高产业技术水平,增强与其他企业竞争的雄厚实力。

然而,联盟的稳定性和持久性问题是各个国家在实施联盟策略和发展联盟战略时不得不面对的问题,中国亦不例外。据不完全统计,在国内很多企业联盟的成功率达不到50%。数据表明,在我国,企业的自主研发能力相对较低,产业技术创新战略联盟的实际发展水平还比较落后,这是企业参加联盟所面临的必然的不确定因素。联盟的构建是必然趋势,对其稳定性的研究,其理论价值和现实意义远远在消除对稳定性产生不利影响的因素之上,可以促进联盟内企业长远发展,推动行业技术自主研发并最终实现科技强国。

3.1 产业技术创新战略联盟稳定性的内涵分析

3.1.1 稳定性的含义

我们通过对联盟不稳定性含义的探讨,反向理解联盟的稳定性。联盟从建立开始至协议期截止抑或完成联盟当初设立的目标后自然解散,这属于一个自然周期。当然,这并不代表联盟不够稳定,所以单纯地认为联盟不稳定就是联盟的解体或最后清算是不够客观和科学的,而且很不合理。因此,对于联盟的不稳定性我们这样来定义:基于联盟绩效视角认为,联盟在战略方向、联盟协议或组织结构重组之后,母公司和子公司之间的关系发生改变,从而影响到联盟绩效的一系列行为则称为联盟的不稳定性。

通过联盟不稳定性的定义,我们可以这样定义联盟的稳定性。联盟内部成员处于均衡的状态下,没有新队员加入,没有老队员退出,就是联盟的稳定性。这种简单的字面上的定义反映出联盟稳定性的实质,即联盟成员相互之间互相依存,在影响联盟稳定性的重要因素中尤以盈利结构最为重要。由此,我们给予联盟稳定性一个复杂、准确、科学的定义:联盟稳定性是指在合作伙伴之间利益共享和风险共担的有效合作关系基础上,成功运行并发展联盟。当联盟成员的技术知识基础发生明显的动态变化时,联盟目标、契约和架构没有非计划性变化的可能性。联盟稳定性是一种在制度均衡状态下的动态的、相对的稳定,能够确保联盟关系波动不发生异常。

综上所述,产业技术创新战略联盟稳定性的定义为:在联盟生命周期内,在联盟主体遵循契约和计划的基础上,为实现共同的技术和一致的战略目标,坚持互惠互利、风险共担、利益共享基本原则所形成的良性循环的关系,联盟内部架构随着联盟发展和环境变化而持续动态均衡。

3.1.2 稳定性的特点

从定义中我们不难看出,联盟的稳定性有以下特征:

1. 目标一致

当奋斗目标一致时,合作伙伴才能维持联盟相对的稳定,这是发挥竞争优势的必要条件,制定相同的战略目标才能使联盟瓦解的可能性降到最低。通过研究我们发现当联盟成员对目标认识模糊不清时,合作动力就会严重缺失,联盟最终将走向解体。尽管企业各自独立的经济无法使目标保持完全一致,但发展方向和整体目标应明确而一致。联盟成员在整个联盟发展的过程中,总会出现这样那样的分歧或矛盾,这时一定要以大局为重,做到求同存异,唯有如此,才能真正维持联盟的稳定性。

2. 时间性强

由于稳定性只存在于一定的生命周期内,即从最初建立至联盟使命结束这一自身的生命周期,所以只有在生命周期的时间条件内才能谈到联盟的稳定性。在此之前或以后的时间段均不在考虑范围内。

3. 灵活的动态性

联盟相当于企业、组织间的中介,是开放的平台或系统,其内部成员以及组成元素是随时流动的,并没有设立严密的组织结构,所以我们说联盟是有弹性的组织形式,它具有明显的灵活的动态性特征。当内外部环境发生变化的时候,联盟会采取主动适应新环境需要的策略,进行动态调整,不受运动、变化以及矛盾的影响,有序、持续运行,并始终保持正常波动。

4. 利益分配的相对合理性

联盟能够持续、稳定发展的最基本保障是公平、合理的利益共享分配机制,包括:投入、产出相匹配,为体现公平性,最后的成果分配一定要严格按照联盟投入之初的比例进行分配;合理的风险补偿机制,要求风险与收入对应,成员在联盟中承担的风险越大,得到的补偿应越高,这是为了更好地鼓励成员主动承担联盟中可能面临的风险;当联盟成员获得既得利益时,联盟成员更愿意继续留在联盟中,这十分有效地促进了联盟成员的积极性;在实际分配中联盟利益至上,个人服从集体,联盟利益永远大于盟员利益,这也是确保联盟利益最优分配的重要特征之一。

3.2 产业技术创新战略联盟稳定性的相关研究角度

受经济全球化给科学技术及其快速发展带来的影响,大多数的企业都走上了"归核化"的经营发展道路,通过建立联盟的方式来整合优质资源。不过,利弊参半,当联盟给成员企业带来比较可观的利益的同时,它的不稳定性也必然会给企业带来一定的风险。因此,产业技术创新战略联盟的稳定性问题就受到了高度关注。对于产业技术创新战略联盟稳定性的研究,主要从以下几个角度入手。

3.2.1 以交易成本为充要条件

从交易成本角度考虑,在联盟组织运行的整个进程中,联盟成员可能都会为了努力追求自身利益,在利己主义的驱动下,主动或被动做出一些有损联盟整体及合作成员利益的投机行为。因此,联盟各方成员完全有必要采取相应的对策及相关措施——契约,用契约精神来减少这种投机行为给联盟组织和成员带来的不利影响。然而,但凡需要追加监督行为,尤其是在控制契约执行时无形中就会给联盟增加一定的交易成本,在联盟交易成本的上升值与联盟预期带来的收益持平时,联盟组织的不稳定性必然凸显出来,成为矛盾的焦点。因此在维持一定的联盟稳定性状态下,联盟成员需要争取利益最大化,就必然要充分考虑影响利益的重要因素——交易成本,只有当联盟的交易与组织成本之和小于市场与企业的交易与组织成本之和时,联盟才可以继续存在下去。但是这种理论角度存在一定的缺陷,它忽视了联盟各方交易费用的存在或变化,只视其为最小化存在,并将其他因素视为常量,这样,对联盟中经济特征以外的因素对联盟稳定性所产生的影响就很难做出客观、科学的分析。

3.2.2 强调资源基础的重要性

很多企业加入联盟的初衷是为了实现优势资源共享以做到资源互补。因此,联盟的管理,往往通过最大限度地削弱对联盟内成员伙伴的依赖,并且在过程中向着成为联盟成员愿意并主动依附的对象而努力,并最终以能够获得整个联盟的主动控制权,并得到大部分的联盟收益为终极目标。偏重于资源基础理论研究的相当一部分学者认为,企业自身所拥有的资源是企业在持续竞争中赖以取得优势的关键所在。对于加入联盟的成员企业来说,产业技术创新战略联盟作为获取企业资源的重要有效途径,只要能给联盟各方提供需要的异质资源,或者说提供能够吸引企业的资源,联盟成员就不愿意从联盟中脱离开来,联盟的稳定就能够得到维系。当联盟成员中的某一方已经获取了所需求的资源,抑或得到获取资源的途径而不再有需求时,其就会面临主动退出联盟的选择,由此而导致整个联盟出现解体的概率增大。因此,资源基础对联盟的稳定性起到了很大作用,其理论也对联盟的稳定性研究做出了应有的贡献。当然,这个基础是有局限性的,只局限于资源互补的联盟成员伙伴之间,难以更加全面且深入地对其他联盟也起到相应的作用,其重要性较为单一。

3.2.3 组织学习的相关性

知识经济时代,与企业知识相关的学习成为除资源和能力以外决定企业竞争优势的重要因素之一。为了将别人的技能内部化,联盟为其成员提供了学习的机会,从而助推企业提高竞争力。由此可见,决定企业竞争优势的除了资源、能力外,还有一点很重要,那就是企业的知识及与知识密切相关的学习。有相关研究显示,联盟成员相互学习对于促进联盟的成功更加有利,反之,学习较少或缺乏学习,则会在不同程度上导致联盟失败。由此可见,联盟稳定性与组织学习之间存在相关关系。从某一角度讲,组织学习在某种程度上来说可以看作资源的一种,实际上也是从另一个角度强调了资源基础的重要性。资源的内涵随着经济社会的发展逐渐发生改变,无论是看得见的有形资源,抑或是类似学习、知识这种无形的潜在资源,在知识经济高速发展的今天,对于创造企业价值的重要性不言而喻,尤其是对于高技术企业,新的知识技术对于形成企业的核心竞争力尤为重要,而产业技术创新战略联盟是企业获取联盟伙伴知识资源的重要渠道。

3.2.4 缺乏信任度的社会困境

联盟的共有属性是竞争、合作并存的根源所在。在组建过程中,常有联盟成员会因为纠结于组成联盟以后,盟友会成为潜在的竞争对手,对盟友缺乏足够的信任而产生怕吃亏上当等更多的担忧,进而不愿进行有效的知识和信息的共享与交流,更不愿意对联盟投入过多的资产和技术,在各方面都有所保留,致使联盟的有效性和合作基础受到一定的影响,这就是缺乏信任度的社会困境。相互信任是稳定合作的重要前提。然而,信任水平的提升实际上难度是比较大的,因为它是以联盟成员个体的复杂心理变化过程为依据的。联盟内的公平准则和集体责任感、团队精神会有效提升信任度,从而促使社会困境的状况有所改善,对处于社会困境中的联盟成员的行为选择能够产生积极的影响,最终达到增强联盟成员彼此间信任的目的并增强其选择加入联盟获得收益预期的自信心。

3.2.5 均衡收益的重复博弈

博弈论其实是一种有益的激励竞争,而对于联盟中的企业,其行为选择往往背道而驰。虽然联盟内的成员企业能意识到在联盟内部进行合作是一种双赢的模式,但当出现单方不合作所得的收益明显优于双方合作产生的收益时,结果不言自喻,不合作就成为必然。这时个体就会做出与集体相悖的选择,在理性选择中,个体占了上风,这种实质上违背了联盟契约精神的行为或道德风险最终造成的结果是联盟难以维系。所以在某种程度上这种博弈实际上是比较尴尬的,因为它并没有形成有益的激励竞争,反而造成联盟成员中的某一方为了追求所谓的最大利益而做出不够道德的行为选择。

通常来说,面对期限相对较短的联盟契约,联盟成员愿意主动投入专用性的资产,同时,会运用掠夺联盟共有资源的投机策略,丝毫不考虑联盟长期的稳定性。而长期的联盟契约,联盟成员会考虑长期合作的意愿和长远的利益发展,与短期联盟契约在实际合作过程中所导致的竞争效应和机会主义相比,更有利于联盟和其成员的长远健康发展。合作强调的是美好意愿、共同利益和长远的发展,而竞争状态下机会主义和利己行为更加突出。所以,实际上,联盟内部的博弈是两种力量的争斗,即联盟内部成员之间所表现出来的积极向上的合作与机会主义、利己行为的竞争之间的博弈。项目的顺畅源于精诚合作,以及维系得良好的工作伙伴关系,其产生的互补和协同效应不可小觑。然而,在市场竞争的大规则下,竞争者是永恒存在的。作为联盟的共同参与者,相互之间都是当下或未来的潜在竞争者,抑或是直接或间接的竞争对象。由于加入联盟的初衷就是为了自身利益更好地实现,因此,本着这个初衷,联盟成员通常都会积极地向竞争对手努力学习,同时对于自身核心技术进行一种沉默性的保护,所以学习上的竞争在联盟成员企业间是一直存在着的。作为在联盟中共存的矛盾体,合作、竞争在相互博弈中所产生的合力总会对联盟产生一定的影响,当两种力量势均力敌的时候联盟是稳定的,而当某一种力量强大,联盟又未能及时地处理好这种不平衡,最终的结果就是导致整个联盟的不稳定。

3.3 对产业技术创新战略联盟稳定性产生影响的因素分析

所谓产业技术创新战略联盟稳定性的影响因素,是指能对联盟稳定状态产生影响的因素,是对产业联盟稳定发展产生干扰的一般条件或变量。产业技术创新战略联盟的组建目标是获取产业技术目标,进而维持长远稳定的发展。实现技术目标和获取绩效的基本保障是联盟稳定性,因此不稳定的联盟将导致联盟的中断或解体,这是联盟失败的根源。以契约为纽带的联盟直接隐含着"合则聚,不合则散"的结局,决定了联盟有一个存续期,使得其在发展的每个阶段受到影响的主要因素都不同,因此,本书从产业技术创新战略联盟发展过程中的不同阶段分析其稳定性的影响因素。

3.3.1 产业技术创新战略联盟的前期准备阶段

在正式建立产业技术创新战略联盟之前,外界的环境因素是影响联盟稳定性的重要因素。由于外界环境的复杂性和联盟对外部检测的有限性,市场需求和市场结构之间的变化、政局的动荡以及自然条件的变化都会对联盟的稳定性产生不同程度的影响。其实影响产业技术创新战略联盟稳定性的外部因素主要包括政法因素、经济因素、市场因素和技术因素(如图3-1所示)。

1. 政法因素

政法因素是指政治和法律因素,是那些影响和制约单位和个人的制度、政策等,具有强制性,一般组织难以防御和抵制。一般而言,政治因素主要包括国家政局形势、国家政策变动以及政府的干预程度等。其中,国家政局是大背景,国家政策能影响联盟的发展方向,而政府的干预直接影响到联盟的运行,其中优惠的政策能为联盟的发展提供更多资源,能提升联盟发展的速度,资金资助能更好地激励联盟的运行。主管政府出于整体考虑而对联盟进行的干预则可能会给联盟带来不少冲击。

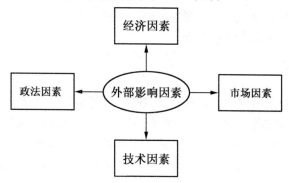

图 3-1　产业技术创新战略联盟前期准备阶段的外部影响因素

法律因素主要是指法律、地方法规的调整和更新,政府层面的宏观调控动作或者是体制改革带来的国家经济政策方面的方向变动,例如反垄断法的制定,这会给强强联合的联盟发展在不同程度上带来一定的压力。法律法规是一个不断完善的过程,而法律盲点的存在以及监督机制不够健全,会致使某些成员趁机去做一些损害他人利益的投机行为。完善的法律法规和有效的政府监督管理能规范和引导盟员的行为,同时也能调解联盟运行过程中出现的冲突和矛盾,合理的惩罚制度能防范和减少盟员的机会主义行径。

2. 经济因素

经济因素主要是指国家宏观经济状况和资本市场以及经济结构。国家宏观经济水平和资本市场是否健全直接影响到联盟的发展,良好的国家资本市场能降低保证联盟正常运转所需的资金链发生断裂的可能性,畅通其筹资、融资渠道。国家经济结构发生变化会使产业结构的侧重点及产业重心发生变化,那么产业技术创新战略联盟的战略目标也会受到影响,战略联盟的稳定性就会受到影响。

3. 市场因素

市场因素主要是指影响市场竞争结构和市场需求结构的一些变量,如市场资源配置、市场成熟度等。市场是对联盟生存和发展影响最直接、最重要的环境因素。由于技术生命周期日益变短、竞争对手不断增多以及市场需求变化多端,这些动态因素给联盟带来发展机遇的同时也增加了联盟的研发投资风险,且这种风险无法避免,从联盟组建到完结,市场与风险贯穿始终,联盟随时都有失败的可能。

4. 技术因素

影响产业技术创新战略联盟稳定性的技术因素主要是指产业技术成熟度、技术复杂度、技术周期以及技术溢出效应等。联盟研发的技术基础越成熟,则开发技术承担的风险就越小,联盟越能实现目标。而研发的技术复杂程度越高,则需要更多的研发投入,开发的周期越长,联盟受到这种技术带来的风险影响越深入。如果盟员预测技术研发成功的可能性不高时可能会退出对该项技术研发的投入或转向其他战略,进而导致联盟中的相关技术研发项目因此中断,最终引起联盟不稳定。技术存在一定的生命周期,每一项新技术,都需要经历一定的竞争阶段,优胜劣汰后再进入蜕变的阶段,然后新的技术出现了。当新技术的生命周期开始不断缩短,其核心技术的优势在竞争中就会随之减弱,进而加速了联盟技术的落伍、过时,联盟稳定性会受到一定威胁。此外,技术研发溢出也是影响联盟稳定性的一个关键技术因素。

3.3.2 组建阶段

联盟伙伴的选择是组建产业技术创新战略联盟的基础环节和重要步骤,它会直接影响到联盟内部契约的完善性、技术研发能力的增长性和核心技术能力的衔接性,是维持联盟稳定发展和实现联盟目标的重要保证。在联盟建立之前或建立初期,为壮大联盟队伍,在选择伙伴时没有进行筛选,或者没有对候选成员进行信息真实性考核,可能导致在联盟发展过程中合作伙伴之间出现文化、战略目标冲突等情况,从而影响到联盟的稳定性。动态选择联盟伙伴考虑的因素如图3-2所示。

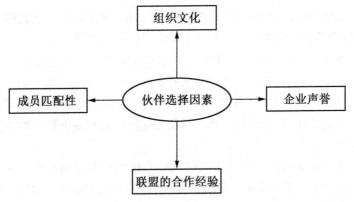

图3-2 产业技术创新战略联盟组建阶段的伙伴选择考虑因素

在联盟伙伴选择上主要考虑以下几个方面:

1. 成员匹配性

成员匹配性主要包括:战略目标一致性、兼容性、能力匹配及资源的整合程度等。参与联盟的企业都以盈利为目的,每个企业主体追求的战略目标都存在一定的差异性,因此主体在选择合作伙伴时,应该选择战略目标较为统一的对象。在合作过程中各个主体之间的经营理念、技术追求融为一体,则联盟内部会更易于达成共识,从而提高联盟稳定性。能力匹配和资源的整合程度对联盟稳定性的影响主要体现在:合作初期,成员之间技术的创新能力差异程度决定了彼此的协调性,技术能力差异过大会导致内部资源难以整合;此外,随着联盟初步目标的实现,成员能力与资源需求也会出现变动,对联盟的要求同时也会参差不齐,若盟员无法从联盟中获取所需的资源或者提升自身的技术,也无法获得既得利益,就会中断协议甚至会退出联盟。

2. 组织文化

组织文化是一个组织在长期经营过程中不断积累进而形成的一种组织内员工所认同的经营理念、组织精神、文化氛围以及深入员工内心的价值观念和道德准则等。每个组织都有自己独特的文化,所处的文化环境也存在差异。随着组织文化接触面的不断扩大、接触程度的加深,如果组织文化存在较大差异,则无法进行有效沟通,从而导致文化摩擦和冲突,当这种摩擦和冲突无法和解、协调时,就会使联盟处于不稳定的状态。因此在联盟初期选择合作伙伴时需谨慎考虑参与主体与联盟的追求以及主体之间的文化因素,过大的文化差异将会导致冲突,而过于相似的文化则会导致组织之间缺乏交流和沟通的动力,并且联盟的文化也很难得到新的突破,因此适中的文化差异才能更好地维持联盟的稳定。

3. 企业声誉

企业声誉是一种无形资产,是组织行为取得利益相关者认可,从而取得资源、机会和支持,进而完成价值所创造的能力的总和。对要求加入联盟的成员声誉主要考察其技术水平、整体竞争力、第三方评价等方面。联盟成员的声誉是联盟的重要资产,而良好的声誉更能体现其技术水平和合作价值,并且能使其他主体增加与其结盟的信心。声誉度较好的企业在市场活动中所受到的关注将会更多,即使面临更高的投入成本,其也将尽量维持自身良好的形象,从而减少背叛联盟的机会主义行为,这可缓解联盟内部冲突,有效控制合作的风险,使得联盟的运行更加稳定。

4. 联盟的合作经验

联盟的合作经验是指候选企业参与过类似的技术创新战略联盟以及该企业与产业技术创新战略联盟的发起单位有过合作关系。先前的联盟合作经验是维系联盟内部关系稳定的重要因素,能在诸多方面为联盟内部合作带来优势。首先,具有联盟合作经历的企业在联盟战略的制定、风险分担以及利益分配等方面考虑得更加周全,能推动联盟顺利进行;与联盟发起者有过合作经历的参与主体加入联盟的时候,基于过去合作的成功或失败经验,能有效预测合作过程中将会出现的问题,积极采取相应对策,减少冲突的发生。与有过合作经历的伙伴进行第二次合作时对彼此的企业文化和战略目标有更清晰的了解,可以提高沟通效率,减少谈判成本,最大限度地降低产业技术创新战略联盟中存在的合作风险。此外,先前的联盟合作经验能使盟员之间关系更加紧密,能减少合作过程中成员的机会主义行为,从而提高成员对联盟的信任度和依赖性,有利于建立牢固的联盟。

3.3.3 发展阶段

产业技术创新战略联盟是由多个具有核心技术优势的企业和其他主体组成的中间性组织,联盟的契约对于成员的行为约束有限,所以除了以契约作为治理机制外,更需要软性机制即信任机制来进行补充,从而规范盟员的决策和行为。成员之间的信任是产业技术创新战略联盟稳定发展的基础和重要前提。合作伙伴之间的高度信任能减少联盟内部的治理成本,也将提高联盟内部合作关系的灵活性。信任机制包括以下几个方面(如图3-3所示):

1. 合作期限

建立信任需要时间,这是一个不断"投入—回报—再投入"的探索过程。如果即将加入联盟的成员之间缺乏先前的合作经验,在最初合作时彼此不了解,会担心自身核心竞争优势泄露,从而具有防备心理,那就需要通过时间来增加了解,进而使信任度提高。因此,产业技术创新战略联盟周期越长,即联盟合作期限越长,则盟员就会从长远利益考虑,而减少自身机会主义行为,这样也能提高对方对自身的信任。

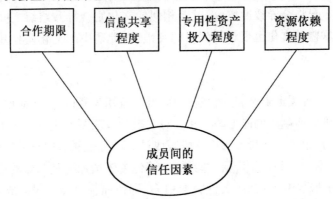

图3-3 产业技术创新战略联盟发展阶段的信任机制

2. 信息共享程度

要发挥联盟的整体竞争优势,就必须让盟员之间进行有效的沟通和充分的信息及知识交流、共享,但成员企业在空间上具有分散性,彼此之间难以直接进行面对面的沟通,因此建立畅通的信息交流渠道成为伙伴间进行信息共享的重要平台,它能解决资源、信息不对称以及机会主义所带来的不稳定性问题。信息不对称分为外部信息不对称和内部信息不对称。外部信息不对称会直接影响到盟员对合作伙伴的资源、能力以及战略目标的评估,使缺少信息的成员处于劣势地位,而具备信息优势的主体能获取额外利益或采取投机取巧行为。内部信息不对称会严重影响内部的信息流通,妨碍内部隐性知识转移为显性知识,降低彼此信任度,增加内部协调成本,成为联盟不稳定的潜在威胁因素。因此,联盟内部能否建立畅通的信息沟通渠道、能否提高信息共享程度,在很大程度上直接关系到联盟发展是否稳定。

3. 专用性资产投入程度

专用性资产即脱离核心交易关系就只有很少价值或者没有价值的资产,盟员把自身专用性资产投入到联盟中后,其他成员可以无偿共享,并且将会锁定在联盟内部,即会被套牢,改变主体在合作博弈中的支付结构。产业技术创新战略联盟成员的专用性资产投入得越多,成员就会越依赖于联盟,则会更竭力维护联盟的良好发展。专用性资产投入是对联盟重视的表现,能更大地提高其他成员对合作的信任度,但是过多的专用性资产投入也会致使少数成员产生敲竹杠等机会主义行为。

4. 资源依赖程度

以盈利为目的的企业加入产业技术创新战略联盟的目的是互补优势资源、共享彼此的信息、集成各个企业的核心技术优势,从而提高自身的技术水平和核心竞争力。相互的依赖性主要表现在资源互补性和利益依赖性。具有资源相互依赖性的主体在面对环境以及战略变化时能增强彼此的依存度和合作的持续性,其被无形锁定在联盟内,目的是取得基础知识和共享技术,在获取其他企业优势资源的同时也将会投入自身核心资源以提高联盟的整体实力,这也正是维持联盟稳定发展的保障。而具有利益依赖性的主体间如果能保持较高的信任度,盟员间的利益依赖性则越强,相互间就会保持更高的信任度,那么就能减少机会主义行为,进而可以创造一个轻松的合作氛围,相互依赖的成员就可以在资源和利益分配方面达成一致,实现盟员之间的动态平衡。因此,盟员间的高度相互依赖度能够提高联盟发展的稳定性,且形成良性循环。

3.3.4 商用管理阶段

产业技术创新战略联盟的商用管理阶段主要包括关系管理和成果管理。有效的关系管理是联盟稳定的微观基础,积极有效的关系管理有助于维持联盟内部的和谐,而无效的关系管理则会导致联盟内部混乱和斗争,不利于联盟的稳定发展。成果管理直接影响到成员对联盟的满意程度,良好的绩效和公平的利益分配能够提高成员对联盟的积极性,增加其继续留在联盟中的动力。其中关系管理因素主要包括成员地位变化、道德风险、冲突管理和控制机制;成果管理因素主要包括联盟绩效、利益分配和知识共享度(如图3-4所示)。

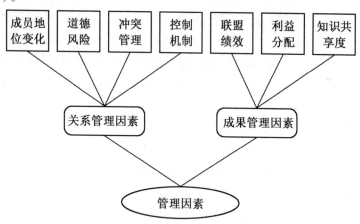

图3-4 产业技术创新战略联盟商用管理阶段的管理因素

1. 关系管理因素

(1)成员地位变化。

联盟成员间的地位变化主要是指成员在加入联盟之后,随着联盟不断发展扩大,在联盟内部的战略目标、竞争地位和控制权结构都会发生变化。在发达地区,由某一公司主导的国际联盟比对等控制权的联盟的稳定性更好,以清算或收购两种终止方式作为联盟不稳定的指标,通过对49个战略联盟的研究发现,40%的联盟是失败的,其中控制权结构对称的联盟更易失败。因此,由主导企业控制的产业技术创新战略联盟内部控制权发生重大变化使得内部控制权趋于均等时,就会影响到联盟的稳定性。与此同时,盟员战略目标的一致性和竞争地位的平衡性是维持联盟稳定发展的主要条件。随着联盟内部成员不断地交流和学习,成员对资源和技术的需求也会发生变化,在内部的竞争地位会发生改变,其战略目标也会做出相应的调整。竞争地位提高的主体具有更强的谈判能力,将联盟引向更利于自身发展的方向。战略目标不一致使联盟在技术发展方向和投资水平等多方面难以达成共识,以至于联盟难以维持。

(2)道德风险。

道德风险是市场经济体制下必然存在的一种现象。经济学家通常将道德风险视为合作过程中的偷懒、敲竹杠、顺风车等机会主义行为。我国产业技术创新战略联盟中存在的道德风险表现为联盟成员突然中断合作关系、违背联盟契约精神、背叛联盟整体利益等不良现象。产业技术创新战略联盟的道德风险,其本质就是联盟中的主体成员追求个体利益最大化,不注重整体利益以及联盟制度规范约束软化矛盾所导致的违背市场道德的现象。降低道德风险,增强战略联盟的稳定性主要在于两个方面:一方面是联盟契约的完备程度。契约包括显性契约和隐性契约。显性契约是通过书面化形式将成员的相应权利和职责进行明确规定,但是显性契约的规定是有限的,并且需要隐性契约加以完善。隐性契约虽然没有以实体契约形式表现出来,可是它能通过成员间的关系管理使合作伙伴的行为受到约束,因为违背内部不成文的规定时就会受到被其他成员排挤等形式的处罚。隐性契约一定程度上可以维护联盟内部关系的稳定,起到补充作用,但是却难以进行量化,因此隐性契约的作用仍然很有限,主要还得靠显性契约规范成员行为。另一方面则是盟员的自律。由于产业技术创新战略联盟是由多主体共同参与组建而成的,其运行和管理过程更是极为复杂,因此除了显性契约和隐性契约的约束之外,更需要成员企业本身的自律行为。成员企业应严格遵守联盟规章制度,从大局角度着眼,维护联盟利益的最大化。

(3)冲突管理。

冲突是指因联盟内部成员之间的观念差异或利益纷争,致使矛盾无法调和而出现的紧张局势。冲突的产生往往因为沟通不畅或者效率低下等问题,抑或是源自成员的机会主义行为或不公正现象。对于产业技术创新战略联盟来说,冲突的来源总体可以归纳为3种:一是盟员之间组织模式、管理风格和价值理念的不一致。二是联盟内部的职权冲突。由于契约对成员的权利归属界定得不是非常明晰,各方在共同管理中难以进行协调。成员为追求其自身技术创新利益而在合作过程中采取机会主义行为,损害了其他成员的利益和联盟的整体利益。三是联盟外部市场环境。如果在市场环节盟员成为竞争对手,就会影响到双方在联盟内的合作关系。

(4)控制机制。

控制可以看作对联盟进行组织协调及监督管理的过程,其中主要包括指导、检测、评估和奖惩等行为。控制机制主要被分为非正式控制和正式控制。非正式控制,也称为社会性控制或家族性控制,强调采用非正式制度来对盟员的行为进行管理和控制,主要包括社会舆论等。正式控制是通过设立明确的目标或行为规定来对盟员以及联盟本身进行监管,因此正式控制又分为行为控制和结果控制。行为控制明确了联盟运行过程中成员的行为;而结果控制则是以工作结果为导向,并以对成员的行为进行绩效考核作为目标。

两种控制方式对联盟的影响并不同。非正式控制相对更加宽松,通过树立共同的理念和价值观念来引导盟员的行为,更有利于减少成员之间的分歧,就联盟战略目标和发展方向达成共识,有利于提高伙伴间的信任,从而更好地维护联盟的稳定发展。正式控制中的结果控制强调最先设立的市场份额等目标是否完成,通过严格的绩效考核来评定联盟的行为。由于产业技术创新战略联盟的成果具有多样性,有些隐性技术是难以进行量化的,此时结果控制就会不客观,也并不合理。过于追求某一结果,反而会引发联盟内部的争议和不满。适当的行为控制能有效规范盟员的行为,使其沿着正确轨道行驶而避免机会主义行为,也能随时监测出现的问题并及时进行纠正。但是过于严格的行为控制、频繁的监测和检查会限制成员的自主权,破坏成员彼此之间的信任,反而更不利于联盟的顺利发展。

2. 成果管理因素

(1) 联盟绩效。

产业技术创新战略联盟的绩效是在一段时间后取得的成绩和效果。联盟的绩效通常使用多维度综合评价法进行评价,其评价体系包括多个指标,例如财务状况、研发成果、员工水平提高等。绩效评估是指合作伙伴的既定目标在何种程度上得以实现。当目标实现时能够激励盟员保持合作关系并且投入更多的资源,而当联盟目标没能够完成时,会削弱盟员的积极性,也许会导致它们减少对联盟的投入以限制未来的风险,这样会导致联盟不稳定以及伙伴退出。盟员对联盟绩效的评价主要是考虑自身的付出和得到的收益。当感觉自己的投入大于得到的收益,或者其他伙伴的收益大于自身收益时,这种不公平感会导致盟员本身对联盟的不满,从而大大降低继续参与联盟合作的意愿,联盟极有可能会因为成员失去合作的意愿而终结。

(2) 利益分配。

参与联盟的主体其目的是提高自身利益和竞争的实力,因此在达到联盟预期目标、实现整体盈利的基础上,联盟的有效收益分配是影响产业技术创新战略联盟的一个关键性因素,这将直接关系到联盟长期稳定地发展。不公平的利益分配就会挫伤盟员的积极性,可能会导致合作关系的破裂,从而使联盟终结和解体。产业技术创新战略联盟利益分配机制的最重要原则就是公平性,不公平的利益分配会影响联盟成员之间的主动性和积极性,甚至某些盟员会以投机行为作为手段以寻求公平,盟员对收益分配的不公平感越强烈就越不利于联盟的稳定,这时需要采用合理的利益分享比例、风险补偿机制及政府补贴方式进行补救。公平的利益分配应采取更加合理的分配方法,如按照成员对联盟的边际贡献来进行分配,而并不是按最初的投入来进行分配,并且分配的利益要充分考虑到风险补偿,即承担风险越多的盟员应分配更多的利益作为补偿。

(3) 知识共享度。

知识共享是指在产业技术创新战略联盟中,各成员将自身所拥有的具有战略价值的技术、知识与对方进行共享。参与产业技术创新战略联盟的主体除了希望从联盟中共享研发技术成果外,更重要的是想通过参与联盟,共享其他伙伴的核心技术优势,学习对方的知识优势并将其转为己有。盟员在评价自身从联盟中获得的收益时,知识共享度是影响盟员合作满意度的一个重要方面,进而影响到成员对联盟管理机制和利益分配的认同感。如果能通过正式或非正式的交流方式获取合作伙伴的核心技术知识,那么成员对自身参与联盟的价值评价会更高,这样就可以增加联盟成员合作的意愿和动力;相反,若经济收益分配之外没有获取到对方的核心知识和技术,成员可能认为参与产业技术创新战略联盟的隐性收益率太低。单纯的经济收益是无法吸引盟员继续参与到联盟中的,会使它们产生消极的情绪,降低未来的合作意愿和动力,进而可能很使联盟不稳定,导致合作关系破裂。

综合上述分析可知,产业技术创新战略联盟各阶段的影响因素见表3-1。

表3-1 产业技术创新战略联盟各阶段的影响因素

联盟阶段	主导因素		关键指标
前期准备阶段	外部因素	政法因素	政府政策、法律法规、政局环境
		经济因素	国际、国内宏观环境、行业发展动态
		市场因素	市场资源配置、市场成熟度
		技术因素	产业技术成熟度、技术复杂度、技术周期、技术溢出效应
组建阶段	伙伴选择	成员匹配性	战略目标一致性、兼容性、能力匹配及资源的整合程度
		组织文化	经营理念、组织精神、文化氛围、价值观念和道德准则
		企业声誉	技术水平、整体竞争力、第三方评价
		联盟的合作经验	与内部成员以往的合作经验以及与联盟外部的合作经验
发展阶段	信任机制	合作期限	合作周期的长短、合作频率
		信息共享程度	信息对称性、内部流动性
		专用性资产投入程度	自身专用性资产投入程度、伙伴核心技术投入程度
		资源依赖程度	知识、技术、资金互补性和利益依赖性
商用管理阶段	管理因素	关系管理	成员地位变化、道德风险、冲突管理、控制机制
		成果管理	联盟绩效、利益分配、知识共享度

3.4 产业技术创新战略联盟稳定性的改进方法

产业技术创新战略联盟改进的主要方法就是通过提升联盟内部的信任度,进而提升联盟的稳定性。不难看出,当今时代随着市场经济的高速发展,信任在产业技术创新战略联盟中体现着日益突出的作用,联盟成员也愈加认识到信任的作用,一旦联盟成员之间相互不信任,机会主义就会横行,必然会导致其合作关系的破裂。由此可见,构建有效的信任机制对于维持联盟的稳定性意义重大,对产业技术创新战略联盟内部成员之间相互信任的关系的研究就变得更加势在必行。然而,信任机制的确立和经营是一个漫长、复杂的过程,这个过程必须依靠整个联盟中的每个成员相互协作,无私奉献自身的资源优势,更需要彼此相信,整合资源和技术,以提高联盟的创新效率。基于产业技术创新战略联盟的信任机制形成机理和保障机制,以此丰富产业技术创新战略联盟的发展理论。

3.4.1 产业技术创新战略联盟信任度的主要影响因素

要想实现良好的信任必须基于正确的选择,因此分析产业技术创新战略联盟成员之间相互信任的影响因素是不可或缺的过程。这部分内容通过定性与定量分析相结合的原则,选择正确的影响要素,为后文的层次分析以及模糊综合评价打下坚实的基础。当下国内外关于产业技术创新战略联盟成员之间的信任关系的影响因素的分析较为透彻。究其根本,主要影响因素可以分为以下4点:

1. 合作经历

具有良好的合作历史是双方连续选择彼此的坚实基础。双方的合作过程,不仅是各取所需、获取收益的过程,也是建立彼此之间更大信任的过程。所以具有良好的信誉度,无形中会给联盟成员本身带来收益,不仅会得到合作伙伴的肯定、极佳的口碑,同时也会吸引到潜在的合作对象。良好的合作经历,会使双方更加了解彼此,增进彼此的合作深度,大大减少合作中的交易费用。联盟伙伴合作次数越多、时间越长,成员之间的信任程度越高,合作风险越小,联盟合作越稳定。反之,贪图短期利益、破坏合作规则的行为是合作伙伴增进信任的绊脚石,良好的合作氛围也就无法形成。因此,每一次的合作机会都是后续合作的基石,联盟成员都必须珍视,逐渐构建较高的信任关系,为联盟的健康发展提供更大的可能性。

2. 联盟成员的声誉

随着社会主义市场经济的快速发展、市场化程度不断提高,追求产品质量已是大势所趋。产品本身以外的差异才是影响市场需求的根本因素。企业声誉就是其中一个因素,而良好的声誉是企业所拥有的独一无二的资源,这种无形的重要资源可以为自身带来实实在在的经济利益。但是积淀良好的声誉,一般需要联盟成员大量的时间、经费等的支出,还需要长时间的持续投入。一次的不良行为,就足以使自身的良好声誉毁于一旦。为了获得更多的长远经济利益,正常企业都不会选择使自己失信的策略。

良好的声誉不仅仅代表其他成员对自身历史的认可,并且预示着长期的发展潜力,更加重要的是,如果联盟成员之间没有过合作经验,良好的声誉就是潜在合作伙伴选择企业的最重要的标准。良好的声誉是双方建立信任关系的基础,一般来讲,拥有良好声誉的企业可信任度更高,走机会主义路线的概率就相对低,声誉差的企业可信度最低。因此在选择合作伙伴前,可以通过声誉来预判其信任度的高低,以此作为是否合作的主要依据。

3. 资源共享

通常来讲,企业加入联盟的目标就是取长补短,获得企业的外部资源,突破企业自身的资源约束,实现自身利益的最大化。这个过程中,资源共享是必不可少的,是增进盟员间彼此信任度的重要手段。通过资源的共享,更加地了解对方,并且信任对方,甚至彼此逐渐产生依赖,一荣俱荣、一损俱损。有效的资源共享可以增强企业内部的凝聚力,降低机会主义概率。总体来说,产业技术创新战略联盟内的资源共享程度越高,联盟成员彼此熟悉的程度越深,信任的程度也就越高。反之,若没有或有较少资源共享的成员便无法获得合作伙伴的信任,就很难融入联盟的发展,最终必定会被联盟所排斥、遗弃。

4. 法律的监管力度

法律是一种强制性的社会规范。首先,其惩治一定是可信的,若一个联盟成员背叛联盟,但是没有得到应有的惩治,那么整个联盟中的机会主义行为将会泛滥,理性的联盟成员不会再采取信任的策略,从此有效的联盟合作也就不会存在;其次,法律的惩治力度要加大,如果惩罚措施给其带来的损失比采取机会主义所获得的收益小,那么法律的作用就不能凸显。所以,一旦联盟成员背叛联盟,采取的法律手段就必须给其带来致命的打击。再次,法律上力度和信度的有效结合才能巩固联盟成员更好的信任关系。

当然,以上仅是影响联盟成员相互信任的部分相关因素,其他因素还包括:特定关系型投资、经营绩效、利益分配公平程度、成员承诺、中介服务体系等。在此只选取比较重要的因素,进行成员信任度分析。

3.4.2 提升产业技术创新战略联盟的信任度,促进联盟内部的稳定性

根据产业技术创新战略联盟的定义可以知道,产业技术创新战略联盟是由不同背景的成员组成的,并不能保证成员彼此之间不存在私心,故而会出现某些战略联盟高达50%的失败率。真正的信任是联盟成员彼此之间的默契,不需要契约以及法律约束,自律地完成属于自身的任务,按照规定合理享受分配到的利益,达到互利互信的境界。只有这样,建立在相互信任基础上的产业技术创新战略联盟,成员之间的猜疑、费用、时间的消耗才会降低,才能形成联盟成员之间的优势互补,在提升自身能力的同时带动整个产业技术创新战略联盟的良好发展。由此可见,保持良好的合作关系,信任是至关重要的。因此要建立信任对策,重视联盟信任的文化建设。产业技术创新战略联盟的内部成员来自不同的领域,比如企业与高校的文化差异就比较明显。即使来自相同的领域,成员的企业文化也都不尽相同。企业的文化主要包括理念识别系统、行为识别系统、视觉识别系统3个部分。不同的行业背景会有不同的价值观念、行为方式,成员之间的企业文化也必然不同,文化的差异造成了成员间建立信任的障碍。由此,产业技术创新战略联盟的内部文化建设需要所有成员的共同努力。

1. 正视联盟内部企业文化差异

正视联盟内部企业文化的差异,首先,要了解并且学习其他成员的企业文化,通过不断吸收外来文化,逐步了解外来文化的企业价值观和企业行为方式,完善自身的文化建设,尽量缩小彼此间的文化差异;其次,敏锐地识别企业文化差异,给予合作伙伴更加有力的文化理解与支持,"人敬者必先敬人",懂得包容,更懂得尊重伙伴的企业文化;最后,认识自身文化,用局外人的眼光来审视自身文化的弱点,争取与联盟文化相一致、统一,自身文化同样是文化差异的一部分,必须加以重视。文化不同并不代表共同目标不一

致,在联盟文化建设上,要保持宽容的心态,懂得正视差异,以确保在联盟成员之间建立统一的信任文化。

2. 塑造联盟统一文化

信任作为联盟宝贵的财富,是成员之间彼此合作的基础。产业技术创新战略联盟的文化要得到绝大多数成员的认可,要符合成员的基本价值观与行为规范。拥有良好的联盟文化可以加强成员之间彼此的信任,增强联盟凝聚力,可以降低联盟成员间矛盾出现的概率,促进产业技术创新战略联盟的和谐发展。彼此之间信任的培养主要依赖于成员自身的合作意识,一个高度发达的经济社会应当是物质产品与精神世界同时富足。信任意识强弱直接关系到联盟成员之间的关系,关系到联盟的发展与延续。成员之间应该主动地相互交流,相互学习,以便培养信任意识,取所长避己短。目前产业技术创新战略联盟的低成活率,恰恰说明成员之间的信任意识不到位,目光短浅,机会主义的倾向明显。产业技术创新战略联盟发展的过程中,竞争的关系没有得到很好的诠释,防人之心过于严重,所以不管多么优秀的合作伙伴,总会被当成竞争对手来看待。由于联盟成员的经济利益主导性过于明显,如博弈论中所述,博弈下的一次短视行为和过分追求自身利益,忽视其他人的发展,甚至于整个联盟的发展的行为,势必导致联盟无法进行统一规划、管理、经营,联盟的信誉也必然会受到影响,继而导致联盟的失败。信任意识是道德伦理行为的指向标,亦是经济基础的精神向导。因此要加强成员之间的信任意识,开展联盟成员间的信任文化培训,提高彼此间信息文化的透明度,营造整个联盟的信任文化氛围,加强文化的沟通,在确保自身文化得到良好发展的同时,使文化相互渗透,兼容其他成员的文化差异,实现不同文化的融合,这样才更有助于联盟内部信任关系的维持与优化。信任的培养过程需要付出,成员在加入联盟的过程中,一定会有大量的投入,如科技、金钱、情感,有投入,相应也要承担同等的风险。风险的存在以及机会主义的可能性,降低了彼此之间的信任。但是成员在加入联盟的过程中应该考虑到风险的存在只是暂时现象,一旦彼此之间建立了成熟的信任机制,双方在合作过程中的交易成本将会被大大降低。因此,为了长远利益以及整个联盟的良好发展,应该采用相互信任的态度来对待彼此,培养主动信任其他成员的意识,用积极的感情面对彼此,重视塑造联盟的信誉。

3. 构建完善的法律体系

产业技术创新战略联盟中的成员隶属于不同的领域,一般都是独立的法人,其中包括高校、企业、科研院所等。由于经济利益的牵扯,各方的协调会比较困难,此时,法律法规将有效缓解这种情况产生的压力。

(1)加强信用管理的法律法规建设。

法律具有强制性特点,对待联盟合作中出现的纠纷会产生有力的判决度,对于联盟的成员具有强大的约束力。法律法规的建设要紧密联系产业技术创新战略联盟成员的特点,坚持政府的主导地位,将企业、高校和科研院所作为主体,积极促进联盟成员之间合作的良性发展,以切实确保每个成员的自身利益。在法律法规的建设方面,政府应积极发挥自身主导者作用,尽力完善法律法规,以联盟成员所承认的信任制度为基础,建立一套符合广大成员要求、执法程序严明、科学合理的产业技术创新战略联盟的法律法规体系。这样形成的体系更有利于成员间信任的培养,有助于增强联盟成员的凝聚力,从而促进联盟的稳定发展。同时加大机会主义惩罚力度,确保违法必究,切实保障联盟的整体利益,增强惩罚的置信威胁。

(2)建立更有效的契约保障体系。

在产业技术创新战略联盟的组建过程中,契约的存在必不可少。存在契约并不代表彼此的信任程度会大打折扣,相反,契约可以更有力地控制机会主义的出现,增强联盟成员之间彼此的信任。尤其是在联盟组建初期,成员间的初次信任需要契约或抵押作为担保,以此作为成员接受彼此的新的开始。对于产业技术创新战略联盟成员间彼此信任关系的建立,契约具有至关重要的作用,但这并不能完全顾及到未来的发展,特别是不可预测的危机。因此,提高联盟成员之间欺诈的成本,加大对违约现象惩罚的力度,以确保惩罚的可实施性,这是培养产业技术创新战略联盟内部信任机制的有效手段。如果违约的成员得不到应有的惩罚,那么机会主义必然会泛滥,必定打击守信成员的积极性,导致优秀的联盟成员纷纷退出联盟,那么随之联盟就会瓦解。因此,对于联盟契约的规定需考虑以下几点:

一是要充分考虑到产业技术创新战略联盟未来的发展前景,对于未来可能出现的机会主义漏洞要提早制定有效的约定,将抱有投机取巧心理的成员拒之门外,避免已经加入联盟的成员之间出现猜疑心理,使联盟成员可以清晰看到联盟发展的美好前景,更积极地为联盟的发展做出成果。

二是加大违约行为惩罚的力度,对于破坏联盟发展的机会主义者给予更严厉的惩罚,使其投机取巧的收益远低于对其的惩罚力度,以起到相应的震慑作用,使所有成员都相信,违约就要受到惩罚,而且力度将非常大。

三是为了确保惩罚可信度,在自我实施惩罚不当的情况下,政府可以担当惩罚的实施者。政府拥有良好的公信力,联盟成员对于政府的承诺也会采取相信的态度,对政府的惩罚措施以及手段会产生相应的信服感,有足够的信心去信任,进而推动联盟的可持续发展。

4.制定合理的利益分享机制

一般情况下,产业技术创新战略联盟中的相关政策制定主要由主导成员操作,处于联盟边缘的成员无法对政策的制定起到很重要的作用。但恰恰这些成员更加关注政策的走向,尤其是关注有关利益的分配情况是否科学合理。

(1)经济利益的合理分配。

产业技术创新战略联盟得到高速发展的同时,兼顾公平的原则是不可或缺的。如果市场的份额不断扩大,但是成员间分配的比例却不能得到合理协调,付出与回报不成比例,那么弱势企业必然会对所在联盟的发展心灰意冷,产生缺乏安全感的想法,即使联盟得到再好的发展其主导成员也会失去很好的合作支持,联盟内的合作关系也难以维持稳定。因此,科学合理地分配联盟收益,能增强联盟成员的集体荣誉感,减少机会主义出现的概率,对联盟成员间彼此信任关系的建立非常重要。

(2)知识产权共享。

社会成员组建联盟另一重要目的是获得知识的共享。如今是知识经济时代,知识的作用不言而喻,无论企业、高校,还是科研院所,对于知识的渴求都非常强烈。对于高新技术企业来说,核心技术的保密性是绝对的,想要达到知识共享的目的,绝非一件易事。因此,对于同质的联盟成员,要进行技术的分享,就必须主动向其他成员分享自我的研究成果,争取联盟合作成员的信任,进行技术方面优势的互补,互通有无,在不断吸取别人已有成果的基础上,加深成员间彼此的信任程度,这样联盟成员间的合作会进入到一个新的阶段。

5. 发挥政府的监督协调作用

产业技术创新战略联盟是由企业、高校、科研院所聚集在一起形成的联盟,在中国特色社会主义初级阶段,政府是市场经济的引导者,应该发挥自身的监督作用,积极引导产业技术创新战略联盟向着健康稳定的方向发展。

(1)加强政府自身的公信力。

产业技术创新战略联盟中投机行为的出现主要是由于信息的不对称、逆向选择概率提高,而政府这一参与者可以有效缓解这样的情况。政府必须从加强自身公信力做起,做到信息高度透明,使联盟成员产生信服感。作为中国市场经济中不可或缺的一只手,政府必须严格按照有法必依、执法必严来要求自身,对于破坏联盟合作的机会主义者给予强力制裁,要坚持公正、公平、合理的处理原则,按照规定实施政府出台的政策,起到良好的诚信带头作用。

(2)建立诚信数据体系。

信息不对称造成机会主义横行。在市场经济的今天,信息作为最重要的资源,并未得到公平的共享,而处于信息劣势的成员,只能走在经济后沿,无法主动掌握自身的发展前途。作为最大的信息掌握者,政府应该具有大量的产业技术创新战略联盟的相关资料,这也正是政府在产业技术创新战略联盟构建过程中所具备的监督指导优势。为了确保联盟成员间诚信程度的提升,政府部门可以根据以往的数据,建立一套完善的信息共享体系,搭建更科学的信息平台,在此基础上建立属于联盟成员的诚信数据库,并根据每年或每周期的数据检查不断完善数据信息,将诚信记录作为评判成员的指标,不断提高信息的透明度。如果成员在加入联盟前,想了解潜在成员的诚信度,可以借助政府的数据库系统,征得政府部门的同意,从而获得相关成员的诚信记录。这样的数据库模式可为联盟成员提供专业的服务,并且大大减少机会主义的出现。

(3)加强联盟约束制度建设。

由于产业技术创新战略联盟发展先天存在风险,建立并健全联盟政策体系至关重要,其中相关约束制度的完善是最直接、最有效的手段。并且,产业技术创新战略联盟的成员需要相关制度约束来确保自身的利益,防范联盟合作中可能出现的各种风险。约束机制的作用在于提高诈欺的成本,对于不合作和不按约定合作的成员给予惩罚,使诈欺所获得的收益远远低于约束的惩罚,激励联盟内部成员的信任行为。因此政府在考虑联盟成员各种特性的基础上,也要尽可能制定完善的约束制度,既满足成员的要求,又要达到约束成员"出轨"行为的目的,为联盟的和谐发展创造更加良好的制度环境。当然政府制度的设立要考虑到联盟中的各方面是不大现实的,因此合作的信任意识培养也是至关重要的。政府可以通过加强对联盟成员的诚信教育,来强化成员的信任合作意识,为联盟发展提供和谐的氛围。

3.4.3 产业技术创新战略联盟成员信任度评价体系

产业技术创新战略联盟选择良好的合作伙伴是联盟各成员的首要任务,精准、高效地选择成员作为联盟合作伙伴,可以有效提高联盟的运行效率,降低联盟的失败概率,为产业技术创新战略联盟的健康且有序发展提供可靠的保障。

然而,众所周知,产业技术创新战略联盟在组建初期,由于受各种主客观条件的制约,成员之间对彼此的诚信程度并不完全知情,因此机会主义出现的概率就会加大,短期利益会成为联盟成员追求的目标,这就为联盟的不良发展埋下了伏笔,失败率高达50%也就不足为奇。从国外产业技术创新战略联盟的发展中可以领悟到,信任是联盟各成员合作的前提,缺乏信任的合作会无形中增加交易的成本,降低联盟的竞争力,甚至导致整个联盟合作的失败。因此,需要构建科学合理的信任度评价体系,运用层次分析法和模糊综合评价法具体分析联盟合作伙伴的信任度。以此为基础进行的伙伴选择,为整个联盟长期的稳定发展提供保障。

1. 产业技术创新战略联盟成员信任度评价的指标选择

在对成员相互信任的影响因素进行具体分析的基础上,确定提供具体依据的指标,以取得主要的指标为着眼点,依据《企业绩效评价标准值2012》,把影响因素和绩效评价标准进行结合,进一步提升指标的合理性,使评价系统更加具有信服力,丰富指标范围,使指标分析更加完善。在相关研究的基础上,具体指标的划分如图3-5和表3-2所示。

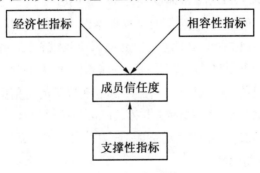

图3-5 指标分类图

表3-2 成员信任度评价指标体系详细情况表

目标层	一级指标	二级指标	三级指标
信任度综合评价	经济性指标	盈利能力的强弱	净资产收益率(y)
			总资产报酬率(y)
			成本费用利润率(y)
			主营业务利润率(y)
			现金保障倍数(y)
		资产质量状况	总资产周转率(次)
			不良资产比率(y)
			流动资产周转率(y)
		债务风险情况	资产负债率(y)
			速动比率(y)
	相容性指标	合作经历	合作诚意
			合作成功经历
			成员间的沟通效率
		资源共享	自身资源分享
			信息交流
			知识分享
		成员声誉	成员企业品牌知名度
			成员企业美誉度
			其合作伙伴素质
	支撑性指标	强制的法律约束	法律实施力度
			产权保护
			保障体系完善度
		政府职能	政府评价
			数据信息
			信任环境营造

(1) 经济性指标。

①盈利能力的强弱。

企业盈利能力的强弱直接关系到企业的价值体现,一般采用相对的各种比率指标来反映。

净资产收益率是衡量上市公司盈利能力的重要指标,同时也反映股东权益的收益水平。提高资产收益率也可以提高资产负债率,但会在一定程度上提高企业的风险。

总资产报酬率也称资产收益率、资产利润率、投资报酬率,即一定时期内企业取得的报酬总额和资产平均总额的比率。当该企业出现总资产报酬率偏低的状况,说明资产利用效率不高，表明该企业的经营管理同样有不完善的地方，因此要提高管理水平，完善管理制度，开源节流，增收节支。

成本费用利润率中的成本费用，实际上是企业为取得利润而付出的实际支出，因此该比率数值越高表明企业付出的实际支出越小，其获利能力反倒越强。

主营业务利润率是指主要盈利的业务利润率占总利润率的比率，通常代表整个企业获利方面的能力，主营业务的收入水平越高，公司的发展过程越顺利，公司的盈利能力越强，其抵抗风险的能力也越强。

现金保障倍数反映企业一定时期内经营活动所取得的现金是利息支出的多少倍，更加明确了企业实际偿付利息支出的能力。

②资产质量状况。

总资产周转率是分析资产使用效率的指标，比率越低，证明企业资产的利用率越低，那么在资产的运用过程中，将出现大量的资金"打水漂"现象。

不良资产主要是指在总资产中出现的坏账、不能为企业的良性发展带来收益的资产。如果不良资产比率过高，说明企业的资产运营能力出现问题，后果会比较严重。

流动资产周转率主要体现资产的运用效率，以及资产的节约情况。

③债务风险情况。

资产负债率主要反映企业的偿债能力，至于负债的合理比率数量，并没有一个明确的标准，主要是要权衡好收益与风险的利弊得失。

速动比率涉及存货的概念，更加准确地表述了企业的短期偿债能力。企业速动比率的量不可一概而论，要根据实际的情况来具体分析。

（2）相容性指标。

①合作经历。

合作的过程就是相互了解的过程，一次、两次、几次的合作足以证实合作伙伴的合作动机，对彼此的了解也会更加深刻，其中包括行为方式、企业文化、价值观以及利益目标等的彼此了解。彼此的合作诚意越大，彼此的信任程度就会相应越高，相互之间交流就会越频繁，合作会更多，从而节省更多的时间以及费用。合作的成败关系着信任是否会持续，最终影响联盟的成活率。而成员间有效的沟通，是成员彼此间建立信任的基石。

②资源共享。

建立联盟的直接目的是获得合作伙伴的有效资源，达到资源的充分借鉴、合理利用，取长补短，以弥补自身的不足。良好的合作伙伴会积极地分享自身的资源，拿出善良的态度，同时也会积极争取可以分享的他人成果，相互之间的无障碍分享也是彼此信任建立的重要手段。资源的分享同时可以增加彼此的信赖程度，增进彼此的熟悉程度，进一步增强内部凝聚力，以达到彼此不分家的目的，信任就随之产生。

③成员声誉。

良好的声誉是门面，这是其他潜在成员选择其成为合作伙伴的第一准则。由于拥有良好声誉的成员建立自身声誉很不易，所以不会轻易走机会主义路线，不会投机取巧，更多的会采取尊重彼此的策略，按照规章办事，甚至为联盟做出一些小的所谓的自我牺牲。

良好的声誉不仅可以带来更多的合作机会,而且可以进一步打响自身品牌声誉,提高声誉价值,不断地提升自我,进而吸引到拥有实力的潜在合作伙伴。

(3)支撑性指标。

①强制的法律约束。

法律具有强制性的特点,对待联盟合作中出现的纠纷会产生有力的判决度,对于联盟的成员同样具有强大的约束力。法律实施力度、对产权的保护及保障体系的完善度能促进联盟成员间合作的良性发展,切实保障每个成员的自身利益,有利于成员间信任的培养,更有助于增强联盟成员的凝聚力,进而促进联盟的稳定发展。同时有利于遏制机会主义行为,减少其背信弃义对联盟造成的损失。

②政府职能。

在中国特色社会主义初级阶段,政府是中国市场经济的引导者,在经济迷茫的阶段,应该发挥自身的监督指导作用,积极引导产业技术创新战略联盟向着健康稳定的方向发展。政府的监督指导职能不仅能满足联盟成员的基本要求,并且能有效制约破坏联盟稳定的行为,为联盟的发展提供一个和谐的氛围。

2. 产业技术创新战略联盟成员信任度的评价方法

美国学者提出的层次分析法基于有待解决的问题,将复杂、多目标的问题看成一个单纯的系统问题,先分解为多个层次,进而再分解成多指标的问题。从最低层次开始,分别计算出对上一层次的影响程度或者所占比重,层层递进,最终获得最优权重者即为最优的方案。此时的权重是度量某一指标重要程度的最佳表示方法,在权重的相关分析基础上,利用相关定量元素,实现决策定量的分析,从而为复杂决策提供简洁明了的解决办法。此方法很好地结合了定量与定性的分析,将复杂的系统问题进行分解,使运算的过程简单化,以便于人们理解。通过一定简单逻辑的运作,最后进行简便数学运算,这种解决方法非常容易为普通决策者所接受。对于一些决策结果难以准确计量的决策问题,系统内的相关因素往往无法完全用定量的方式进行分析,层次分析法采用定量与定性相结合的方式,实现了定量的计算,更好地解决了此类问题。

模糊综合评价法由美国的查德教授提出,其对事物的不确定性进行表达。其理论核心是通过决策中影响因素之间的这种模糊关系,淡化不够明确的概念,不直接对事物本身做肯定或否定评价,借助模糊集合的概念来表达信息,对无法直接评判或无法用其他方法评判的事物进行模糊处理,以获取对具体事物的基本认识。由上面的分析可以看出,模糊综合评价法针对的解决对象是内部复杂、结构繁多、不易直接评判的系统问题。

本书研究采取层次分析法与模糊综合评价法相结合的方式,在多因素、多层次分析的基础上,根据已有的影响因素,通过两两相比较确定权重的比例,建立多层次的评价体系。当然由于有人为因素的加入,各评价指标都具有不确定性,将定量与定性结合,使评价结果变得更加准确,更加具有说服力。

3. 信任度的评价模型

(1)多层次分析。

首先要具有明确的逻辑层次,通过层层划分找到明确的研究目标,形成独立的分析层面,总体上形成一个自上而下的层次结构,由小及大使整个系统问题得到分解,从而得到更透彻的分析。通常复杂的决策问题更需要一个清晰明了的考虑思路,对影响决策的因素进行具有层次的分类,分层但却不分离,然后运用层次分析法了解决策偏向是否正确。具体分层为:

目标层——比如综合评价联盟信任度,以促进联盟的稳定发展。

准则层——此层是衡量目标层的实现可能性,比如评估成员的资产收益、负债等。

措施层——是实现目标的具体方案、手段。

不同的分析层面可以构成一个层次分析结构图(如图3-6所示)。

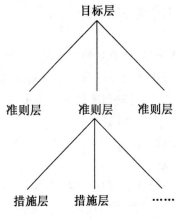

图3-6 层次分析结构图

(2)具体矩阵分析。

①仔细选择标度。

根据已有分析采取标度定义法对指标层中的相关因素的重要性进行评价。例如:K元素作为上层元素,对影响K元素的下层指标(K_i,K_j)进行两两依次比较,比较的结果最终形成判断矩阵。用$A=(a_{ij})_{nn},a_{ij}>0,a_{ij}=1/a_{ji}$表示,得出一定的数值结果,以此说明彼此的关系,比较各自对上层的影响程度(见表3-3)。

表3-3 标度定义

重要性标度	内容
$1=a_y$	K_i与K_j相比较,具有同等重要性
$3=a_y$	K_i与K_j相比较,K_i比K_j稍微重要
$5=a_y$	K_i与K_j相比较,K_i比K_j比较重要
$7=a_y$	K_i与K_j相比较,K_i比K_j明显重要
$9=a_y$	K_i与K_j相比较,K_i比K_j绝对重要
$a_y=2,4,6,8$	介于上述两个相邻判断的中值
$1/a_y$	$a_y=1/a_y$

②判断矩阵的构建。

依据表3-3的标度,并进行依次的比较,从而得到合理的判断矩阵(见表3-4)。

表3-4 指标对比判断矩阵

指标	K_1	K_2	……	K_n
K_1	a_{11}	a_{12}	……	a_n
K_2	a_{21}	a_{22}	……	a_n
……			……	
K_n	a_{n1}	a_{n2}	……	a_m

在判断矩阵 $M = (a_{ij})n \times n$ 中,元素 i 与 j 相对重要程度比为 a_{ij}。而 a_{ij} 存在以下的关系:$a_{ij} = 1, a_{ij} > 0, a_{ij} = 1/a_{ji}(i,j = 1,2,\cdots,n)$。假设在相同目标层中,指标 $K_1, K_2, K_3, K\cdots\cdots K_n$ 表示对于彼此的重要性的比较,得到的判断矩阵见表3-5:

表3-5 判断矩阵举例

K	K_1	K_2	K_3
K_1	1	m	n
K_2	$1/m$	1	v
K_3	$1/n$	$1/v$	1

由上面的数据构造的判断矩阵:

$$P = (a_{ij})_{3 \times 3} = \begin{bmatrix} I & m & n \\ \dfrac{I}{m} & I & V \\ \dfrac{I}{N} & \dfrac{I}{V} & I \end{bmatrix}$$

根据此矩阵可知,其他矩阵按照此方法可求得。将指标的两两比值做出矩阵 A_{n*n},W 为指标做出的矩阵,如果右乘矩阵 A,即得 $AW = nW$,若矩阵 A 有如下特点:$a_{ij} = 1, a_{ij} = \dfrac{1}{a_{ji}}, a_{ij} = \dfrac{a_{ij}}{a_{ik}}$,那么该矩阵拥有唯一非零的最大特征值 $\lambda_{max} = n$。

③计算权向量并做一致性检验。

当给出的判断矩阵 A 具有上述特征,则该矩阵具有完全的一致性。对于复杂的系统其决策相关影响因素,通过两两因素之间的相互比较发现,人为造成的外界影响和主观臆断性必然相伴而生,完全一致的可能性不是很大,所以误差的存在是必然的。为了防止误差过大,当 A 矩阵完全一致时,由 $a_{ii} = 1$,$\sum_{i=1}^{n} =$ 存在唯一的非零 $\lambda = \lambda_{max} = n$,而当 A 矩阵存在的判别值不一致时,一般是 $\lambda_{max} \geq 0$。此时 $\lambda_{max} + \sum_{i=max} = \sum_{i=1}^{n} a_{ii} = n$,

于是 $\lambda_{max-n} = \sum_{i=max}$,以其平均值作为检验判断矩阵一致性指标(CI)

$$CI = \frac{\lambda max}{n-1} = \frac{-\sum_{i=max}}{n-1}$$

当 $\lambda_{max} = n$,CI = 0 即为完全一致。所以得出判断,当 CI 值越大的时候,该矩阵的完全一致性就会随之越差,一般只要 CI ≤ 0.1,则认为可以接受该判断矩阵的一致性,反之就要进行重新比较和判断。当判断矩阵的维数 n 向越大的值趋近,判断的一致性就会随之越差。这时引入一个修正值 RI,并选取相对比较后使其更加合理的 CR 作为衡量矩阵一致性的指标。

$$CR = \frac{CI}{RI}$$

RI 作为随机一致性的平均指标,见表 3-6:

表 3-6 修正值

矩阵阶数	1	2	3	4	5	6	7	8
RI	0.00	0.00	0.58	0.90	1.12	1.24	1.32	1.41

④计算合成权重。

通过软件计算,可以得知当某一指标相对于某一对应的准则层其权重为 W_1 时,则此准则层相对于目标层的权重为 W_2,则合成权重 $W = W_1 \times W_2$,即某指标层指标相对于目标层的权重。

(3)模糊综合评价法。

首先,将稳定性评判的因素集合:$A = \{A_1, A_2, A_3 \ldots A_n\}$,表示 n 个评价指标,即本章节前面所选取的各评判因素指标的集合。

其次,确定评价稳定性权重集。正常的评价指标的重要程度一般是不一样的,为了更好地反映各指标的权重,对其因素进行重组,各权重所组成的集合,称为权重集 W,$W = (w_1, w_2, \cdots, w_n), w_i \geq 0$。

再次,确定评语集。$V = \{V_1, V_2, V_3 \ldots V_m\}$,表示参与评价的人员可以选择对各个指标的评价标准的集合,以代表成员对此指标的态度,总结所有成员的评判集合以便更好地形成对整个系统体系的评判。当然,这个标准对于各个指标层都是相同的。本章节定义评语集为 L,$L = \{非常好,好,一般,差,非常差\}$。

最后,因素集与评语集的隶属度矩阵。用 Ri 表示稳定性的隶属度,即对因素做出的评定,因此,假设对第 i 个考核因素的 u_i 隶属度向量为 $R_i = (r_{i1}, r_{i2}, r_{i3}, \cdots r_{in})(i = 1, 2, \cdots, n)$。

因此得出整个因素的隶属度组成的评判矩阵

$$R = \begin{bmatrix} r_{11} & r_{12} & \cdots & r_{1n} \\ r_{21} & r_{22} & \cdots & r_{2n} \\ \cdots & \cdots & \cdots & \cdots \\ r_{s1} & r_{s2} & \cdots & r_{sn} \end{bmatrix} \quad (i=1,2,\cdots,n)$$

即有 $\sum_{i=1}^{m} r_{ij} = 1 \quad (i=1,2,3,\cdots,n)$

一级综合评判：

在已知因素集内元素的隶属度与权重向量的基础上，可以构造出因素集的评判集。

二级综合评价：

根据 A_k 在因素集中的比例，确定其权重向量 $A = (a_1, a_2, \cdots a_m)$，将因素集的评判结果作为评判矩阵：

$$\boldsymbol{R} = \begin{bmatrix} B_1 \\ B_2 \\ \cdots \\ B_s \end{bmatrix} = \begin{bmatrix} b_{11} & b_{12} & \cdots & b_{1n} \\ b_{21} & b_{22} & \cdots & b_{2n} \\ \cdots & \cdots & \cdots & \cdots \\ b_{s1} & b_{s2} & \cdots & b_{sn} \end{bmatrix}$$

由此得到的综合评判集为

$$\boldsymbol{B} = A * R = (b_{11}, b_{12}, \cdots b_{im})$$

其中，$b_i = \sum_{j=1}^{m} a_i * y_{ij} (i=1,2,3,\cdots n)$

(4) 多级模糊综合评价法。

对于复杂的评级目标，单纯的低层评价对最优的策略无法做出一个合理的解释，所以多级评判的加入就成为必然，等同于低层评价方法，按此法得出若干的方案最终获得评价分数，以最大隶属度原则为评判依据，得出最优答案和结论，最终的评价分值越高，那么其信任度就会更高。

第4章 产业技术创新战略联盟的政府行为分析

自2007年6月,我国开始启动产业技术创新战略联盟试点工作以来,陆续有3批次共146家联盟单位参加了试点工作,截至2019年3月,国家级试点联盟单位共计160家。2008年12月30日,科技部、财政部、教育部、国务院国资委、中华全国总工会、国家开发银行六部门联合发布了《关于推动产业技术创新战略联盟构建的指导意见》(以下简称《指导意见》)。《指导意见》的出台对于产业技术创新战略联盟试点工作的启动和发展给出了明确的意见和具体要求。产业技术创新战略联盟是一种全新的现代组织形式,其作为新型产、学、研协同创新的一种组织形态,已被众多当代企业家视为实现企业全球发展战略的最迅速、最经济的方法之一。目前,也已经成为实施国家创新驱动发展战略、建设我国技术创新体系的重要手段和载体。从目前全国的产业技术创新战略联盟的发展情况来看,虽然联盟成员数量较多、联盟的组织方式存在差异,但几乎所有的产业技术创新战略联盟都是在政府的引导与支持下实施的,而企业则联合高校和科研院所作为联盟的主体,参与联盟的组建和实施。通过政府支持产业技术创新战略联盟的发展,促进产业技术创新发展已经成为各国产业政策的重要发展趋势。本章主要研究产业技术创新战略联盟中各主体的行为特征,重点分析政府行为在产业技术创新战略联盟中的介入及作用发挥。

所谓产业技术创新战略联盟的政府行为,是指政府在产业技术创新战略联盟的组建、实施进程中所采取的所有行为的总称,包括政策法规制定、资金拨付管理、引导扶持、监督管理等行为。政府虽不是联盟成员,但政府引领着产业创新的方向,参与到产业技术创新战略联盟之中,很大程度上影响着战略联盟的发展。对产业技术创新战略联盟的政府行为的分析是产业技术创新战略联盟研究不可缺少的部分。

4.1 产业技术创新战略联盟的主客体因素构成

在产业技术创新战略联盟中,企业、高校、科研院所构成了产业技术创新战略联盟的主体,通过组建产业联盟,三者之间实现优势互补、利益共享、风险共担的要素双向或多向流动。关于联盟分类的研究,邱晓燕(2011)按照市场集中度、核心成员企业在产品市场上的关系以及核心成员的综合实力对比3个维度,将联盟分为集中型对称伙伴联盟、集中型对称竞争联盟、集中型不对称竞争联盟、分散型对称竞争联盟、分散型不对称竞争联盟等类型。在产业联盟合作层面上,秦杰(2011)将产业技术创新战略联盟分为研发合作产业联盟、技术标准产业联盟、产业链合作产业联盟、市场合作产业联盟4大类。由于产业技术创新战略联盟中各参与主客体的目标、需求以及追求的利益各不相同,因此产业技术创新战略联盟的组建及实施相对复杂多变。

4.1.1 产业技术创新战略联盟的主体因素

产业技术创新战略联盟是以企业为重要主体,联合高校、科研院所或其他组织机构,以产业技术创新发展需求和各方的共同利益为基础,以提升产业技术创新能力为目标,以具有法律约束力的契约为保障,在市场经济条件下,形成的联合开发、优势互补、利益共享、风险共担的产、学、研结合的技术创新合作组织。产业技术创新战略联盟的主体为企业、高校、科研院所。其中,政府作为产业技术创新战略联盟中不可缺少的成员,在整个产业联盟的组建及实施过程中起着引导和支持作用,可以说,也是产业技术创新战略联盟的主体之一。下面,将逐一介绍产业技术创新战略联盟的各个主体因素。

1. 企业:市场与技术创新的主体

企业主宰着新技术与新市场。企业作为联盟技术创新的主体,在整个创新链条中的地位和作用十分突出,直接主导着技术创新活动,在产业联盟中发挥着主导作用。经济全球化的趋势日益加剧,企业要想凭借其内部资源进行创新,进而在行业内保持竞争优势,具有很大的挑战性。在激烈的市场竞争环境中,要学会与其他企业、高校及科研院所进行密切的合作,以持续保持企业核心优势和市场竞争力。此外,在企业的生产经营过程中,实现与行业内其他企业、高校及科研院所的技术创新合作,成为企业实现创新成果输出的重要方式之一。作为产业技术创新战略联盟组建和实施的重要主体之一的企业,必须高度重视技术创新、持续开发新产品以及新技术,拥有足够雄厚的科技研发力量,并不断强化创新能力培养与建设,在市场中主动寻求创新合作伙伴,积极参与产业技术创新战略联盟的计划,积极投入到产业联盟核心技术的研发活动中去。

2. 高校及科研院所:人才与知识的摇篮

高校与科研院所是人才、技术等资源的聚集地,是我国培养高层次创新人才的重要基地,拥有技术创新所需的人才源和创新源,是知识资源最为丰富密集的场所,在很大程度上决定着技术创新的发展方向与趋势,构成了知识创新的主体。因此,高校和科研院所应充分利用自身良好的基础研究能力与丰富的应用研究经验,创建技术创新战略联盟所需的人才队伍,切实发挥知识创新的技术支撑作用。

产业技术创新实施的前提是拥有大量专业的具备技术创新能力素质的高科技优秀人才,高校和科研院所正是人才培养的基地和摇篮。高校和科研院所在履行自身教学科研任务的同时,更应该积极参与企业的生产经营与技术创新活动,加强自身与企业之间的信息与合作交流,鼓励并大力支持大学生的创业活动。将教学理论与生产实践紧密结合,在创新技术中不断修正理论,丰富实践经验,促进科技成果迅速转化为生产力创新型经济的发展。

3. 政府:政策与资金支持者

政府是产业技术创新战略联盟组建与发展的全力倡导者与推动者,在促进产业技术创新战略联盟发展的过程中起着十分重要的作用,也是产业技术创新战略联盟的主体之一。在产业技术创新战略联盟的组建及发展过程中,企业是市场开拓以及新技术创新的主体,高校和科研院所则履行并发挥着产业技术创新的技术支撑作用,对于产业技术创新战略联盟主体之一的政府而言,则应该积极创造产业技术创新战略联盟的优良发展环境,在宏观机制、政策法规颁布、基础设施建设、资金保障、组织保障等方面给予优先适当倾斜,引导并鼓励产业联盟实现健康良性发展。

针对联盟主体之一的企业,政府可以采取各种激励手段,引导企业的发展方向与国家宏观经济目标保持一致。针对联盟主体高校及科研院所,政府则应在资金及项目扶持上加大投入力度,在财政资金拨付等方面给予保障,使其能够拥有足够的项目资金进行技术开发,切实解决企业发展过程中遇到的实际难题,实现产业技术创新战略联盟的最终目标,从而整体提高产业技术创新战略联盟的创新成效。在产业联盟中,政府应发挥其管理职能,成为连接企业、高校及科研院所的纽带,不断整合优化企业、高校及科研院所的创新资源,规范产业技术创新战略联盟成员的行为,促进产业技术创新所需的各种生产要素的有效结合,从而促进产业技术创新战略联盟经济的迅速增长。

4.1.2 产业技术创新战略联盟的客体因素

产业技术创新战略联盟的发展不仅受到联盟主体的影响,同时,外部政治、经济环境等的变化,对产业技术创新战略联盟的生存与发展也起着关键性的作用。因此,在分析了解产业技术创新战略联盟主体因素构成的基础上,对产业技术创新战略联盟客体因素的分析也不容忽视,必须客观审视、科学分析。如国家对于产业技术创新战略联盟所采取的政策法规、国家经济发展状况、社会文化氛围、人口文化水平以及法律意识等。这些客体因素对于促进联盟的生存及联盟经济的发展至关重要。

1. 政治因素

为促进产业技术创新战略联盟的发展,我国政府出台了一系列政策法规,实施了多项产业联盟发展相关政策,并以立法的形式大力扶持产业联盟的发展,积极培育优良的产业联盟发展政策环境,助推产业经济的健康发展。

(1)顶层设计方面。

《国家中长期科学和技术发展规划纲要(2006—2020年)》指出科技工作的指导方针及科技体制改革的重点任务,即自主创新,重点跨越,支撑发展,引领未来。从增强国家创新能力出发,加强原始创新、集成创新和引进消化吸收再创新,把提高自主创新能力摆在全部科技工作的突出位置。鼓励企业与高校、科研院所建立各类技术创新联合组织,增强技术创新能力。

2008年12月30日,财政部、科技部、教育部、国务院国资委、中华全国总工会、国家开发银行六部门联合发布了《关于推动产业技术创新战略联盟构建的指导意见》(国科发政〔2008〕770号)。其从推动联盟构建的指导思想、坚持的基本原则、联盟主要任务、联盟试点工作等方面给出了切实的指导意见,对产业技术创新战略联盟的组建具有重要的指导意义。

(2)法律立法方面。

2015年8月29日第十二届全国人民代表大会常务委员会第十六次会议通过《全国人民代表大会常务委员会关于修改〈中华人民共和国促进科技成果转化法〉的决定》,修正了《中华人民共和国促进科技成果转化法》,技术创新联盟这种组织形式首次在法律条文中"亮相",旨在鼓励通过技术创新联盟等产、学、研合作方式,开展研发、成果实施和标准研制活动,为产业技术创新战略联盟的创建及发展提供法律依据。

(3)执行操作方面。

一是2008年出台了《国家科技计划支持产业技术创新战略联盟暂行规定》(国科发计〔2008〕338号)。

二是依据《中华人民共和国合同法》以及科技部等六部门《关于推动产业技术创新战略联盟构建的指导意见》形成《编写参考》,供产业技术创新战略联盟构建时参考使用。

三是2009年出台了《国家技术创新工程总体实施方案》(国科发政〔2009〕269号)等,对产业联盟的具体执行发展给出了操作层面的指导。

(4)总结指导方面。

为了客观反映创新型企业建设的进展和成效,系统总结创新型企业的成长规律,科学引导创新型企业的发展,自2009年起,科技部、国资委、全国总工会支持编撰出版了大型系列年度报告——《中国创新型企业发展报告》,其中,《2011中国创新型企业发展报告》总结了2010年以来创新型企业建设的进展,重点探讨了创新型企业海外研发机构建设的做法和经验,正式发布2010年度创新型企业TOP 100榜单。

各地政府、各省市根据中央法律法规的要求,也相应制定了地方性法律法规,以此规范产业联盟的行为。安徽省、山东省、福建省陆续颁布了有关产业技术创新战略联盟的实施意见的通知,从联盟立项、组织机构、内部管理、联合方式、资金管理、利益分配等方面进行了详细的法律规定,使产业联盟的发展具备了切实可行的操作性,对联盟的健康发展起到了良好、积极的促进作用。

2. 经济因素

产业技术创新战略联盟的经济因素主要包括市场因素、要素聚集成本因素、创新成果转化因素等多方面。而技术创新活动具有很强的不确定性,主要表现在:

(1)技术因素的不确定。

联盟的合作创新项目中,辅助技术的缺乏、核心技术的突破问题以及替代技术的不断出现,这些情况都可能导致联盟的技术创新活动终止。

(2)市场的不稳定性。

对市场预测不准确、新技术冲击、创新产品被模仿等不确定因素的出现,这些都会给技术创新活动带来风险。

(3)其他不确定因素。

技术人才创新能力不足、项目资金投入不够以及技术创新外部因素的不确定都会导致创新项目的失败。

因此,产业技术创新战略联盟的各参与主体,在进行合作创新技术选择、科技成果转化等工作时,都应当进行经济环境分析,认真审视联盟主体承担风险的能力,减少或避免风险带来的损失。同时面对出现的风险,按照合同约定积极面对,主动承担责任,保证产业技术创新战略联盟的正常运行。

3. 社会文化因素

产业联盟的发展很大程度上受制于社会文化因素的影响,相同或相似的文化及价值观可以使产业技术创新战略联盟成员间的协调沟通更为顺畅,大大减少协商成本,更容易接近或实现联盟的目标,大大缩短创新成果转化的过程,促进联盟团队的和谐统一。由于各联盟成员在文化背景、价值观取向等方面都存在着不同程度的差异,因此,在产业技术创新战略联盟中,应高度重视各联盟主体及参与成员的文化背景,求同存异,促进整个产业联盟的健康发展。

4. 产业技术因素

产业技术创新战略联盟的创新能力对于产业联盟的成败至关重要。为此,在产业技术创新战略联盟的组建过程中,要充分考虑各个联盟成员的技术互补性、技术先进性以及技术的可持续发展性等,从而保证在联盟的运行发展中,保持联盟各参与主体核心技术能力的不断提高,形成强大的技术组合优势,提高联盟的整体技术创新能力。

4.1.3 产业技术创新战略联盟的主客体关系分析

产业技术创新战略联盟的发展过程中,主客体任意一方发生变化,都会对其他因素产生影响。具体表现在:

1. 主体行为影响客体发展

作为产业技术创新战略联盟的主体——企业、高校和科研院所,它们的行为方式会极大影响国家政治、经济、法律、社会文化环境等客体因素的发展。政府是产业技术创新战略联盟的政策引导及资金资助者,企业引领着技术研发创新领域的新市场和新技术,高校和科研院所在产业技术创新战略联盟中注重人才和创新资源的投入。在政府的政策引领和资金扶持下,企业对于新技术、新产品和新市场的开发能力逐步增强,高校和科研院所加大高科技创新人才和资源的投入。产业联盟主体的这些行为变化,通常伴随着经济发展体现出来。产业联盟主体的行为方式将主导产业技术创新战略联盟客体,并对客体产生绝对影响。

2. 客体状况影响主体行为

国家实施经济发展战略等一系列宏观政策以及经济环境、政治、社会文化环境等的变化,都将对联盟主体的行为产生重大影响,其影响市场及技术方向的选择、高校和科研院所参与产业联盟的程度,从而进一步影响产业技术创新战略联盟的运行模式。

3. 主客体相互作用

产业技术创新战略联盟受主体因素和客体因素的共同影响。其中主体因素和客体因素是相互联系、互为影响的,并不能独立地看待各要素对产业技术创新战略联盟的影响。因此,必须全面、系统、科学地分析产业技术创新战略联盟主客体各要素之间的关系(如图4-1所示),理解其对产业技术创新战略联盟产生的作用。

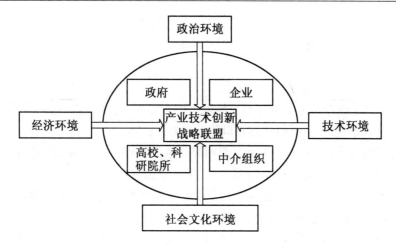

图 4-1 产业技术创新战略联盟主客体因素结构图

4.2 产业技术创新战略联盟的主体行为特征

一般情况下,我们认为产业技术创新战略联盟的主体为企业、高校和科研院所,但国内外文献及大量实践材料证明,政府在产业技术创新战略联盟的组建及发展进程中起着关键的作用,其联盟主体身份不可或缺,其亦可作为产业联盟发展的行为主体之一。但也有许多学者认为,政府不应介入产业技术创新战略联盟的发展中,因为在市场体系下市场是产业技术创新战略联盟发展的决定性因素。本节着重分析企业、高校和科研院所的主体行为特征。

4.2.1 企业的主体行为特征

根据技术实力及综合创新能力的强弱,可将企业进一步分为主导企业和跟随企业。因此,可将企业的主体行为特征进而划分为主导企业的主体行为特征和跟随企业的主体行为特征两类。下面将从企业的联盟目标、联盟优势以及联盟策略3个方面对主导企业和跟随企业的主体行为特征进行分析。

1. 主导企业的主体行为特征

主导企业是在产业技术创新战略联盟的组建及发展过程中,拥有雄厚技术能力及技术创新能力的企业。这类企业成为产业技术创新战略联盟的主导方。

(1)主导企业的联盟目标。

主导企业相对于跟随企业而言,拥有领先的科学技术、一流的管理经验、充足的资金保障、优秀的企业文化及品牌效应,多数都是行业内的龙头领导者,参与产业技术创新战略联盟的目的主要有3个:其一是企业短期目标的实现。对于主导企业来说,短期内可以通过市场份额的不断增加以及进行技术转让而获得丰厚的利润回报。其二是从企业的长远发展来看,通过产业联盟合作进而将成熟且闲置的技术转让给跟随企业,达到合理配置资源、延长技术使用周期等目的。其三是通过产业联盟合作,获得更多的国家层面给予的优惠政策,不断增强企业自身的技术优势,促进产业技术创新战略联盟的合作发展。

(2)主导企业的联盟优势。

作为产业技术创新战略联盟绝对主体之一的主导企业,在联盟发展中表现出更多的联盟优势及行业垄断优势,具体体现在以下3个方面:

一是行业管理优势:主导企业一般都拥有较强的行业管理经验、先进的企业管理体制、科学性及可运行性十足的机制,并能带动整个行业的发展。

二是技术创新研发优势:产业联盟的发展主要依靠技术创新与研发能力。主导企业掌握最新的核心生产技术及能力,主导着行业的发展趋势,能够依靠强大的研发技术能力,掌握某一高端技术领域的研发技能,进而在产业技术创新战略联盟中占据重要地位。

三是产品品牌优势:主导企业拥有强大的资金保障及先进的技术研发能力,凭借优良的企业管理理念及文化,能够创造出自身的产品品牌,培育企业独特的产品文化。同时,还具有广阔的产品市场认可空间及多元的产品销售渠道等一系列品牌优势。

(3)主导企业的联盟策略。

在产业技术创新战略联盟的组建及各个发展阶段,各成员单位都具有各自的联盟策略。主导企业的策略的选择会对其他联盟方及成员实施的策略产生影响,从而影响整个产业联盟的组建及发展。主导企业可以有两种联盟策略选择:"组建"和"不组建"。主导企业对联盟策略的选择反映出其对联盟组建的态度。

主导企业的联盟策略选择一般基于如下几个影响因素:

一是均衡的联盟成员技术能力与创新优势。产业技术创新战略联盟组建运行后,主导企业、跟随企业、高校及科研院所的技术能力应尽量保持一致,任意一方出现技术能力不足或是科研创新能力欠缺等情况,都将影响主导企业的联盟策略,从而影响联盟的合作发展。

二是充足的市场产品需求潜力。产业联盟成员的共同目标之一就是追求无限的产品利润空间,扩大产品市场份额。充足的市场产品需求潜力是维持产业联盟合作的前提之一。

三是优惠的政府政策扶持。政府的行为对产业联盟的发展至关重要。政府的政策优惠及扶持力度直接影响各产业联盟参与方的利润空间及联盟的发展。

四是适合的联盟组建成本。主导企业一旦决定参与产业联盟的合作,不可避免要考虑联盟组建成本。适合的联盟组建成本能够促进主导企业的联盟参与度,促成联盟合作。如果联盟组建成本较高,甚至超出主导企业的预期,将导致主导企业对联盟参与热情的减少,从而不利于产业联盟合作的形成及发展。

2. 跟随企业的主体行为特征

跟随企业在产业技术创新战略联盟的组建及发展过程中,在某项技术领域处于领先地位,但不具备综合技术创新能力。这类企业在产业技术创新战略联盟中处于从属地位。

(1) 跟随企业的联盟目标。

跟随企业由于不具备综合的技术创新能力和优势,是产业技术创新战略联盟中的弱势群体,在产业技术创新战略联盟的运行过程中处于从属地位。跟随企业参与联盟的目的主要有以下3点:

一是通过与产业技术创新战略联盟中的企业、高校和科研院所进行合作,一方面提升自身的技术创新水平和研发能力,提高企业市场占有率,缩短与主导企业之间在技术创新领域的实力差距。另一方面学习主导企业先进的企业管理模式和经验,便于形成企业独有的产品文化和品牌文化。

二是通过和主导企业之间的合作沟通,获得对于自身企业来说更先进的技术创新成果,从而降低技术创新所产生的成本和风险,并将新技术快速投入市场,获得更大的利润空间。

三是在产业技术创新战略联盟合作中,政府是联盟发展的引导者和资金支持者,只要参与到产业技术创新战略联盟中,跟随企业就会有更多争取到发展所需的充足资金以及优惠的政策扶持的机会,便于企业自身扩大生产经营,提升市场竞争力。

(2) 跟随企业的联盟优势。

相对于主导企业而言,跟随企业在技术创新能力、品牌效应、内部管理机制等方面都与其存在较大差距。即便如此,作为弱势企业通常在产业技术创新战略联盟中也存在自己的独特优势。跟随企业的联盟优势通常表现在以下几点:

一是较强的技术创新学习能力。技术创新活动由于研发周期相对较长、耗资巨大,且具有较高的研发风险等特点,加之受自身资源以及经济实力的多方限制,跟随企业一方面很难进行自主技术研发,另一方面又难于承担技术创新研发所带来的潜在风险损失。因此,对于主导企业推出的新技术等,跟随企业可凭借较强的技术创新学习模仿能力,对其进行二次创新研发,从而避免了自身研发所带来的种种弊端。

二是较强的产品及市场适应能力。跟随企业由于自身生产规模较小、操作灵活便捷,对于市场环境、经济政策等的变化能够及时做出企业的战略调整,具有灵活的市场适应性。而主导企业自身生产规模较大、技术创新研发费用较高、产品研发周期较长,一旦市场或是产品及技术出现任何问题,对于企业自身的生产经营都会产生较大的影响。

三是独有的产品与市场利润空间。虽然主导企业掌握着大部分的技术创新能力,占据着多数的产品市场份额,但是由于消费群体构成的复杂性及多样性,主导企业不可能占据全部的市场空间和消费群体。跟随企业由于产品研发成本较低,可以凭借自身的企业优势获得独有的产品和市场份额。

(3) 跟随企业的联盟策略。

跟随企业对于产业联盟的组建可以持积极的合作态度或消极的排斥态度,相应可以采取"组建"和"不组建"两种联盟策略。

跟随企业的联盟策略选择一般基于如下几个影响因素:

一是联盟合作成本。跟随企业生产规模较小,技术能力及资金力量相对薄弱,组建联盟合作成本的大小会直接影响跟随企业的联盟策略选择。跟随企业一般都会在根据自己的经济实力对联盟合作成本进行全方位衡量后,做出联盟策略选择。

二是技术合作要求。跟随企业在和主导企业及高校、科研院所进行联盟合作前,需要充分考量联盟合作的技术研发是否具有前沿性;是否符合自身企业现有的技术创新研发能力,据此判断是否进行联盟合作。当这些条件超出跟随企业的实际需求时,就会大大降低跟随企业参加产业联盟合作的积极性。

三是政府优惠的政策及资金扶持。产业联盟合作发展中,政府会给予联盟各成员方很大程度的政策优惠以及充足的项目资金扶持。由于跟随企业综合实力较弱,政府优厚的政策及资金扶持对于跟随企业具有极大的吸引力,是影响跟随企业联盟策略选择的重要因素之一。

4.2.2 高校和科研院所的主体行为特征

作为产业技术创新战略联盟的重要主体之一,高校和科研院所履行人才培养、提供科学研究及社会服务的使命,它们在产业技术创新战略联盟中呈现出不同于企业的主体行为特征。具体来讲,也可从高校和科研院所的联盟目标、联盟优势以及联盟策略3个方面进行分析。

1. 高校和科研院所的联盟目标

高校和科研院所作为非盈利群体,从事理论及基础技术研究。高校和科研院所参与产业技术创新战略联盟主要出于两个目的。一是争取更多的科研项目资金支持。高校和科研院所进行基础实验研究和技术研究必须具备充足的财力资金保障。参与产业技术创新战略联盟合作,可拓宽科研经费的来源渠道,争取更多、更优质的国家科研经费扶持,保证技术创新及科研项目研发的顺利完成。二是积极稳步促进科研成果的转化和应用。科技是第一生产力,科学技术成果的最终价值是促进成果的转化与实践应用。为增强科研工作的实效性,在产业技术创新战略联盟的合作过程中,高校和科研院所可以密切根据市场需求展开科学研究和成果创新,避免科研工作的盲目性。

2. 高校和科研院所的联盟优势

高校和科研院所是高科技、高端人才培养的基地,在科学研究领域具有较高的权威性,在产业技术创新战略联盟中以其系统的理论知识、专业高端的科技人才、优良的科研创新环境以及完备的实验配套设施等在产业技术创新战略联盟中占据重要地位,逐步形成自己的联盟优势。

3. 高校和科研院所的联盟策略

高校和科研院所对于产业联盟的组建可以持积极的合作态度和消极的排斥态度,相应可以采取"组建"和"不组建"两种联盟策略。

高校和科研院所的联盟策略选择一般基于如下几个影响因素:

一是技术创新性质的趋同。高校和科研院所中的科研人员多数都是在相关专业领域具有较高研究水平和能力的高端科技人才,长期从事特定领域和专业的科学研究创新工作。产业技术创新战略联盟合作中给出的技术研发方向需要与其所从事的科研工作范围和内容具有高度的相关性,便于在已有的专业领域进行技术创新开发与研究。技术创新方向上的统一将直接影响高校和科研院所参与产业技术创新战略联盟的决策。

二是充足的科研经费支持。产业技术创新战略联盟合作中,政府和企业对高校和科研院所给予的充足的科研项目经费支持以及优惠的政府资金资助,是促成高校和科研院所参与产业技术创新战略联盟的重要因素之一。

三是创新研究成果的转化力。高校和科研院所的使命是培育高科技创新人才,除此之外,其更注重科技创新成果的转化和应用。创新成果是否能得到联盟各方的肯定和支持,以及研究成果能否快速地转化成生产力,并产生巨大的经济效益,这些都将影响高校和科研院所对产业技术创新战略联盟策略的选择。

4.3 产业技术创新战略联盟政府介入的必要性

虽然政府不是作为产业联盟的主体直接参与联盟合作,但是产业技术创新战略联盟是一种市场经济行为,作为市场经济的调控者和监管者,政府参与到产业技术创新战略联盟中,既是产业技术创新战略联盟生存和发展的迫切需要,同时也是履行政府自身职责的必然要求。因此,有必要对产业技术创新战略联盟中政府介入的必要性进行梳理分析。

4.3.1 产业技术创新战略联盟中政府行为介入的必要性

下面从产业技术创新战略联盟中政府介入的主观必要性和客观必要性两个方面进行分析说明。

1. 产业技术创新战略联盟政府行为的主观必要性

政府介入产业技术创新战略联盟的发展中,一方面,取决于政府的四大基本职能所在,另一方面,产业联盟的发展所带来的变化也对政府介入联盟产生影响。众所周知,政府的四大基本职能为政治职能、经济职能、社会职能和文化职能。政府介入产业技术创新战略联盟的行为正是政府发挥自身四大基本职能的综合表现。

(1)促进我国的产业结构转型升级。

采取多项可行措施,促使我国劳动密集型产业向资本密集型产业进行转型升级,是实现我国政府产业结构调整目标的重要手段。实施产业技术创新战略联盟可以有效地提高产业的资本聚集能力,政府通过对产业技术创新战略联盟的指导与监管,引导产业发展的方向,有利于我国产业技术转型升级,是调整我国产业结构的有效途径。

(2)作为监控市场经济运行的新手段。

虽然市场经济的运行有其自身特定的规律,但面对市场经济失灵等经济状况,政府的调控必不可少,但其对市场经济的调控手段与通道却十分有限。产业技术创新战略联盟通过实施行业技术创新、推行行业技术标准、促进行业技术发展,反映市场需求等方式实现对市场经济的调节,为政府对市场经济实施调控开辟了新手段。

(3) 作为助推国家科技进步的新动力。

产业技术创新战略联盟以技术创新为手段,优化创新资源配置,其实施和发展可以有效提高产业的技术创新水平。国家通过对产业技术创新战略联盟的指导,从而提高创新能力,推动国家科技进步。

(4) 作为引领我国技术发展的新工具。

产业技术创新战略联盟是政府引领国家科技发展的有效工具,政府通过引导产业技术创新战略联盟,可以有效调整社会研发主体的技术创新方向,进而引导我国技术发展方向。

产业技术创新战略联盟的组建和发展所产生的直接影响表现在:①产业技术创新战略联盟启动实施后,会在产业内部汇聚整合各种优秀的产业科技资源,最直接的是产生规模效应,从而提升地区和产业的科技创新能力,促进产业和地区的经济发展。②产业技术创新战略联盟的发展会对国家产生积极的正面效应,表现为:一是有助于维持和提升国家的国际地位。鉴于国家核心竞争力的争夺主要体现在经济实力和科学技术两方面,产业技术创新战略联盟的合作发展,有助于国家在国防、金融、科技等多方面形成综合国力,提升国家的国际地位。二是促进国家科技战略目标的实现。产业技术创新战略联盟是国家核心创新体系之一,是提升产业竞争力的有效途径之一。政府通过引导产业技术创新战略联盟的合作发展,满足国家科技战略的需求。

2. 产业技术创新战略联盟政府行为的客观必要性

产业技术创新战略联盟在发展的过程中,其主要障碍包括市场失灵障碍、组织障碍及成本费用障碍等。这些客观障碍的存在构成了产业技术创新战略联盟政府行为的客观必要性。

(1) 市场失灵障碍。

市场失灵是指在一定情况下市场对于经济主体行为的调节失效。产业技术创新战略联盟的市场失灵障碍通常表现在以下两个方面。一是信息不对称导致的技术交易障碍。技术交易是产业技术创新战略联盟实现创新成果价值的重要途径。技术创新成果往往具有较高的专业性和科技价值,致使购买技术成果一方无法清晰获取技术创新成果的全部相关信息,从而引发技术成果交易双方信息不对称,提高了技术购买方的交易风险,导致购买意愿降低、需求减少,阻碍技术创新成果价值的最终实现。为此,政府可以通过为技术购买方提供技术咨询指导服务、建设技术交易中介机构、推行技术交易保险等方式,降低交易信息不对称程度以及购买方风险,有效地解除信息不对称引发的技术交易障碍,保障产业技术创新战略联盟创新成果价值的实现。二是知识产权被侵犯引起的产业技术创新战略联盟利益受损。科技产品不具有完全排他性,创新产品投入市场后很可能被模仿,导致研发者利益受损。而市场机制对于仿制创新产品的行为无法实施调控。如果技术创新成果的市场利益无法得到有效保障,则产业技术创新战略联盟的发展将会受到严重阻碍。政府调控作为市场机制的有效补充,可以通过实施知识产权保护法律、法规等手段强制制约技术创新产品的模仿行为,从而在根本上保护产业联盟中研发者的利益,促进产业技术创新战略联盟的持续发展。

(2) 组织障碍。

产业技术创新战略联盟的组织障碍主要表现在以下两个方面。一是组织能力有限。联盟规模的限制影响着产业技术创新战略联盟的绩效,阻碍产业技术创新战略联盟的发展。产业技术创新战略联盟在组建初期,联盟自身很难联合众多的企业、高校和科研院所进行联盟合作,难以形成规模化的联盟组织。而政府通过行使监管社会主体以及支配公共资源的权力,形成较强的凝聚能力。政府在产业技术创新战略联盟中通过充当非营利性中介机构的角色的方式,帮助产业联盟凝聚主体,弥补联盟组织自身能力有限造成的不足。二是组织稳定性不强。产业技术创新战略联盟主体利益和联盟共同利益存在着不完全统一性,导致联盟组织具有较高的不稳定性。各联盟主体很有可能为了个体利益而损害联盟利益或其他联盟主体的利益。仅仅依靠联盟成员内部的监督很难完全达到制约联盟主体道德风险行为的目的,必须借助契约和第三方监督的力量来维护联盟组织的稳定。而政府作为经济和社会发展的监管者,具有监管和约束社会主体的强制力量。政府可以通过颁布法律、法规等来规范产业技术创新战略联盟的契约机制,增强契约机制的执行力,辅助提高产业技术创新战略联盟组织的稳定性。

(3) 成本费用障碍。

成本费用障碍是指在产业技术创新战略联盟发展过程中因各种交易成本过高形成的障碍。产业技术创新战略联盟在给联盟主体带来收益的同时,也产生各种交易成本。形成障碍的交易成本主要包括三个方面。

①联盟构建成本。

联盟构建成本包括寻找联盟成员、谈判、签约等费用。产业技术创新战略联盟的主体虽属于同一产业领域,但却具有不同性质。联盟成员中的企业、高校以及科研院所分属不同类型的组织,其组织目标、组织形式存在较大差异。联盟主体之间需要经过多次、长期沟通才能形成统一的意见及良好的信任关系,这些都大幅度增加了联盟构建成本。政府作为产业联盟的监管者,一方面可以充分利用其特有的行政权力为联盟主体创造良好的联盟构建环境,为联盟主体牵线搭桥,从而降低寻找联盟成员的成本。另一方面通过政府信誉保证和建设联盟制度体系,提高联盟主体之间的互信程度,提供谈判签约效率,全面降低产业技术创新战略联盟的构建成本。

②联盟维护成本。

产业技术创新战略联盟主体的个体利益和公共利益存在的差异性,使联盟容易陷入竞争性学习和竞争性合作之中,联盟主体在支付管理成本的同时,还必须承担竞争性学习和竞争性合作带来的保密成本。政府可以通过产业技术创新战略联盟政策制定,相关法律、法规体系构建来制约联盟主体的道德风险行为,维护联盟的稳定,从根本上抑制竞争性合作和竞争性学习,从而降低联盟的维护成本。

③利益分配风险成本。

在产业技术创新战略联盟中,各联盟主体以自身利益最大化为目标,导致利益分配存在风险。当利益分配无法满足主体利益最大化时,联盟主体为了满足自己的利益目标而不惜损害联盟的公共利益。政府可以通过规范联盟利益分配制度,利用自身行政权力保障该制度的实行,从而在根本上降低产业技术创新战略联盟的利益分配风险及风险成本。

4.3.2 产业技术创新战略联盟中政府行为的构成

政府部门参与产业技术创新战略联盟的创建与发展,对产业联盟的活动给予指导和监督管理。产业技术创新战略联盟中的政府行为主要体现在如下6个方面。

1. 制定引导产业联盟的政策

产业技术创新战略联盟的发展受市场机制和政府政策的双重影响。为避免产业技术创新战略联盟在发展过程中出现创新技术以及创新资源的重复,政府需要有效指导产业技术创新战略联盟的技术创新方向及产业联盟发展方向,对产业联盟实施政策引导。

2. 搭建信息资源平台

产业技术创新战略联盟的优点是能够聚集优秀的创新资源,但是其创新能力十分有限,而构建信息资源平台是产业技术创新战略联盟政府行为的核心表现之一。政府通过信息资源平台的搭建,一方面实现其对零散技术创新信息与资源的汇集与再分配,从而实现自身优化社会创新资源的战略目标。另一方面可以有效地满足产业技术创新战略联盟关于信息与资源、技术创新发展的需求,有力支持产业技术创新战略联盟的发展。

3. 制定激励与扶持制度

激励与扶持制度的制定是政府推动产业技术创新战略联盟发展的重点工作之一,也是产业技术创新战略联盟中政府行为之一。政府关于产业技术创新战略联盟的激励、扶持制度主要有3个方面内容。一是财政资金的扶持。政府通过财政资金的投入,给予产业联盟有效的扶持,促进联盟的生存与发展,推动联盟全面发展。财政资金扶持方式是政府对产业技术创新战略联盟发展所给予的最直接的有效途径。二是优惠政策的实施。政府通过给予产业技术创新战略联盟税收优惠、土地资源优惠等多种方式,一方面降低现有联盟组织的发展成本,提高产业联盟的利润与效率,切实推动产业联盟发展壮大,另一方面可以有效吸引、鼓励企业、高校及科研院所积极建立产业技术创新战略联盟,从而显著增强社会发展活力。三是采用奖惩激励方式。对积极开展技术创新活动、勇于开拓技术创新领域的高效率联盟组织增加财政投入、加大政府支持力度;对管理不善、不能正常进行技术创新的低效率联盟组织减少或免除财政投入、减小政府支持力度,以此方式促进产业技术创新战略联盟的自主发展。

4. 完善产业联盟相关法规体系

产业技术创新战略联盟的生存发展要依靠完善的联盟法律、法规体系作为有效约束。科学、完善的联盟法律、法规体系对联盟成员具有广泛的制度约束力,更加有利于产业联盟发展的规范化与制度化。政府通过不断建立和完善产业联盟的法律法规体系,实现其第三方监督与制约管理,为产业技术创新战略联盟的持续稳定发展提供可靠的法规制度保障,有效降低产业联盟运作与发展的风险。

5. 创建科技服务体系

科技服务平台和信息咨询平台属于技术创新支撑平台的一部分,同时也是政府为产业技术创新战略联盟的生存和发展提供的重要支撑。政府为产业技术创新战略联盟建立的科技服务体系主要包括各类中介机构和管理服务机构。这些机构主要为产业技术创新战略联盟的构建、成果技术转让以及专利成果对外许可等环节提供中介及咨询服务。科技服务体系是企业寻找产业技术创新战略联盟对象，以及产业技术创新战略联盟实现技术成果价值的重要途径。政府建立科技服务体系的主要方式包括两种。一是通过政策引导，吸引社会资源，使其在政府优惠政策的激励和推动下集聚成一定规模的科技服务体系。这是目前的主要方式。二是政府运用财政资金实施财政投资，联合社会资源建立科技服务体系，但该方式的适用范围较为有限。

6. 实施产业联盟监管

政府实施产业联盟监管的目的在于规范并约束产业技术创新战略联盟的行为，控制其各种损害国家和社会利益的违法行为。政府对产业技术创新战略联盟的资金状况、技术研发项目以及成果交易等进行监督管理，以维护金融市场和技术交易市场的秩序和稳定，维护公共安全，防止产业技术创新战略联盟违法融资、从事危害社会的科研创新研究、交易虚假或危害社会安全的技术、泄漏和交易有损国家社会利益的创新技术等行为。政府对产业技术创新战略联盟实施监管既是其社会和政府职能的宏观体现，也是其保障产业技术创新战略联盟健康发展的经济职能的具体体现。

4.3.3 产业技术创新战略联盟中政府行为的特征

政府在介入产业技术创新战略联盟组建的过程中，会相应付出一定的成本，在为企业、高校和科研院所创造联盟条件的同时也要权衡国家利益。下面，我们将从产业技术创新战略联盟中政府的介入目标、介入手段以及可能采取的介入策略3个方面对政府的行为特征进行分析。

1. 政府的介入目标

政府介入产业技术创新战略联盟的最终目标是促进国家经济的迅速发展，提高国家技术创新水平与国家产业核心竞争力，从而实现创新驱动发展。产业联盟各参与主体之间的关系对产业联盟的发展有着非常大的影响，为实现均衡与平稳发展，需要政府介入控制与引导。而从国家角度来讲，产业技术创新战略联盟的组建和发展需要耗费大量的资源，联盟组建成功与否将会对国家产业资源产生有利或不利影响。基于以上两个角度分析，政府介入产业联盟的目标，一是控制和引导产业联盟的发展方向，促进产业联盟发展；二是实现对国家产业资源的优化配置与合理利用。

2. 政府的介入手段

政府采取的介入手段主要有3种：经济手段、法律手段、行政手段。其中，经济手段主要是通过宏观经济政策来引导。法律手段则带有一定的法律强制性，通过法律规范来实现。行政手段带有集权命令性，通常通过行政干预来实施。政府的介入手段及类型如图4-2所示。

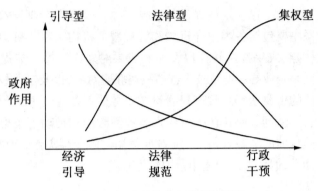

图 4-2 政府的介入手段及类型

产业联盟合作类型有很多,根据产业技术创新战略联盟组建的主导者特征,把产业联盟划分为 3 类:政府主导型、学研驱动型、市场导向型。主导者类型特征不同,政府所采取的介入手段也相应有所差异。

第一种类型:政府主导型产业技术创新战略联盟。这种产业联盟类型是指政府为了提升国家与地区的科技质量与水平,将企业发展的共性技术难题作为科研项目,通过招标等方式选择性地对企业及科研院所进行项目资金资助,并通过产业技术创新战略联盟组织技术创新,引导产业创新发展方向。这种政府主导型产业技术创新战略联盟方式中,政府占据主导地位,具有完全监管权。

第二种类型:学研驱动型产业技术创新战略联盟。这种产业联盟类型是指高校和科研院所凭借自身的科技水平、人才能力等资源优势,结合其他社会优秀资源自办生产企业,实现技术的产品化和产业化。这其中,高校和科研院所既是科研成果的创造者,又是将科学技术进行成果转化的缔造者。这种学研驱动型产业技术创新战略联盟中,高校和科研院所具有一定的自我组织和调控能力,政府应积极引导及适度监管。

第三种类型:市场导向型产业技术创新战略联盟。这种产业联盟类型是指企业为提升自身市场竞争力与核心能力,更好地适应市场需求,委托高校和科研院所进行技术合作开发,通过政府的协调引导,实现其与高校和科研院所在技术合作开发等方面的技术创新。这种市场导向型产业技术创新战略联盟方式中,政府以引导为主、配套监管为辅。

对于上述 3 种产业技术创新战略联盟方式,政府应充分研究产业技术创新战略联盟的类型与特点,有针对性地采用适合的介入手段来指导产业联盟的运行与发展。

3. 政府的介入策略

政府在参与企业、科研院所的产业技术创新战略联盟时,有两种策略选择:"介入"和"不介入"。当政府选择介入时,会有针对性地制定有效措施指导企业和科研院所,从而实现联盟组建和发展。当政府选择不介入时,政府则可以完全放任企业和科研院所的行为,让其自行组建联盟。

影响政府介入策略选择的因素主要有 3 点:一是国家的创新文化水平。产业技术创新战略联盟的组建是优秀技术合作与创新文化的体现。产业技术创新战略联盟实现技术创新合作的过程,更是各方参与主体互相学习、技术互通与提高的过程。通过产业技术创新战略联盟的合作,可实现国家创新资源整合以及创新环境的优化。因此,优秀的创新文化水平构成了政府介入产业技术创新战略联盟的主要因素。二是联盟组建的成本。政府对产业技术创新战略联盟的组建和运行所产生的成本主要包括:联盟项目的拨款、提供的政策优惠及奖励、进行行为干预产生的资源耗费等。这些都是政府介入产业技术创新战略联盟可能遇到的成本。三是合作技术的性质。总体来讲,产业技术创新战略联盟的技术创新合作在提升产业核心竞争力与国家技术创新能力方面作用发挥的程度,很大程度上影响着政府的介入策略选择。各主导企业与跟随企业之间所形成的技术先进性匹配程度等也都对政府是否对联盟进行介入干预产生影响。

4.3.4 产业技术创新战略联盟中政府的职能作用及角色发挥

自2007年6月我国启动产业技术创新战略联盟试点工作以来,截至2018年年底,近160家联盟单位参加了试点工作。产业技术创新技术联盟发展迅速,联盟围绕产业链构建技术创新链,打通将科技成果转化为现实生产力的通道。针对产业技术创新中的关键与共性问题,联合攻关,共同研究制定并完善产业技术标准,推进研发条件与资源共享。产业技术创新战略联盟的迅速蓬勃发展,很大程度上取决于各个联盟方的共同努力和协作,政府在产业技术创新战略联盟中,虽然不直接参与,但对联盟的组建与发展起着关键的指导作用。产业联盟的良好发展离不开政府的引导与监管作用的发挥,但同时也反映出政府在履职过程中需要解决的自身问题。

1. 政府在产业技术创新战略联盟中的履职现状分析

(1)科研规划引导需加强。

为加速新技术与科研成果快速地转化为社会产品,政府需要统筹进行科研规划方面的指导与扶持。尽管有些省份先后实施了国家星火计划、863计划、技术创新战略联盟发展计划等,政府层面出台技术规划与扶持,积极引导产业技术创新战略联盟的健康、迅速发展,但这些与产业联盟的迅速发展态势及实际需求相比,还远远不够。

(2)财政资金投入比重总体偏小。

产业技术创新战略联盟的发展离不开政府财政资金的支持和保障,政府应积极发挥资金保障作用,积极筹措联盟发展所需资金。但现实中,政府的该项职能发挥得并不充分,大部分省份的科学技术支出占地方财政的比重较小,从全国来看,产业联盟中的财政资金投入比重总体偏小。

(3)创新服务平台构建滞后。

组建创新服务平台、促进科学技术合作与转移、为产业技术创新提供便利平台与条件是政府的职责所在。现阶段,政府在各类科技中介机构、技术市场及技术交易网络的建设方面还应加强。例如可在前期取得的阶段性成果之上,继续构建创新协会之类的创新机构,定期举办相应的交流论坛,邀请学界、业界及政府界的专家人员广泛参与,促进创新共同体的形成,满足区域经济联动发展的需要。

(4)政策法规缺乏实际可操作性。

在产业技术创新战略联盟的组建发展中,由于各主体之间利益关系有所不同,需要相关政策法规来对技术创新行为加以规范协调。虽然多数省份都出台了一些促进合作创新的政策条文等，但其中的方针和原则多数缺乏实际的操作性，对联盟的指导作用意义不大。

2. 政府在产业技术创新战略联盟中的角色发挥

政府在产业技术创新战略联盟中充当着十分重要的角色，其对联盟的生存和发展至关重要。

(1) 产业技术创新战略联盟组建及发展的支持者及引领者。

政府是产业技术创新战略联盟组建及发展的支持者。这主要体现在政府对产业联盟的政策支持及财力投入方面。在政策支持方面，在产业技术创新战略联盟的初期组建及后续发展中，政府在税收、机器设备、土地等方面给予联盟各企业各种政策优惠，鼓励优秀的联盟企业进行技术合作。在财力投入方面，政府为降低联盟的组建风险，在科学仪器设备购置、实验室建设上采取大力度的资金支持，尤其是对于那些高投入的产业技术创新战略联盟的研发项目，更是为其提供全过程的可靠的财政资金保障，以降低联盟的研发成本，并有效防范资金断裂风险。

政府是产业技术创新战略联盟组建及发展的引领者。这主要体现在政府对产业联盟的政策引导上。在联盟组建阶段，政府通过制定相关政策引导和吸引各企业、高校及科研院所开展技术创新合作，积极开展各项技术交流合作活动，鼓励并引导合作主体参与产业技术创新战略联盟。

(2) 产业技术创新战略联盟合作环境的优化者。

政府是产业技术创新战略联盟合作环境的优化者。完善、优化产业技术创新战略联盟合作环境，是政府的主要职能之一。这主要体现在政策环境和市场环境优化两方面。在政策环境方面，政府通过制定并完善联盟发展的相关政策，在联盟组建、联盟运作、联盟发展等多阶段给予相关的政策扶持。在市场环境方面，政府通过创建信息平台、发展科技中介机构、构建技术平台等多种方式为产业技术创新战略联盟的发展壮大提供便利的市场服务和营造技术研发市场氛围，不断完善、优化产业联盟的合作环境。

(3) 产业技术创新战略联盟合作项目的发包者。

政府是产业技术创新战略联盟合作项目的发包者。政府通过对经济发展中的重大科研项目进行统筹规划及资金支持，可以有效引导科技进步，推动经济实现快速发展。在重大科研项目的实施过程中，政府则成为联盟合作项目的发包者，产业技术创新战略联盟成为合作项目的承包者。政府参与联盟发展的全过程，对联盟组建及运作具有监督权及管理权。

(4) 产业技术创新战略联盟的监管者。

产业技术创新战略联盟运行过程中，需要内部管理与外部监管的共同协调。政府通过行使法律、法规及政策监督权力，协调产业技术创新战略联盟成员间的行为关系，对产业技术创新战略联盟实施外部监管，必要时进行适当干预，保障联盟成员的合法利益及联盟组织的公共利益，规范产业技术创新战略联盟成员的组织行为，促进产业技术创新战略联盟协调、健康发展。

(5)产业技术创新战略联盟科技成果的保障者。

产业技术创新战略联盟的最终成果多以知识产权的形式呈现。对于这部分成果的价值,政府应予以保护。通过完善科技成果相关的法律法规,保障产业技术创新战略联盟成果价值的实现和应用。与此同时,对于那些投入高的科技成果,政府可以为产业技术创新战略联盟开发出来的产品开辟市场通道,保障成果收益的稳步实现。

4.3.5 产业技术创新战略联盟中政府行为的实施原则

政府作为产业技术创新战略联盟的重要参与者,在产业技术创新战略联盟中必须遵循以下几点原则。

1. 目标明确

产业技术创新战略联盟中的政府行为必须具有极强的目标性。主要体现在以下3方面:

(1)政府行为实施背景的明确性。

产业技术创新战略联盟政府行为的有效实施,必须以国家经济发展战略和科技发展战略规划为前提,与经济发展态势保持高度一致。尤其是在选择政府资助的产业联盟重大科研项目时,应当充分考虑国家经济、科技发展战略规划以及市场需求变化等因素。促进产业技术创新战略联盟发展的同时,实现国家财政投入的价值。

(2)政府行为实施的系统性。

产业技术创新战略联盟中的政府行为应具备系统性。政府针对产业技术创新战略联盟的行为应该按照预定计划实施,体现科学性及系统性,完成既定目标。

(3)政府行为监督考核的目标性。

在进行国家治理的过程中,政府需要向公众展示受托责任的履行情况。作为公共利益的分配者,政府行为必须受到社会的监督和考核。而政府参与产业技术创新战略联盟的行为过程,必须体现公共福利的提高,这是社会群体对产业技术创新战略联盟中政府行为考核的重要依据。

2. 间接管理

政府参与产业技术创新战略联盟的管理,是指政府以第三方和政权主体的身份间接地参与其中实施监管,而非以联盟成员的身份直接参与产业技术创新战略联盟的发展。政府是产业联盟组织外的成员,在产业技术创新战略联盟的运作发展中,主要起着外部支持、监督管理、协调控制等作用。其主要作用和职责是为产业技术创新战略联盟的发展提供良好的外部环境氛围,构建法律、法规体系,保障其组建、发展。积极调动社会优秀资源支持并助力产业技术创新战略联盟的发展。通过相关制度的引导,调控产业联盟的正确发展方向。政府在实施产业联盟的监管过程中,要把握拿捏好间接参与的尺度。如果政府直接参与了产业技术创新战略联盟的发展,就会将政府利益及行为带入联盟的监管发展中,剥夺产业联盟的生存发展自主权,甚至可能会因为政府的较高程度的参与,而使得市场经济干预力度过高,从而扰乱市场经济秩序,不利于产业联盟的自主创新发展。

3. 适度干预

产业技术创新战略联盟是企业、高校、科研院所三者共同参与的一种社会经济组织。企业在组织中占据核心地位，因此，产业技术创新战略联盟应以市场机制调控为主。政府参与其中，针对市场调控失灵进行适度干预。政府对于产业技术创新战略联盟的干预不能过度，不能利用政府的行政职权强制控制产业联盟的发展意愿。政府可以在保障联盟自身利益的前提下，采取政策引导、宣传扩大影响力等手段发挥自身作用，推动产业技术创新战略联盟的发展。

4. 引导为主，资助为辅

产业技术创新战略联盟涉及的企业、高校、科研院所数量众多，而政府的财政资源财力保障有限，显然无法满足所有产业技术创新战略联盟发展的资金资助需求，需要联盟积极挖掘自身资源及丰富的社会资源作为联盟发展的资金辅助手段之一。政府在参与推动产业技术创新战略联盟发展的过程中，应当发挥引导的作用，并提高引导的质量、效果。政府在辅以适当的财政资金支持的情况下，引导、鼓励联盟挖掘其他可利用资源，采取引导为主、资助为辅的资金资助模式，实现推动产业技术创新战略联盟发展的产业目标。

5. 公益性原则

政府是公共利益的代表者和分配者，政府的行为动机和行为性质决定了其行为必须符合公益性原则。政府参与产业技术创新战略联盟的发展过程，必须充分考量其行为所带来的公益性效果。政府动用社会公共资金对产业技术创新战略联盟项目进行财政资金投入，这要求其所资助的项目必须具有较强的公益性质，并充分体现财政投入的社会价值。

4.3.6 产业技术创新战略联盟中政府行为的介入方式

政府是城市发展的引导者、公共产品和服务的提供者、公共秩序的治理者，在引导、推动和激励产业技术创新战略联盟运行发展中，发挥着不可替代的作用。产业技术创新战略联盟中的政府行为，是一个融合多方式、多角度的行为体系。主要包括：完善产业联盟法律法规体系、制定联盟激励扶持制度、建设信息资源平台、建立科技服务体系、制定平台引导政策、优化技术创新环境、实施产业联盟监管等主要行为。政府在行为体系的实施框架下，在实施各种行为时必须要根据行为环境、行为特点及相应的行为目标选择不同的行为方式，进而参与联盟指导过程，以保障政府行为实施的有效性。产业技术创新战略联盟中政府行为的介入方式是政府介入产业联盟行为的具体实施方式。

1. 完善产业联盟法律法规体系

自 1992 年以来，我国政府开始逐步构建产业技术创新战略联盟的法律法规体系，但从发展现状分析可知，我国产业技术创新战略联盟的法律法规体系还不完善，主要问题在于针对性不强、系统性不足、体系不完整。按法律规范的目标进行划分，我国政府主要针对知识产权、创新主体和技术转移 3 个方面制定相关法律。具体的法律法规体系见表 4-1。

表4-1 我国产业技术创新战略联盟法律法规体系

类别	法律、法规名称	颁布、修订时间	相关内容
知识产权法律	《中华人民共和国专利法》	1984年出台 2000年修订 2008年修订	确立专利保护制度,保护技术创新者利益;明确联盟创新中的知识产权归属与利益分享机制
	《中华人民共和国著作权法》	1990年出台 2001年修订 2010年修订	明确联盟创新中的知识产权归属与利益分享机制
	《国家科学技术奖励条例》	1999年出台 2003年修订 2013年修订	规范联盟创新成果国家奖励制度和奖励分配制度
	《关于国家科研项目计划研究成果知识产权管理的若干规定》	2002年出台	明确国家科研计划成果知识产权的归属;提出对相关知识产权的保护要求及办法
	《关于国际科技合作项目知识产权管理的暂行规定》	2006年出台	规范国际技术创新联盟中知识产权的管理与保护;规范国际技术创新联盟中知识产权权属关系与利益分配方式
	《高等学校知识产权保护管理规定》	1999年出台	明确高校知识产权保护制度,间接地为技术创新联盟中高校的知识产权提供保护
创新主体法律	《中华人民共和国科学技术进步法》	1993年出台 2007年修订	确定联盟创新主体构成和主体地位;鼓励产学研联盟形式的技术创新;明确财政性资助项目知识产权归属和利益分配问题;确立企业的创新主体地位;建立科研机构合作创新管理制度;鼓励创新服务机构
	《中华人民共和国公司法》	1993年出台 1999年修订 2004年修订 2005年修订 2013年修订 2018年修订	规范联盟创新的知识产权出资问题
	《中华人民共和国合同法》	1999年出台	规范技术开发合同、技术转让合同、技术咨询合同的形式
	《中华人民共和国高等教育法》	1998年出台 2015年修订	鼓励高校与企业合作创新,提高高校创新资源利用效率

续表 4-1

类别	法律、法规名称	颁布、修订时间	相关内容
创新主体法律	《中华人民共和国中小企业促进法》	2002 年出台	确立中小企业在技术创新联盟中的地位
	《中共中央 国务院关于加强技术创新,发展高科技,实现产业化的决定》	1999 年出台	明确高校在技术创新联盟中的主要优势、作用和目标
	《关于以高新技术成果出资入股若干问题的规定》	1997 年出台	规范以技术成果出资入股的行为
	《关于大力发展科技中介机构的意见》	2002 年出台	明确中介机构在技术创新联盟内的地位;鼓励中介机构为创新服务
	《国家级示范生产力促进中心认定与管理办法》	2007 年出台	提出国内中介机构统一化认定和管理办法;明确中介服务机构的功能和业务范围
技术转移法律	《中华人民共和国促进科技成果转化法》	1996 年出台 2015 年修订	规范技术交易场所和技术交易机构;明确科技成果转化中的知识产权归属与利益分配方式;鼓励联盟创新后的成果转化行为
	《关于促进科技成果转化的若干规定》	1999 年出台	明确知识产权转化过程中技术创新联盟各主体的利益分配
	《关于促进自主创新成果产业化的若干政策》	2008 年出台	明确自主创新成果转移的鼓励机制

从表 4-1 中可以看出,我国涉及产业技术创新战略联盟的法律法规数量较多,但多缺乏系统性。多年来,我国政府对于产业技术创新战略联盟法律法规体系的构建和完善一直采用在现有法律体系上逐步完善的方式,即在现有的法律、法规中增加和修订部分条款内容,或是针对科技创新需求颁布少量针对性法律、法规,以达到规范产业技术创新战略联盟发展的目的。此外,联盟法律、法规的制定,主要依靠产业技术创新战略联盟运行过程中出现的问题作为完善联盟法律法规体系的驱动力。

根据目前产业技术创新战略联盟法律、法规实施现状,对于完善产业技术创新战略联盟法律法规体系我国政府可以做出如下调整。

(1)产业技术创新战略联盟法律、法规体系应进一步体现系统性和针对性。

政府可以针对产业技术创新战略联盟进行立法,并对产业技术创新战略联盟进行全方位的规制和保护。在法律、法规内容上,政府应该从知识产权保护、联盟契约规范、联盟主体规制、联盟利益分配、联盟内部管理规范、联盟技术成果交易及转化规范、联盟技术创新成果协同利用等方面来完善,形成一个相互关联、紧密联系,具有针对性的法律法规体系。政府制定的产业技术创新战略联盟法律、法规体系应当同时具备保障和规制两个功能,即在保护产业技术创新战略联盟利益的同时,规制联盟主体和产业技术创新战略联盟的行为,以保障联盟的有序、稳定和可持续发展。

(2)产业技术创新战略联盟法律、法规体系应具备前瞻性和战略性。

政府在完善联盟法律的过程中,应充分考虑我国产业技术创新战略联盟的发展趋势,对未来发展过程中可能出现的各种问题和情况进行科学预测分析,制定预防性法律、法规。例如,随着产业技术创新战略联盟的高速发展,势必对产业组织结构造成一定影响。技术创新活动会使产业内的部分企业因失去技术竞争力而被迫退出市场,产业集中度会大幅度提升,市场竞争被削弱,最终可能引起产业垄断。因此,政府必须在产业联盟法律、法规体系中适当融合一些反垄断规制的预见性法律条款,对产业技术创新战略联盟的垄断行为进行有效预警和预控。

2. 制定联盟激励扶持制度

在产业技术创新战略联盟的发展历程中,我国政府发挥了主导作用。而激励扶持制度的制定,是我国政府促进产业技术创新战略联盟发展的核心工作之一,也是政府介入联盟发展的重要方式。目前,我国政府制定联盟激励扶持制度主要包括财政税收政策、风险补偿政策、激励评价制度3种。

一是财政税收政策方面。财政税收政策的调控是政府进行宏观调控的经济手段之一,对促进产业技术创新战略联盟的组建和发展有着举足轻重的影响。财政税收政策调控包括财政扶持和税收优惠两大类。

在产业技术创新战略联盟的财政扶持政策上,主要是运用财政补贴来支持产业联盟建设的基础设施,如联盟建设启动费用中的地方配套部分。财政扶持政策具有手段弹性大、针对性强、便于管理等特点,扶持政策可以直接到达被扶持单位。财政扶持政策不仅需要一套可量化的标准与其配套实施,还应当有政府主管部门以及产业联盟内的企业、高校、科研院所及专家参与其中,而不单单是政府的自身行为。

在产业技术创新战略联盟的税收优惠上,从1996年开始,一方面陆续颁布了关于产学研创新及产业技术创新战略联盟科技成果转化等方面的相关税收优惠政策,通过给予产业技术创新战略联盟发展相关的激励扶持政策,培育和增强企业自主创新能力和自主研发产业技术的能力。另一方面将产业技术创新战略联盟的发展纳入国家中长期科技发展规划纲要,从战略高度重视并扶持产业技术创新战略联盟的组织发展,为产业技术创新战略联盟发展培育优良的制度环境,积极促进产业技术创新战略联盟的发展。1996年,由我国财政部、税务总局颁布实施的《关于促进企业技术进步有关财务税收问题的通知》(财工学[1996]41号)中,对产学研联合创新提出了一系列优惠制度。除了鼓励和支持高校及科研院所积极参与企业活动外,对于企业研发机构也在多方面给予了相关税收优惠政策。其一,企业研发机构可通过采取联营投资、参股、控股、兼并等多种方式实现企业间的联合开发。对于那些技术要求水平高、投资金额大、单个企业无法独立承担的科研项目,也可以按照联合公关、费用共摊、成果共享的原则,与其他单位联合开发。在税收管理中,报经主管财税机关批准后,采取集团公司集中收取技术开发费的方式,在核销相关费用支出后,形成的资产部分作为国家投资在资本公积中单独反映,以此减少成员企业缴纳的技术开发费,为多企业间进行联合开发减少税收支出。其二,对于企业直接用于科学研究试验的进口仪器设备、化学制剂、技术资料等,给予免征增值税并享受减免关税的优惠政策。通过这些税收扶持措施,激励联盟企业发展的积极性。1999年,财政部、税务总局出台了《关于促进科技成果转化有关税收政策的通知》,对高校及企业的科技创新活动都给予了政策扶持。对企业的技术转让给予免征营业税,对高校为企业提供技术创新服务所获得的收入免征企业所得税。这些措施对于产业技术创新战略联盟的发展起到了很好的促进作用。《国家中长期科学和技术发展规划纲要(2006—2020年)》中提出了研究制定促进产、学、研合作创新的税收政策。2008年,在我国颁布的《高新技术企业认定管理工作指引》中,将产、学、研联合研发纳入高科技认定指标体系,并颁布了《国家产业技术政策》(工信部联科〔2009〕232号),指出要落实财税、投资、金融、政府采购等政策,引导支持企业加大技术创新的投入力度,鼓励有条件的企业部门建立技术中心,采取产、学、研联合或企业技术联盟的方式开展产业联盟共性技术研发,增强企业技术创新能力及核心竞争力,加快形成以企业为主体、市场为导向,产学研相结合的技术创新体系。至此,国家明确将产业技术创新战略联盟放在战略高度,纳入国家中长期科技发展规划纲要。

二是风险补偿政策方面。制定风险补偿政策是我国政府介入产业技术创新战略联盟的手段之二。产业技术创新战略联盟所进行的技术创新项目合作都是产业及行业内领先的创新技术,资金投入高、风险高、复杂性强。正是基于这些因素的影响,许多产业联盟的组建方参与产业联盟合作的积极性不高,有些甚至采取观望态度。在产业技术创新战略联盟的运行发展中,对防止或降低联盟技术创新合作带来的风险对企业、高校及科研院所造成的损失而进行的补偿就是政府的风险补偿政策。政府应构建风险补偿机制,不断完善风险补偿制度,保障产业联盟运行发展,使得产业联盟的各参与主体能够解除后顾之忧,专心致力于产业技术创新,顺利开展产业技术创新战略联盟活动。

政府在实施风险补偿政策的同时,需要重点考虑的因素有:

(1)明确政府自身在整个风险补偿政策实施过程中所处的位置问题。

部分学者认为政府应该在风险补偿政策实施中起主导作用,而也有部分学者认为这样会造成产业联盟各参与方过分依靠政府机构,不利于产业联盟自主创新活动的开展,不利于保障新产品的消费者权益。因此,应将国家重点项目的实施与产业技术创新战略联盟的技术创新有机结合起来,实现联盟技术创新的同时,提升国家产业核心技术能力。

(2)建立完善的评估体系。

对消费者损失进行精确评估,确保风险补偿的科学性。

(3)建立完善的考核机制。

在给予风险补偿的同时,要建立考核机制,确保风险补偿款得到有效充分利用,防止资源浪费及国有资产流失。

三是激励评价制度方面。针对产业技术创新战略联盟制定激励评价制度是我国政府介入产业技术创新战略联盟的手段之三。目前,其所采取的激励评价制度主要集中于对技术创新成果相关研发单位及个人的奖励制度以及对技术创新成果的评价两方面。

(1) 在激励制度方面。

针对高校、科技企业,国家教委、国家科委、国家体改委三部门在1994年颁布了《关于高等学校发展科技产业的若干意见》,指出高校、科技企业的收益分配应兼顾国家、学校、企业以及个人等多方利益,对在科技产业发展及经营管理活动中有突出贡献者应给予表彰、奖励。1999年出台了《国家科学技术奖励条例》,明确提出了对先进科技成果的奖励办法,同时也明确规定了产业技术创新战略联盟创新成果的奖励制度和奖励分配制度。2004年出台了《国家科学技术奖励条例实施细则》(中华人民共和国科学技术部令第9号),其对科技奖励进行了界定和细化,完善了我国的科技奖励制度,使得对产业技术创新战略联盟相关的科技创新成果和个人的奖励分配制度更为明确、具体,实现了有法可依,有章可循,极大地促进了产业技术创新战略联盟企业、高校及科研院所人员投身产业联盟技术创新及研发的积极性,一定程度上提高了产业技术创新战略联盟科技成果的产出性及实用性。

(2) 在评价制度方面。

虽然具体明确的制度尚未出台,但在《国家中长期科学和技术发展规划纲要(2006—2020年)》中,提出要建立科学合理的综合评价体系,要在科研成果质量、内部管理运行机制、人才队伍建设等方面对科研机构的整体创新能力进行综合的评价工作,促进科研机构提高自身管理水平及自主创新能力。

目前,我国政府的激励评价制度在促进产业技术创新战略联盟发展中仍存在很多现实问题。第一,激励扶持制度缺乏系统性。目前出台的政策中,虽然激励扶持制度对各个相关方面都有所涉及,但不成体系。第二,制度针对性不强,无法满足产业技术创新战略联盟发展的特殊需求,与产业联盟发展实际存在一定的不适应性。第三,激励扶持力度还不够。财政税收政策更多集中在税收政策的优惠上,而财政扶持等方式应用极少,并且在税收优惠力度方面明显不足。第四,评价制度不完善。目前,对于产业技术创新战略联盟的激励扶持制度方式中,缺乏评价制度方面的建设,从而引发激励基础缺乏、奖惩依据不明确等现实问题。

为此,政府在进一步完善产业联盟的激励扶持制度的同时,应采取以下几种方式:第一,在现有制度的基础上,针对产业技术创新战略联盟的自身特点和现实需求,有针对性地出台财税扶持制度及激励评价制度等,使政策、制度等落地,更加符合产业技术创新战略联盟的自身特点及实际;第二,继续加大税收优惠力度,利用多种政府扶持工具,切实提高政府扶持力度和效率,实现对产业技术创新战略联盟税收政策的科学化、精细化以及规范化管理;第三,构建更具针对性的评价体系,提高科技成果奖励制度的可操作性和激励效率。

3. 建设信息资源平台

目前,我国已经建立完成的产业技术创新战略联盟相关信息资源平台种类和数量众多。按照平台形式划分,可分为产学研合作网、产学研合作的研发信息平台、虚拟研发平台、产学研合作中心、技术创新资源平台等。按照平台资源类型划分,可分为专利信息平台、技术信息平台、实验室资源平台、技术创新设备资源平台、市场及管理信息平台等。分析目前我国构建的技术创新信息资源平台现状,可以看出,现有信息资源平台的构建和实施为产业技术创新战略联盟提供了相应的技术研发共享资源,很大程度上实现了信息的共享。然而这些平台虽然数量大、形式多种多样,但由于现有平台建设缺乏统一系统的规划,部分平台在运行中出现诸多问题。例如:平台服务领域重复、平台重复建设及平台覆盖出现漏洞、各平台间缺少必要的业务联系及沟通等。

针对我国产业技术创新信息资源平台建设的现状,政府可以考虑在现有平台建设的基础上,优化产业技术创新信息资源平台的建设,构建多层级、多元化、覆盖面广、辐射能力强的网络信息资源平台。所谓网络信息资源平台,是以互联网为依托和基础,连接多个层级的产业技术创新战略联盟,以达到信息资源快速传递、调配、统筹的目的。所谓多层级,是指信息资源平台的组织体系应该包括全国、地方及单位等多个层级,以此实现全国性及区域性信息资源快速查询及资源调配等功能。地方可以通过地方信息资源总平台快速获取本地区内的相关信息和资源,跨区域信息资源需求者可以通过全国信息资源总平台获得全国范围内各个区域的信息和资源,实现信息资源需求者快速准确获得信息定位的功能。所谓多元化,是指以现有形式的信息资源平台为基础,充分利用政府引导与市场机制调节手段,在满足产业联盟信息资源平台多样化需求的同时,实现平台优化与口径统一,在地方层级建立系统、多样、相互联系的信息资源平台体系。多层级、多元化网络信息资源平台如图4-3所示:

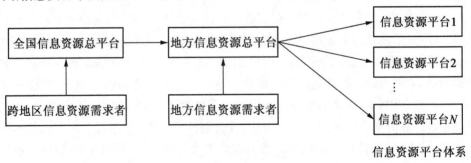

图4-3 多层级、多元化的网络信息资源平台

政府在进一步构建以及完善产业技术创新战略联盟信息资源平台的过程中,首先,应注重实现对现有平台的整合和调整。优化平台服务领域,针对平台服务覆盖的空白领域,加强信息资源平台建设,充分发挥信息资源平台建设在产业技术创新战略联盟发展中的重要作用。其次,政府在规划、整合信息资源平台的过程中,尤其要注意信息资源检索端口的统一,充分利用互联网平台优势及大数据等高科技信息手段,缩短信息使用者查询、获取资源信息的有效时间。

4. 建立科技服务体系

目前,我国政府主要通过两种方式实现对产业技术创新战略联盟科技服务体系的建立,一是通过颁布相关政策,鼓励扶持技术创新中介服务机构的建立与发展。技术创新中介服务机构的发展水平一定程度上反映了我国技术创新发展的水平。在促进产学研合作创新、促进科技成果转化、促进国家科技进步等过程中,均包含促进科技创新服务中介机构发展的相关政策。二是积极建立技术创新服务平台。技术创新服务平台以主导企业、高等院校、科研机构、技术创新中介服务机构等资源单位为基础,为联盟组织提供共性技术的研发、检测、设计、标准、信息及知识产权、人才培训、技术转移及扩散等公共服务。一方面,政府通过扶持技术创新中介服务机构的发展,提高技术创新服务能力;另一方面,政府通过创建技术创新服务平台,整合技术创新服务资源,依托具有专业优势的大学、企业以及机构,包括国家重点实验室、国家工程技术中心等,按照资源共享、优势互补、互惠互利的原则,鼓励联盟成员共享实验室、重大科研仪器设备等,实现资源最优化配置,降低联盟科研开发成本,形成全面的、整体的服务力量,提升产业技术创新战略联盟的服务效率与社会效益。

建立科技服务体系的优点在于:

(1)分级建设,分级管理。

目前,我国的科技服务创新体系建设总体是以产业技术创新服务平台为依托,地方政府进行区域管理,中央政府实行宏观调控。产业技术创新服务平台分为国家和省市区等多个级别,不同级别的创新服务平台归属于相应级别的政府部门管理。

(2)借助市场调节机制。

利用市场调节机制,以培育和发展社会科技服务能力为基础,形成以市场机制为驱动的需求导向型社会服务体系。

与此同时,我国建立科技服务体系的方式也存在着不足之处,具体表现为:第一,平台建设缺乏系统性及统一规划设计,部分平台存在重复建设现象。各平台之间缺乏互动性,联系性不强。我国各地政府在建设技术创新服务平台时缺乏总体考虑与布局,地方性的科技创新服务平台建设多是以区域创新的需求和特点来构建的,导致我国技术创新服务平台呈现散点分布。重复建设不仅导致大量资源浪费,而且存在平台服务空白领域。第二,缺乏各平台联动机制。我国科技服务体系呈散点分布,各区域产业科技服务平台之间缺乏必要的联动机制,无法形成有效、统一、网络化的技术创新服务,不能充分发挥平台整体服务能力,同时给企业和联盟有效获取技术创新服务造成障碍。

鉴于此,针对目前科技服务体系存在的诸多现实问题,政府应在完善科技服务体系平台建设的同时,着重解决下列问题:一是充分发挥中央政府对各省市区的管理和建设的宏观调控能力,积极指导各级技术创新服务平台的建设和运行,促进科技服务平台整体布局合理、资源分布均衡,提升科技创新服务平台的建设水平。二是构建平台联动机制,优化现有科技创新服务平台体系。在各个技术创新服务平台之间,借助大数据、网络化等多媒体手段,利用信息技术,变现有散点状分布为网络化管理,以便快速、完整、高效地获取相应技术创新服务信息,满足用户切实需求。

5. 制定平台引导政策

目前,我国政府主要通过两种方式实现对产业技术创新战略联盟的平台引导。一是直接制定和颁布科技引导政策,主要有《国家中长期科学和技术发展规划纲要(2006—2020年)》和《国家"十一五"科学技术发展规划》。在《国家"十一五"科学技术发展规划》中制订了短期的科技发展计划,在《国家中长期科学和技术发展规划纲要(2006—2020年)》中制订了中长期的科技发展计划,以此引导社会科技的发展方向。在制订科技发展规划时,政府在制定发展总体目标的前提和基础上,指出我国科技发展的重点领域和优先发展主体,特别针对重大科技专项和前沿技术等提出科技发展的具体发展目标。通过制订科技发展规划,引导和影响社会科技的发展方向,在科技发展活动中体现政府意志。二是遴选和资助重点科研项目,这种方式是科技引导政策的具体体现。社会科技发展的主要动力在于市场调节机制作用的发挥,此外,财政资金资助科研计划项目的实施不失为一种有效的市场调节工具和手段。

目前,通过多年不断的实践与完善,直接制定、颁布科技引导政策和资助科研计划项目两种方式已经形成了一套比较完善的体系,但仍存在以下问题:一是政府遴选和资助科研计划项目的行为与社会科技发展进步之间存在一定的差异。制订发展规划、遴选科研项目是政府行为在科技发展活动中的意志体现,而在市场经济调节下,政府难以全面准确地对社会科技进步与需求做出判断,认识社会需求的能力也十分有限,这就使得发展规划与社会需求不能完全协调统一,政府遴选的科研计划项目与政府预先规划的项目可能出现差异,从而影响科研计划项目的实施效果。二是发展规划和社会科技创新项目之间所形成的不统一、不协调的状况,导致所遴选资助的科研计划项目多数呈散点化分布,科研计划项目之间缺乏有效衔接和有效联系,影响科技项目发展的连续性和完整性。

针对以上问题,政府在制定和实施平台引导政策时应注意以下几个问题:一是继续优化科技发展规划制定与实施流程,加强项目规划前的市场调研与市场需求的预测力度,尽量实现在满足国家科技发展需要的前提下,达到科技规划与市场需求相互统一的目标。二是在科技项目资助的过程中,重点加强对于国家科技发展有至关重要作用的科研领域规划项目的财政资助力度,提高相关领域的吸引力。三是继续创新科研计划项目的设置和遴选方法,解决科研计划项目的连续性问题,不断提高科研计划项目的社会影响力。政府可以根据科技发展规划设计产业技术路线图并遴选科技计划项目,适时采取适当手段,提高资助额度及提供研发资源,刺激并扶持产业技术创新战略联盟主动承担科技规划项目,达到产业技术连续性创新的目的。

6. 优化技术创新环境

产业技术创新战略联盟的创新能力不仅来源于企业、高校以及科研院所的内在活力,同时来源于良好的技术创新环境,包括文化、金融、科研等。

(1) 发展产业创新文化。

产业创新不仅需要利益机制的引导,同时更需要有利于产业创新的文化环境与氛围,包括区域价值观念、合作精神、企业家精神等。这些因素极大影响着产业技术创新战略联盟各参与方的价值取向以及行为准则。产业创新文化的实施是一个庞大的系统工程,必须有政府机构参与并主导完成。

目前,政府机构最重要的是通过积极的舆论导向、政策宣传、制度实施等措施,营造并推进科技文化创新氛围,树立宣传典型案例,调动主导企业产业创新的积极性,总结联盟成功的经验,弘扬联盟组建氛围,逐步形成产业技术创新战略联盟中鼓励创新的进取机制、诚实守信的信用机制以及客观公正的评价机制。与此同时,我们必须看到,营造产业技术创新战略联盟的创新文化环境是一个长期且不间断的实施过程,这需要政府、企业、高校以及科研院所乃至整个社会的共同努力。

(2) 完善创新金融环境。

目前,产业技术创新战略联盟的金融环境主要包括资本市场的发育程度、科技项目的投入情况、风险投资机制的形成等。

政府应该加快改革产业金融机制,培育和发展资本市场。现阶段,应当主要从以下几个方面着手进行:一是完善产业技术创新战略联盟发展基金,对于那些具有广阔发展前景,并能产生丰厚经济效益的高新技术项目给予项目经费补助或贴息贷款。二是完善产业技术创新战略联盟的信贷服务,依据联盟特点建立相应的授权授信制度,完善资金管理办法,不断增加信贷品种,拓展担保方式,扩大科技信贷投入。三是财政拨付的专项科研仪器设备经费着重用于建设重点产业技术研发中心和重点实验室,强化科研机构创新的手段,提高科研实力。四是通过联盟发展风险投资事业,企业为投资主体,政府引导建立风险投资基金,用于联盟创新成果的转化和新技术成长期的资本投入,建立风险投资撤出机制。

(3) 营造创新科研环境。

为促进高校及科研院所参与联盟组建,政府应加大对科研人才的重视力度,推进科技成果转化,调动高校和科研院所参与联盟组建的积极性。优秀的技术创新研发团队是保证联盟在组建初期和运行阶段充满活力的决定性因素,同时也是决定产业技术创新战略联盟未来发展的关键所在。政府应该主要从以下两方面着手:一是硬环境建设。要从工资报酬、住房、职称、福利等多方面给予大力支持,积极有效地进行激励和考核。对于参与到产业联盟的科研人员,针对其在新技术开发和新技术研发成果转化中所做的贡献,制定相应的配套奖励,以此鼓励他们投入到创新活动中来,同时吸引更多的科研人才加入进来。二是软环境建设。可以从以下几个方面着手进行:①营造鼓励创新的文化和氛围,实行鼓励科研创新的政策,创建有利于吸引高校及科研院所进行科学研究的宏观环境。②加强与国内外相关行业领域的高校及科研院所的科研合作。③积极引进国内外先进的培训机构,积极组建科技园培训联盟,与高校、科研院所共建人才培养基地。

7. 实施产业联盟监管

目前,我国政府对于产业技术创新战略联盟的监管主要包括行政监管和以科研计划项目发包方身份对产业技术创新战略联盟实施直接监管两种方式。其一,行政监管方式中政府作为国家行政主体,具有完善的行政系统。产业技术创新战略联盟作为一种经济组织,自然在国家行政系统管理范围之内,产业技术创新战略联盟受行政系统中两类行政机构的监管:行业管理机构和相关行政职能机构。其中,行业管理机构主要包括行业协会、各地方行业管理委员会等,而相关行政职能机构主要包括科技局、质量技术监督局、工商局、财政局、税务局等。两者分别从不同角度对产业技术创新战略联盟进行行政监管。前者主要从行政管理角度出发实施监管,后者则从自身职能角度出发对其进行监管。各行政管理机构相互协调、相互配合形成对产业技术创新战略联盟的全面管理。其二,政府利用科研计划项目发包方的身份对产业技术创新战略联盟实施直接监管。一旦产业技术创新战略联盟与政府部门签订了科研计划项目合同,政府行政部门就成为合同项目的发包方,从而取得对合同项目的管理、控制、参与权,间接地获取了对产业技术创新战略联盟在合同项目范围内的监管权力。作为发包方,政府行政部门可以在合同项目的资金运行、产业技术创新战略联盟的研发行为、合同项目风险管理与控制、合同项目的利益分配等方面进行监管和调整,从而达到对产业技术创新战略联盟实施直接监管的目的。

然而,目前这两种监管方式在对产业技术创新战略联盟实施监管的过程中存在着两方面的问题:一是各行政机构之间缺乏联动机制,对产业联盟的行政监管针对性不强,无法实现系统的实时监管。具体表现在:多个行政机构联合执行行政监管,行政机构之间缺乏联动机制与统一协调管理,使得各项监管职能相互独立,监管范围不明确且存在交叉现象,容易引发监管缺位以及监管责任不明确等问题;由于各行政管理机构职能广泛,并非是产业技术创新战略联盟的专设监管机构,这就决定了各行政管理机构无法对产业技术创新战略联盟实施全方位的实时监管,极易出现事后监管、事后控制等现象,从而削弱了政府对产业技术创新战略联盟的监管。二是以发包方身份监管流于形式,监管的实质性难以保证。虽然政府行政部门与产业技术创新战略联盟就科研计划项目签订了合同,但科研计划项目数量众多,且大部分科研项目都是由各地科技厅、局等遴选签发的,项目相对集中,导致政府行政部门对科研计划项目的监管仅仅局限于对最终结果的监管,对科研计划项目研发过程的监管几乎空白。此外,政府以科研项目发包方的身份实施监管,只局限于对与合同项目相关的联盟行为进行监管,且监管范围十分有限。科研计划项目只是产业技术创新战略联盟科技创新活动的一小部分,政府对产业技术创新战略联盟科技计划项目以外的创新活动的监管只能依靠普通行政监管方式来实现。

针对在实施产业技术创新战略联盟监管中存在的以上问题,政府可以在监管方式上进行以下几个方面的优化。其一,构建以行业管理机构和行政职能机构为基础的产业技术创新战略联盟监管体系,增强监管的针对性。为此,政府可以尝试在现有的相关行政职能部门和行业管理机构的基础上,在各个地区针对产业技术创新战略联盟构建一个事业型机构或行政管理机构,并赋予该机构围绕实施联盟监管调配各相关部门行政资源以及考核评估各相关职能机构联盟监管职责履行情况的权力,同时进一步优化和明确各相关机构的联盟监管责任,实现相关部门对联盟的协同监管,提高联盟监管的力度和针对性。其二,不断开展联盟监管方式创新,在不直接干预产业技术创新战略联盟经营和发展的原则下,拓宽政府监管产业技术创新战略联盟的渠道。例如,政府可以在重要的产业技术创新战略联盟中派驻政府观察员,观察员只负责对联盟及其成员的行为实施监管,并不参与产业联盟的经营管理,并及时向政府等有关部门汇报,从而提高政府对产业技术创新战略联盟的监管能力。

第5章 产业技术创新战略联盟的运行机制

5.1 国内对产业技术创新战略联盟运行机制的研究

关于产业技术创新战略联盟的运行机制研究,国内学者做出了许多贡献。

关于动力机制的研究,王雪原等学者给出了动力机制的定义,指通过利益驱动、优势互补、政策推进、发展需求等因素,激励高校、科研院所与企业产生结盟意愿,提高结盟兴趣,巩固联盟发展的有关政策、制度和运作方式。邬备民、李政认为产业技术创新战略联盟应积极吸收原有相对成熟的产学研结合模式的特点,摒弃原有模式的弊端,通过联盟自身的组织工作,积极建立"政府推动、内部联动、市场互动"的可持续发展的动力机制。

关于选择机制的研究,施金亮从4个方面构建了战略联盟伙伴的选择机制:一是确认战略联盟伙伴的核心价值。企业的核心价值包括信任、宽容、合作、承诺和互利关系。二是评价企业的竞争实力和信誉。竞争实力包括技术水平、利润率、市场占有率、资源占有率等多种指标,信誉是指企业在以往经济活动中是否遵循诚信的原则、遵守诺言等。三是与有协作取胜愿望的对方沟通。战略联盟双方协作意愿程度的高低由贡献和诱因两种因素决定。四是战略目标一致,了解对环境变化的应对能力。钟丽萍认为选择企业作为联盟对象时,应考虑企业的核心能力、特色资源、诚信、研发能力、财务状况、企业文化等,在选择高校和科研院所时,应主要考虑其科技优势资源和技术特色、创新团队、科研成果等。马永红等学者给出了选择战略联盟伙伴应遵循的原则,即可信任性、兼容性、互补性、双赢性和灵活性。

关于信任机制的研究,权英提出从建立自身可信任形象、建立多样化沟通渠道、建立机会主义防范机制、建立良好的社会环境制度、形成联盟统一文化5个途径建立联盟的信任机制。马永红等学者从信任的产生机制、信任的运行机制、信任的保障机制3个方面构建了产业技术创新战略联盟的信任机制。毛加强等学者在研究产学研合作中信任的来源及信任的主要影响因素的基础之上,分析了信任的产生机制、运行机制和保障机制,并在此基础上建立了信任机制模型。

关于沟通机制的研究,张伟阐述了信息沟通在产学研结合中的重要意义,认为产学研结合系统中需要进行沟通的信息内容比较多,因此,沟通的方式也应该多方位、全面化,既要重视联盟内外部信息沟通,也要重视非组织形式的沟通,还应注重培养技术型市场的桥梁人物。周鹏飞等学者提出,沟通会影响大学与企业间知识互动的品质和内容,因此，沟通机制的建立能促进产学研合作的长效发展。

关于风险管理机制的研究，刘璐分析了产业技术创新战略联盟的内外部风险的构成，其中内部风险包括盟友选择不当、技术创新不够、成果转化失败、内部缺乏信任、利益分配不合理、融资困难等，外部风险包括政策环境的变化、竞争对手的挑战等。为了减少风险给产业技术创新战略联盟带来的危害，应从完善契约制度、做好市场评估、实行全过程风险监控3个方面建立风险管理机制。欧广远从制度建设着手，认为要想实现最大限度的风险防范，就要从以下3个方面来进行思考：完善法律政策等产学研合作的制度环境、完善产学研合作的利益分配和知识产权保护制度以及加强公共信息服务平台建设。

关于利益分配机制的研究，叶宏认为利益分配较为有效的方法是以合同的形式预先确定下来，把各方所必须履行的义务、需要承担的责任、拥有的权利、享受的利益和利益分配方式通过协商做出明确规定。沈静提出利益和风险共担的产学研合作机制，即谁投资多谁收益大、谁决策谁负责、谁掌握项目进展的主动权谁负责、谁影响了项目的进展谁负责、谁承担的风险大谁收益多。刘旭东等学者认为产学研战略联盟利益分配机制的核心问题是知识产权的保护和知识产权的评估，应按照市场机制建立以知识产权为中心的利益分配机制。

此外，有的学者还从产业技术创新战略联盟的主体及分工、政府政策及中介机构等方面对其运行机制进行了研究。从文献来看，学者对产业技术创新战略联盟运行机制的研究已经取得了一定成果，为产业技术创新战略联盟的实践提供了一定的理论指导。但是分析目前的研究成果，尚存在两方面问题：一是国内学者的研究大多还停留在定性和浅层次的分析上，研究比较分散，对产业技术创新战略联盟的运行机制的组建方案缺乏系统的、深层次的构建。二是在研究过程中将产业技术创新战略联盟视为静态不变的，然而产业技术创新战略联盟是不断发展变化的，应针对不同发展阶段其表现出的特点采取不同的管理措施。因此，针对研究中存在的不足，应采取科学的、先进的研究方法，跳出静态的思维方式，抓住产业技术创新战略联盟的关键影响因素，对产业技术创新战略联盟的运行机制进行更为深入、系统的研究。

5.2 产业技术创新战略联盟的合作模式研究

从各国的产业技术创新战略联盟发展情况来看，通过政府支持产业技术创新战略联盟的发展，从而促进产业创新已成为各国产业政策的重要发展趋势。产业技术创新战略联盟的成立必然为传统产业升级换代、重新焕发生机带来全新的创新发展理念。产业技术创新战略联盟的合作模式主要有政府引导型模式、学研驱动型模式、市场驱动型模式。

5.2.1 政府引导型模式

政府引导型模式，指的是在国家社会经济发展的某些重大产业技术创新领域，当市场前景不明确以及面临的技术创新风险较大时，各个创新主体通常不会主动参与该类型的产业技术创新活动，此时政府可以通过直接或者间接的方式介入，并引导形成产业技术创新战略联盟,以便提高国家和区域技术创新能力,促进经济快速健康发展。在该模式中,政府处于主导地位,针对企业、高校以及科研院所对产业技术创新的现实需要,在推动科学技术发展的前提下,制定相应的技术创新政策和规划,整合产业技术创新战略联盟各个参与主体的优势资源,实施联盟的相关计划,促进社会以及经济不断发展,以优化产业结构并促进产业结构升级,提高企业、高校和科研院所的综合技术创新能力。

政府引导型模式的优势主要表现为:第一,政府具有制定相关政策法规的权力,能够在一定程度上对产业技术创新战略联盟予以一些政策优惠;第二,政府具有较高的信誉,能够促进联盟的顺利构建;第三,政府拥有充足的资金,可以为产业技术创新战略联盟发展提供强大的资金支持。该模式通过制定明确的任务和计划构建产业技术创新战略联盟,采取有效的激励措施,能够促进联盟的正常运行以及完成任务和计划,并加速完成产业技术创新战略联盟技术成果转化。

5.2.2 学研驱动型模式

学研驱动型模式,指的是在某些科技含量相对较高的产业发展领域,在市场前景非常明确的背景下,大学和科研院所能够主动承担技术创新风险,通过充分发挥二者的相关资源和技术优势,以自我调控的形式实现技术创新的产品化和产业化。该模式的本质特征在于:大学和科研院所既可以作为科技成果的研发者,也可以作为将科研成果转化为现实产品并推进产业化生产的创造者。

在该模式中,科研院所具有主导作用,在发挥科技及人力等资源优势的基础上,不断完善科技创新与政府以及企业发展的共生共存体制与机制。一方面,大学和科研院所可以作为政府部门的思想和智慧提供者,为社会经济的发展提供有力的智力支持;另一方面,大学和科研院所将各自的科研和服务供给与企业现实技术创新需求相联系,可以帮助企业收集并整理相关技术创新信息,增强与企业的密切联系。

学研驱动型模式的特征是以大学和科研机构为主导,以科研成果为导向,大学和科研机构通过参与产业技术创新的基础研究、开发研究、工艺设计、应用研究、技术成果产品化以及产品产业化,指导占有市场份额的整个流程。

例如,哈尔滨亿时代数码科技开发有限公司牵头的信息无障碍产业技术创新战略联盟,就是以亿时代公司为核心公司,以开发信息无障碍相关技术产品为导向,以和高校合作作为运行主导,以相关福祉技术为合作基础,联合相关硬件和软件企业进行整个产业技术创新战略联盟的运作。

5.2.3 市场驱动型模式

市场驱动型模式是在市场前景相对乐观的背景下,企业为增强自身市场竞争实力和适应现实市场经济发展要求,委托大学和科研院所予以研究开发或者共同开发的方式,在新技术开发和技术支持以及服务方面寻求与大学和科研院所的相互合作,进而提高企业的技术创新水平和经济效益。在该模式中,企业处于主导地位,它从解决现实市场需求和自身需要的实际技术问题出发,在明确企业自身优势与劣势的前提下,选择产业技术创新战略联盟的合作伙伴,充分发挥产业技术创新战略联盟的优势互补与资源共享的协同创新效应。在技术研发和产品创新等方面存在差异的情况下,企业通过对产业技术创新战略联盟进行过程管理,来规范产业技术创新战略联盟的收益协调与分配机制,以保障产业技术创新战略联盟的正常运行以及联盟预期目标的顺利实现。

例如,小浆果产业技术创新战略联盟运用市场机制集聚创新资源,联合300多家成员单位从前期的育种到栽培,再到后期的加工,创新了小浆果行业产学研结合机制。通过产业生态链的构建,有效贯通技术研发、产品制造、销售渠道、人才交流等多个环节,大大节约了成本,有效提高了效率,形成产业核心竞争力。

近年来,各行业以产业技术创新战略联盟抱团发展的优势凸显,为了充分调动成员单位的积极性,构建管理机制对联盟运行起到非常重要的作用,信任机制与协调机制起到强化成员间关系稳定的作用,监督机制保障联盟健康运行。产业技术创新战略联盟在管理中涉及的选择机制、激励机制、信任机制、协调机制、利益分配机制和风险机制等管理的完善度,直接体现其在行业中的号召力。

5.3 产业技术创新战略联盟的成员选择机制

产业技术创新战略联盟在选择成员时应以平衡资源互补和降低协调成本为基础,实行分级管理制度,不同级别的会员拥有不同的权利和义务。成员选择机制应以互补性、兼容性及信任度为基本原则,以评估会员单位的诚信度、研发能力、市场营销能力和企业文化及财务状况为准则,选择在风险侵袭下也能配合产业技术创新战略联盟实现技术创新目标的成员合作,在选择高校和科研院所进行合作时,还应考虑其科研成果、团队技术优势和联盟经历等。

实践中,很多战略联盟运行不长时间就不得不解散,失败率很高。对战略联盟合作伙伴产生的影响缺乏足够重视、没有良好的成员选择机制以选择合适的战略联盟成员,都是战略联盟失败的重要原因。因此,合作伙伴的选择是战略联盟成败的关键所在,产业技术创新战略联盟也是如此。只有建立科学的成员选择机制,选择合适的产业技术创新战略联盟伙伴才能使战略目标得以实现,达到预期的成功。所以,产业技术创新战略联盟成员的选择不但要评估备选合作伙伴之间的战略适应性和互补性,即合作伙伴的战略目标是否一致、合作伙伴是否对战略联盟具有战略价值,而且还要考虑合作伙伴的核心能力、财务状况、规模、机遇环境、文化融合性、信用情况等。

产业技术创新战略联盟的成员选择可以从战略联盟成员的选择中得到借鉴,这一选择过程划分为预备和合作成员初选、单个合作成员评价和综合评价及优选3个阶段。

5.3.1 预备和合作成员初选

想要建立相互信任、开放和交流的合作关系,产业技术创新战略联盟的发起者必须首先对其所在行业的技术创新目标、创新的意义、现有技术和创新资源的积累、创新成果的市场前景、产业技术创新战略联盟成立的必要性、产业技术创新战略联盟的战略目标等相关问题进行系统的分析,确定实现产业技术创新战略联盟战略目标所需要的合作成员应该具备的核心资源条件和能力特质。接下来就是从所有有可能的合作者中,根据合作成员所必须具备的标准,初步筛选出符合条件的成员以便进行评价选择。

5.3.2 单个合作成员评价

初选结束后,就需要搜集这些通过初选的合作成员的信息,根据合作成员类型的不同制定不同的标准,然后结合产业技术创新战略联盟成员选择的具体原则和要求,对联盟伙伴选择的影响因素进行科学的评价和量化,再依据这些评价指标对备选成员逐一进行讨论与评估,为第三阶段的多目标综合评价及优选提供依据。

5.3.3 综合评价及优选

影响产业技术创新战略联盟成员选择的因素很多,可以采用能将定量与定性分析相结合的 AHP(Analytic Hierarchy Process)层次分析法对所选的合作成员进行评价指标分析,得出最优选择。首先根据确定的产业技术创新战略联盟的成员选择的标准制定评价指标层次结构图,如图 5-1 所示,其中 $n,m=1,2,\cdots$

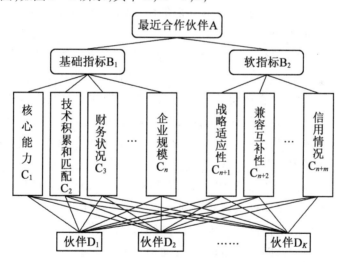

图 5-1 联盟成员选择的评价指标层次结构图

层次结构图确定后,就需要对每一层的评价指标进行评估赋值,以便计算。通常这一过程由产业技术创新战略联盟管理者聘请相关领域专家,一起依据经验和具体情况,以上一层指标为准则,评估每一层指标,得出每个备选伙伴的相对重要度。

产业技术创新战略联盟决策者可以根据计算出的潜在合作成员重要度的高低来选出最佳合作成员。采用这种方法选择合作成员,综合考虑了各种因素,因此稳定性高、成功的概率大。如果经历 3 个阶段后仍不能选择出最佳合作成员,则可适当调整各因素权重。

5.4 产业技术创新战略联盟的信任机制

信任是产业技术创新战略联盟组建与发展的基石,信任机制是在道德规范与法律法规约束条件下形成的,信任对成员间的合作存在明显的正面影响,同时能够维系产业技术创新战略联盟的稳定发展。产业技术创新战略联盟成员间依赖度越强,资源共享程度则越高,产业技术创新战略联盟领导组织能力越强,成员间的信任度就越高。成员间的合作仅靠道德约束是不够的,必须加以法律约束并建立有效的信任机制,才能有效推动产业技术创新战略联盟管理成效的提升。

5.4.1 信任机制对产业技术创新战略联盟的影响

一般来说,产业技术创新战略联盟不重视建立信任机制,往往把主要精力放在知识产权保护协议的订立、对双方成员的管理制度的制定以及对领导者行为的规范等方面。然而,这三者都不是产业技术创新战略联盟发展的主要障碍,一个有效发展的产业技术创新战略联盟应当将其关注点从这三项因素中独立出来,改为思考企业成员与科研院所成员共同的项目计划、合作及共赢。这样做的结果就是,信任机制在产业技术创新战略联盟中起到越来越重要的作用。

信任机制被认为是连接产业技术创新战略联盟企业成员与科研院所成员的黏合剂,是盟员之间充分交流、加强合作的前提。产业技术创新取决于多项复杂技术相融合的程度,非单个组织所能完成。在各盟员贡献自己所在领域知识的同时,协同创新也是不可或缺的,此时盟员之间的相互信任对促进知识转移有着重要意义。知识转移需要盟员开放对知识的绝对性保护,也需要设置相应的保护制度,以惩罚盟员窃取超过合同范围的知识或不正当使用知识的行为,而这些都需要建立在信任的基础上。相反,盟员之间缺乏信任,例如一方转移知识时故意留一手,仅转移非核心技术或非真实知识,那么知识接收方不仅要增加成本用于反复验证知识的有效性与真实性,还可能最终引起研究失败,导致恶性循环。良好的信任机制有利于在性格迥异的成员之间建立互信关系,能够制造一种促进内部成员之间共同合作的氛围,有助于盟员之间合作成果的取得。一旦双方成员共同承担起项目建设的责任,那么各盟员将能更好地理解和吸收对方的知识,减少对对方意愿和行为的关注,更大程度地交换知识,共同谋求积极的成果。可见,信任机制在向企业成员传播科学知识和促进科研院所成员开展创新活动方面都是有帮助的。知识产权保护协议、对双方盟员的统一管理模式以及联盟领导者的行为模式也与信任机制有着千丝万缕的联系。除此以外,信任机制与联盟成果的大量产生之间也有关联。

5.4.2 知识产权保护协议与信任机制

知识产权保护协议是产业技术创新战略联盟中企业成员与科研院所成员产生冲突的主要原因,因为其中包含了对双方而言都重要及敏感的信息。此类信息的公开能使产业技术创新战略联盟成员更好地了解其他成员,并降低对其他成员未来行为预判的不确定性。由于产业技术创新战略联盟中的科研成果大多数为科研院所成员做出的,因此产业技术创新战略联盟内部的知识产权保护协议往往也是由它们制定的。大多数情况下,科研院所成员要求对自主研发的知识产权拥有绝对权利,例如坚持科研院所对知识产权成果拥有无限制直接发表的权利等。这成为企业成员与其合作的主要障碍。另外,科研院所成员用相同的知识产权保护协议去对待完全不同的企业,有着严重的局限性,缺乏灵活性,损害了企业合作伙伴们的利益,阻碍产业技术创新战略联盟的发展。因为企业成员会形成一种观念,认为科研院所成员无法回馈它们追求商业利益的需要。另外一旦知识产权保护协议协商不充分或不透明,那么在知识产权权属和成果传播的问题上很容易产生冲突。相反,如果科研院所成员能够意识到不存在一种对所有人都有利的方式,并且主动适当调整知识产权保护协议,那么企业成员必将在产业技术创新战略联盟上投入更多的时间与资源。如果知识产权保护协议是充分协商、清楚透明的,企业合作者们会认为自己所担忧的问题得到了对方成员的重视,那么双方成员产生歧义的可能性将会大大降低。可见在科研院所成员主导下,全体盟员制定出灵活透明的知识产权保护协议对信任机制的形成有积极作用。

5.4.3 激励与约束并存的统一管理模式与信任机制

产业技术创新战略联盟激励与约束并存的统一管理模式是指产业技术创新战略联盟所有成员就共同承担维护产业技术创新战略联盟的责任,共同面对项目进程中出现的问题所达成的协议。鉴于产业技术创新战略联盟发展中可能出现的各种状况,成员们有义务事先承诺,表明愿意在接下来的合作中努力适应彼此。产业技术创新战略联盟成员来自不同文化下产生的组织,它们的思维模式各有不同,并且都习惯于按照各自的方式开展工作和解决问题。这种差异共存在一个联盟中很容易导致消极影响和摩擦,甚至可能改变联盟的组织结构。在这种情况下,盟员达成激励与约束并存的统一管理模式有助于巩固成员之间的合作关系。统一的管理模式能够减少成员间的信息不对称,促进信息共享与交换,加深它们对项目目标的理解,避免相互误解,还可以帮助成员们适应产业技术创新战略联盟新环境,使生产型成员与科研型成员在变化中不断进步,最终达到相互信任的结果。因为一旦成员之间能共同合作、共迎挑战,那么任何一个成员的想法和行为的不确定性将大大降低。这种统一的管理模式实质上是盟员之间关于激励与约束行为的治理达成的一种"契约",其重点是对机会主义的预防。在我国,产业技术创新战略联盟的组织形式通常表现为开放式的会员组织,在这种组织结构下,统一的管理模式就显得尤其必要,它能起到抑制成员流动或"搭便车"行为的作用。除此以外,在产业技术创新战略联盟中,有效的管理模式还包含对产业技术创新战略联盟领导者拥有出色能力的要求。它要求领导者不仅具备提升成员水平的能力,还拥有避免意外情况可能对产业技术创新战略联盟造成损害的能力。在成员互信的机制下,是否能形成激励与约束并存的统一管理模式很大程度上取决于产业技术创新战略联盟是否拥有一位既有实力又有高忠诚度的领导者,出色的领导者能为产业技术创新战略联盟创造出一种相互信任的氛围。

5.4.4 淡化领导者行为对信任机制的影响

领导者对产业技术创新战略联盟的成功起着至关重要的作用,其重要性在于将产业技术创新战略联盟的理念、思维灌输给企业成员和科研院所成员,并让政府管理者对联盟项目完全支持。领导者还能通过促进社会联系、融合人力资源来对项目的成果直接产生影响,能为问题的沟通提供很好的基础。产业技术创新战略联盟中除了总的领导者以外,企业和科研院所往往也拥有各自的领导者。企业的领导者的地位通常被认为高于科研院所的领导者,他们能保证合作项目的启动资金,还能争取上级管理者的支持,解决项目进行中产生的困难,说服项目的反对者,能使产业技术创新战略联盟项目产生更大的效益。但在现代社会环境下,若一个联盟的成功与否取决于单个领导者的意志或行为,那么这个联盟内部制度的科学性是值得怀疑的。产业技术创新战略联盟应当将对领导者的关注从诸多因素中独立出来,将关注点改为合作共赢。可见,逐步淡化领导者对信任机制的影响力是一个需要继续探索的问题。

综上所述,在产业技术创新战略联盟中:第一,信任机制需要科研院所具有灵活透明的知识产权保护协议来支撑。该协议对企业成员而言,其清晰度、公正度和灵活程度能直接决定成员之间的关系质量。第二,激励与约束并存的统一管理模式,即共同计划、共担责任、共同评估、共同调整,对因项目环境改变而发生的变化及时做出应对,争取双方成员都满意的结果。健全的管理体制不仅有利于避免成员之间的误解,还有利于提高成员的合作效率。第三,领导者应更倾向于将关注点从各项协议政策转移到互相协同合作,最终取得成功。第四,信任机制的好与坏和产业技术创新战略联盟项目的时间长度、基础研究项目的种类等没有太大关联,而是与企业成员的规模息息相关。科研院所成员受时间和经济支持度的限制要小于企业成员,所以不难想象,项目持续周期越长,企业成员越没有耐心,甚至它们可能会将这种情况认为是科研院所成员的过错,从而引起不利于信任机制的冲突或误解。

5.5 产业技术创新战略联盟的协同创新运行机制

作为一种创新模式,产业技术创新战略联盟的协同创新在全球范围内悄然兴起。我国产业技术创新战略联盟始于20世纪末,发展于2007年之后,现已升级为国家战略。产业技术创新战略联盟成员单位在管理、组织和文化等方面存在一定差异,直接影响彼此的沟通顺畅度,需建立完善的协调机制来强化管理。从系统论和协同理论结合的视角,产业技术创新战略联盟协同创新运行机制是将创新主体有机结合成一个创新系统,发挥出产业技术创新战略联盟整体的优势。产业技术创新战略联盟协同创新运行是在创新系统下通过一系列运行机制的配合,使创新资源在各主体间流动。产业技术创新战略联盟协同创新运行机制的内部动力主要由以企业、高校和科研院所为主体的利益驱动、资源互补、知识学习和组织制度等构成。外部动力主要由以政府和市场为主体的产业发展、政策支持、市场需求和行业竞争等构成,政府与盟员无直接的利益关系,作为协调方具有权威性与影响力,能站在中立角度对成员施加影响。

5.5.1 产业技术创新战略联盟协同创新运行机制的方式

产业技术创新战略联盟协同创新运行机制是产业技术创新战略联盟运行的作用方式,即产业技术创新战略联盟作为创新系统的运行原理。产业技术创新战略联盟协同创新运行机制,主要可分为4点:适应性机制、耦合机制、网络驱动机制和协调机制。通过这4种机制的有效运行,发挥出整个产业技术创新战略联盟的创新能力,产业技术创新战略联盟协同创新运行机制模型图如图5-2所示。

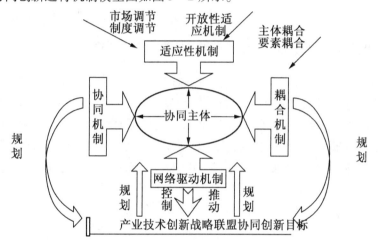

图5-2 产业技术创新战略联盟协同创新运行机制模型图

创新主体间的主要协同方式有:产业技术创新战略联盟模式、技术专利模式、研发外包模式、要素转移模式等。产业技术创新战略联盟模式包括企业与企业产业技术创新战略联盟、企业与研究机构产业技术创新战略联盟、企业与中介机构产业技术创新战略联盟。产业技术创新战略联盟创新主体以契约或非契约形式共享创新资源要素,具体表现为资源丰富方向资源匮乏方倾斜,促进技术、信息和缄默知识的流动。技术专利模式是企业或研究机构等创新主体充分利用自身专利并对产业技术创新战略联盟内部专利进行整合采用的方式,包括企业间买卖专利、中介机构搭建专利交易平台、科研机构颁发某技术许可证等。技术专利模式为产业技术创新战略联盟创新主体间技术、知识流通提供极大便利。研发外包模式主要是创新主体将产品、技术创新环节通过直接外包给其他企业、科研机构,以及向中介机构提交雇佣合同等方式进行协同,达到提升产品创新效率的作用。要素转移模式是指协同创新主体根据自身产品创新、技术创新的要求,将人才、资金、技术、基础设施、知识信息等关键要素和隐形资源进行转移,从而提升产业技术创新战略联盟研发能力的协同方式。不同协同方式对应不同的产业技术创新战略联盟协同创新效应。

5.5.2 产业技术创新战略联盟的空间协同效应

空间协同维度是由资源要素协同维度、主体协同维度和方式协同维度耦合产生的协同,即维度间协同。这3个协同维度经空间协同产生了空间协同效应。资源要素协同维度决定产业技术创新战略联盟协同创新的资源流动与运行。主体协同维度为产业技术创新战略联盟向动态有序发展提供支持。方式协同维度为主体协同维度和资源要素协同维度耦合建立平台。空间协同维度是产业技术创新战略联盟协同创新发挥开放性创新主体的维度优势,以资源协同带动主体协同,再以主体需求带动资源协同,主体协同维度与资源要素协同维度以方式协同维度为保障,通过影响要素资源组合协同、知识创造多于知识转移、隐性知识多于显性知识转移、协同剩余和投入产出比等方面实现创新资源要素的协同创新效应,刺激产业技术创新战略联盟创新活动,激活联盟内部创新因子。

5.5.3 产业技术创新战略联盟协同创新效应产生机理模型

协同创新效应产生机理是指产业技术创新战略联盟内协同创新运行的一种内在规定性。产业技术创新战略联盟协同创新效应产生机理是规定产业技术创新战略联盟在资源要素协同维度、主体协同维度、方式协同维度、空间协同维度这4个维度下运行产生协同创新效应。根据这4个维度内在的规定作用将产业技术创新战略联盟协同创新总体效应从要素资源组合协同、知识创造多于知识转移、隐性知识多于显性知识转移、协同剩余、投入产出比5个方面进行展现。协同创新系统网络是各主体为实现自身目标,经过一系列主体引导、资源共享环节、方式协同构成协同创新效应,使整体大于局部的多维协同网络。资源要素协同维度是各创新主体之间协同创新有效运行的基础,包括创新主体要素、创新功能要素、创新环境要素,3个要素共同构成了创新主体的资源平台。创新主体协同维度是产业技术创新战略联盟协同创新网络运作的核心。方式协同维度是影响、制约各创新主体协同创新运作效率的基本条件。在这一结构下产业技术创新战略联盟协同创新网络是维度的协同,是要素在整个联盟宏观视域下从无序到有序、从协作到协同的表现,表现为维度间的协同,即空间协同。产业技术创新战略联盟协同创新网络的有效运作与这几个维度的互动有关。资源要素协同维度在协同创新效应产生中占最重要的位置。资源要素协同维度中的创新主体要素、创新功能要素和创新环境要素,三者共同构成产业技术创新战略联盟的资源平台。创新主体要素在宏观层面是企业、研究机构、中介机构和政府这些行为主体,在微观层面是知识、技术、信息、资金、人才、资源等支持主体运行的资源。创新功能要素是产业技术创新战略联盟稳定运行的保障机制,包括协同机制、协调能力、信任机制和配置机制。创新环境要素是产业技术创新战略联盟高效合理创新的条件。创新环境要素是促进产业技术创新战略联盟各主体协同运行的良好环境,包括体制制度、良好的政策、基础设施、市场环境、社会文化等。这3个要素相互促进、相互制约;创新主体要素根据创新功能要素合理有效调动创新主体资源完成主体间的协同创新;创新功能要素根据主体要素拥有的创新资源的多寡、创新主体所处环境的好坏合理制定创新主体要素间的协同机制,促进主体要素协同创新效应的展开;创新环境要素为创新主体要素和创新功能要素提供外部支持,影响产业技术创新战略联盟创新主体协同创新效应。产业技术创新战略联盟协同创新网络的有效运行离不开资源要素的协同和创新主体的协同。主体协同维度是中介机构、企业、政府、研究机构等创新主体协同产生的效应增值。维度中的各创新主体都与其他创新主体相互联系,其中企业在主体协同维度中占有十分重要的地位,是实现研究机构、中介机构、政府协同创新的中心点,是技术创新的主体,直接体现主体协同维度协同效果的好坏;中介机构为研究机构、企业、政府服务,对企业进行需求分析,再根据企业需求,向研究机构提供新的创新课题方向。中介机构将政府部门对市场控制提出的政策规定实时反馈给研究机构、企业,为研究机构的研究成果合法受保护提供保障,为企业创造价值提供平台;研究机构在主体协同维度中起到知识技术的协同创新作用。研究机构根据企业发展提出的技术要求和中介机构提交的需求分析进行知识创新;政府是主体协同维度中的制度创新主体,它本着以市场变化为向导、以保障市场权益为目的的宗旨为各主体进行的协同创新提供制度保障,通过直接给企业制定或通过中介机构间接制定相关制度为产业技术创新战略联盟中各主体协同创新的运行提供制度保障。方式协同维度是产业技术创新战略联盟新主体间协同资源的方式,产业技术创新战略联盟系统结构不同,产生的协同创新效应不同,组合的主要方式有:产业技术创新战略联盟模式、技术专利模式、研发外包模式、要素转移模式。产业技术创新战略联盟模式就是联盟根据产品研发需求与协同链中其他创新主体,包括企业、供应商、销售商、竞争者、消费者等组成研发联盟、知识俱乐部、技术联盟等形式的战略联盟。技术专利模式是联盟主体在协同创新的过程中为突破创新技术需要某项专利时,为了能方便快捷共享、买卖某项技术专利和技术许可而形成的协同形式。技术专利模式通过最大限度使用联盟内部技术专利并且整合联盟外部技术专利为协同创新技术的流通提供了极大的便利。研发外包模式是联盟内部主体如企业和中介机构为了加快产品的创新效率将价值链上的技术研发环节外包给联盟的研究机构。企业内部研发部门不能满足产品创新的速度时,企业将研发任务外包给联盟研究机构,与研究机构协同完成产品的推出或更新。要素转移模式是为了提高企业产品的创新能力,增加企业核心竞争力,将企业内部以及外部的创新资源和技术要素整合转移的方式。空间协同效应就是主体交互层面、资源要素耦合层面和方式选择层面三个面的协同。在产业技术创新战略联盟协同创新过程中,资源要素协同、主体协同和方式协同的匹配性是产业技术创新战略联盟协同创新效应产生的影响因素。产业技术创新战略联盟协同创新效应产生机理模型图如图5-3所示。

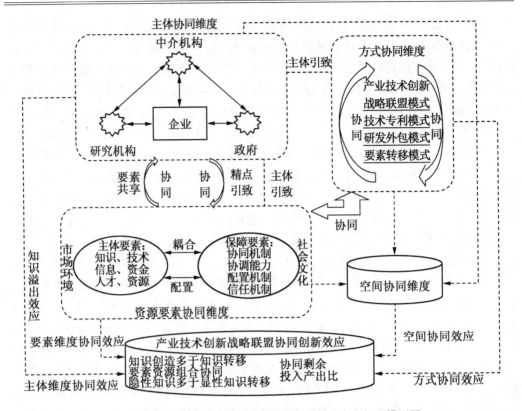

图 5-3 产业技术创新战略联盟协同创新效应产生机理模型图

5.6 产业技术创新战略联盟的利益分配机制

产业技术创新战略联盟应对技术创新项目的政府资助经费进行合理分配,有效激励成员单位参与的积极性,达到项目合作性高、利益均衡及合作良性发展的目的。作为不同的利益主体追求的都是利益最大化,利益协调是联盟组织工作的核心,在利益分配机制上应遵守"权责利险对等"原则,公平公正地确定利益分配规则,避免利益分配不均导致技术创新项目成功率下降。

5.6.1 产业技术创新战略联盟利益分配理论基础

在明确了产业技术创新战略联盟形成的原因后,利益分配的问题是需要深入研究的。目前国内外学者对技术联盟、动态联盟的利益分配有一定的研究,主要都是运用博弈论的思想进行分析的。

1. 博弈论

博弈论(Game Theory),又叫对策论,主要研究人们对策略的相互依赖行为,是对决策者如何在给定信息下决策才能使自身效用最大化,以及使不同决策者之间保持决策均衡的研究。所以,所谓的博弈就是指一些个人、团队或其他组织,面对一定的环境条件,在一定的约束条件下,依靠所掌握的信息,同时或者先后,一次或者多次,从各自可能的行为或者策略集合中进行选择并实施,各自从中取得相应的结果或收益的过程。博弈论最早源于 20 世纪初,1944 年由冯·诺依曼和摩根斯坦共同出版的《博弈论和经济行为艺术》,为博弈论的发展奠定了基础。到了 20 世纪 50 年代,纳什、泽尔腾、海萨尼等人使博弈理论丰富、成熟并进入到实用阶段。近些年来,博弈论已然成为解决冲突及进行合作的工具,在众多学科领域都得到了广泛的应用。博弈论发展至今,对人类的生活及经济行为都产生了较大的影响。让·马塞尔·蒂罗勒曾经说过,与理性预期使宏观经济学发生变革一样,博弈论使经济学家的思维方式发生了改变。博弈论要解决各种各样的问题,寻求各博弈方合理选择策略下的博弈解,并对这些解进行合理的讨论。博弈论可以划分为合作博弈和非合作博弈,两者的区别主要在于人们的行为相互作用时,当事人能否达成一个具有约束力的协议。如果能就是合作博弈,反之就是非合作博弈。研究产业技术创新战略联盟利益分配的问题,就要进行联盟利益的约定,所以是合作博弈问题。

2. 现代契约理论

(1) 最优契约。

最优契约是指在现实约束条件下达到最优效果的一种契约。最优契约的形成应当满足以下 3 个条件:一是缔约各方共同承担风险。二是契约的内容要全面,尽可能包含可利用的信息;也可以这样认为:当经济行为者隐藏信息或隐藏行动时,我们可以利用贝叶斯统计推断来构造一个概率分布,并以此概率分布作为设计契约的基础。三是在设计契约机制时,报酬结构的设计除了应当与当事人所拥有的信息性质相适应外,还应与对未来不确定性因素和风险避免的判断相适应。

(2) 激励契约。

激励契约是现代契约理论研究的一个重要研究领域。激励契约是指在"委托—代理"关系中,委托人为了使代理人按照委托人的意愿行事所采取的一种激励制度,激励契约能激励代理人提高工作热情,提高工作效率,强化责任心,使契约能够被积极地实施。激励契约也就是多劳多得、高效率,同时具有优良业绩的代理人会获得较高的工资及福利待遇。霍姆斯特罗姆(Holmstrom,1991)则证明了监督的作用,认为不是监督团队成员,而是确保激励机制的执行、打破预算平衡,使得激励机制能充分发挥作用。

信息不对称是设计契约的根本原因,也是契约理论中的核心概念。信息不对称是指市场上的相关信息在契约双方呈不对称分布,也就是说,当一方当事人无法获知对方当事人的信息或无法观察到对方的行为时,就会产生信息的不对称,这对交易行为、市场效率都会产生重要的影响。郑文军等根据"委托—代理"构建了敏捷虚拟企业中利润分配问题的模型,分析了合作研发组织中的利润分配与成员的创新性与努力的重要性的关系。在联盟中,联盟成员的私人信息、联盟成员努力的情况并不是所有的成员都能清楚的,比如,高校和科研院所的研究,企业一般是观察不到,但是高校和科研院所为了自身利益的最大化,在联盟利益分配机制方案提出时会抬高价格。

5.6.2 产业技术创新战略联盟的利益分配机制的设计

利益分配机制是产业技术创新战略联盟运行的直接拉动力,是最重要的一种激励机制。建立利益分配机制的直接目的是调动成员的积极性和主动性,最终目的是实现盟员的利益最大化。利益分配机制能够引导盟员个体努力的方向,使联盟整体利益和盟员个体利益趋于一致,因为联盟从本质上讲,是为了利益而建立的合作组织。因此,合理、科学的利益分配机制是产业技术创新战略联盟成功的根本驱动力。

在联盟中,由于每个成员都是一个利益单位,有自己独特的运作逻辑,主观上不可避免地会追求对本组织最有利的行为,因此,产业技术创新战略联盟这种组织制度本身就暗含了不确定性与机会主义的可能性。短期性的利己竞争行为将会弱化相互合作的力量,这就要通过合作协议的约束来阻止机会主义行为,消除可能导致联盟风险的投机心理。合作协议除了具有事前威慑与事后评判与惩罚作用之外,应强调的是其作为一个团队组织的内在激励效应。利益分配机制是抑制机会主义行为、解决"委托—代理"问题的重要的激励机制。因此,我们需要建立一个完善、有效的利益分配体系,合理地制定利益分配原则,通过协议促进相互信任,有效地激励盟员。

我们发现产业技术创新战略联盟是建立在企业、高校和科研院所共同利益基础之上的,联盟主体参与联盟的主要目的就是从联盟中获得各自所需的利益,所以利益分配问题是影响产业技术创新战略联盟合作与发展的关键问题,利益分配的公平与否直接影响产业技术创新战略联盟运行的稳定性及长久性。产业技术创新战略联盟形成的效益多种多样,根据不同的标准,产业技术创新战略联盟的利益形式主要可以分为有形利益和无形利益。其中有形利益是指具有实物形态,通过资产评估可以直观确定,或者是可以量化的利益,即盟员可以直接取得的利益,产业技术创新战略联盟有形利益的价值量的大小相对稳定。无形利益是指以某种特殊权利、技术知识等形式存在的利益,相对于有形利益来说,无形利益难以量化,不能用货币来衡量,只能通过其作用来体现。无形利益虽然不具备实物形态,却能对产业技术创新战略联盟产生影响,一定条件下,无形利益最终也会转化为有形的利益。

1. 有形利益

(1) 利润收入。

利润收入主要是指产业技术创新战略联盟所获得的产品和服务的销售收入减去其中的各种成本之后所得的收益。利润收入是产业技术创新战略联盟的目的,是产业技术创新战略联盟利益分配的主要内容。

(2) 技术成果。

产业技术创新战略联盟的成员在合作研发过程中,在设计、制造、管理等方面可能会产生一些新的技术成果,比如技术发明、专利等,这些都是产业技术创新战略联盟收益的一部分。

(3) 技术转让收益。

产业技术创新战略联盟的成员在共同研发产品或项目时,常会获得一些产品开发的技术,对这些技术的转让或者特许使用可能会获得一定的收益,其部分收益也计入产业技术创新战略联盟利益。

(4)产品和服务收益。

对于产业技术创新战略联盟的合作伙伴所创造出来的产品,其中会有部分产品处于代售或者半成品的状态,这些产品或半成品具有一定的经济和社会价值,在进入流通领域销售时,会实现它们的价值,因此也将它们归为产业技术创新战略联盟利益的范围。

2. 无形利益

(1)商誉。

众所周知,好的商品和服务以及企业形象可以创造优异的商誉,商誉对企业而言很重要,好的商誉可以给企业带来巨大的收益,产业技术创新战略联盟所形成的良好商誉也属于产业技术创新战略联盟利益的一部分。

(2)品牌价值。

企业通过组建产业技术创新战略联盟,使卓越的产品或服务获得社会的好评,而树立起良好的品牌形象,这样就会提升企业的销售率和市场占有率,最终引起产业技术创新战略联盟获得高额的利益。

(3)社会形象。

整个产业技术创新战略联盟良好的社会形象可以获得政府、社会团体的支持和理解,有利于企业的长远发展。组建产业技术创新战略联盟,参与一些公益活动,提高企业的知名度,可从而赢得更多的客户和市场。

(4)知识和经验。

在产业技术创新战略联盟运行过程中,联盟中的各个成员都要不断地学习和提高,尤其是面对不断变化的国内外市场环境,产业技术创新战略联盟中的成员要不断地提高核心竞争力。

5.7 产业技术创新战略联盟的激励机制

经费资助可以赋予科研项目组技术创新的源动力。产业技术创新战略联盟不断完善项目审查、评审和监管制度,建立健全成果和知识产权保护制度,并完善科研成果激励机制,保护创新者的合法权益,从而调动成员单位的技术创新积极性,吸引更多专业人员加入到联盟技术创新活动中,从而提升产业技术创新战略联盟在行业中的影响力。

5.7.1 产业技术创新战略联盟激励机制的构建

产业技术创新战略联盟有别于其他联盟的新特性和存在的高管理风险、高技术风险和高机会主义风险特质,导致其激励问题的特殊性。激励机制(Motivate Mechanism),也称激励制度(Motivation System),是通过一套理性化的制度来反映激励主体与激励客体相互作用的方式。长效、稳定的激励机制的探索应从产业发展的实际需求出发,遵循市场经济规则。刘建设提出构建激励机制时要基于贡献度的合理薪酬策略,注重满足组织成员自我成长、成就感等内在需要。尤其是科研组织机构,激励机制的构建就是要改传统的科层式结构为扁平式结构。激励机制的构建目标和中心环节以产业技术创新战略联盟的绩效评价为主线。

1. 产业技术创新战略联盟防"逆向选择"的激励问题

"逆向选择"在联盟组建阶段非常普遍,且由于政府对产业技术创新战略联盟的大力推动和扶持,其"逆向选择"问题尤为突出。而盟员信息隐瞒的概率不会随合格标准的提高而降低,却会随盟主对其信任程度的提高而迅速降低。因此,设计合理的机制激励成员披露自己的真实信息,防止"逆向选择",成为产业技术创新战略联盟成功的关键。

产业技术创新战略联盟由产业内龙头企业(或机构),或联合政府进行组建。对于由政府委托产业内龙头组织(产、学、研机构)牵头组建的产业技术创新战略联盟,一般由政府借助自身信息优势,依据产业内各机构的技术、资金、市场等信息选择出一个或几个龙头企业作为联盟组建者。对联盟组建者的选择一般不会出现"逆向选择"问题。因此,产业技术创新战略联盟的"逆向选择"问题主要出现在组织者对其他成员的选择上。在组建阶段的委托—代理关系中,组织机构为委托人,其他入盟申请者为代理人。防"逆向选择"主要表现为如何设计进入规则来激励入盟申请者显示自己的真实能力,并激励高能力者积极加入联盟。

2. 产业技术创新战略联盟防"道德风险"的激励问题

联盟成立后,产业内龙头机构在产业技术创新战略联盟中起主导作用,但尚不具有完全谈判力。且为了实现产业重大技术创新,产业技术创新战略联盟的成员多为产业内各领域的领先者,可谓强强联合,构成了近似"平等型联盟"。虽然可能存在毫无谈判力的纯粹代理人,但不存在具有完全谈判力的绝对委托人,多数(或全部)成员既是委托人,又是代理人,它们之间形成互为委托-代理关系。所有成员既有激励其他成员积极投入而使自己获得更多合作剩余的动力,又作为被激励对象而存在偷懒和搭便车的"道德风险"。因此只能靠相互激励来发展合作,共同创造出合作剩余,再根据协议来分配合作剩余,而联盟协议要通过谈判共同商定。在利益分配的谈判中,合作剩余、谈判威胁点、谈判力、加权因子(反映成员利益受到关注的程度,只能通过谈判来达成)、对联盟体的贡献、共谋(联盟内部分成员合谋导致利益分配失衡,甚至导致联盟解体和失败)、分配方式等都会对分配结果产生影响。而产业技术创新战略联盟作为产学研多领域成员合作进行技术创新的合伙型自主工作团队,其以提升国家自主创新能力、产业优化升级为战略目标,不但追求联盟的经济利益,也强调技术创新活动的综合社会效益。在利益分配中,更是要面对以上各个因素带来的诸多特殊问题。

从本质上来看,产业技术创新战略联盟就相当于一个合伙型自主合作团队,每个成员都有偷懒或搭便车的动机。政府作为联盟的推动者,不参与联盟活动,不参与联盟合作剩余的分配,不能等同于传统团队理论中引入的"榨取团队剩余的委托人"来发挥作用。这就决定了在产业技术创新战略联盟中,成员的"道德风险"问题尤为突出。因此,产业技术创新战略联盟防"道德风险"主要体现在高风险下,产学研等不同领域成员如何通过谈判共同设计合理的机制来激励成员以团队合作为基础,积极投入技术创新活动和分享创新知识,以实现联盟技术创新的目标。

产业技术创新战略联盟在发展的不同阶段所面临的激励问题见表 5-1：

表 5-1　产业技术创新战略联盟激励的相关问题

	委托-代理关系	博弈关系	激励问题	激励关系
联盟组建阶段	委托人-组织者 代理人-入盟申请者	非合作博弈	防"逆向选择"	委托人激励代理人
联盟运行阶段	相互委托、代理	合作博弈	防"道德风险"	相互激励

资料链接

江西省成立科技担保联盟

2018 年 3 月 30 日,由江西省科技金融管理服务中心牵头组织的江西省科技担保联盟成立大会暨 2018 年第二期"科技金融路演会"在南昌成功举办,省科技厅副厅长刘青出席会议并讲话。省融资担保业协会、省内 20 余家担保公司及投资机构负责人、路演科技企业代表、相关领域技术专家参加会议。

刘青副厅长在讲话中指出,科技创新离不开金融的支持,必须加快建立健全科技金融服务体系,完善金融和科技企业之间的对接机制,组建省科技担保联盟是科技金融体系建设的创新之举,为各联盟成员单位提供了一个科技企业项目、技术专家咨询服务、科技信贷风险补偿政策的共享平台及信息交流平台,希望牵头单位做好组织服务,各成员单位积极参与开展科技担保业务,希望省科技金融管理服务中心通过组织科技金融对接路演会、技术专家咨询等服务为联盟成员开展科技担保业务提供有力支持。

省科技金融管理服务中心负责人就省科技担保联盟成立的背景、目的、意义及运行机制等相关事项做了说明。

在随后举办的 2018 年第二期科技金融路演会上,格丰科技材料有限公司、江西福圣元生物科技有限公司、江西圆融光电科技有限公司和萍乡市慧成精密机电有限公司 4 家企业进行了路演展示。

5.7.2　政府激励机制的构建

政府在产业技术创新战略联盟运作中扮演了信号发出者的角色。政府给予的政策、资金、税收、基本设施等支持信号,鼓励联盟大力开展创新活动,在组织模式、运行机制、发挥行业作用、承担重大产业技术创新任务、落实国家自主创新政策等方面先试先行,充分调动和发挥联盟各方的优势和积极性,形成攻克产业技术难题的合力,为更多联盟的建立和发展创造经验。早在 1917 年,英国就成立了研究协会(Research Association,简称 RA),支持在资金、技术上无力单独进行研究开发的中小企业,这一制度后来在欧洲大陆、美国和日本得到了广泛的推广。政府将机制、体制和资源配置结合起来,引导形成各技术创新联盟紧密结合的长效机制，深化科技金融合作，创新金融产品，探索运用科技贷款、科技担保等金融工具，支持联盟开展技术攻关和成果产业化。

从本质上来看，产业技术创新战略联盟是产学研联盟与产业联盟的结合体。其组建初期既有自组织也有他组织形式，随着联盟的发展，权衡利弊，自组织形式应该是产业技术创新战略联盟提高主动创新能力和适应能力的合理选择。现实中虽然各级政府、各类产业技术创新战略联盟均强调要以市场为导向来组建和发展，但在实际运作中，政府的力量显然占了主导作用。产业技术创新战略联盟的发展呈现出政策化倾向而非市场化行为，弊端是显而易见的，也在一定程度上提升了联盟成员"逆向选择""道德风险"的机会主义倾向，导致联盟过多、过大，运作中重宣传轻实践，华而不实、效率低下。那么，作为技术创新的主要推动和促进力量之一，政府该如何正确支持和激励产业技术创新战略联盟的健康高效发展成了亟待解决的关键问题。

当前，我国还存在信息机制不畅、信息来源渠道不宽等问题，这些或直接或间接地影响着联盟的发展，政府应积极引导，定期召开学术研讨，组织联盟论坛以提供合作交流的平台，积极探索支持联盟构建和发展的有效措施。产业技术创新战略联盟从筹备到形成，联盟成员的关系从建立联系到紧密联系，是一个动态化的进程，政府在参与这一动态过程中也需要依据联盟不同的发展阶段给予每个阶段中最需要、最关键的支持。当前，产业技术创新战略联盟处于初步发展阶段，政府可利用公信力和号召力，促进联盟间相互学习，了解联盟的发展动态和需求，帮助联盟尽快建立适合自身发展的模式。

第6章 产业技术创新战略联盟的网络能力评价研究

6.1 基于模糊综合评价法的产业技术创新战略联盟核心企业网络能力评价

《中华人民共和国国民经济和社会发展第十三个五年规划纲要》中指出"实施国家技术创新工程,构建产业技术创新战略联盟,形成以企业为主体、市场为导向、产学研相结合的技术创新体系,协同创新已经成为国家创新驱动发展的重要内容。"我国煤炭产业是资源密集型产业,长期以来存在科研投入力度不足、产能过剩、自主创新能力不强等问题。2007年6月,在政府的倡导下,神华集团牵头成立了"新一代煤(能源)化工产业技术创新战略联盟"和"煤炭开发利用技术创新战略联盟",这两个战略联盟是科技部、财政部、教育部、国务院国资委、全国总工会、国家开发银行六部委联合推动的4个试点联盟之一,被列入科技部"863计划"。其中煤炭开发利用技术创新战略联盟包括6家龙头企业集团、7家大学和4家骨干科研机构,共同组建成新型产学研合作组织,涉及企业资产规模超过5 400亿元。随后,一些煤炭资源型省市也纷纷组建相应的产业技术创新战略联盟,进一步搭建煤炭科技创新平台,优化科技创新资源配置,推动科技与产业横向联合,促进产学研深度合作,系统提升产业行业持续创新的能力。煤炭产业技术创新战略联盟经过10多年的合作发展,突破了我国首座TMB施工长距离煤炭斜井、矿用全断面硬岩快速掘进机、煤矿大型护盾式快速锚装备等一系列制约行业发展的重大难题和关键技术,促进了我国相关行业和产业自主创新能力及国际竞争力的全面提升。其中3-4密煤层千万吨级智能化综采成套装备实现了国产化,全国大型煤炭企业采煤和掘进机械化程度达到96.1%和54.1%。

联盟中企业众多,要想使其适应市场环境获得长远发展,就必须重视联盟内部企业之间的相互关系,探索网络能力与绩效之间的内在联系。科技部在联盟绩效管理方面,提出了不同的评价指标体系,为了使联盟评估更具科学性,通过实证研究得出联盟关系、联盟能力、联盟机制与联盟平台等联盟绩效影响因素,构建了包括3个一级指标、9个二级指标和27个三级指标的联盟创新绩效评价体系。联盟管理理论是在Das和Teng等战略联盟相关理论研究的基础上发展而来的,其中围绕联盟机制探讨得较多,主要阐述资源整合与优化配置机制。国内学者闫广实等通过联盟的组织结构和运行绩效提出了联盟构建管理机制;宋东林指出企业主导的运行模式下处于中心节点的核心企业承担着网络构建、整合创新资源、领导创新活动的任务;刘林舟将联盟作为一个共生的生态系统进行研究,得出要使联盟稳定发展,就必须使联盟各成员处于互惠共生状态。张瑜等利用网络协同系数对奖励支付进行协调,以使创新主体利益分配更公平、更合理。宋彧等从创新联盟组织机构、项目运作管理模式、健全运行机制、规范组织机构等方面提出政策建议。张英华等指出创新资源在联盟网络关系特征和企业创新绩效之间有部分中介作用。通过文献回顾我们可以发现,近几年该领域研究的前沿和热点主要集中在联盟构建、稳定性、绩效评价、管理机制等总体层面上并形成了联盟研究的中国特色。以上研究的核心都是集中在企业创新绩效或创新网络绩效的影响方面,对网络运行绩效的影响的研究较少,从社会网络视角对联盟核心企业网络能力的研究还没有。

在这样的大背景下,合理有效地建立评价指标和模型可以有效地促进联盟内部资源的进一步协同创新与发展,以适应复杂多变的市场环境。笔者基于模糊综合评价法、概率统计和灰色系统等常用的不确定性系统研究方法,提出了煤炭产业联盟的评价模型,并通过专家打分法得到的权重进行综合评价和验证。

6.1.1 核心企业网络能力评价指标体系的建立

联盟核心企业的网络能力是一个多层次的复杂问题,因此评价的指标体系应当具有多方面的评价和分析能力,并且能够充分衡量出联盟内核心企业的战略规划能力、网络学习能力和网络管理能力。

1. 评价指标体系构建原则

(1)综合性原则。

在制定指标体系时,应当广泛考虑各种影响因素,按层次类别划分,并且根据实际情况对指标进行修正。

(2)代表性原则。

筛选出来的评价指标应当能够较好地契合核心企业现状,具有一定的代表性。

(3)可操作性原则。

纳入该体系的各项指标因素必须概念明确、内容清晰,能够实际计量或测算,以便进行定量分析。

2. 评价指标体系设计框架

从战略规划能力、网络学习能力和网络管理能力3个准则指标来建立评价体系,由此构建出由目标层、准则层、指标层组成的评价指标层次结构体系。

3. 评价指标体系构建方法

(1)基于影响因素指标的提出。

从前面的分析可以看出对联盟核心企业网络能力的分析,准则层应当包括战略规划能力、网络学习能力和网络管理能力。而对联盟影响较大的因素包括知识存量、文化开放性、网络多样性、网络联系强度、网络外部环境。

(2)基于频次指标的筛选。

以国内外相关学者提出的企业网络能力的相关指标为研究对象,对使用频率较高且符合联盟现状的指标进行筛选得到相关指标。

(3) 基于理性视角指标的调整。

总结国内外企业网络能力相关指标,并且基于联盟实际情况对相关指标进行理性调整。

4. 评价指标体系的建立

通过以上评价指标体系构建方法,筛选并建立了联盟核心企业网络能力评级指标体系,见表6-1。

表6-1 产业技术创新战略联盟核心企业网络能力评价指标体系表

目标层	准则层	指标层	相关影响因素
U 煤炭产业技术创新战略联盟核心企业网络能力	$U1$ 战略规划能力	$U11$ 识别行业技术的发展趋势	网络多样性 网络外部环境
		$U12$ 合理选择合作伙伴	
		$U13$ 明确合作目标	
		$U14$ 联盟企业数量	
		$U15$ 资源多样性	
	$U2$ 网络学习能力	$U21$ 知识共享水平	知识存量 文化开放性
		$U22$ 知识交流水平	
		$U23$ 合作经验	
		$U24$ 研发人员数量水平	
		$U25$ 技术专利数量水平	
		$U26$ 提倡团队精神	
		$U27$ 乐于分享包容	
	$U3$ 网络管理能力	$U31$ 联盟工作相关制度的完备性	网络联系强度 网络外部环境
		$U32$ 处理联盟内冲突的能力	
		$U33$ 信息交流平台的建设水平	
		$U34$ 维持合作关系的能力	

指标从战略规划能力、网络学习能力和网络管理能力3个方面进行了细化,指标的选择和确定听取了联盟核心企业相关管理人员和专家的建议,并参考了相关文献,结合企业现状进行了整合。与准则层和指标层密切相关的影响因素在表中进行了标注。

建立联盟核心企业网络能力评价指标体系,可以针对联盟内单独的企业网络能力进行评价,也可以对不同联盟核心企业的网络能力进行综合的评价,以明确其整体水平。在对核心企业网络能力综合水平的测度上,选择了联盟数据,邀请相关专家对相关指标采用德尔菲法进行打分,选取相关数据。

6.1.2 基于模糊综合评价法的核心企业网络能力评价模型构建

概率统计、模糊综合评价法和灰色系统是 3 种常用的不确定性系统研究方法。对于联盟核心企业网络能力的评判属于典型的不确定性系统研究,本书采用模糊数学为基础的模糊综合评价法,并结合专家打分法来确定指标的权重。

模糊综合评价模型具体构建步骤如下:

第一步,构建评判因素集,记为 $U = \{u_1, u_2, \cdots, u_n\}$。在本模型中评判的因素集主要通过专家打分法得到。

第二步,确定评语集,记为 $V = \{v_1, v_2, \cdots, v_m\}$,本书建立评语集为 $V = \{高,较高,中等,较低,低\}$。

第三步,确定各因素权重,各指标之间的权重是 U 上的一个模糊向量,记为 $W = (\beta_1, \beta_2, \cdots, \beta_n)$,其中 β_i 是第 i 个因素的权重,且满足 $\sum_{i=1}^{n} \beta_i = 1$。

第四步,在评判因素集 U 与评语集 V 之间进行单因素评价,建立模糊关系矩阵 R,

$$R = \begin{bmatrix} r_{11} & r_{12} & \cdots & r_{1j} \\ r_{21} & r_{22} & \cdots & r_{2j} \\ \cdots & \cdots & \cdots & \cdots \\ r_{n1} & r_{n2} & \cdots & r_{ij} \end{bmatrix}$$

下式中 r_{ij} 表示核心企业网络能力因素集中第 i 个因素 ui 对应于评语集 V 中第 j 个等级 vj 的相对隶属度,其计算公式为

$$r_{ij} = d_{ij}/d \tag{1}$$

式(1)中 d_{ij} 表示对评价对象因素集中的第 i 个评价因素做出第 j 个评语的专家人数;d 表示专家组的总人数。

第五步,计算模糊综合评价值,核心企业网络能力模糊综合评价运算为 W 与 R 的合成运算,即

$$\beta = W \cdot R = (\beta_1, \beta_2, \cdots, \beta_n) \begin{bmatrix} r_{11} & r_{12} & \cdots & r_{1j} \\ r_{21} & r_{22} & \cdots & r_{2j} \\ \cdots & \cdots & \cdots & \cdots \\ r_{i1} & r_{i2} & \cdots & r_{ij} \end{bmatrix} = (b_1, b_2, \cdots, b_j) \tag{2}$$

式(2)中 b_j 为模糊综合评价结果,$b_j = \sum_{i=1}^{n} (\beta_i \times r_{ij})$,对网络能力每一个子集 Ui 按一级评价模型进行评价,然后将 Ui 作为一个因素,用 β_i 作为单因素评价集进行二级综合评价:$B = W \cdot R$。最后根据评价结果,按照最大隶属度原则对结果进行分析。

6.1.3 评价结果分析

确定评议矩阵。由煤炭产业技术创新战略联盟核心企业 10 位相关专家对评判因素进行评议:$V = \{高,较高,中等,较低,低\}$。每一个因素的评议结果构成模糊集,形成 V 到 U 的模糊关系。10 位专家的评议结果见表 6 - 2。

第6章 产业技术创新战略联盟的网络能力评价研究

表6-2 评判专家意见表

模糊因素		各等级评判专家人数					权重	
准则层	指标层	高	较高	中等	较低	低	指标层	准则层
U1 战略规划能力	U11	2	4	4	0	0	0.2	0.2
	U12	4	4	2	0	0	0.2	
	U13	4	3	3	0	0	0.1	
	U14	2	3	4	1	0	0.2	
	U15	1	3	4	2	0	0.3	
U2 网络学习能力	U21	0	1	4	5	0	0.2	0.4
	U22	0	2	3	3	2	0.15	
	U23	0	4	3	2	1	0.15	
	U24	0	3	4	2	1	0.2	
	U25	0	3	4	3	0	0.1	
	U26	0	2	3	4	1	0.1	
	U27	0	2	4	3	1	0.1	
U3 网络管理能力	U31	0	2	3	3	2	0.2	0.4
	U32	0	2	4	4	0	0.3	
	U33	0	1	2	5	2	0.2	
	U34	0	2	4	4	0	0.3	

以战略规划能力中识别行业技术的发展趋势为例,有两位专家认为识别趋势为高(概率区间为[0.7,1]),有4位专家认为需求趋势较高(概率区间为[0.5,0.7]),有4位专家认为需求趋势中等(概率区间为[0.3,0.5]),则 $R11 = (0.2, 0.4, 0.4, 0, 0)$,同理可得 $R12 = (0.4, 0.4, 0.2, 0, 0)$,$R13 = (0.4, 0.3, 0.3, 0, 0)$,同理可得 $R14$、$R15$,构成的评议矩阵为

$$R_1 = \begin{bmatrix} 0.2 & 0.4 & 0.4 & 0 & 0 \\ 0.4 & 0.4 & 0.2 & 0 & 0 \\ 0.4 & 0.3 & 0.3 & 0 & 0 \\ 0.2 & 0.3 & 0.4 & 0.1 & 0 \\ 0.1 & 0.3 & 0.4 & 0.2 & 0 \end{bmatrix}$$

同理可得其他评议矩阵。对专家打分法对得到的权重进行综合评价。

$B_1 = w_1 \circ R_1 = (0.2 \quad 0.2 \quad 0.1 \quad 0.2 \quad 0.3) R_1 = (0.23 \quad 0.34 \quad 0.35 \quad 0.08 \quad 0)$

从计算结果可以看出,$\text{Max}(B11, B12, B13, B14, B15) = 0.35$,相对应的是评判等级中等的评价等级,可见专家倾向于认为煤炭产业技术创新战略联盟核心企业网络能力中的战略规划能力属于中等水平。同理计算可得网络学习能力和网络管理能力的评价等级。

$$B_2 = w_2 \circ R_2 = (0.2 \quad 0.15 \quad 0.15 \quad 0.2 \quad 0.1 \quad 0.1 \quad 0.1)R_2$$
$$= (0 \quad 0.24 \quad 0.36 \quad 0.315 \quad 0.085)$$
$$B_3 = w_3 \circ R_3 = (0.2 \quad 0.3 \quad 0.2 \quad 0.3)R_3 = (0 \quad 0.18 \quad 0.34 \quad 0.4 \quad 0.08)$$
$$B = w \circ R = (0.2 \quad 0.4 \quad 0.4) \begin{bmatrix} 0.23 & 0.34 & 0.35 & 0.08 & 0 \\ 0 & 0.24 & 0.36 & 0.315 & 0.085 \\ 0 & 0.18 & 0.34 & 0.4 & 0.08 \end{bmatrix}$$
$$= (0.046 \quad 0.236 \quad 0.35 \quad 0.302 \quad 0.066)$$

$\text{Max}(0.046 \quad 0.236 \quad 0.35 \quad 0.302 \quad 0.066) = 0.35$，对应综合评价等级中的中等等级。从评价结果来看，煤炭产业技术创新战略联盟核心企业网络能力目前处于中等的水平，但 0.35 和 0.302 数值接近，因此核心企业网络能力整体水平处于中等偏低。在战略规划能力中 0.34 和 0.35 数值比较接近，所以有中等向较高水平发展的倾向性，说明核心企业战略规划能力在逐渐加强；网络学习能力中 0.36 和 0.315 数值比较接近，说明网络学习能力处于中等偏低的水平，知识共享、知识交流水平及研发力量等方面都需要加强；网络管理能力处于较低水平，因此相关的管理能力还要加强。综上所述，可以看出煤炭产业技术创新战略联盟核心企业网络能力正在向好的方向发展，但整体水平处于中等，对于对联盟核心企业网络能力发展影响较大的因素应当给予密切关注，并通过相应的措施提高整体可持续发展水平。

在煤炭产业技术创新战略联盟核心企业网络能力评价指标体系的指导下，联盟内核心企业通过对评价模型的分析，可以进一步明确政府、核心企业、高等学校、科研院所之间的作用关系，为联盟的运营管理提供参考，有效保证煤炭产业技术创新战略联盟中决策的科学性和合理性。通过全面提升核心企业网络能力，为联盟的发展、协调及交流提供服务，真正完成更高层次的技术创新，形成合作的长效机制。作为政府，更应加强政策引导，给联盟和核心企业发展提供良好的外部环境，在一定程度上解决联盟可持续发展问题。

6.2 基于多模型的鲁棒软测量建模方法评价研究

6.2.1 引言

近年来，科学技术的发展为复杂的工业生产过程带来了极大的便利，同时对产品质量和系统监控的平稳性和有效性也提出了更高的要求。生产中的关键过程数据对于有效监控系统状态、跟踪产品质量都具有非常重要的意义。虽然测量手段日趋多样，但仪器的精密化始终对过程测量技术起到极大的促进作用；同时，大多数工业过程具有非常恶劣的现场环境，如强酸强碱、强干扰等，还有测量仪器高昂的成本、时间滞后性等，导致很多关键的过程变量无法在线检测。为了克服上述问题，很多学者致力于开发软测量模型，通过采集过程中易于测量的辅助变量,构造以这些辅助变量为输入、以过程关键变量为输出的数学模型,从而建立对主导变量进行预测的数学模型。

虽然基于过程机理的模型具有更强的解释性,对于简单的过程具有精确的建模效果,但是机理模型需要精确的过程机理知识,而大量的工业生产流程和结构都具有高复杂度,即使精确的机理模型也难以获取,因此限制了它的应用。而基于数据驱动的软测量方法仅需要较少,甚至不需要过程数据中的统计模型。在过去的几十年中,软测量方法在过程推理控制、过程监测和故障检测中有很多成功应用。例如,M. Kano 等将基于数据的线性软传感器应用于蒸馏组分的推理控制上;Yan 等提出了各种建立软传感器的方法,用于在线预测某些传统硬件传感器难以测量出的关键过程质量变量。

另外,S. Park 和 C. Han 指出,大多数化学过程的本质是非线性的,在全局范围内,线性软测量模型可能无法得到好的预测性能。人工神经网络(ANN)支持向量机(SVM)和非线性偏最小二乘(NPLS)方法,被广泛应用于非线性预测模型处理,在不同工作点下采集的数据,但是这些非线性模型的可解释性不足,模型参数调试困难,所以需要一种简单,更易于解释并且预测性能良好的模型。Park 和 Han 提出了一种局部线性回归模型的平滑组合,用于估计两个工业蒸馏塔的关键质量变量,该方法对于非线性和相对线性的过程,可以与非线性的 PLS 或 ANN 方法媲美,并且具有更简单的模型结构。P. Kadlec 和 B. Gabrys 还提出了另一种基于局部加权回归(LWR)的非线性建模方案,实现了对通常导致局部识别线性模型无效的过程操作条件变化的自动适应,与非自适应软测量方法相比,在预测工业过程的废气浓度方面性能优越。

然而,现代工业生产中,传感器精度下降、漂移和偏离或出现故障,数据写入错误、扰动等使得数据中存在异常点,导致传统方法性能下降,尤其是数据中存在大量异常点时,大多数基于数据的软测量方法将失效。处理异常点的常用方法是执行异常点检测与排除。这种方法首先利用某种准则,比如 3 倍标准差检测数据中的异常点,然后将异常点排除,再执行参数估计运算。但是这种方法无法有效检测到所有异常点,尤其是针对非线性系统输出数据。近年来,基于鲁棒观测模型的异常点处理方法得到了广泛关注。常用的鲁棒观测模型包括污染的高斯分布和学生 t 分布。X. Jin 和 B. Huang 提出了分段/切换系统的鲁棒辨识方法,假设输出数据服从污染的高斯分布。这种方法的局限性是仅仅利用一个高斯成分来对复杂的异常点进行建模,建模的精度不足。X. Yang 等针对线性变参数时滞系统提出了一种基于学生 t 分布模型的鲁棒辨识方法,所提方法充分抑制了异常点对参数估计带来的不利影响。

考虑非线性系统关键性能指标的软测量建模问题,并考虑系统数据包含异常点情况下模型参数估计难题,为了处理异常点,本书采用拉普拉斯分布模型来建模系统输出数据,以实现对异常点的自动检测与排除;为了处理系统的非线性,采用基于多模型的软测量建模方法。最后,利用一个数值例子来验证提出方法的有效性。本书提出的基于多模型的鲁棒软测量建模方法可以用于对煤炭产业技术创新战略联盟核心企业网络能力评价模型的建模。

6.2.2 问题陈述

下面是一个一般的非线性模型：
$$y_k = f(x_k, \Theta) + e_k \tag{1}$$

其中 $x_k = [1 u_{1k} u_{2k} \cdots u_{nk}]$，表示模型的递归向量；$\{y_k\}_{k=1,2,\cdots,N}$ 是模型的输出；$f(x_k, \Theta)$ 是表征模型输入 x_k 和输出 y_k 之间的关系的函数；e_k 表示模型的噪声。为了保证模型的对异常点鲁棒性，假设 e_k 服从拉普拉斯分布：$e_k \sim Laplace(e_k|0, r)$。利用多模型的方法对上述非线性模型进行估计，非线性模型的输出估计可以看作是局部模型输出的加权平均

$$\hat{y}_k = \sum_{i=1}^{M} w_{ki} \hat{y}_{ki}, i = 1, 2, \cdots, M. \tag{2}$$

其中 $\hat{y}_{ki}$ 表示每一个局部模型在 k 时刻的输出预测且 $\hat{y}_{ki} = x_k \theta_i + e_k$；$\theta_i$ 表示第 i 个模型的模型参数；$\{w_{ki}\}_{i=1,2,\cdots,M}$ 表示每一个局部模型在 k 时刻的加权函数，并且每个局部模型的加权函数可以写为调度变量的函数

$$w_{ki} = \frac{\exp\left(-\frac{(H_k - T_i)^2}{2(o_i)}\right)}{\sum_{i=1}^{M} \exp\left(-\frac{(H_k - T_i)^2}{2(o_i)}\right)} \tag{3}$$

其中 $\{H_k\}_{k=1,2,\cdots,N}$ 表示非线性模型的调度变量；$\{T_i\}_{i=1,2,\cdots,M}$ 表示 M 个工作点，每个工作点对应一个局部模型；$\{o_i\}_{i=1,2,\cdots,M}$ 表示每一个局部模型的有效宽度。

根据拉普拉斯的性质，拉普拉斯分布可以看作是无数个高斯分布的加权之和

$$e_k \sim Laplace(e_k|0, r) = \int N(e_k|0, z_k) p(z_k|r) dz_k = \frac{1}{2}\sqrt{\frac{2}{r}} \exp\left\{-\sqrt{\frac{2}{r}}|e_k|\right\} \tag{4}$$

其中

$$N(e_k|0, z_k) = \frac{1}{\sqrt{2\pi z_k}} \exp\left\{-\frac{e_k^2}{2z_k}\right\} \tag{5}$$

$$p(z_k|r) = \frac{1}{r} \exp\left\{-\frac{1}{r}\right\} \tag{6}$$

进一步，引入一个隐含变量 $\{I_k\}_{k=1,2,\cdots,N}$，表示 k 时刻局部模型的标识。因此，模型的遗失数据集可以定义为 $C_{mis} = \{I_{1:N}, z_{1:N}\}$；可用数据集定义为 $C_{obs} = \{y_{1:N}, x_{1:N}, H_{1:N}, T_{1:M}\}$。本书的主要目标是在可用数据集 C_{obs} 的基础上，估计得到参数 $\Theta = \{\theta_{1:M}, o_{1:M}, r\}$。

6.2.3 基于期望最大化算法的鲁棒参数估计方法

1. 期望最大化(Expectation Maximization, EM)算法

EM 算法通常用于解决最大似然估计(Maximum Likelihood Estimate, MLE)问题，广泛应用于数据不完备的非线性系统辨识情况。EM 算法是一个迭代优化过程，它由期望步骤(E 步骤)和最大化步骤(M 步骤)组成。在 E 步骤中，计算完整数据的对数似然函数 $\log p(C_{mis}, C_{obs}|\Theta)$，然后将其相对于 C_{mis} 的条件期望称为 Q 函数

$$Q(\Theta|\Theta^s) = E_{C_{mis}|C_{obs}, \Theta^s}\{\log p(C_{mis}, C_{obs}|\Theta)\} \tag{7}$$

其中 Θ^s 表示当前估计的参数,在 M 步骤中,以最大化 Q 函数来更新参数 Θ

$$\Theta = \underset{\Theta}{\arg\max} Q(\Theta | \Theta^s) \tag{8}$$

EM 算法的核心是迭代执行上述两个步骤,直到获得最佳参数。

EM 算法的主要内容可以归纳为:

(1) 初始化未知参数 Θ^1 和 $s = 1$。

(2) 用 C_{obs} 构造 Q 函数,并基于方程(1)构造当前参数 Θ^s。

(3) 根据方程(2)最大化 Q 函数获得优化参数估计值 Θ,设 $\Theta^s = \Theta$。

(4) $s = s + 1$,重复步骤(2)和(3),直到获得最佳参数。

2. 基于 EM 算法的推导

(1) E 步骤。

应用 EM 算法,完整数据集的对数似然函数 $\log p(C_{obs}, C_{mis} | \Theta)$,应用概率链条法则可以将其分解为

$$\begin{aligned} \log p(C_{obs}, C_{mis} | \Theta) &= \log p(y_{1:N}, I_{1:N}, x_{1:N}, H_{1:N}, T_{1:N}, z_{1:N} | \Theta) \\ &= \sum_{k=1}^{N} \log p(y_k | I_k, x_k, z_k, \theta_{I_k}) + \sum_{k=1}^{N} \log p(I_k | H_k, T_{I_k}, o_{I_k}) + \\ &\quad \sum_{k=1}^{N} \log p(z_k | r) + C_1 \end{aligned} \tag{9}$$

其中 $C_1 = \log p(x_{1:N}, H_{1:N}, T_{1:M}, \Theta)$,是一个常数。

$\log p(C_{obs}, C_{mis} | \Theta)$ 相对于隐含变量 I_k 的条件期望为

$$\begin{aligned} Q(\Theta | \Theta^s) &= \sum_{k=1}^{N} \sum_{i=1}^{M} p(I_k = i | C_{obs}, \Theta^s) \log p(y_k | x_k, \theta_t, z_k) + \\ &\quad \sum_{k=1}^{N} \sum_{i=1}^{M} p(I_k = i | C_{obs}, \Theta^s) \log p(I_k = i | H_k, T_t, o_i) + \\ &\quad \sum_{k=1}^{N} \sum_{i=1}^{M} p(I_k = i | C_{obs}, \Theta^s) \log p(z_k | r) + C_1 \end{aligned} \tag{10}$$

其中 $p(I_k = i | C_{obs}, \Theta^s)$ 定义为

$$w_{ki}^s = p(I_k = i | C_{obs}, \Theta^s) = \frac{\exp\left(-\frac{(H_k - T_i)^2}{2(o_i^s)^2}\right)}{\sum_{i=1}^{M} \exp\left(-\frac{(H_k - T_i)^2}{2(o_i^s)^2}\right)} \tag{11}$$

进一步,式(10)相对于隐含变量 z_k 的条件期望为

$$\begin{aligned} Q(\Theta | \Theta^s) &= \sum_{k=1}^{N} \sum_{i=1}^{M} w_{ki}^s \int p(z_k | C_{obs}, I_k = i, \Theta^s) \times \log p(y_k | x_k, \theta_i, z_k) dz_k + \\ &\quad \sum_{k=1}^{N} \sum_{i=1}^{M} w_{ki}^s \log p(I_k = i | H_k, T_i, o_i) + \\ &\quad \sum_{k=1}^{N} \sum_{i=1}^{M} w_{ki}^s \int p(z_k | C_{obs}, I_k = i, \Theta^s) \times \log p(z_k | r) dz_k + C_1 \end{aligned} \tag{12}$$

其中 $\frac{1}{z_k}$ 和 z_k 的期望分别计算为

$$\left\langle \frac{1}{z_k} \right\rangle_{k,i} = \int p(z_k \mid C_{obs}, I_k = i, \Theta^s) \frac{1}{z_k} dz_k = \sqrt{\frac{2}{r^s(y_k - x_k\theta_i^s)^2}} \qquad (13)$$

$$\langle z_k \rangle_{k,i} = \int p(z_k \mid C_{obs}, I_k = i, \Theta^s) z_k dz_k$$

$$= \sqrt{\frac{r^s(y_k - x_k\theta_i^s)^2}{2}} \times \frac{B_{\frac{3}{2}}\left(\sqrt{\frac{2(y_k - x_k\theta_i^s)^2}{r^s}}\right)}{B_{\frac{1}{2}}\left(\sqrt{\frac{2(y_k - x_k\theta_i^s)^2}{\gamma^s}}\right)} \qquad (14)$$

此时,$Q(\Theta|\Theta^s)$可以最终简化为

$$Q(\Theta \mid \Theta^s) = -\frac{N}{2}\log 2\pi - \frac{1}{2}\sum_{k=1}^{N}\sum_{i=1}^{M} w_{ki}^s \langle \log z_k \rangle_{k,i} - \frac{1}{2}\sum_{k=1}^{N}\sum_{i=1}^{M} w_{ki}^s \left\langle \frac{1}{z_k} \right\rangle_{k,i} (y_k - x_k\theta_i)^2 +$$

$$\sum_{k=1}^{N}\sum_{i=1}^{M} w_{ki}^s \log p(I_k = i \mid H_k, T_i, o_i) - N\log r - \frac{1}{r}\sum_{k=1}^{N}\sum_{i=1}^{M} w_{ki}^s \langle z_k \rangle_{k,i} \qquad (15)$$

(2) M 步骤。

将式(15)中的 Q 函数对参数 r 进行求导并且令导数等于零,可得

$$-N\frac{1}{r} + \frac{1}{r^2}\sum_{k=1}^{N}\sum_{i=1}^{M} w_{ki}^s \langle z_k \rangle_{k,i} = 0 \qquad (16)$$

于是,参数 r 估计公式为

$$r = \frac{1}{N}\sum_{k=1}^{N}\sum_{i=1}^{M} w_{ki}^s \langle z_k \rangle_{k,i} \qquad (17)$$

同样,将式(15)中的 Q 函数对参数 θ_i 进行求导并且令导数等于零,可以得到参数 θ_i 的迭代估计公式为

$$\theta_i = \frac{\sum_{k=1}^{N} w_{ki}^s \left\langle \frac{1}{z_k} \right\rangle_{k,i} y_k x_k^T}{\sum_{k=1}^{N} w_{ki}^s \left\langle \frac{1}{z_k} \right\rangle_{k,i} x_k^T x_k}, \text{for } i = 1, 2, \cdots, M \qquad (18)$$

求解局部模型的有效宽度很难得到解析解,这里用 Matlab 函数 fmincon 来搜索每一个局部模型最优的有效宽度 $\{o_i\}_{i=1,2,\cdots,M}$

$$o_i = \arg\max_{\Theta} w_{ki}^s \log p(I_k = i \mid H_k, T_i, o_i)$$

$$S.t. \ o_{\min} < o_i, i = 1, 2, \cdots, M < o_{\max} \qquad (19)$$

基于 EM 算法的鲁棒算法总结如下:

①初始化 Θ,令 $\Theta^s = \Theta^1$;

②E 步骤:根据公式(13)和(14)分别计算 $\frac{1}{z_k}$ 和 z_k 的期望,再根据公式(15)计算 Q 函数;

③M 步骤:根据公式(17)(18)和(19)分别计算尺度参数 r、局部模型参数 o_i 和局部模型的有效宽度 o_i,并且令 $s = s + 1$;

④重复执行步骤(2)和(3),直到参数收敛。

6.2.4 仿真验证

在本节,利用一个数值例子来验证本书所提出算法的有效性。考虑一个实际的非线性系统,其数学模型表示为

$$y_k = \sin(x_{1k}(x_{1k} + x_2)) + e_k \tag{20}$$

其中 x_{1k} 被同时当成输入变量和调度变量;变量 x_2 选为定值,$x_2 = 0.5$。选取 3 个工作点,分别为

$$T_1 = 0, T_2 = 0.5, T_3 = 1 \tag{21}$$

在每一个工作点处,输入信号 x_1 表示为:$x_1 \sim N(T_i, 0.01), i = 1, 2, 3$。在工作点转移阶段,输入 x_1 以固定的斜率增加。20% 异常点加到输出数据中,此时输入和输出数据如图 6-1 所示:

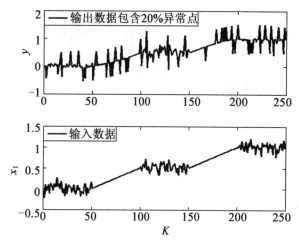

图 6-1 数值例子的辨识数据集

使用本书提出的鲁棒辨识方法在 3 个工作点处分别得到局部模型,利用局部模型可得到系统的输出估计。系统的真实的无噪声输出和仿真输出如图 6-2 所示:

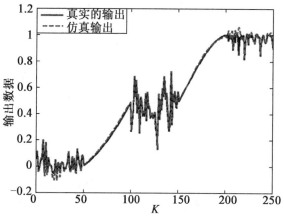

图 6-2 自我验证结果

在这里,模型的质量通过输出数据的相关误差(Relative Error, RE)来表征:

$$RE = \frac{\text{var}(y_{true} - \hat{y})}{\text{var}(y_{true})} \quad (22)$$

在自我验证中,相对误差计算为 1.22%,这表明辨识得到的模型能够充分跟踪真实的过程动态。为了进一步验证模型的一般有效性,选取一组新的工作点,产生新的数据进行交叉验证。新的工作点为

$$T_4 = 0.2, T_5 = 0.4, T_6 = 0.6 \quad (23)$$

交叉验证的结果如图 6-3 所示:

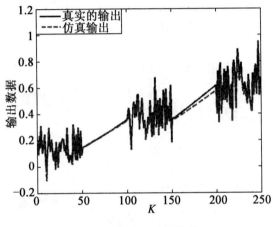

图 6-3 交叉验证结果

在交叉验证中,相对误差计算为 2.69%。

通过自我验证和交叉验证的结果可以看出,在系统的输出数据包含异常点时,利用本书提出的方法辨识得到的模型能够精确地跟踪真实的模型动态。因此,可以得出结论:本书提出的鲁棒软测量方法是有效的。

本书提出的方法可以用于煤炭产业技术创新战略联盟核心企业网络运行能力评价模型的建立。网络运行能力的评价体现在 3 个方面:战略规划能力、网络学习能力和网络管理能力,这 3 个方面的能力都有各自影响它们的评价因素。这里可以选择最终的网络运行能力评价值作为系统的输出,选择网络运行能力体现的 3 个方面建立 3 个局部模型,每个局部模型的输入即为各自影响它们的评价因素,最终得到的模型就是 3 个局部模型的加权组合。由此就建立了煤炭产业技术创新战略联盟核心企业网络能力评价模型。

6.2.5 结论

本书基于期望最大化算法,针对一般的非线性过程,提出了一种具有鲁棒性的多模型软测量方法。在每一个时刻,过程的真实输出可以看作每一个局部模型输出的加权平均。每一个局部模型的模型参数利用期望最大化算法迭代估计。为了处理实际过程中常见的异常点问题,令过程的噪声服从含有重尾拉普拉斯分布,这样能够很好地降低异

常点对模型参数估计所带来的负面影响。最后,利用一个数值例子验证本书提出方法的有效性。本书提出的基于多模型的鲁棒软测量建模方法可以应用于建立煤炭产业技术创新战略联盟核心企业网络能力评价模型。

6.3 基于解释结构模型的产业技术创新战略联盟核心企业网络能力分析

ISM方法(Interpretative Structural Modeling Method)是美国J.沃菲尔德教授于1973年为分析复杂社会经济系统的有关问题而开发的一种系统方法。这种方法结合人们的实际经验利用图论、矩阵等方法建立多级递阶结构模型,从而使复杂的系统内部各要素的关系一目了然。

6.3.1 核心企业发展产业技术创新战略联盟的优势

产业技术创新战略联盟核心企业的网络能力是联盟网络所具有的,并直接影响联盟间技术交流活动的过程和效果,主要体现了核心企业联盟网络整合、资源利用效率,以及企业联盟网络活动的过程。产业技术创新战略联盟的优势主要体现在核心企业所具备的能力。

1. 战略规划能力

产业技术创新战略联盟网络的发展对行业发展状况和经济、社会环境存在严重依赖,联盟核心企业需要提升识别技术发展方向的管理技能,从而针对具体方向制定或修正发展战略,并进一步发掘网络价值。加强联盟整体网络愿景的塑造,只有联盟成员都认同联盟的战略意图,才能够更积极地参与到联盟研发过程中来,创造、共享更多有价值的信息资源。

2. 网络学习能力

这种学习能力强调的是网络内技术知识、经验的累积、分享、创新和应用。体现了知识资源在产业技术创新战略联盟成员间有效分析和传递的能力,尤其是隐性知识,需要核心企业通过紧密联系在学习交往中逐渐获得。知识资源的整合能力,更多地强调对现有网络知识的结合,以及对潜在知识的挖掘,这种整合或转化要求联盟成员具备一定的吸收能力,掌握获取的新知识,通过交流、学习、融合,产生新的知识。知识资源的创新能力,主要通过知识资源的流动和碰撞,产生新思维、新方法、新价值,并应用到新的领域,创新在产业技术创新战略联盟网络中起着重要的作用。

3. 网络管理能力

产业技术创新战略联盟需要制定和执行各种制度和网络管理任务,协调各网络节点关系,保证网络活动的正常进行。网络管理能力是各种网络关系的组合,并对联盟网络活动过程进行动态管理。核心企业在这方面的能力主要体现为活动的有效安排、成员冲突的处理、网络活动的控制能力等。

6.3.2 核心企业发展产业技术创新战略联盟的条件

通过梳理相关文献及与产业技术创新战略联盟核心企业的相关领导进行深度座谈,总结出产业技术创新战略联盟发展条件的主要影响因素包括:知识存量、文化开放性、网络多样性、网络联系强度、网络外部环境(如图6-4所示)。

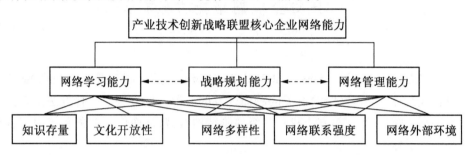

图6-4 产业技术创新战略联盟核心企业网络能力影响因素关系图

1. 知识存量

网络能力的首要表现是各成员内部相关知识的集合,因此对于产业技术创新战略联盟核心企业来说,知识存量就成为网络能力的主要影响因素,企业自身的知识存量是企业应用、改进和拓展联盟网络间传递和共享的知识集合的根本性条件,当联盟企业缺乏相应的知识存量时,与其他联盟企业的技术转移和资源传递就无法有效进行,该因素主要体现为核心企业科研人员配备的数量、企业合作经验及企业拥有的专利数量等。

2. 文化开放性

文化开放性体现了企业文化氛围的开放程度,主要包括灵活性、自主性和包容性。开放性的企业文化在产业技术创新战略联盟核心企业吸收外源知识和资源时发挥重要作用,其提升在一定程度上促进了联盟企业间合作关系的建立和维持。其中主要包括追求变革、提倡团队精神和乐于分享等。

3. 网络多样性

网络多样性是衡量网络规模的主要指标。在复杂多变的环境中,产业技术创新战略联盟网络需要多样性的信息和资源,网络关系越多,网络资源投入程度越大,则网络差异性越大,拥有更多的异质性资源,更有利于网络实现竞争优势。

4. 网络联系强度

由于技术联盟的形成和发展过程本质是联盟成员间的互动过程,技术联盟企业间经常发生高频率的互动和联系,因此,网络联系强度成为衡量产业技术创新战略联盟发展程度的重要参数,包括核心企业与其他企业之间的交流频率和深度等。

5. 网络外部环境

网络外部环境会对产业技术创新战略联盟核心企业的网络能力造成直接或间接的影响,包括外部的政策环境及产业技术环境等。

6.3.3 基于 ISM 的核心企业网络能力影响因素关联模型

前面提到产业技术创新战略联盟核心企业网络能力的影响因素:知识存量(S_1)、文化开放性(S_2)、网络多样性(S_3)、网络联系强度(S_4)、网络外部环境(S_5),对这 5 个影响因素进行 ISM 系统分析。我们采用专家调查方式来确定这 5 个影响因素之间的相互关系,并根据各因素的相互关系来建立邻接矩阵和可达矩阵。ISM 模型具体运用步骤如下:

第一步,系统要素分析,分析内容如上文。

第二步,建立邻接矩阵。对于各要素之间的关系本书以 5×5 方形矩阵 A 来表示,邻接矩阵中元素 a_{ij} 定义如下:

$$a_{ij} = \begin{cases} 1, & \text{当 } s_i \text{ 对 } s_j \text{ 有影响时} \\ 0, & \text{当 } s_i \text{ 对 } s_j \text{ 无影响时} \end{cases}$$

综合根据专家调查得到的意见得到邻接矩阵如下:

$$A = \begin{array}{c} \\ s_1 \\ s_2 \\ s_3 \\ s_4 \\ s_5 \end{array} \begin{array}{c} \begin{matrix} s_1 & s_2 & s_3 & s_4 & s_5 \end{matrix} \\ \begin{bmatrix} 0 & 0 & 0 & 0 & 0 \\ 1 & 0 & 1 & 1 & 0 \\ 1 & 0 & 0 & 0 & 0 \\ 1 & 0 & 0 & 0 & 0 \\ 0 & 0 & 1 & 1 & 0 \end{bmatrix} \end{array}$$

第三步,求出可达矩阵。通过布尔运算得到可达矩阵 M,可达矩阵表示从一个要素到另一个要素是否存在连接的路径。其运算公式为 $(A+I)^{k-1} \neq (A+I)^k = (A+I)^{k+1} = M$。根据该计算公式计算得出可达矩阵如下:

$$(A+I)^3 = \begin{bmatrix} 1 & 0 & 0 & 0 & 0 \\ 1 & 1 & 1 & 1 & 0 \\ 1 & 0 & 1 & 0 & 0 \\ 1 & 0 & 0 & 1 & 0 \\ 1 & 0 & 1 & 1 & 1 \end{bmatrix} = (A+I)^2 = M$$

第四步,对可达矩阵进行分解。由可达矩阵 M 可以求得各个要素的可达集 $R(S_i)$ 和先行集 $Q(S_i)$,以及共同集合 $R(S_i) \cap Q(S_i)$。可达集 $R(S_i)$ 是指从该要素出发可以到达的全部要素的集合;先行集 $Q(S_i)$ 是指可以达到该要素的全部要素的集合。通过计算,当可达集与共同集包含的因数相同时,得到最上级单元,然后从原来的可达矩阵 M 中删除共同集中因素所在的行与列,同理可求出次一级单元,依次划分下去,最后将因素划分为多阶梯结构。划分之后得到的各阶层可达集与先行集见表 6-3 至表 6-5。

表 6-3 第一层可达集与先行集

要素	可达集	先行集	共同集
S_1	S_1	S_1、S_2、$S_3 S_4$、S_5	S_1

续表 6-3

要素	可达集	先行集	共同集
S_2	S_1、S_2、S_3、S_4	S_2	S_2
S_3	S_1、S_3	S_2、S_3、S_5	S_3
S_4	S_1、S_4	S_2、S_4、S_5	S_1、S_4
S_5	S_1、S_3、S_4、S_5	S_5	S_5

表 6-4 第二层可达集与先行集

要素	可达集	先行集	共同集
S_2	S_2、S_3、S_4	S_2	S_2
S_3	S_3	S_2、S_3、S_5	S_3
S_4	S_4	S_2、S_4、S_5	S_4
S_5	S_3、S_4、S_5	S_5	S_5

表 6-5 第三层可达集与先行集

要素	可达集	先行集	共同集
S_2	S_2	S_2	S_2
S_5	S_5	S_5	S_5

第五步,进行层级分解并绘制关系示意图。根据上一步骤的分析来清晰确定各要素之间的层级关系,最顶层表示系统的最终目标,往下各层分别表示上一层的原因。利用这种方法,科学地建立类比模型。

根据表 6-3 至表 6-5 的分析可知:最高层级要素集 $\{S_1\}$ 是系统的最终目的;第二层级要素集为 $\{S_3, S_4\}$;最低层级要素集为 $\{S_2, S_5\}$,是引起系统运动的根本原因。各层级之间的关系如图 6-5 所示。

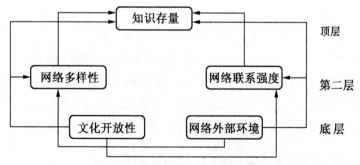

图 6-5 产业技术创新战略联盟核心企业网络能力影响因素结构图

6.3.4 核心企业网络能力影响因素关联耦合作用机理分析

产业技术创新战略联盟核心企业网络能力影响因素结构图如图6-5所示,根据该图对各影响因素之间的关联耦合作用进行逐层的分析。

1. 顶层因素为知识存量

从可达矩阵可以看出,到达 S_1 可达要素最多,分别为 S_1、S_2、S_3、S_4、S_5,各要素都可以直接到达 S_1,说明网络多样性、网络联系强度、文化开放性、网络外部环境都可以对知识存量产生直接影响,而通过各可达要素的关联耦合实现知识存量的增强、提高核心企业的竞争能力是系统的最终目标。

2. 第二层因素为网络多样性和网络联系强度

从可达矩阵可以看出文化开放性 S_2 和网络外部环境 S_5 对网络多样性和网络联系强度产生直接影响,说明联盟内核心企业具有较好的开放文化和较好的外部环境,如政府引导、政策优惠等都会增强网络多样性和网络联系强度,同时也说明政府角色在促进产业技术创新战略联盟高效运行中起到了重要的作用。

3. 底层因素为文化开放性和网络外部环境

从可达矩阵可以看出,文化开放性 S_2 和网络外部环境 S_5 对其他两个层次因素都产生直接影响,还通过网络多样性和网络联系强度对知识存量产生间接影响。文化开放性和网络外部环境是引起该系统运动的根本原因。

通过ISM模型各要素之间的关联耦合分析得出结论:

文化开放性和网络外部环境是引起该系统运动的根本原因,并通过网络多样性和网络联系强度影响知识存量。只有通过提高知识存量从而提高核心企业网络能力,才能最终达到联盟整体运行绩效的优化。

6.4 产业技术创新战略联盟可持续发展评价研究

——以黑龙江省石墨产业为例

在经济全球化和科技创新驱动发展的新时代背景下,可持续发展已经成为产业发展的重要要素。我们已经不能再用简单的线性分析方法去透彻、全面地理解产业技术创新战略联盟的创新行为,而应该从可持续发展视角进行理解和分析。产业技术创新战略联盟的组建本质上就是形成一个创新网络,联盟成员之间共同进行整体目标一致的协同创新活动,最终的目的是整个产业的可持续发展。

我国是石墨生产和出口大国,同时也是进口大国,大部分以中碳或高碳形式直接出口,而高、精、尖工艺需要的石墨产品大部分从国外进口。一些发达国家把石墨列入战略储备资源,严格限制其开采、加工与出口,并且对石墨研发技术做了严格的保密规定。我国虽然是石墨大国,但不是石墨强国。目前仅能加工初级产品,缺少高附加值精深加工的石墨产品及制品,石墨高技术产品需要大量进口,进口价约为出口价格的24.6倍。

进入21世纪以来,国际上产业结构有了新的调整,以信息、生物、航空航天、海洋开发以及新材料和新能源为主的高技术和新材料产业逐渐发展壮大。石墨已经被广泛应用到新能源汽车、航天航空、核电及军工等高新技术领域,成为支撑高新技术发展的重要战略资源。新的科学发现和科技成果使我们完全相信在未来科技发展中,石墨将是不可替代的战略资源之一。

6.4.1 国内石墨产业可持续发展状况分析

1. 宏观发展规划分析

国家规划的发展目标包括:研制核能用超低硫和高纯级柔性石墨加工技术及装备、研制锂离子电池的天然石墨阳极材料制造技术装备、研制国内彩电管急需的各种型号石墨乳、研制浸硅石墨材料生产技术关键设备(专用真空感应炉)及辅助加工和装备。这些产品的研制将对我国核电、化工、能源、电子、环保、冶金、机械、医疗等领域的技术发展以及社会经济进步发挥巨大作用,同时也具有巨大的出口潜力,将进一步改变我国石墨出口产品结构,提高创汇能力。

2. 技术发展现状分析

我国虽是石墨生产大国,但产品的专业化、质量水平、技术含量均较落后,基本上还处于低级原料基地的状态。目前存在无序开采、资源浪费、无序竞争、市场混乱、信息和技术不够先进、个别石墨产品出口价与进口价的价差大等问题。

天然石墨作为我国的优势矿物资源,储量、产量、国际贸易量均居世界首位。但长期以来国内石墨产业基本上处于采选和初加工阶段,技术严重落后,产品绝大部分为普通中高碳矿产品。日、美等发达国家将天然石墨作为战略资源,利用我国的廉价原料深加工产品,在电子、能源、环保、国防等领域应用先进的石墨技术,以极高的价格占领国际市场并返销我国。因此,我国的石墨产业技术严重落后的局面亟待改变。

6.4.2 我国石墨产业未来可持续发展方向分析

2018年9月17日,第19届全国非金属矿加工利用技术交流会在山东省潍坊市举办,交流会围绕"非金属矿深加工和功能矿物材料"这一主题,以产学研融合为重点,针对当前非金属矿加工利用领域最新发展中的热点问题,从应用和供给侧角度开展了高水平的学术和技术交流。

石墨,作为我国传统的非金属矿物已有多年的采、选、应用历史。石墨已被国内外视为重要的工业矿物原料之一,特别是最近几年,石墨制品已在各行各业发挥重要作用,人们对石墨也开发了许多新用途,国际市场需求量逐年增长。在石墨深加工方面,根据经济和科技发展对石墨新材料的需求及中央、地方及企业的产业发展规划,石墨产业的发展应以产学研融合交流为重点,实践一些重要工程项目,建设完整的产业链,引导石墨产业健康科学地发展。

6.4.3 黑龙江省石墨产业发展环境分析

1. 政策环境

随着科技的不断进步,石墨应用领域越来越广,石墨的价值尤其是战略价值明显提升,在中国经济管理学界及中国非金属行业协会的强烈呼吁下,国家有关领导和有关部委给予了充分重视。2010年1月,《国务院办公厅关于采取综合措施对耐火粘土萤石的开采和生产进行控制的通知》,要求从矿山开采、生产计划管理、税收、环保、产业准入、出口管理等方面采取综合措施,控制缩减耐火黏土、萤石的开采量和生产量。随后,工信部组织起草耐火黏土和萤石两个行业的准入标准,并于2010年3月1日实施,这都预示着中央政府对非金属矿整合序幕的拉开。

国家加快培育和发展战略性新兴产业,黑龙江省将新材料作为全省的重要产业,提供了很多优惠政策。黑龙江省政府组织石墨关键共性技术攻关,扶持石墨企业建立创新研发机构,鼓励其参与制定行业标准;推进自主创新成果在省内石墨行业加快实现产业化,支持重大创新产品的试验试用及推广应用;此外,大力扶持石墨产业园区建设,强化要素优化和重点保障,推进战略性石墨产业服务体系建设,为石墨产业的发展提供了有力的政策支持。2012年12月,工业和信息化部发布了《石墨行业准入条件》,明确提出石墨是战略性非金属矿产品。作为首次施行准入条件的石墨行业,文件的出台不仅填补了国内政策的空白,而且有利于行业淘汰落后产能和进行产业升级。这一措施将进一步促使石墨行业从无序竞争走向有序发展的良性轨道,整个产业迎来新一轮发展机遇。

萝北县政府对石墨新型产业加大投资力度,由县政府协调用地,实现土地使用的零成本;并对对外贸易年过货量达到5万吨以上的企业给予奖励,免收服务费;同时萝北县政府积极与国内知名院校沟通合作,共建"石墨研发中心"及"石墨工程技术研发平台",以此作为纽带把产、学、研有机地结合起来。

鸡西市依托区域内丰富的矿产资源优势,大力培育和发展以石墨新材料为重点的战略性新兴产业,全力打造"中国石墨产业之都"。鸡西市现已建立石墨产业园区,园区以发展石墨精深加工为重点,通过石墨研发中心、质量检测中心及一系列基础设施平台吸引国内外石墨深加工龙头企业、战略投资者入驻。在黑龙江省质量技术监督局的大力支持下,鸡西市投入资金1 364万元,建成国家石墨质量检验检测中心。2013年8月,国家石墨产品质量监督检验中心基础建设项目顺利竣工,2014年年底顺利通过国家质检总局的资质验收。该中心建成后极大地促进了黑龙江省石墨新产品的研发,使黑龙江省石墨产业加快走向国际市场,实现了经济和社会效益协调快速发展。

综上所述,无论是国家政策还是黑龙江省及地方政府都对石墨产业的可持续发展高度重视,并提供了相应的优惠政策,黑龙江省石墨产业在可持续发展过程中面临较好的政策环境。

2. 经济环境

经济环境是黑龙江省石墨产业所面临的外部社会条件,经济运行状况及发展趋势直接或间接影响黑龙江省石墨产业的发展。黑龙江省总体良好的经济环境为石墨产业发展提供了良好的宏观经济环境。以2015年黑龙江省地区生产总值为例,2015年全省实现地区生产总值(GDP)12 503.83亿元,比2014年增长12.2%。

从需求方面看,2005~2009年国际石墨需求量为75~85万吨,到2020年增加到125万吨左右。世界石墨产量的绝大部分消费都集中在日本、美国、德国和英国等工业发达国家,这些国家每年的石墨需求量占世界总需求量的80%左右。因此无论是从供给还是从需求来看黑龙江省石墨产业面临较好的经济环境,未来的市场前景广阔。

3. 技术环境

从整体上来看,黑龙江省石墨产业发展尚处在以采选为主、生产初级原料产品、依靠生产要素驱动的初级阶段。个别材料如柔性石墨,我国的产量在国际上占有相当的份额,但技术含量不高,产品品牌效应不明显。2013年黑龙江省规模以上工业石墨产业完成产值37.4亿元,同比增长21.2%,全省石墨及碳素制品产量为28.6万吨,同比增长49.9%。

4. 市场环境

国际上石墨的专利主要应用在石墨的制备、能源领域、显示技术、石墨纳米材料及石墨复合材料等领域,我国的专利更多地集中在石墨的制备和石墨复合材料的应用领域。因此,未来石墨产品应用领域将更加广泛,市场潜力无限。

6.4.4 黑龙江省石墨产业可持续发展水平评价

1. 国内外矿产资源可持续评价指标体系研究

在可持续发展的评价体系研究中,评价指标及其定量评价方法研究已成为当前的热点和难点。目前,国内外许多组织机构、学者提出了不同的可持续发展评价体系和评价模型,但是针对矿产资源的可持续发展评价的研究还相对较少,特别是针对石墨产业可持续发展评价体系的研究几乎还是空白。

国外已建立的比较有影响的可持续发展指标体系主要有:联合国的可持续发展指标体系(DSR);世界银行的新国家财富指标;联合国开发计划署的人类发展指数(HDI);加拿大国际可持续发展研究所的环境经济持续发展模型(EESD)。国内在矿产资源可持续发展方面比较有代表性的研究成果是国土资源信息中心发布的《中国国土资源可持续发展研究报告》,该项研究成果构建了能源矿产可持续状况评价的框架,并选择部分指标对能源矿产可持续状况进行了初步评价,具有一定的探索性。吴仲雄、高清平从发展力、协调力两个方面构建了广西矿产资源可持续力评价指标体系,涵盖了"资源禀赋与开发条件""经济发展与效益""社会发展与生活质量""环境影响"和"智力水平"5个基本要素。余敬和俞良蒂在分析矿产资源可持续力系统的基础上从资源、经济、社会、环境和管理5个方面构建了矿产资源的可持续力评价指标体系。杨明、潘长良等运用矿业系统的"发展程度""发展效率""发展潜力"和"发展协调度"这4个准则性指标构建了矿产资源的可持续性评价指标体系。

尽管学者们对矿产资源的可持续性评价指标体系进行了一定的研究,但在研究视角和研究深度上都存在一定的局限。首先,已有研究往往就矿产资源大类或矿产资源总体情况进行可持续利用研究,而针对具体矿产资源的可持续发展研究仍然缺乏,石墨资源方面的可持续发展评价指标体系的研究几乎为空白;其次,现有的研究多只考虑了矿产资源本身的可持续发展,多是从经济学、社会学和生态学的角度考虑,缺乏低碳经济视角的相关研究。因此,我们将从低碳经济视角对石墨产业可持续发展评价指标体系进行有针对性的研究,以填补这一理论研究空白。

2. 石墨产业可持续发展与其他矿业的不同特点

石墨产业可持续发展是由诸多社会、经济、技术、自然等要素相互作用、协同耦合而成的,这就决定了石墨产业在低碳经济的视角下可持续发展的目标是多元的。石墨产业在可持续发展中与其他矿业不同之处就在于环境对于整个行业的可持续发展产生重要影响,而这种影响主要体现在社会环境和自然环境两个方面。

(1)社会环境影响。

社会环境影响主要体现在市场环境和投资环境。近几年石墨产业无论是产品价格还是企业盈利都处在较高和较好的水平上。较好的市场环境以及高利润为石墨产业可持续发展提供了必要的动力。同时,资金投入是促进石墨产业可持续发展的又一个重要影响因素,加强科技投入,引进先进技术和设备,提高选矿技术、提纯技术、深加工制品技术、尾矿利用等技术,发展石墨深加工产品,提高产品附加值,已成为石墨产业可持续发展的当务之急。

(2)自然环境影响。

自然环境方面,在石墨产品生产过程中采用低碳技术、节能减排、保护自然环境是石墨产业可持续发展的必由之路。石墨采选过程中产生的尾矿,不仅是对石墨资源的浪费,也造成了环境污染,因此应当开发新技术、新型材料及制品,使石墨尾矿中伴生矿物得到合理回收利用,而且企业在生产过程中也要注重对废水、废气、固体废弃物的管理,减少对环境的污染,实现石墨产业的可持续发展。

由于石墨产业可持续发展中环境对其产生重要影响,因此借鉴其他学者的研究成果,把发展环境引入指标体系的准则层并进行重点分析。石墨产业低碳经济视角下可持续发展指标体系构建思路如图 6-6 所示。

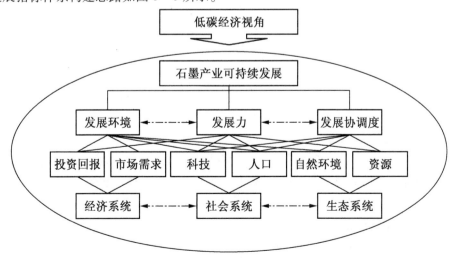

图 6-6 低碳经济视角下石墨产业可持续发展指标体系构建框架图

3. 基于低碳经济视角的石墨产业可持续发展评价指标体系构建

石墨产业可持续发展是一个多层次的复杂问题,因此石墨产业基于低碳经济可持续发展的指标体系应当具有多方面的评价和分析能力,并且能够充分衡量出石墨的发展环境、发展力和发展协调度,并且能够兼顾低碳经济视角。

(1)评价指标体系的构建原则。

为了科学合理地选择评价指标,在评价指标体系构建过程中,应当遵从以下原则。

①综合性原则。

在制定石墨产业可持续发展评价指标体系时,应当广泛考虑各种影响因素,按层次类别划分,并且要以低碳经济视角对指标进行修正。

②代表性原则。

筛选出来的评价指标应当能够较好地契合石墨产业现状,并且在石墨产业可持续发展中作为主要影响因素具有较大权重,权重太小或与石墨产业可持续发展关系不大的指标应当剔除,筛选出来的指标应当具有一定的代表性。

③可操作性原则。

纳入该体系的各项指标因素必须概念明确、内容清晰,能够实际计量或测算,以便进行定量分析。

(2)评价指标体系设计框架。

根据对石墨产业可持续发展系统的分析,在不考虑低碳经济视角的条件下,以发展环境、发展力以及发展协调度 3 个准则指标来建立评价体系,由此构建出由目标层、准则层、指标层组成的评价指标体系,如图 6-7 所示。

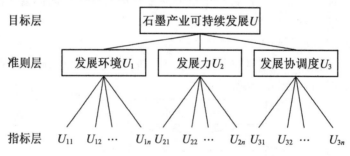

图 6-7 石墨产业可持续发展评价指标体系设计框架图

(3)评价指标体系的构建方法。

①基于环境影响指标的提出。

从前面的分析可以看出环境对石墨产业可持续发展影响较大,所以从环境方面提出相应指标,该部分指标应当涵盖石墨产业可持续发展的市场环境相关指标、投资环境相关指标以及自然环境相关指标。

②基于频次指标的筛选。

以国内外相关学者提出的矿业可持续发展相关指标为研究对象,对使用频率较高且符合石墨产业现状的指标进行筛选得到基础指标。

③低碳经济视角指标的补充。

总结国内外低碳经济评价指标体系相关研究成果,并且补充低碳经济视角相关指标。

④评价指标体系的建立。

通过以上评价指标体系的构建方法,筛选并修改相应石墨产业可持续发展的基础指标,补充环境影响相关指标,并且总结国内外相关低碳经济评价指标体系;补充低碳经济视角相关指标,最后得到的基于低碳经济视角的石墨产业可持续发展的评价指标体系见表6-6,低碳经济评价指标研究总结表见表6-6。

表6-6 基于低碳经济视角的石墨产业可持续发展的评价指标体系表

目标层	准则层	指标层	指标来源
U 石墨产业可持续发展	U_1 发展环境	U_{11} 石墨产品市场需求趋势	环境影响补充
		U_{12} 石墨产品市场价格趋势	环境影响补充
		U_{13} 人均固定资产投资额	基础指标
		U_{14} 产值投资弹性	环境影响补充
		U_{15} 土地复垦率	基础指标(涵盖环境影响)
		U_{16} 万元GDP环保投资额	基础指标(涵盖环境影响)
		U_{17} 三废综合利用率	基础指标(涵盖环境影响)
		U_{18} 三废处理率	基础指标(涵盖环境影响)
		U_{19} 清洁能源比例	低碳视角补充
		U_{110} 单位GDP能耗	低碳视角补充
		U_{111} 单位GDP碳排放	低碳视角补充
		U_{112} 垃圾无害化处理率	低碳视角补充
		U_{113} 环保教育普及率	低碳视角补充
		U_{114} 低碳政策完善度	低碳视角补充
U 石墨产业可持续发展	U_2 发展力	U_{21} 地址勘察程度	基础指标经修改
		U_{22} 石墨资源开发条件	基础指标经修改
		U_{23} 石墨资源聚集度	基础指标经修改
		U_{24} 人均GDP	基础指标
		U_{25} 百元总产值实现利税	基础指标
		U_{26} 石墨产业人口占总人口比例	基础指标经修改
		U_{27} 人均收入	基础指标
		U_{28} 科技人员增长率	基础指标
		U_{29} 科技贡献增长率	基础指标

续表 6-6

目标层	准则层	指标层	指标来源
U 石墨产业可持续发展	U_3 发展协调度	U_{31} 非矿业增加值比重	基础指标
		U_{32} 石墨行业盈利增长率	基础指标经修改
		U_{33} 石墨行业万元 GDP 能源消耗量	基础指标经修改
		U_{34} 城镇就业率	基础指标
		U_{35} 社会保障覆盖率	基础指标
		U_{36} 教育经费占 GDP 比例	基础指标
		U_{37} 万人在校大学生数	基础指标
		U_{38} 石墨产业科技活动经费占 GDP 比例	基础指标经修改
		U_{39} 行业管理水平	补充

表 6-7 低碳经济评价指标体系研究总结表

指标体系	主要内容
低碳经济评价指标体系	从低碳能源、低碳产业产出、低碳消费、低碳废物处理、低碳社会环境、低碳科学技术、低碳政策、低碳资源、经济发展水平角度构建指标体系
城市低碳经济评价指标体系	从经济发展、产业发展、科学技术发展、社会支撑和环境支撑角度构建指标体系
省低碳经济评价指标体系	从自然生态系统、产业生态系统、人文生态系统角度构建指标体系
低碳城市评价指标体系	DPSIR 模型:驱动力—压力—状态—影响—响应角度构建评价指标体系
低碳省市评价指标体系	从低碳生产力、低碳消费、低碳资源、低碳政策角度构建指标体系

6.4.5 基于低碳经济视角的石墨产业可持续发展评价模型构建

概率统计、模糊综合评价法和灰色系统是 3 种常用的不确定性系统研究方法。对黑龙江省石墨产业可持续发展的评判属于典型的不确定性系统研究,因此本书对黑龙江低碳经济下石墨产业可持续发展的评判采用以模糊数学为基础的模糊综合评价法,并结合专家打分法来确定指标的权重。

模糊综合评价模型具体构建步骤如下:

第一步,构建评判因素集,记为 $U = \{u_1, u_2, \cdots, u_n\}$。在本模型中评判的因素集主要通过专家打分法得到;

第二步,确定评语集,记为: $V = \{v_1, v_2, \cdots, v_m\}$,本书建立评语集为 $V = \{$高,较高,中等,较低,低$\}$;

第三步,确定各因素权重,各指标之间的权重是 U 上的一个模糊向量,记为 $W = \{\beta_1,$

$\beta_2, \cdots, \beta_n\}$,其中 β_i 是第 i 个因素的权重,且满足 $\sum_{i=1}^{n} \beta_i = 1$;

第四步,在评判因素集 **U** 与评语集 **V** 之间进行单因素评价,建立模糊关系矩阵 **R**,

$$R = \begin{bmatrix} r_{11} & r_{12} & \cdots & r_{1m} \\ r_{21} & r_{22} & \cdots & r_{2m} \\ \cdots & \cdots & \cdots & \cdots \\ r_{n1} & r_{n2} & \cdots & r_{nm} \end{bmatrix}$$

下式中 r_{ij} 表示实体界面风险因素集中第 i 个因素 ui 对应于评语集 **V** 中第 j 个等级 vj 的相对隶属度,计算公式为

$$r_{ij} = d_{ij}/d \tag{1}$$

式(1)中 d_{ij} 表示对评价对象因素集中的第 i 个评价因素做出第 j 个评语的专家人数;d 表示专家组的总人数;

第五步,计算模糊综合评价值,城市基础设施项目模糊综合评价运算为 W 与 R 的合成运算,即

$$B = W \cdot R = (\beta_1, \beta_2, \cdots, \beta_n) \begin{bmatrix} r_{11} & r_{12} & \cdots & r_{1m} \\ r_{21} & r_{22} & \cdots & r_{2m} \\ \cdots & \cdots & \cdots & \cdots \\ r_{n1} & r_{n2} & \cdots & r_{nm} \end{bmatrix} = (b_1, b_2, \cdots, b_m) \tag{2}$$

式(2)中 b_j 为模糊综合评价结果,且 $b_i = \sum_{i=1}^{n} (\beta_i \times r_{ij})$,对实体界面风险的每一个子集 Ui 按一级评价模型进行评价,然后将 Ui 作为一个因素,用 Bi 作为单因素评价集进行二级综合评价:$B = W \cdot R$。最后根据评价结果,按照最大隶属度原则对结果进行分析。

6.4.6 评价结果分析

确定评议矩阵。由10位相关专家对评判因素进行评议:$V = \{$高,较高,中等,较低,低$\}$。每一个因素的评议结果构成模糊集,形成 V 到 U 的模糊关系。10位专家的评议结果见表6–8。

以发展环境中石墨产品市场需求趋势为例,有两位专家认为需求趋势为高(概率区间为[0.7,1]),有4位专家认为需求趋势较高(概率区间为[0.5,0.7]),有4位专家认为需求趋势中等(概率区间为[0.3,0.5]),则 $U11 = (0.2, 0.4, 0.4, 0, 0)$,同理可得 $U12 = (0, 0.4, 0.5, 0.1, 0)$,$U13 = (0, 0.3, 0.3, 0.3, 0)$,同理可得 $U14$ 至 $U114$ 值。

表 6-8 模糊评判专家意见表

模糊因素		各等级评判专家人数					权重	
准则层	指标层	高	较高	中等	较低	低	指标层	准则层
U1 发展环境	U11	2	4	4	0	0	0.15	0.2
	U12	0	4	5	1	0	0.15	
	U13	0	3	3	3	1	0.15	
	U14	1	4	5	0	0	0.15	
	U15	0	1	4	4	1	0.04	
	U16	0	0	4	4	2	0.04	
	U17	0	0	4	3	3	0.06	
	U18	0	0	5	3	2	0.06	
	U19	0	0	2	5	3	0.04	
	U110	1	4	4	1	0	0.02	
	U111	1	5	3	1	0	0.02	
	U112	0	1	4	4	1	0.02	
	U113	0	1	4	5	0	0.04	
	U114	0	1	4	4	1	0.06	
U2 发展力	U21	1	4	5	0	0	0.16	0.5
	U22	2	4	4	0	0	0.12	
	U23	0	3	4	2	1	0.12	
	U24	0	1	4	4	1	0.05	
	U25	0	1	5	4	0	0.06	
	U26	0	0	4	4	2	0.04	
	U27	0	1	5	4	0	0.05	
	U28	0	1	3	3	3	0.16	
	U29	0	4	4	1	1	0.24	
U3 发展协调度	U31	1	4	4	1	0	0.06	0.3
	U32	0	0	1	7	2	0.15	
	U33	1	4	4	1	0	0.09	
	U34	1	5	4	0	0	0.09	
	U35	2	5	3	0	0	0.12	
	U36	1	3	4	2	0	0.09	
	U37	1	4	4	1	0	0.08	
	U38	0	1	4	4	1	0.16	
	U39	0	1	4	5	0	0.16	

构成的评议矩阵为

$$R_1 = \begin{bmatrix} 0.2 & 0.4 & 0.4 & 0 & 0 \\ 0 & 0.4 & 0.5 & 0.1 & 0 \\ 0 & 0.3 & 0.3 & 0.3 & 0.1 \\ 0.1 & 0.4 & 0.5 & 0 & 0 \\ 0 & 0.1 & 0.4 & 0.4 & 0.1 \\ 0 & 0 & 0.4 & 0.4 & 0.2 \\ 0 & 0 & 0.4 & 0.3 & 0.3 \\ 0 & 0 & 0.5 & 0.3 & 0.2 \\ 0 & 0 & 0.2 & 0.4 & 0.3 \\ 0.1 & 0.4 & 0.4 & 0.1 & 0 \\ 0.1 & 0.5 & 0.3 & 0.1 & 0 \\ 0 & 0.1 & 0.4 & 0.4 & 0.1 \\ 0 & 0.1 & 0.4 & 0.5 & 0 \\ 0 & 0.1 & 0.4 & 0.4 & 0.1 \end{bmatrix}$$

同理可得其他评议矩阵。

对根据专家打分法得到的权重进行综合评价。

$B_1 = w_1 \circ R_1$
$= (0.15 \quad 0.15 \quad 0.15 \quad 0.15 \quad 0.04 \quad 0.04 \quad 0.06 \quad 0.06 \quad 0.04 \quad 0.02 \quad 0.02$
$\quad 0.02 \quad 0.04 \quad 0.06)$

$R_1 = (0.049 \quad 0.259 \quad 0.411 \quad 0.204 \quad 0.077)$

从计算结果可以看出,$\text{Max}(B11,B12,B13,B14,B15) = 0.411$,相对应的是评价等级中等的等级评语,可见专家倾向于认为低碳经济下黑龙江省石墨产业可持续发展环境属于中等水平。同理计算可得发展力和发展协调度的评价等级。

$B_2 = w_2 \circ R_2 = (0.16 \quad 0.12 \quad 0.12 \quad 0.05 \quad 0.06 \quad 0.04 \quad 0.05 \quad 0.16 \quad 0.24)$
$R_2 = (0.040 \quad 0.276 \quad 0.411 \quad 0.176 \quad 0.097)$

$B_3 = w_3 \circ R_3 = (0.06 \quad 0.15 \quad 0.09 \quad 0.09 \quad 0.12 \quad 0.09 \quad 0.08 \quad 0.16 \quad 0.16)$
$R3 = (0.065 \quad 0.256 \quad 0.343 \quad 0.290 \quad 0.046)$

$$\begin{bmatrix} 0.049 & 0.259 & 0.411 & 0.204 & 0.077 \\ 0.040 & 0.276 & 0.411 & 0.176 & 0.097 \\ 0.065 & 0.256 & 0.343 & 0.29 & 0.046 \end{bmatrix}$$

$B = w \circ R = (0.2 \quad 0.5 \quad 0.3) = (0.049\ 3 \quad 0.266\ 6 \quad 0.390\ 6 \quad 0.215\ 8 \quad 0.077\ 7)$

$\text{Max}(0.049\ 3 \quad 0.266\ 6 \quad 0.390\ 6 \quad 0.215\ 8 \quad 0.077\ 7) = 0.390\ 6$,对应综合评价等级中等的等级评语,所以从评判结果来看,专业人员认为低碳经济黑龙江省石墨产业下可持续发展的水平目前处于中等,但从结果可看到在发展协调度中0.343和0.290数值比较接近,所以有偏向较低水平的倾向性。

根据评判的结果可以看出低碳经济下黑龙江省石墨产业可持续发展整体水平不高,低碳经济下对黑龙江省石墨产业可持续发展影响较大的因素应当给予密切关注,并通过相应的措施提高整体可持续发展水平。

6.4.7 基于低碳经济视角的石墨产业可持续发展的对策建议

1. 在政策上加大对石墨资源的掌控力度

石墨是一种宝贵的不可再生资源,对于国家来说具有非凡的战略意义。当前,应当从以下几个方面入手,强化对石墨资源的掌控。一是制订石墨行业和产业发展规划。通过规划的制订,强化对石墨行业和产业发展的总体指导。二是在资源开采总量规模上予以控制。有关部门应该认真执行矿山开采许可证制度,从严审批,坚决取缔非法开采;认真贯彻执行《中华人民共和国矿产资源法》,严格控制采剥比例、贫富兼采,杜绝滥采乱挖、采富弃贫等不良现象。对现有石墨矿山开采企业进行清理整顿,坚决杜绝滥采滥挖现象,避免走过去先放开再整治的老路。三是在产品出口上予以控制。据了解,目前世界上大多数国家对能源尤其是战略性资源都采取了保护政策。在严格控制开采规模的同时,更是对出口产品的等级、价格等方面实施严格管控,甚至对一些稀缺资源禁止出口,对进口的资源采取技术手段予以长期封藏备用。因此,建议国家制定出台限制初级产品出口的政策,抬高出口门槛,鼓励产品深加工增值。引导行业企业组建全国性企业集团,联合起来应对国外市场变化,控制初级产品供应总量,不断提高市场价格,实现产品应有的价值,减少国外对我国技术和价值的盘剥。

2. 走可持续的生态化发展道路

国内石墨矿产政策宽松,企业准入的门槛较低,一批石墨选矿企业年产能力较小,环保措施不科学,给周边群众的生产生活环境造成了不利影响,这些情况近年来引起了各级领导的高度关注,例如国家组成联合调查组到萝北县进行调查,严厉要求进行整改。所谓的科学发展,就是要求企业健康地发展、可持续地发展,在环境保护、土地审批、安全生产等领域严格按章办事。通过企业技术创新,改造传统设备,引用科学、高效生产工艺,提高资源利用率,避免资源浪费和污染环境,将污染严重且污染物大致相同的企业集中布置,方便进行污染物的集中处理,并且要将尾矿综合利用项目、污染物集中处理项目及大型尾矿库项目提上建设日程,严格把关。对资源统筹规划、合理有序开发,决不能以牺牲资源环境为代价获得短期的发展。

3. 延伸产业链获取高附加值

发展石墨循环经济,通过现代石墨加工技术把优势资源的石墨原矿转化成高纯石墨、石墨耐高温制品、大容量锂离子负极材料、储氢材料等,延伸石墨产业链条,解决目前石墨制品大量进口的现状,实现石墨资源的可持续发展。

石墨产业链条的延伸包括以下3个方面:普通工业材料、新能源材料、新功能材料。普通工业材料涉及的企业有石墨电极、石墨增碳剂、石墨涂料、石墨坩埚、石墨电工滑板、橡胶等企业;新能源材料涉及的企业包括锂离子电池、储氢电池等企业;新功能材料涉及的企业包括现代精密机械制造、军工、核、航空航天等企业。

延长石墨产业链条,就是打造采矿、精选、深加工、尾矿处理一条龙的现代化石墨产业。目前石墨尾矿处于丢弃搁置状态,它对土地的侵占,以及堆积过程带来的环境问题越来越严重,如何合理开发利用石墨尾矿、变废为宝是石墨产业发展的重要环节。建立完整的石墨产业链条,不但会大大拉动区域经济,而且具有重大的社会价值。

第7章 我国产业技术创新战略联盟的实践

7.1 我国产业技术创新战略联盟的典型案例

我国的产业技术创新战略联盟在近几年得到了迅猛的发展,一些联盟组织已经形成了规模。对成功的产业技术创新战略联盟进行研究和分析,对于现有产业技术创新战略联盟的发展壮大及建立新型的产业技术创新战略联盟都会产生帮助,以下对我国现阶段典型的产业技术创新联盟进行分析总结。

7.1.1 农业装备产业技术创新战略联盟

资料链接

农业装备产业技术创新战略联盟(简称"农业装备联盟")由中国农业机械化科学研究院任理事长单位,由行业企业前10位的8家骨干企业、4所著名大学和3家地方特色院所组成,企业总资产、总产值、利税分别占规模以上企业的33%、44%、30%,凝聚了行业高新技术研发、先进制造能力、高素质人才培养和产业化生产能力,是行业重大技术组织和实施主体。

成立以来,联盟在推进组织化、制度化、规范化运行,推动共性关键技术研究和重大产品创制,探索以企业为主体、市场为导向,产学研结合的机制,搭建联合攻关研发平台,促进技术辐射,培育产业集群以及推动内外合作交流与服务等方面开展了卓有成效的工作。特别是"十一五"期间联盟组织实施了国家科技支撑计划项目"多功能农业装备与设施研制""大型农业动力与作业装备研制"和"863计划项目""现代农机智能装备关键技术研究"等国家科技计划项目,在农业装备数字化设计、可靠性与自动监测技术、大马力拖拉机、大型复式田间作业机具、多功能联合收获机械等方面取得重大标志性成果,缩短了与国外技术的差距,推进形成了以企业为主体、产学研结合、创新要素向企业聚集、技术特色资源相对集中、生产制造能力充分发挥的产业技术创新机制。

1. 农业装备产业技术创新战略联盟的主要特点

农业装备技术是融合材料技术、先进制造技术、生物技术、信息技术、仪器与控制技术、光机电一体化技术的现代装备技术,是现代农艺技术实施的载体,是实现农业生产规模化、机械化和标准化,转变农业发展方式的重要物质支撑,在整个农业生产系统中,它的发展是全面替代人工劳动,不断完善作业功能,逐步提升装备性能,充分发挥机器效率,改善土壤、植物、生物、环境条件,与经济发展相适应的循序渐进的过程。从现在农业装备技术发展的情况来看,新技术、新产品研发的周期在不断缩短,由原来的 3~5 年,缩短为现在的 2~3 年。与此同时,产品的辐射和先进的技术也开始带动整个行业的发展。

农业装备产业技术创新战略联盟成员单位积极创建创新平台。农业装备产业技术创新战略联盟成员单位结合国家战略、产业需求、技术趋势,就我国农业装备未来的发展目标、重点方向、关键技术,以及战略研究目标、任务及工作安排,牢牢把握党中央、国务院有关国家中长期科技发展规划编制决策、部署精神以及科技部有关工作要求,站在国家战略高度,做好充分调研、科学研判、系统谋划及联盟创新研究工作;围绕创新驱动、乡村振兴、制造强国、科技强国等经济社会和技术发展重大需求,统筹谋划农业装备领域基础研究、应用基础研究和技术创新工程,着力提高农业装备创新供给水平、科技实力、产业竞争力等。农业装备产业技术创新战略联盟成员单位充分利用农业装备产业技术创新战略联盟、学会协会等平台,发挥行业内外产学研用单位专家的集体智慧,群策群力,高质量高水平完成好战略创新平台的建设,为农业装备创新发展指引方向,加快农机化和农机装备转型升级。

资料链接

2019 年 5 月 20 日,由科技日报社、中国科技网主办的首届"创新中国·2018 年度评选"颁奖典礼在中国宋庆龄青少年科技文化交流中心举行。全国政协原副主席、全国工商联原主席黄孟复,科技部党组成员、科技日报社社长李平,中国发明协会党委书记、常务副理事长兼秘书长余华荣,中国工程院院士廖万清等嘉宾出席并致辞。

农业装备产业技术创新战略联盟自 2007 年由科技部等部委推动成立以来,围绕国家战略、产业重大需求及科技发展趋势,以突破产业共性和关键技术瓶颈,培育重大产品创制的产业集群主体为目标,凝聚行业的优势科技资源、先进制造能力和产业创新人才,构建形成了产学研深度融合的产业技术创新链和协同创新机制、平台;组织开展产业重大技术创新项目,研发突破了 500 多项关键核心及重大装备技术,为产业发展提供高水平技术供给;积极开展行业科技与产业发展战略研究,为产业科技创新明确方向及路线;面向行业内的中小和民营企业提供技术创新服务,推动产业水平整体提升。

"创新中国·2018 年度评选"活动由科技日报社、中国科技网发起,以"寻找创新典范,弘扬创新精神"为主旨,重点面向我国战略性新兴和"高精尖"产业领域,重点包括新一代信息技术、集成电路、医药健康、智能装备、节能环保、新能源汽车、新材料、人工智能、软件和信息服务九大领域,征集、评选出了 2018 年度具有创新精神和创新活力的新锐科技企业、新锐科技产品、民营企业家、创新投资家、创新服务平台和管家。

2. 农业装备产业技术创新战略联盟面临的产业技术进步问题

近年来,我国农业装备产业持续快速发展壮大,连续10年增长幅度超过20%,基本解决了"农民买得起、农村用得上、农业用得好、经营有效益"的问题,为保障国家粮食安全提供了重要的装备支撑,促进了现代农业发展和社会主义新农村建设。

但总体上,我国农业装备产业技术创新战略联盟及相关产业的发展与国外还是有较大的距离,体现在:

(1)我国农业装备产业技术创新战略联盟中的成员相对来说比较分散,且成员企业的整体规模偏小。

目前,我国有近万家农机企业,但规模以上农机企业却仅仅有2 000多家,共实现产值220亿元。

(2)我国农业装备产业技术创新战略联盟种类狭窄,产品的种类在结构方面不尽合理。

发达国家的农业装备的品种覆盖面积一般比较广,达到近万种,在质量方面也达到一定的精良度,实现了农业生产全程机械化,极大提高了农业综合竞争力。我国农业装备产业技术创新战略联盟产品的等级多集中在中低端,很少涉及高端的产品,不能很好满足"优质、高产、高效、生态、安全"为主题的现代化的农业发展的需要。

(3)我国农业装备产业技术创新战略联盟缺少原始的创新,在共性技术的供给方面严重不足。

我国的农机工业主要以技术引进、模仿为主,这样就造成了自主创新方面的投入比较少,特别是在核心技术、部件和重要的产品、工艺技术方面大部分靠从国外引进,如200马力以上的拖拉机及配套的机具进口的依存度都在90%以上。发达国家就是凭借着这些领先的技术形成了大型农机市场的垄断局面。

(4)我国农业装备产业技术创新战略联盟从整体看技术水平不算高。

我国的农机工业水平不高主要体现在关键的核心部件、装置等方面。同时,我国的农机工业在智能化和信息化方面的应用水平也较低。拖拉机、联合收割机的平均无故障工作时间仅可达到100小时和30~40小时。另外,高端技术装备不足,也造成水、肥、药利用率低,每年多消耗180多万吨柴油、22万吨原药、1 000多万吨化肥。

3. 构建我国农业装备产业技术创新战略联盟的创新链思路

我国农业装备产业技术创新战略联盟可以围绕保障粮食安全、农产品的有效供给、促进资源节约和农业可持续发展的角度,以《农业装备产业技术创新战略联盟科技发展规划(2008—2015)》为指导,从前瞻性、战略性和紧迫性3个方面研制开发大型农业动力、田间复式作业和高效收获机械等重大典型产品技术,推动产业科技协同发展,提升产业整体技术水平和产业核心竞争力。

(1)农业装备智能技术研究。

以提高装备性能和可靠性为核心,重点突破农业装备智能化控制、可靠性强化核心技术,攻克机载通信、总线、工况监测与自律行走技术,研制农业生产过程智能监测、自动导航与变量控制等智能控制系统与农业机器人。

(2)农业装备先进制造技术研究。

重点突破农业装备数字化设计、关键作业装置与复杂核心部件精密制造、整机质量检测以及现代制造流程技术等,构建典型农机计算机集成制造系统。

(3)重大农业装备产品技术研制。

重点围绕国际竞争焦点、产业发展亟需的大型农业动力、多功能高效收获机械和田间复式作业机具等重点领域开展联合攻关,提升产业化能力,提升国产高端产品的供给能力。

大型农业动力方面,继续完善和提高 200 马力拖拉机技术水平和整机性能,重点开发 300 马力拖拉机,突破大功率柴油机和动力负载换档、总线控制等核心技术,形成覆盖 400 马力及以下全系列动力产品和技术的自主知识产权。

多功能高效收获机械方面,以信息化、智能化为引领,重点发展 4 千克以上喂入量的小麦联合收割机和通用型谷物联合收割机、4 行以上不分行玉米收割机、大型油菜收割机、秸秆集储与青饲料收获机等高性能收获机械,提高收获机械"三化"水平,完善产品系列,提升产品技术含量和档次;加快开发以大型智能采棉机、西红柿收获机械为代表的优势经济作物收获机械,储备技术,拓展领域。

田间复式作业机具方面,集中攻克作业部件耐磨延寿、轻型高强技术、零部件标准化与整机可靠性技术,提升产品技术档次;重点研制大型精密播种机、深松整地联合作业机、高速插秧机、高效植保与节水灌溉等田间作业机具、规模化制种机械,支撑产业发展。

(4)加强联盟的组织运行机制建设。

进一步优化联盟的组织架构,完善联盟理事会、专家技术委员会、秘书处等的运行和工作制度,推进建立联合研发办公室,确保其有效运行;形成专职为主、兼职为辅的秘书处专职化人才队伍,强化联盟秘书处组织协调能力。继续探索联盟承担国家科技计划项目的机制,研究完善研发基金筹集以及项目管理办法,构建长期稳定的联盟研发机制。探索建立健全联盟知识产权利益分享、成果扩散机制,促进联盟的可持续发展。

围绕提升产业技术创新能力和企业核心竞争力,按专业分工、区域集中、共建共享的原则,以土壤植物机器系统技术国家重点实验室、国家农业机械工程技术研究中心为核心,整合行业优势科技资源,形成基础创新平台、专业特色研发平台、区域开放研发平台以及国际合作研发平台等层次清晰、功能定位明确的研究平台体系,推进形成具有多样化、多层次研究平台支撑,集战略研究、理论创新、基础研究、应用开发和产业化能力为一体的农业装备产业技术创新中心,促进农业装备产业技术创新工程建设。

支持和推进联盟成员内部科研条件向联盟内外共享开放,特别是大学、研究院所、大型企业的实验条件面向企业开放,促进科技资源的有效利用;积极推进学术交流,通过组织技术研讨会、学术会议等学术活动,建立常态化的学术交流机制,推进技术交流融合,促进行业学术繁荣;推进建立创新人才的联合培养机制,通过联合研发项目进行引导,支持校企、院企、院校联合培养创新人才;组织开展面向中小企业的技术辐射、技术研发、检测培训等服务,支持中小企业产品技术升级,促进先进技术的扩散和推广应用,促进行业全面发展。

7.1.2 半导体照明产业技术创新战略联盟

资料链接

半导体照明是我国战略型新兴产业之一,在半导体照明产业技术创新战略联盟(简称"半导体照明联盟")的组织和推动下,我国半导体照明产业的技术创新链得以重构,整个产业的创新能力和竞争力获得了明显提高。

2018年是半导体照明联盟成立的第15年,成员由发起时的46家发展到630家。2017年联盟成员产值占国内LED产值的70%,秘书处有6位博士、9位硕士、近30人的专职工作人员,同时拥有近200人的专业化工作团队,兼职行业专家超过100人。半导体照明联盟设立了指导委员会、理事会、常务理事会和秘书处等不同职能分工的组织架构,成立了标准化、应用推广、智慧照明委员会等。在科技部、发改委等的支持下,半导体照明联盟通过不断创新体制机制,有效整合了国内外创新资源,促进了企业为主体的创新体系的建设,探索了社会管理和科技服务的新模式,提高了我国半导体照明产业的国际地位和影响力。半导体照明联盟成立以来,一直秉承"合作、共赢、创新、发展"原则,致力于支撑政府决策、构建产业发展环境、促进创新资源整合。依托半导体照明联盟建设的半导体照明联合创新国家重点实验室在技术研发、标准研制、检测认证、人才培养、成果转化等方面均开展了卓有成效的工作。

1. 半导体照明联盟通过构建产业技术创新链有效增强产业创新能力

半导体照明联盟面向企业需求组织共性技术研发项目的合作研发:5家科研机构(中科院半导体研究所、中科院长春光机所、北京清华城市规划设计研究院、荷兰代尔夫特理工大学、国家电光源质量监督检验中心,投入设备和研发人员106人,17家理工大学投入设备和研发人员106人,17家企业投入研发人员62人和5 100万元项目经费进行半导体照明产品规格接口研究、LED照明产品可靠性加速测试与分析、白光LED封装材料与制造工艺、基于高分子载体的LED多功能系统二维与三维集成技术4个共性技术研发项目的合作研发。目前,半导体照明联盟已完成专利分析、样品制作、技术规范初稿编制,相关专利申请工作已经开始,项目成果由联盟与17家企业共享。

自2003年科技部牵头启动"国家半导体照明工程"以来,我国半导体照明产业取得了长足发展,初步形成了完整的研发体系和产业链,并在示范应用方面走在了前列。但是面对激烈的国际竞争,我国半导体照明产业发展仍面临诸多问题,较为突出的有:

(1)缺乏龙头品牌企业,中小民营企业占80%以上,规模小、资源分散、创新能力不足。

(2)研发投入不足,研发力量分散,缺乏产业共性技术研发平台。

(3)产业发展环境不够完善,检测标准、认证体系尚未建立,国家与地方跨部门、跨行业统筹协调不够。

为提升产业整体的核心竞争力,集聚各种创新要素,明确创新目标,强化集成创新,迫切需要整合业内的资金、技术、人才、信息等资源,通过产业技术创新战略联盟这一技术创新载体,促进产业共性关键技术的研发与应用,建立多样化、多层次的自主研发与开放合作并存的创新模式,构建行业产学研结合的技术创新体系,提升产业自主创新能力。

半导体照明联盟围绕产业链上下游需要解决的共性关键技术问题,打通技术创新链,推动产业链整合,完善科技服务平台建设,提升整个产业的价值链。主要表现为:

(1)打通技术创新链。

根据半导体照明产业链条长、企业规模小、研发力量分散现状,创新研发体制和机制,围绕产业链在前后端建立两个开放的、国际化的公共技术研发平台,加强共性关键技术研发,实现下一代白光技术突破与应用集成创新。

①产业链上游:筹备组建"半导体照明联合创新国家重点实验室",重点开展产业链前端(上游)中长期基础研究。

依托半导体照明联盟这一共同体,按照半导体照明的产业需求,充分利用并整合现有优势研究资源,以增量激活存量,形成新的研究体制。聚焦核心的基础研究及共性的关键技术研究,集聚创新队伍,探索国家、研究机构及企业共同参与(以"研发基金"方式参与)基础研究的持续性投入与人才激励机制,形成可持续发展的开放性公共技术研究实体。

国家重点实验室定位于半导体照明产业链前端的中长期基础研究及应用基础研究,以及核心器件共性关键技术研究,以契约式手段保障重点实验室成员的责权利,采用集中与分布式相结合、资源所有权与使用权相结合的投入方式形成国家半导体照明核心技术的研究实体。

国家重点实验室以资源所有权与使用权相结合的投入方式,采用集中与分布相结合的模式(集中模式—选择联盟内能提供较大场所的单位,由联盟成员单位共同提供资金、设备进行建设;分布模式—对于有条件的联盟成员单位,通过联盟与该单位签订协议的方式,确定一定时间内人力、设备归联盟实验室统一调配和管理),整合企业、科研院所和高校资源,对人、财、物进行统一规划和管理。

②产业链中下游:组建半导体照明应用技术研发中心。

半导体照明应用技术研发中心定位于产业链中下游的应用技术研究工艺设计,着力解决模块化、标准化、规格化产品开发,系统集成多用途、多功能的创新应用等。依托科技支撑计划,通过具有法律效力的契约,形成共同投入、分工明确、责权利清晰、知识产权共享、研发成果能快速产业化的公共技术研发实体,探索以联合发展公司形式,参与非盈利平台的建设,以及以项目的联合投入,享有使用优先权等方式,组建不同分级权益的开放式研发平台。

半导体照明产业技术创新战略联盟探索通过上述两个针对不同产业链环节(上、中下游)的技术创新研发平台,整合各种技术创新要素,加强创新能力,同时通过实施重大创新示范工程,实现技术集成创新和应用。

(2)优化产业链。

开展持续的产业发展战略研究,加强上下游、产学研的合作,促进技术整合和产业重组,形成一批龙头、品牌企业,提升产业核心竞争力。

(3)推动技术整合和产业重组,培育龙头和品牌企业。

在国外照明巨头纷纷完成产业链整合之际,我国半导体照明产业的发展也面临产业内外部整合与提升。我国半导体照明产业链不均衡,呈漏斗形,终端应用、封装企业数量众多,但产品定位较为低端,上游芯片、外延与国际巨头相比差距较大。因此,联盟通过信息平台建设,包括国际化的会议展览、中英文网络平台、杂志《半导体照明》、中国半导体照明创新大赛等,集中优势资源,加快产业链内部技术整合,摆脱国外企业在外延、芯片领域的垄断局面,应用环节则进入高端产品,提升产品附加值。在实现产业链内部整合的同时,通过与LCD、传统照明、集成电路等行业的跨行业整合,实现产业快速发展。

(4)完善服务链。

以半导体照明联盟为依托,组织和协调公共服务平台建设,包括统筹规划半导体照明检测与质量认证平台建设,协调建立网络式的检测平台体系,加快标准体系建设;组建专利池,支持知识产权创造和运用,强化知识产权保护和管理;加大人才培养力度,培育创新团队,提高产业持续创新能力;实现产学研、上下游在信息层面的无缝衔接。

①建设检测与质量认证平台,完善标准体系和市场准入制度,参与国际标准和技术规范制定,争取国际标准制定话语权和主导权。

从国家层面统筹规划质量检测平台,明确国家和地方的任务分工,进行差异化、互补化发展。鼓励企业充实和完善检测手段,建立健全质量保证体系。引导测试标准和测试方法的统一,确保检测结果的一致。加快相关技术规范与标准的制定,完善标准体系和市场准入制度,推动产品应用。加强对检测人员的专业技能培训,提高从业人员的水平。开展实验室能力比对,并申请国际检测资质认可。组建国际固态照明联盟(International SSL Alliance,ISA),促进国际半导体照明检测与标准的对话与合作,参与国际标准和技术规范的制定,规范国内市场,并争取我国半导体照明产业在国际标准制定中的话语权和主导权。联盟建立"标准化协调推进工作组",已完成全国半导体照明检测平台调研工作,平台建设方案建议已提交主管部门。截至目前,制定了7项技术规范,发布了5轮产品检测信息,在引导产业健康发展方面发挥了重要作用。

②组建专利池,支持知识产权创造和运用,强化知识产权保护和管理。

联盟成立"专利池工作组",制定《专利池管理办法》,规范入池专利的管理。通过技术联合研发,逐步完善高校和科研机构知识产权转移、转化的利益保障和实现机制,建立高效的知识产权评估交易机制。2008年联盟组织国内企业成功应对美国"337调查"。2010年受国家知识产权局委托开展"中国半导体照明知识产权战略研究",从知识产权创造、运用、保护和管理等方面对我国半导体照明行业的知识产权现状进行评估,研究国内外专利现状、发展趋势,特别是未来知识产权的竞争焦点,以提升我国半导体照明专利分析和预警能力,突破国际专利壁垒。

半导体照明联盟承担了"十二五"国家科技支撑计划"半导体照明应用系统技术集成与示范"重点项目。围绕产业链,组织上下游优势单位、产学研共同合作,开展了灯具的产业化关键共性技术,系统集成技术,LED模块化、标准化、系列化光源及产品研发。在国家高技术研究发展计划(863 计划)的"大尺寸 Si 衬底 GaN 基 LED 外延生长、芯片制备及封装技术"项目中,联盟充分发挥技术咨询和指导作用,协调项目共同承担单位之间的关系,协助 863 计划项目管理单位的项目立项、组织实施、评估、验收、结题等各项工作。硅衬底技术的突破形成了国际上蓝宝石、碳化硅、硅衬底半导体照明技术方案三足鼎立的局面,这不仅避开了日本日亚、美国 CREE 等众多公司的专利围剿,还为提高电光转化效率、降低成本提供了一条全新、可期、有广阔前景的技术途径。项目完成后将形成年产 1 000 万只以上的功率型 Si 衬底 LED 芯片与封装生产线,使芯片生产成本低于 0.7 元/瓦。

③商业模式创新。

半导体照明的应用将大大降低能源消耗,有助于节能减排,但半导体照明替代传统照明的工程一般耗资大、产品成本高、前期启动资金大、推广应用难度较大,因此,半导体照明联盟也积极推动成员单位探索引进合同能源管理模式,包括纯市场化模式(包括由专业化照明节能服务公司做工程业主或者由照明产品生产企业做工程业主的模式)、政府主导模式(包括政府直接采购模式和政府牵头的"用户+企业+银行"模式),以及市场化+政府引导模式。

半导体照明联盟通过全球供应链数据库系统平台的建立,降低交易成本;通过供应链管理,支持节能服务公司,进而联合建立半导体产品采购和交易中心。

半导体照明联盟通过半导体照明产品展示平台的建立,开展设计、制造、物流与终端用户的演示和培训,提供增值服务,加强对公众的宣传与教育,提高节能意识,培养节能文化,推动半导体照明节能产品的应用,促进展示中心的建立。

④开展系统化、全方位人才培养工作,建立校企联合培养人才新机制。

半导体照明联盟将逐步建立科研机构、高校创新人才向企业流动的机制,支持技术创新人才的培养,为企业的技术研发提供持续的人才支撑。两个研发平台的职位也将向国内外公开招聘,吸引全球优秀人才创新创业。半导体照明联盟还组织企业在全国范围内具有相关专业的知名高校举办"半导体照明产业高校人才引进计划"专场宣讲会和招聘会,面向大学生推广半导体照明企业,发布企业的人才需求信息。同时,半导体照明联盟还组织有意向进入半导体照明产业的大学生进行半导体照明专业基础知识的培训。

⑤建设国际科技合作与交流平台。

半导体照明联盟以开放的心态,积极开展区域、两岸与国际合作,努力提升中国半导体照明产业的国际竞争力。半导体照明联盟联合美国、韩国、澳大利亚与新西兰等国家和地区的行业组织,发起成立了 ISA,开展国际半导体照明示范工程,促进国际半导体照明检测与标准的对话与合作,建立国际半导体照明研发平台,促进国际人才培养与交流,参与世界银行/国际金融公司"照亮非洲"项目,为中国企业"走出去"建立渠道。参加美国固态照明系统与技术联盟(ASSIST),积极参与国际半导体照明技术规范和标准的制定,组织国内企业赴国外进行考察和访问,学习和借鉴国际先进经验,寻求发展的新思路,提高自身国际竞争力。

2. 组织机构和运行机制建设

半导体照明联盟的组织特色是在决策委员会和技术委员会管理的架构下,秘书处依托专业化第三方科技服务机构,采取投入产出管理、技术攻关组织、创新服务支撑等机制有效组织运行。

半导体照明联盟制定了决策委员会议事规则,民主决策、民主议事、民主管理、民主选举、民主监督,独立自主规范决策机制。

半导体照明联盟正在制定秘书处运行管理办法,包括:秘书处职能设置、工作流程设计、人员编制和岗位设置、人员晋升渠道和薪酬标准、经费管理办法等,通过制度化管理提高秘书处工作效率。

就项目管理,半导体照明联盟已制定了项目申请、立项、组织和遴选、协议、评估、监理和调整、考核、验收、经费管理等办法。健全和完善项目管理组织运行机制,确保技术创新项目的顺利实施。

另外,半导体照明联盟是从集中国家半导体照明工程研发及产业联盟的优势发展而来的,在国家提出加快培育和发展战略性新兴产业之后,半导体照明作为节能领域的战略性新兴产业,考虑将其发展为中国节能协会的二级专业委员会,以更好地发挥其广泛性作用;半导体照明联盟参与国家重点实验室和应用技术研发中心两个共性技术研发平台建设,集中优势资源,进行技术创新活动;半导体照明联盟依托机构——北京半导体照明科技促进中心,携手骨干企业和服务商,共建以供应链管理、商务模式创新为特点的合同能源管理,以及产品交易中心、展示和示范中心、人才培养平台等。

3. 思考与建议

(1)确保半导体照明联盟法人主体地位与话语权,理顺联盟与各级政府部门及行业协会、学会之间的关系。

(2)处理好非盈利的研发平台与公司化的运作机制的关系。

(3)解决现行财政投入体制与联盟性质的矛盾(联盟既不是科研机构也非企业)。

(4)鉴于共性关键技术的投入主体缺位,在建设初期,应以国家和地方投入为主,并有持续性投入做保障,初始应与企业的需求相契合,机制上与国际接轨,且有更好的激励政策与模式,这样才能建立有企业参与的、开放式的、达到国际水准的研发平台。

(5)需进一步加强国际合作。

7.1.3 木竹产业技术创新战略联盟

资料链接

2018 年,在科技部农村司、国家林草局和中国农村技术开发中心的指导下,木竹产业技术创新战略联盟(以下简称"木竹联盟")各项工作稳步推进。为破解产业核心关键技术难题、力图在技术创新上引领木竹产业发展,木竹联盟积极发挥联盟平台组织优势,提前开展了"十四五"木竹产业技术创新战略研究。为提升创新成效、强化产业服务,木竹联盟积极推进国家重点科技计划任务的组织实施,通过联盟科技特派员进驻企业、为企业培养人才等方式,创新产学研合作模式。全年共参办行业论坛和会议5次,自筹经费1 005万元,组织实施了11项联盟科研计划项目。

2019年5月8日,《2018年度产业技术创新战略联盟活跃度评价报告》在京发布。评价结果显示,活跃度高和较高的联盟有45家,达到参评联盟的51.14%,占联盟总数的29.61%。本次评价录入信息达到评价要求的联盟共88家,活跃度高联盟共30家,其中有19家联盟连续3年保持高活跃度。

木竹联盟再次以总成绩满分的优异成绩排名前列,被评为高活跃度的联盟。自评估以来,木竹联盟活跃度保持位列第一梯队,已连续6次以优异成绩被评为高活跃度联盟。该评价结果表明木竹联盟在组织机构建设与运行、协同创新活动、带动产业发展成效等方面都表现出了健康发展的状态,同时也充分显示了我国木竹行业良好的发展势头。

木竹联盟是我国林业行业首批国家级产业技术创新战略联盟,成立于2010年,2012年通过了科技部试点联盟评估,成为A类联盟。木竹联盟以木竹产业的发展需求和各方的共同利益为基础,从提升我国木竹产业技术创新能力与核心竞争力出发,立足产业技术创新需求,整合资源,建立专项技术平台,开展联合攻关,制定技术标准,共享知识产权,联合培养人才,实现创新成果产业化,增强木竹产业自主创新能力。

木竹联盟是由政府引导和推动的,企业、高校和科研院所是联盟的主要参与者,联盟具体网络如图7-1所示。

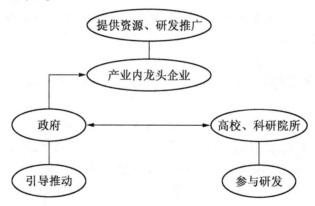

图7-1 木竹产业技术创新战略联盟网络图

按组织的要求,木竹联盟完善了创新力量的布局,2011~2016年分别有20家单位通过理事会审批加入联盟,有8家企业因自身经营与发展目标发生变化退出联盟。截至2019年,木竹联盟共有53家成员单位,其中43家为行业龙头企业,10家为科研院校,聚集了国内木竹产业主要的优秀创新团队。

1. 木竹产业技术创新战略联盟的组织架构

木竹产品加工属于资源再生型产业,在国民经济中具有十分重要的基础地位。2009年以木竹产业为主的林业产业产值达1.58万亿元,吸纳就业人口约4 500万。人造板、木家具、木地板和木门等主要林产品产量稳居世界第一位,中国已经发展成为木竹产品生产与消费大国。

联盟以木竹原料加工、木竹材料(木/竹材、人造板)制造和终端产品(地板、木门、木家具和橱柜等)生产3个环节的共性技术创新为目标,围绕木/竹材原料利用、产品设计、加工制造、物流配送和安装服务产业链,开展从原料到材料,再到产品,然后到服务的产业链技术创新活动。按最终产品类型分类,分支产业链有:木/竹原料加工产业链、人造板制造产业链、地板木门制造产业链、家具橱柜等木制品制造产业链。技术创新在资源拓展方面,重点研究非常用和低质资源的利用技术,在制造方面重点研究节能技术、环保技术和先进加工制造技术,在产品服务方面重点研究信息化技术,以物联网技术延伸产业链。

木竹联盟主要由联盟理事会、专家委员会、秘书处和技术创新课题组(包括专业实验室和产品创制基地)构成,如图7-2所示:

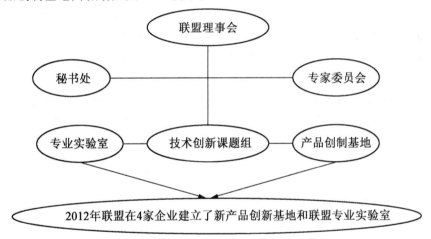

图7-2 木竹联盟运行机构图

2. 木竹产业技术创新战略联盟围绕产业技术进步加快构建技术创新链

目前,我国木材原料海外依存度达到350%,2020年,我国木材消费需求量可能达5亿m^3,缺口可能达1.9亿m^3,因此必须在技术创新方面开拓低质原料和非常用原料的利用,在战略高度上,在更大的时间和空间尺度上确保我国木竹产业原料资源供给。我国木竹产业企业平均规模较小(近25万家企业,规模以上企业仅为1.3万家左右),生产集中度低,技术创新能力和管理水平较弱,木竹产品附加值较低,应用领域较窄,难以在中高端产品市场参与国际竞争,在国际市场上基本无自主品牌,缺乏核心关键技术的自主知识产权,在产品标准制定上缺乏国际话语权,加上近年来能源、原材料、劳动力价格上涨及国际贸易摩擦加剧等新的不利因素影响,传统的高消耗加工制造低附加值木竹产品的发展之路已经走到尽头。目前,产业发展要在相当长的时期内维持价格的竞争力,必须依靠先进制造技术,提高单位木竹资源产品的附加值,以科技进步和提高劳动者素质等保证产业竞争实力。

随着全球性对"安居"工程的重视以及国家对"两高一资"产业的限制,木竹制品生产过程中的节能、减排、降耗，以及产品使用过程中有机挥发物(VOC)释放减少、阻燃、隔热保温、居住舒适性等将是产业升级和行业发展的主题之一。2019年新修订的《中华人民共和国消防法》和《公共场所阻燃制品及组件燃烧性能要求和标识》(GB 20286—2006)对公共场所使用材料的阻燃等级做了强制性的规定，相关产品标准要求的提高，将对产业发展不断提出新的技术要求。以低碳经济发展模式为标志的新一轮产业革命正在来临，发展高性能木竹材料与制品的目标是最大限度地替代高耗能的塑料、钢材、水泥等不可再生矿产资源材料。木竹产业以森林资源为基础，具有可再生、可降解的特点，森林资源还有不与人争粮、不与粮争地、一次种植后可以持续利用几十年的优势，是大有希望的新兴的绿色资源。在矿物资源日益枯竭的情况下，发展高性能木竹材料将成为重要选择，亟待突破具有战略意义的核心技术。以战略性新兴产业引领木竹产业转型升级，发展林业生物产业是国际林业产业发展的重要趋势，我国木竹产业正在经历"由大变强"的转型期，改变木竹产业高消耗、低附加值、高增长的发展模式，必须以创新型技术和新产业组织模式来促进木竹产业结构调整和升级转型。创制和生产市场前景广阔、环境友好和附加值高的生物质材料等，在产业战略层面上引导产业升级转型。

(1)技术创新链分工。

木竹联盟对32家成员单位，分别明确了创新任务重点，具体分工原则如下：

木竹原料加工：按原料供给的区域性，以及各企业使用的原料类型选择任务主承担单位。

木竹材料制造：按木/竹材、人造板产品类型，以及企业所具有的优势产品和创新基础条件选择任务主承担单位。

终端产品生产：按地板、木门、木家具和橱柜等产品类型，以及企业所具有的优势产品和创新基础条件选择任务主承担单位。

(2)技术创新链重点任务。

针对我国木竹产业发展中存在的一系列技术需求，木竹联盟制订了技术创新规划，提出了"十二五"期间重大关键技术攻关重点，明确了木竹产业技术创新路线图。

为提高我国木竹产业的科技水平与核心竞争力，引领产业转型，促进木竹产业结构调整和技术升级，木竹联盟将针对原料资源短缺而不得不用低质原料加工生产优质产品的技术难题，重点研究非常用和低质原料高效利用技术；针对产品附加值不高，难以在中高端产品市场参与国际竞争的技术难题，以及产业振兴的需要，重点研发高科技含量和高附加值的木竹制品；针对产品生产过程中和使用环境的节能减排、低碳释放和环保健康新要求带来的技术难题，重点攻克人造板生产节能技术，废水、废气和粉尘污染防控技术以及游离甲醛等有害物质检控技术；针对缺乏国际标准话语权的技术难题，重点开展木竹产品标准化研究，力争在国际标准层面提高我国产业竞争力；针对我国木竹产业生产效率不高、生产成本越来越高的技术难题，重点研发木竹产品先进加工制造技术等。

木竹产业技术创新战略联盟是我国木竹领域技术创新核心平台，"十三五"国家重点研发计划中就包括"木材材质改良的物理与化学基础""木材工业节能降耗与生产安全控制技术""木基材料与制品增值加工技术""竹资全产业链增效技术集成与示范""竹材高值化加工关键技术创新研究""珍贵树种定向培育和增值加工技术集成与示范"和"重点区域速丰林丰产增效技术集成与示范"7个涉及木竹领域的项目。

3. 木竹产业技术创新战略联盟的成效

木竹联盟成立后,各成员单位共同签订了协议书,制定了联盟章程、制度和办法,规范了联盟工作,在联盟组织结构和运行机制等方面进行了积极探索和实践。木竹联盟重点围绕产业技术创新需求,组织实施了国家863计划项目、"十二五"国家科技支撑计划项目,开展了"联盟专家企业行"活动,筹措经费自设了科研课题,创办了联盟简报和联盟网站,搭建了信息服务平台,取得了明显成效。木竹联盟的健康发展对我国林业产业创新联盟的建设和发展起到了重要的示范和带动作用。

木竹联盟围绕"原料加工→材料(锯材、人造板)制造→终端产品制造(地板、木门、木家具等)→物流配送与安装服务"产业链,组织技术创新活动。创新任务承担主体为企业,负责技术转化、新产品创制和示范性研究,并提供配套资金和工程性技术人才支撑;科研单位按企业需求组织紧密型研究团队,在研发人才、研究条件等方面提供支撑。通过开展国家计划项目、行业公益专项和联盟技术创新项目,引导人才、资金、技术等创新要素向企业聚集,基本构建起从原料加工到产品服务的全产业技术创新链,有效地促进了联盟成员单位的交流合作,显著提高了新产品、新技术的研发效率。目前,共组织承担各类科研项目166项,企业参与项目共296次,共落实经费5.3亿元,其中国拨专项经费1.5亿元,木竹联盟科研计划专项经费为1 075万元。企业配套投入3.8亿元,达到国拨经费的2.5倍多,企业研发能力显著增强。

在国家科研计划项目组织方面,木竹联盟主持或主要承担国家高技术研究发展计划(863计划)重点项目1项、国家科技支撑计划重点项目2项,其中企业牵头承担6个课题,参与企业共29家,落实国拨专项经费1亿元,带动企业配套资金2.95亿元。此外,共同承担林业行业公益、农业成果推广等各类国家科研计划课题62项,参与企业78家,落实国拨专项经费4 100万元,带动企业配套资金3 000万元,例如,中国林业科学研究院木材工业研究所等科研院所与高校,联合16家联盟企业共同承担了国家林业行业公益科研专项重大项目"实木复合门机械化制造与环保涂装技术研究""木地板坯料质量控制关键技术研究""实木家具用低质材提质加工技术研究与示范"和"速生林木材高效重组制造关键技术与示范",联合8家企业共同承担《细木工板》和《实木地板通用要求》等4项ISO国际标准研制"项目等。

在木竹联盟科研计划项目组织方面,针对企业亟待解决的技术难题,围绕原料与基材质量控制加工技术、木竹材加工利用新工艺与新装备、节能环保制造、产品性能与质量控制、新产品创制等关键技术难题,由企业牵头组织实施了联盟科研计划课题41项,参与企业数量为69家次,共筹集研发资金6 359万元,已有25项课题完成验收。

此外,围绕市场导向、产学研相结合、以企业为技术创新主体等原则,开展了一系列技术创新活动,通过建立联盟研发平台和研发机构等,企业研发能力大幅提升。"十二五"期间,23家联盟企业成立了专门的研发部门,7家联盟企业成为国家级高新技术企业。广西丰林木业集团有限公司的工业互联网、广东省宜华木业股份有限公司的生产流程再造等技术创新工程对我国木竹产业的升级转型发挥了示范作用和先导性影响。

2017年,木竹联盟围绕提高企业创新能力和组织承担创新任务等,通过规范管理,提升理事会和专家委员会的工作效能,促进联盟健康发展;通过派遣科技特派员进驻企业、创新产学研合作模式,助推企业创新能力的提升,促进创新要素向企业聚集。在科技部农村科技司的指导下,加强农业领域国家级技术创新战略联盟之间的交流与合作。

联盟组织实施完成了国家高技术研究发展计划(863计划)的重点项目"木竹先进加工制造技术研究项目",并通过了科技部的验收。项目创制了高强度竹基纤维风电桨叶片、集装箱底板、木质素基聚氨酯保温材料、系列阻燃人造板、大幅面连续式平压压机和橱柜规模化定制系统等15种高技术产品和装备,建立了示范生产线9条,申请专利63项,其中发明专利46项,国际发明专利5项,制定、修订国家和行业标准9项,达到了项目的预期目标。

2015年,在国家林业局科技司领导下,启动了"十二五"国家科技支撑计划"木质复合材料制造关键技术研究与示范"项目,由6家科研院所、7家高校及10家企业共23家单位承担,获国拨经费3 481万元,自筹经费755万元,面向产业亟待解决的技术难题,由企业成员单位牵头立项开展了8项联盟科研计划研究。木竹联盟围绕提高企业创新能力和组织承担技术创新任务等重点工作,全面完成了2015年年初计划的17项任务,通过联盟技科特派员进驻企业、为企业培养人才等方式,创新产学研合作模式,助推企业创新能力提升。此外,在科技部农村科技司的指导下,努力做好农口产业技术创新战略联盟联络处的各项工作,加强农业领域国家级技术创新战略联盟之间的交流与合作。

2017年度木竹联盟设立8项科研课题,总经费为730万元,其中联盟经费为215万元,针对企业亟待解决的技术难题,在饰面阻燃细木工板制造、超低甲醛释放量强化木地板制造、大豆胶制造细木工板及其生态板、大幅面多层实木复合地板制备、地热型除醛木质地板制造、基于强度损失控制的木材轻碳化、API胶黏剂纤维板制造和重组木制备家具等关键技术方面开展产学研联合攻关。

4. 加强木竹联盟的组织机构和运行机制建设

(1)决策机制。

参照国际组织和国外社团的组织方式,以企业为主导,探索责任、义务与权利对等机制,加大企业成员的投票权重,木竹联盟理事会从投票权设计上将决策主导权交给企业成员。

(2)运行管理。

设立了木竹联盟秘书处专门办公室,聘任专职人员负责木竹联盟内各项事务性工作,已筹集联盟会费300万元,专项用于联盟运行和联盟创新研发;针对理事会、专家委员会和秘书处的工作,制定了《木竹产业技术创新战略联盟规范性工作条例》,针对项目管理,制定了《木竹产业技术创新战略联盟科研项目管理制度》《木竹产业技术创新战略联盟知识产权管理办法》等管理制度。

(3)创新活动组织。

按照产业链组织形式设计创新任务,完成了木竹产业技术创新调研报告;以创新任务整合优势研发资源,在具有技术优势的成员单位设立专业实验室,在龙头企业设立产品创制基地,构建服务于联盟的技术创新平台;与国家、部门和地方科技计划相衔接,联盟已承担国家 863 计划"木竹先进加工制造技术研究"项目,上报了"林木产品深加工关键技术研究与示范"项目,提交了两项"十二五"国家科技计划农村领域预备项目等。同时,在联盟会费中设立创新项目研发资金,专项用于创新任务的前期研究工作。

(4)信息共享机制。

木竹联盟成立后,及时创办了联盟简报和联盟网站,向联盟成员发布产学研合作信息、科研创新成果、科研进展、国家科技政策动态及行业信息,及时有效地沟通各方科技创新行动的信息和行业宏观发展的动态。

7.1.4 化纤产业技术创新战略联盟

资料链接

化纤产业技术创新战略联盟(简称"化纤联盟")通过产、学、研、用等缔约各方的有机结合,以及资源共享和创新要素的优化组合,围绕化纤产业的关键共性技术形成协同创新的利益共同体,构建原料开发、纺纱、织造与染整、面料开发等过程完整的技术创新链;通过节能降耗、减排等技术的创新与集成,突破目前高品质差别化的技术瓶颈,加快开发出以高品质、多功能、低能耗为特征的新一代产业化技术,极大地促进了化纤行业的技术、产品升级。

化纤联盟自 2008 年 11 月成立以来,联盟成员单位已从初期的 24 家(3 家科研单位、3 家大学、18 家化纤及织造染整企业)增加至 41 家。联盟成员单位涵盖了我国化纤行业内的主要大型企业和有特点的差别化企业以及科研单位和大专院校。联盟企业的产能占我国涤纶长丝的 32%,占化纤总产量的 22%。

化纤联盟已启动聚酯废水乙醛回收项目。该项目涉及一项绿色生产技术,一方面可以使聚酯废水中 COD 值降低至 3 000 mg/L 以下,另一方面节约资源,可带来良好的经济效益。化纤联盟在 2010~2012 年期间开展熔体直纺功能性差别化涤纶制造关键设备与工艺、高品质差别化聚酯连续聚合关键设备与成套技术等 9 大项目。化纤联盟还承担了"十二五"国家科技支撑优先启动项目"超仿棉合成纤维及其纺织品产业化技术开发"。该项目的总体目标是突破超仿棉聚酯纤维技术瓶颈,形成超仿棉聚酯纤维产业化集成技术体系,建立超仿棉纤维及产品的科学评价方法与标准,开发超仿棉系列产品。通过向全国推广产品和技术,缓解棉花短缺、聚酯产能过剩等阻碍行业发展的重大战略问题。通过 3 年攻关,开发出新型超仿棉聚酯、纤维、面料系列产品,新增产值 40~50 亿元,新增利税 5 亿元左右。获得受理或授权发明专利 20 项以上,形成 15 项以上产品技术标准,形成超仿棉聚酯纤维及产业集成技术,项目总体技术达到国际领先水平。

为促进化纤联盟的健康发展,化纤联盟认真研究了化纤技术产业链并构建了产业技术创新路线图,首先制定了"新一代聚酯纤维技术创新路线图"。路线图的核心目标是开发出新型聚酯纤维产业化、清洁生产与循环回用、新型纤维应用技术,形成完善的从单体原料到纺织品完整的产业技术创新链和功能完善的产业化技术创新服务平台。

2015~2019年化纤产量年均增速保持4.8%,随着行业竞争加剧,产业集中度进一步提高,功能性、差别化纤和高性能纤维的研发是科技进步的突出体现,同时用工成本、环保成本对企业经营成本的影响加大。主要发展亮点有:聚酯涤纶的炼化一体化,2019年是我国炼化一体化项目商业化运营的元年,实现了从"原油炼化到化纤纺织"的全产业发展模式;锦纶产业链向上游延伸,逐渐形成恒逸东营、神马平顶山、恒申福州等锦纶大型联产基地;行业也形成了炼化巨无霸和专注细分领域小巨人的企业格局。

今后,化纤联盟的工作将紧紧围绕技术路线图组织项目,展开科技创新工作。化纤联盟还将进一步研究体制和机制问题,探索在联盟框架下建设技术创新平台、工程化开发基地等机构,通过联合培养研究生、重点实验室设立开放课题等方式提升联盟的创新能力。通过技术开发、产业化运行、行业标准制定与知识产权战略实施,提升化纤联盟企业的国际和国内竞争力,推动行业技术进步。

1. 化纤产业技术创新战略联盟的组织结构及运行

(1) 组织机构。

2008年,化纤联盟在江苏盛泽正式成立,为我国化纤行业发展面临的诸多难题铺开了解决之道。首先,化纤联盟通过项目引导企业各有侧重、分工合作,避免同质化竞争,企业干事有了动力;其次,化纤联盟把产、学、研、用各方的需求融合为共同需求,使成果转化的步骤变得简单顺畅;再次,化纤联盟能够形成"技术集成",把各成员方以前的科研项目整合起来,并对产业链上现有的科研成果加以实施使用,效果明显;最后,在化纤联盟的框架下,形成了技术路线图,规划了产业的近期与远期目标,更利于有规划、有步骤地成就产业链技术进步。

化纤联盟成员单位根据联盟协议共同约定以中国纺织科学研究院作为联盟对外承担责任的主体,可代表化纤联盟与相关政府管理部门签订科技计划项目任务书等文件;化纤联盟对外签署的其他文件可由相关联盟成员就具体事项共同出具授权委托书,委托联盟理事长单位签署。

化纤联盟设立理事会、专家委员会、秘书处。理事会为联盟最高决策机构,由缔约方各单位组成,每方主要负责人代表缔约方。理事会设理事长、副理事长和理事,理事长、副理事长由理事会成员协商提名,由理事会选举产生。专家委员会为理事会咨询机构,专家委员会成员由联盟理事会聘任产生,人员由涤纶原料开发、纺纱、织造与染整、面料开发等整个产业链的相关专家组成。秘书处为化纤联盟常设执行机构,负责项目管理工作,化纤联盟秘书处设在中国纺织科学研究院。

化纤联盟成员单位共有41家,其中行业协会1个、企业30家、科研院所6所、高校4所,详见表7-1。

表7-1 化纤联盟成员单位

行业协会（1个）	中国化学纤维工业协会
企业（30家）	桐昆集团股份有限公司、浙江恒逸集团有限公司、荣盛控股有限公司、江苏恒力化纤有限公司、江苏盛虹化纤有限公司、江苏华亚化纤有限公司、张家港欣欣化纤有限公司、张家港保税区长江塑化有限公司、浙江华欣新材料股份有限公司、张家港龙杰特种化纤公司、北京中丽制机工程技术有限公司、大连合成纤维研究设计院股份有限公司、东丽纤维研究所（中国）有限公司、江苏申久化纤有限公司、太仓市金辉化纤有限公司、福建百宏聚纤科技实业有限公司、铜牛集团公司、浙江中纺新天龙纺织科技有限公司、龙福华能科技股份有限公司、上海聚友化工有限公司、安徽华茂纺织股份有限公司、江阴市华宏化纤有限公司、上海三枪（集团）有限公司、华纺股份有限公司、盛虹集团有限公司、中国石化仪征化纤股份有限公司、浙江蓝德能源科技发展有限公司、中国石化扬子石油化工有限公司、江苏霞客环保色纺股份有限公司、江苏大生集团有限公司
科研院所（6所）	中国纺织科学研究院、中国科学院金属研究所、四川省纺织科学研究院、上海市纺织科学研究院、总后勤部军需装备研究所、中国科学院兰州化学物理研究所
高校（4所）	东华大学、天津工业大学、北京服装学院、南京工业大学

（2）化纤联盟建有网站，并且共同发布《化纤联盟简报》。

化纤联盟与内外部成员共同建设联盟的网站及简报，为多方交流提供了有效的平台。截至2018年8月底，化纤联盟向成员单位及专家委员会等共发布《化纤联盟简报》94期，信息内容达50万余字，有效地促进了化纤联盟成员单位之间的信息共享（如图7-3、7-4所示）。

（3）组织业界学术交流，关注产业动向。

2018年10月15日～17日，化纤联盟联合13家化纤联盟内企业参加了"中国国际纺织纱线（秋冬）展览会"。在本次化纤联盟展会上主要对"十三五"高品质原液着色纤维开发及应用项目成果进行了展示，展品包括色母粒、色浆、原液着色纱线、原液着色绣花线、原液着色面料及服装等。突出展览了项目成果"高品质原液着色基础色及其标准"，至今该项目参与及制定标准20多项，已获批和颁布行业标准7项、团标7项。各联盟企业向参观者展示各自的原液着色产品，成功推广了高品质原液着色纤维开发及应用项目成果，提高了化纤联盟在行业内的影响力。

图7-3 化纤联盟的网站示例图

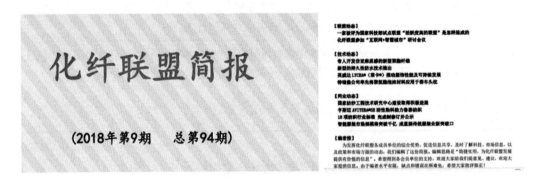

图7-4 化纤联盟的简报示例图

2. 围绕产业技术进步加快构建技术创新链

对于化纤联盟来讲,完整的产业技术创新链是涉及从单体原料(单体、改性组份)、聚合物(均聚、共聚改性、共混改性)、纤维(长丝和短纤维)、纱线(纯纺、混纺)到纺织品(织造、染整、织物风格设计评价)的紧密衔接、相互依存的系统工程。突破各个环节的关键技术问题(技术支撑问题),实现上下游的高效配合(技术集成问题)是保证产业技术创新链良性运转、促进产业技术进步的关键。化纤联盟面临的技术进步问题是如何创建完整的产业技术创新链。

化纤联盟紧紧围绕化纤产业发展中的重大技术进步问题,制定阶段性的技术路线图,在阶段性成果的基础上,不断更新(修订、完善)技术路线图,形成可持续发展的技术创新模式。化纤联盟成立后,首先制定了"新一代聚酯纤维技术路线图",涵盖的时间范围是2010~2020年,与国家的"十二五"规划和纺织行业2020年强国战略相对应。新一代聚酯纤维材料是指实现产业化规模生产的,具有突出的高功能、高品质、低能耗和低排放等特征的聚酯及其纤维、非织造布、薄膜、片材和工程塑料。新一代聚酯纤维材料的定义尚待规范。

"新一代聚酯纤维技术路线图"总体目标是通过突破制约行业发展的重大关键技术,提高产业化技术的集成度和成熟度,建立市场调研—设计—研发—评价—市场应用几个关键环节高效配合的纤维材料开发与应用模式,形成从单体原料到纺织品的完整产业技术创新链,从而提升聚酯纤维的家纺、服装和产业用纺织品的舒适性、功能性、安全性和环境友好水平,提高产品的附加值,使新一代聚酯纤维产业化整体技术达到国际领先水平,显著提升企业的赢利水平和国际竞争力。

"十二五"期间的重点工作内容是突破聚酯纤维材料制造、纤维材料应用、清洁与循环利用的关键技术,创建技术创新的支撑体系。

由化纤联盟组织申报的"十二五"国家科技支撑计划优先启动项目"超仿棉合成纤维及其纺织品产业化技术开发"已陆续通过项目以及下设子课题的专家论证。该项目是化纤联盟在"新一代聚酯纤维技术路线图"的规划指导下,首先启动的联盟重大项目。该项目的总体目标是通过攻克超仿棉PET聚酯分子结构与体系组成的设计优化、高比例改性组分在线添加与高效分散、亲水聚酯体系稳定纺丝、纤维形态与力学性能调控、1,3—丙二醇高活性和高选择性催化体系可控放大制备、PTT聚酯高效连续聚合、PET及PTA生产过程的节能减排等制约超仿棉聚酯纤维产业化的关键技术,以及超仿棉纤维纺纱、织造、印染和表面处理技术等,实现超仿棉PET纤维的大规模产业化制备和国产PTT纤维的产业化,建立超仿棉聚酯从原料到纺织品完整的技术创新链和产业化技术集成体系,以及产品的评价方法与标准,开发出系列产品,实现市场应用。

3. 化纤联盟的组织机构和运行机制建设

技术创新是一项复杂的系统工程,少数单位无法独立完成,需要整合各学科的优势力量,摸索产、学、研、用合理组合的运行机制,相互信任、同心协力、有效配合,形成共同的利益诉求。化纤联盟本着立足需求、合作共赢、利益共享、风险共担的原则,以市场为引导,形成科研成果—工程化—应用开发—市场开发前后贯通的技术创新链条,用契约关系明确成员单位在创新链上的分工,在化纤联盟成员单位之间建立真正的、持续稳定的产、学、研、用的合作关系。

7.2 我国产业技术创新战略联盟现阶段的经验及存在的问题

加快建立以企业为主体、市场为导向、产学研相结合的技术创新体系,引导和支持创新要素向企业集聚,大力推进产业技术创新战略联盟发展,是落实创新驱动发展战略要求的具体行动。产业技术创新战略联盟工作协调指导小组成立以来,六部门协同推进,使我国产业技术创新战略联盟的工作取得重要进展。为进一步围绕企业技术创新主体地位的确立、产业自主创新能力的提升做好产业技术创新战略联盟的推进工作,加快实现"创新驱动发展"的步伐,协调指导小组办公室在广泛调研的基础上,认真分析了我国产业技术创新战略联盟的发展态势、当前存在的主要问题,提出了进一步推动产业技术创新战略联盟的基本措施。

1. 产业技术创新战略联盟的发展态势

改革开放以来,在党中央和国务院有关精神指导下,产业技术创新战略联盟在突破重大技术瓶颈、加快科技成果向现实生产力转化方面发挥了重要作用。三峡工程、青藏铁路、"神舟"飞船等一系列重大工程的成功都是产业技术创新战略联盟的成功典范。全国科技大会要求把建立以企业为主体、市场为导向、产学研相结合的技术创新体系作为国家创新体系建设的突破口,使产业技术创新战略联盟进入了一个新的发展阶段。为贯彻落实党中央、国务院的战略要求,各部门、各地方积极采取措施推动产业技术创新战略联盟。财政部研究制定了促进产业技术创新战略联盟的有关财税政策;教育部深入推进省部产业技术创新战略联盟,鼓励大学的科研成果向企业和地方转移;国务院国有资产监督管理委员会积极推动中央企业开展各种形式的产业技术创新战略联盟;全国总工会推动企业建设创新文化,促进产业技术创新战略联盟;国家开发银行运用政策性贷款支持产业技术创新战略联盟;科技部与有关部门联合实施"技术创新引导工程",引导构建产业技术创新战略联盟,探索促进产业技术创新战略联盟的有效方式。广东、四川等10多个省市从提升区域自主创新能力的迫切要求出发,采取有力措施鼓励多种形式的产业技术创新战略联盟。广大企业、高等院校和科研机构从自身发展的需要出发,积极实践产业技术创新战略联盟的各种有效模式。产业技术创新战略联盟的内容不断丰富、组织模式不断创新、结合层次不断提高,呈现出蓬勃发展的局面。

(1)产业技术创新战略联盟的政策环境逐步完善。

一是出台了一系列促进大学和科研机构科技成果转化的政策法规,如《中华人民共和国促进科技成果转化法》《关于促进科技成果转化的若干规定》等;二是《国家中长期科学和技术发展规划纲要(2006—2020年)》提出要制定支持产学研结合的政策措施,如支持产学研联合开展消化吸收和再创新;三是政府的科技资源配置开始向支持产业技术创新战略联盟的方向倾斜;四是各地方积极制定促进产业技术创新战略联盟的有关政策措施,如江苏省设立了科技成果转化资金来推动产业技术创新战略联盟;广东省发布产业技术创新战略联盟发展规划,设立了省部产业技术创新战略联盟专项资金等。

(2)产业技术创新战略联盟日益成为各创新主体的内在需求。

企业面临着日益激烈的国内外竞争,必须依靠大学和科研机构解决发展中的技术支撑问题。大学和科研机构在改革中进一步认识到教学、科研与国民经济的关系,从产业发展中选择研究方向,验证研发成就的需求日益强烈。大学和科研机构拥有大量应用技术成果,但在资金、中试设备等方面,不具备成果转化的条件,迫切需要加强与企业的结合。同时,大学和科研机构只有与实际相结合,才能培养出适应国民经济建设所需要的人才。

(3)市场机制在产业技术创新战略联盟中的主导作用不断增强。

市场在资源配置中的基础性作用日益突出,已成为驱动产业技术创新战略联盟的关键力量。越来越多的企业、大学和科研院所从自身发展要求出发,按照市场经济的规律,选择合作伙伴,签订合作协议,协商利益分配。如钢铁循环流程、农机装备等产业技术创新战略联盟就是适应产业发展要求而结合的结果。联盟成员根据共同发展需求进行配酿,自主选择加入,通过市场规则签订契约,明确责任分工和利益分配。例如绍兴纺织产业技术创新战略联盟就是企业根据发展需求自主谈判、签约、出资的结果。

(4)产业技术创新战略联盟开始着眼于构建产业技术创新链。

一是在产业领域内以构建产业技术创新链为目标的产业技术创新战略联盟开始出现,如由中国化学工程集团、清华大学等10家单位组成的新一代煤化工技术创新战略联盟。二是跨行业、跨领域集成创新的产业技术创新战略联盟开始出现,如由一汽、奇瑞、吉利、西南铝等12家单位组成的汽车轻量化技术创新战略联盟。三是围绕产业新兴技术及标准的研发与应用开展产业技术创新战略联盟,如长风开放标准软件联盟、TD-SCDMA联盟等。

(5)产业技术创新战略联盟形式呈现多样化。

一是建立信息交流平台,如共同举办论坛、研讨会、成果展示会、洽谈会等。二是开展项目合作,包括企业委托研发、科研单位技术转移等项目。三是共建科研基地,包括共建联合实验室、工程技术中心等。四是组建研发实体。通过共同出资或技术入股的形式组建研发公司,进行技术开发和产业化。五是构建产业技术创新战略联盟。产业技术创新战略联盟有行业层面的,也有区域层面的;还有跨行业、跨区域的合作。

2. 产业技术创新战略联盟存在的主要问题

(1)产业技术创新战略联盟的组织形式不适应产业技术重大创新的需要。

产业技术重大创新投入高、风险大,系统性和复杂性大大增加,要求参与单位之间形成持续稳定的合作关系,而目前的产业技术创新战略联盟组织形式难以适应这一要求。一是以单元项目为载体的合作关系多,围绕产业技术创新需求建立的持续性合作关系少。多数合作以企业向大学、研究机构一对一地委托项目,大学、研究机构组建临时性项目组的形式进行。二是合作的组织形式松散。意向性的合作协议多,责权利界定模糊,合作关系缺乏法律约束力,合同文本可执行性差,缺乏保障持续性合作关系的组织机制。

(2)产业技术创新战略联盟缺少产业技术层面的战略合作。

一是合作目标短期化。多数产业技术创新战略联盟只针对3年甚至更短时间以内的技术问题,缺乏围绕产业技术重大创新的合作内容,缺乏中长期的合作创新目标。很多合作以学术交流和信息沟通为目标,实质性合作不够,围绕产业技术创新关键问题建立持续稳定的战略合作关系就更加不足。二是集成创新合作少。产业技术创新战略联盟多为解决企业的单元技术问题,针对产品及成套技术开发甚至技术路线创新所需的多元和复杂技术创新的合作相对较少,面向产业长远发展的关键共性技术创新所需的跨学科、跨领域、跨行业的产业技术创新战略联盟就更加不足。

(3)产业技术创新战略联盟利益保障机制不健全。

一是共同投入、成果分享、风险分担的机制不健全。因投入不到位而使合作难以为继的情况时有发生,对知识产权、成果转化收益等合作成果的分享缺乏明确可操作的约定,对可能存在的技术、市场、管理等风险预先估计不足。二是合作协议对责、权、利界定不清,缺乏法律约束力。三是协议履行的社会监管存在疏漏。当前,社会信用体系有待完善,个别人的履约守约意识淡薄,监管不到位,失信成本低,维权成本高。

(4) 政府在产业技术创新战略联盟中发挥的引导作用不够。

一是引导产业技术创新战略联盟的政策环境有待改善。除了"四技"服务、技术转让收入减免税政策外,对产业技术创新战略联盟没有明确的促进政策;《国家中长期科学和技术发展规划纲要 2006—2020 年》配套政策提出的促进产业技术创新战略联盟的实施细则有待制定。产业技术创新战略联盟的实践涌现出了一些新的组织模式,亟需政府的宏观管理做出相应的调整。二是促进产业技术创新战略联盟的公共技术平台和服务体系有待健全。服务于产业技术创新战略联盟的信息渠道分散,信息网络不畅通;促进产业技术创新战略联盟的中介服务体系不完善,促进产业技术创新战略联盟的作用尚未得到充分发挥。三是政府资源配置对产业技术创新战略联盟的引导作用有待加强。相关的科技计划管理办法对支持产业技术创新战略联盟有原则规定,但引导力度不够。对政府重点支持的产业技术创新战略联盟形式缺乏导向性的审核标准,支持的条件不明确,"贴牌"产学研现象较多。围绕产业技术创新链的产业技术创新战略联盟缺乏明确导向。四是引导产业技术创新战略联盟的评价激励机制有待完善。大学、科研机构对基础研究、应用研究、教学和成果转化人员的评价标准"一刀切",以学术理论水平和论文发表为主,缺乏合理的分类管理与导向,制约了应用技术研究人员和成果转化人员参与产业技术创新战略联盟的积极性和持续性。

(5) 产业技术创新战略联盟缺乏系统稳定的金融支持。

多数产业技术创新战略联盟项目具有高风险、缺乏抵质押物等特点,无法满足金融机构风险防范的需要,致使产业技术创新战略联盟项目从基础性研究到产业化各个环节都存在金融支持不足的问题。近年来,银行等金融机构虽然创新业务模式,尝试采用知识产权质押等方式支持产学研结合项目,但由于内部风险控制的约束,新业务的覆盖面有待进一步扩大。

3. 进一步推动产业技术创新战略联盟的措施

(1) 进一步完善促进产业技术创新战略联盟的政策环境。

一是鼓励各种形式的产业技术创新战略联盟,鼓励具有持续性、稳定性的组织模式。二是调整和完善对大学和科研机构的评价考核政策,引导其建立鼓励成果转化的内部评价考核体系。三是鼓励和推动企业通过产业技术创新战略联盟建立自己的研发支撑体系。四是适应产业技术创新战略联盟模式的创新需要,完善现行有关管理制度,研究制定有利于产业技术创新战略联盟的金融、财务、税收等方面的管理办法。同时,落实好促进产业技术创新战略联盟的现有政策。

(2) 创新产业技术创新战略联盟的组织模式和运行机制。

创新国家科技计划实施方式,选择若干重点领域,以产业技术创新需求为导向,以形成国家核心竞争力为目标,以企业为主体,开展产业技术创新链建设试点工作,积极推动产业技术创新战略联盟的构建,促进产业技术创新链的形成,提升产业的核心竞争力。围绕区域支柱产业发展,推动构建区域性产业技术创新战略联盟;推动产业技术创新战略联盟共建实验室、工程中心等,开展产业共性关键技术及工程化研究等。

(3)加大政府资源配置和支持产业技术创新战略联盟的力度。

创新资源配置方式,发挥政府配置资源的导向作用。一是加大财政资金的投入力度,运用多种投入方式积极引导产业技术创新战略联盟有机结合。二是发挥银行等金融机构的作用,积极探索建立社会化的产业技术创新战略联盟引导基金。三是加强对产业技术创新战略联盟有效结合的引导,完善产业技术创新战略联盟获取国家项目支持的审核机制。四是对符合要求的产业技术创新战略联盟,国家委托其组织实施重大产业技术创新项目。五是发挥国有资本经营预算支持企业自主创新的重要作用,促进产业技术创新战略联盟发展。

(4)加快建设面向产业技术创新战略联盟的公共技术平台和服务体系。

一是加强产业技术创新战略联盟信息平台建设,解决信息不对称的问题。二是加快为成果转化服务的技术支撑平台建设,缩短科研与企业之间的供需距离。三是加快知识产权信息服务平台建设,为产业技术创新战略联盟提供信息开发服务。四是积极发展促进产业技术创新战略联盟的各类专业中介机构,引导其发挥信息沟通、技术评估、法律咨询、组织协调、知识产权服务等中介作用,提高服务水平。五是发挥行业协会的优势,对本行业内的产业技术创新战略联盟加强组织和协调。

(5)加强部门之间的协调,调动地方的积极性。

进一步发挥产业技术创新战略联盟工作协调指导小组的作用,加强部门之间的统筹协调,形成政策合力,联合制定促进产业技术创新战略联盟的指导意见。共同加强对地方指导,形成上下联动。鼓励地方围绕区域支柱产业发展和创新体系建设,探索促进产业技术创新战略联盟的有效方式。及时总结地方的经验和做法,加大宣传力度,带动产业技术创新战略联盟工作的全面开展。

(6)营造有利于产业技术创新战略联盟的良好社会氛围。

大力宣传产业技术创新战略联盟与提高自主创新能力、建设创新型国家的相互关系和重要意义,加强对产业技术创新战略联盟的政策导向宣传。总结产业技术创新战略联盟先进典型,及时推广成功经验和有效模式。加强社会信用体系建设,强化契约意识,弘扬合作共赢的创新价值观。

7.3 我国产业技术创新战略联盟的发展策略

基于我国产业技术创新战略联盟目前的实际情况及发展前景,推动联盟的进一步发展成为推动产学研合作、提升企业核心竞争力的一大突破口。以契约形式结成的战略联盟要提高运行效率与效果就必须有完善的运行机制,要保证我国产业技术创新战略联盟的整体健康发展也应该从联盟的运行机制入手进行改善。结合目前我国产业技术创新战略联盟出现的问题,可以从以下几个方面完善联盟的运行机制,推动企业核心竞争力的提升,加快创新型国家的建设步伐。

7.3.1 健全联盟的动力机制

要保证我国产业技术创新战略联盟长久保持合作创新的动力,就要在联盟中建立合作创新的意识,通过明确的联盟目标、有效的考评验收机制促进联盟的技术创新。同时重视中小企业在技术创新中的作用。中小企业是国家创新体系中最能动、最活跃和最具效率的元素,其创新动力是不容小觑的。联盟可以吸收部分中小企业,发挥其灵活创新能力及快速的市场反应优势,结合大企业的资金、设备等优势,互惠互利,从而保证联盟的活力。

7.3.2 完善联盟的组织学习机制

建立完善的学习机制,提高联盟成员的学习效率,是提高联盟技术竞争能力的关键。高校、研究机构中的人才以委托、借用等方式在联盟内部实现人才共享,加强知识、技术的交流,从而提高产业的技术创新能力。在此过程中,联盟应该制定相关规章制度,保护联盟创新成果的知识产权,促进科技成果的转化,从而保障联盟成员的相关利益。

7.3.3 明确联盟的利益机制

在经费投入方面,加大政府拨款力度,政府可以在减免税收、资金援助、低息贷款等方面给予财政支持;同时拓宽技术创新资金来源渠道,譬如可以尝试引入"风险投资"来化解资金困难,在此过程中应注意资金的增值及安全,通过建立严格的融资及评价体系来维护投资者的利益。在利益分配方面,要秉承公平、公正、公开的原则,按照明确的分配规则、科学的方法进行,降低联盟运行结果的人为偏差,这样才能吸引更多的人才投入到技术创新的活动中。高效的利益分配还应该有相应的风险机制辅助来避免联盟中的"搭便车"行为,防止一些企业为了规避风险而不做出创新改革。

7.3.4 建立通畅的沟通协调机制

通畅的沟通协调有利于联盟内部成员的相互信任,这对维持产业技术创新战略联盟的稳定性有着至关重要的作用。联盟运行过程中各方的权责利都可以以合同或规章的形式固定下来,在出现问题时不至于相互推诿;联盟内部可以建立公用信息平台,实现信息共享,增加信息公开力度,及时避免联盟内部的冲突与矛盾。

第8章　黑龙江省产业技术创新战略联盟的实践

资料链接

"十一五"初期,科技部联合有关部门组织实施了技术创新引导工程,以产业技术创新战略联盟、技术创新服务平台和创新型企业三大载体建设为重点。

"十二五"期间,产业技术创新战略联盟获得较大发展。(设立专门的机构、网站(协发网)、联盟联络处。2015年年底全国试点联盟达到146家。)

"十三五"期间,国家技术创新向纵深发展。(2017年出台的《"十三五"国家技术创新工程规划》中指出,到2020年,试点联盟将达到300家以上。)

2017年10月,党的十九大报告中提出"加快建设创新型国家,建立以企业为主体、市场为导向、产学研深度融合的技术创新体系"。

随着国家创新驱动发展战略的实施,产业技术创新战略联盟作为产学研深度融合的新型协同创新网络组织得到迅速发展。

产业技术创新战略联盟是产学研合作的创新组织形式,是实施国家创新驱动发展战略、建设国家创新体系的重要载体。产业技术创新战略联盟的兴起,是引导创新要素向企业集聚、促进产业技术创新资源整合的时代要求,是促进产业共性和基础技术创新突破、提高产业核心竞争力的重要途径。近年来在国家大力倡导下,产业技术创新战略联盟得到迅速发展,黑龙江省围绕十大重点产业进行顶层设计,整合产业技术创新资源,促进产学研抱团创新,截止到2018年1月6日,在绿色食品、能源装备、新材料、生物医药等领域成立61家省级联盟,对构建产业技术创新链起到积极作用。

目前,黑龙江省列入国家试点的5家联盟运行绩效和活跃度在全国处于中上游,成功的运行经验为黑龙江省其他联盟提供了良好的示范作用。作为新生的创新组织,黑龙江省级联盟面临着稳定发展的问题,如何创新运行机制实现联盟的高效管理,是该领域的重要研究课题。产学研用以及政府通力合作,共同面对,并创新工作方式,才能使联盟真正发挥效用,提升产业技术创新能力,使黑龙江省产业发展由资源粗放型转变为创新驱动型,使经济结构调整取得实效,从而切实增强黑龙江省产业的整体竞争力。

8.1 黑龙江省产业技术创新战略联盟的组织结构与运作情况

8.1.1 联盟的组织结构

1. 联盟的规模

黑龙江省科技厅加大对特色产业联盟的培育力度,积极推进产业技术创新战略联盟建设,整合产业资源,推进全省区域科技创新体系建设。截至2018年,黑龙江省共有国家级联盟5个;产业技术创新战略联盟61个,盟员单位1 888家(总体情况见表8-1)。从联盟成立的时间看,2009年9家、2010年4家、2011年5家、2012年7家、2013年5家、2014年8家、2015年5家,2016、2017年18家,呈现快速发展的势态,稳中有增。61家联盟盟员总数达到1 888家,其中2016、2017年就增加了602个盟员单位。

表8-1 黑龙江省产业技术创新战略联盟分布情况(部分)

产业领域		联盟核心产业	联盟数
绿色食品		大豆、农产品、乳业、水稻、马铃薯、食用菌、杂粮、甜菜糖、玉米、森林产品、白瓜子、黑木耳、小浆果	13家
能源装备		煤炭、石油钻采装备、动力装备、石油石化装备制造	4家
战略性新兴产业	新材料	铝镁合金新材料、高性能纤维及先进复合材料、半导体照明、石墨、硬质材料、3D打印、紫外光辐照交联及绿色阻燃材料、化工新材料、金属新材料、石墨烯	10家
	新兴信息产业	信息无障碍、卫星导航与位置服务、物联网、虚拟现实、人工智能、卫星导航与位置服务	6家
	新能源	风电、生物质液固体燃料与循环经济技术、地温能	3家
	生物、节能环保、新能源汽车、高端装备制造	医药、环保、高纬度地区电动汽车、机器人、北药、轻量化制造、生物制药、紫外光伏照交联	8家
其他		医疗器械、农业装备、冷水性鱼类、秸秆饲料、汽车零部件、兽药、农药与肥料、工业设计、麦饭石、智能硬件、农机装备、检验检测服务、创业服务、科技服务业联盟、哈船众创服务、船舶与海洋工程、VR联盟	17家

2. 联盟的产业领域分布

联盟围绕十大重点产业进行布局,针对第一大产业绿色食品共组建13家,主要有大豆、农产品、乳业、水稻、马铃薯、食用菌、杂粮、甜菜糖、玉米、森林产品、白瓜子等联盟;战略性新兴产业组建27家,主要有信息无障碍、卫星导航与位置服务、风电、生物质液固体燃料与循环经济技术、医药、环保、高纬度地区电动汽车、机器人等联盟,以及铝镁合金新材料、高性能纤维及先进复合材料、半导体照明、石墨、硬质材料、3D打印等新材料产业联盟;黑龙江省支柱产业能源装备领域组建4家,分别是煤炭、石油钻采装备、动力装备、石油石化装备制造联盟(由大型骨干企业牵头);其他领域还有医疗器械、农业装备、冷水性鱼类等的联盟。这些联盟制定了产业技术创新规划和技术路线图,构建新常态下的产业技术创新链,助力黑龙江经济结构转型。同时大豆、乳业、马铃薯、冷水性鱼类、石墨等联盟被评为国家级联盟,得到国家重点扶持。

3. 联盟的盟员结构

从43家联盟的盟员结构(如图8-1所示,以2016年统计数据为例)可以看出非企业盟员平均占到45.8%。在全部联盟中非企业盟员比重在25%～45%之间的有32家,在46%～65%之间的有11家,参照国外学者提出的判断一个组织异质性的标准是组织中某一类型的个体单位的比重不超过75%,可知黑龙江省联盟成员具有较大的异质性,体现了企业的主体地位。例如,卫星导航与位置服务联盟,涵盖卫星遥感数据获取、数据处理、位置服务、软件开发、硬件制造、系统集成、通信服务、销售运营等产业环节,包括高校、科研机构、软硬件企业、通信运营商、信息服务商等省内外各类成员单位20家,盟员的异质性有利于开展全产业链的合作创新活动。

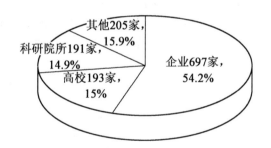

图8-1 黑龙江省产业技术创新战略联盟的盟员结构

4. 联盟的牵头单位

牵头单位也称为理事长单位,是负责组织大型项目实施、外部协调联络和内部管理运作的法人主体,43家联盟中(2016年数据)牵头单位的分布如图8-2所示。牵头企业是行业的核心企业,如哈药集团、东北轻合金、哈飞、哈尔滨汽轮机厂等;牵头高校涵盖哈尔滨工业大学、东北林业大学等重点及特色大学;牵头科研院所是黑龙江省在全国有一定影响力的院所,如黑龙江省农业科学院牵头成立马铃薯联盟、黑龙江省水产研究所牵头成立冷水性鱼类联盟、国家大豆中心牵头成立大豆联盟、国家乳业中心牵头成立乳业联盟。黑龙江省产业技术创新战略联盟牵头单位分布呈现出多元化,基本保证了联盟合作创新的效率,有利于发挥长效机制。

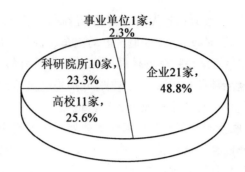

图 8-2 黑龙江省产业技术创新战略联盟的牵头单位

8.1.2 联盟的运行绩效

1. 联盟的合作项目情况

联盟的主要任务是进行产业项目的合作创新活动,2015 年实施的《黑龙江省科学技术进步条例》明确提出对联盟申报的科技计划项目的支持政策,为此省科技厅组织谋划并承担 949 项国家科技计划项目,获得经费 7.7 亿元。如乳业联盟承担国家科技支撑计划项目"乳制品综合加工技术及质量安全控制",总经费为 9 650 万元;大豆联盟承担"大豆油加工关键技术和装备研究与示范""高值化大豆食品现代加工关键技术集成与产业化"两个国家科技支撑计划项目,共获得国家支持资金 1 933 万元。黑龙江省还投入 4 000 万元支持 11 个高科技企业实施石墨、绿色食品等高新技术产业项目,组织实施了 51 个省级重大科技项目。2013 年以联盟合作形式开展了 19 项新技术与新产品研发,签约金额达到 2 亿元,开发了 1 000 项具有自主知识产权的新产品,已培育 10 个省域创新型产业集群。联盟通过项目整合产业科技资源,逐渐成为产业合作创新的平台。

2. 联盟的运行成效

黑龙江省产业技术创新战略联盟不断进行组织建设,规范各项制度,积极申请各类项目,针对产业关键和共性问题协同攻关,加强联盟内部的交流。5 家国家级联盟都拥有对外宣传的网站,促进了产业科技资源的整合,提高了产学研协同创新的效率。目前,黑龙江省级联盟还没有统一管理的机构,相应的评价体系也不完善。从 2012 年起科技部对试点联盟运行绩效进行评价,2012 年,56 家联盟中黑龙江省的乳业联盟被评为 A 类,名列 21 位,大豆联盟被评为 B 类,名列 27 位,运行绩效处于中游;2014 年对 116 家联盟活跃度进行评价,马铃薯联盟评分为 89 分,名列 25 位,活跃度等级为高,进入试点联盟的 1/3 强,乳业联盟评分为 83 分,名列 45 位,石墨联盟评分为 79 分,名列 60 位,大豆联盟评分为 76 分,名列 70 位,这 4 家的活跃度等级为较高。从公布的数据结果来看,黑龙江省列入国家级的联盟在组织机构规范、组织与宣传活动、产业技术交流、协同创新活动等方面表现较好,运行机制和经验可以作为其他省级联盟的示范。

8.2 黑龙江省产业技术创新战略联盟管理存在的问题

根据对省级联盟发展现状进行的分析,结合黑龙江省5家国家级联盟网站公开的数据,以及走访其他省级联盟的牵头单位和秘书处,总结出黑龙江省产业技术创新战略联盟管理主要存在以下问题:

8.2.1 联盟项目运作与管理存在不足

黑龙江省级联盟处于起步发展阶段,相应的制度设计也不成熟,运行模式和管理方法还在探索中,联盟契约主体与科技计划管理法人主体模式不匹配。按照国家对联盟的管理要求,理事长单位负责以联盟名义进行项目申报和立项管理,并对课题承担单位追究相应责任。但目前批复联盟项目的支持方向以企业牵头为主,这就产生联盟和企业多头管理、职责不清、项目运作成本增加等问题。同时,受科技人员和科研条件制约,联盟可以整合的创新资源不多,多数联盟在组织盟员确立科研项目、开展标准制定工作和专利共享活动方面能力相对欠缺,在协同创新活动中不活跃。

8.2.2 盟员之间的信任机制尚未建立

联盟的目的是搭建一个产学研协同创新的平台,盟员之间合作需要信任和承诺,但是不同主体利益诉求不同,技术的供求双方难以形成创新的集成与协作优势,联盟各方沟通互动的信任机制还未形成,合作攻关模式、成果转移方式、利润分配形式仍需探索。同时,盟员对联盟工作的责任感不强,对秘书处各种信息的反馈还不够及时,影响工作效率,不能很好发挥盟员在产业中的优势,还未形成互帮互助的良好创新氛围。

8.2.3 联盟组织机构建设不完善

科技部成立试点联盟联络组对国家级联盟进行统一协调管理,但是黑龙江省目前还没有类似的组织,导致联盟这一平台搭建后缺乏管理,一些联盟的秘书处其日常管理不力,工作方式方法有待于创新。

黑龙江省成立的联盟都不是独立的法人主体,缺少建设启动资金和联盟专职化建设专项资金,从而影响职能的发挥。由于联盟牵头的国家级科技项目,经费是直拨到课题承担单位,联盟没有项目管理运行经费,仅通过合作项目筹集经费,运行经费有限。因此,秘书处组织专家组开展的检查指导工作,产生的费用主要由专家自行承担或由牵头单位垫付,不利于调动各方参与的积极性。联盟专家委员会集聚的专家数量有限,在面对不同规模、不同发展阶段的企业的不同技术需求时,缺乏提供技术咨询与解决方法的专家,产业创新链所需的高质量、结构合理的科技创新团队尚未形成。

8.2.4 服务产业发展的措施欠缺

除国家试点联盟外,黑龙江省的其他联盟组织产业发展趋势研究、面向行业的辐射活动开展得较少,大多数联盟没有对外宣传的联盟简报、网站,盟员单位对联盟平台的利用效率低,仅限于项目合作这一单一形式,对外认知度不够。如何凝聚各方力量,提升联盟在产业内外的话语权和影响力,是黑龙江联盟发展急待解决的问题。

8.3 加强黑龙江省产业技术创新战略联盟建设的对策措施

黑龙江省产业技术创新战略联盟还处于发展初期,面对各项政策设计以及执行中的新问题,以联盟理论为指导,充分借鉴国家级试点联盟的成功做法,结合省域实际情况,创新联盟组织机构与项目管理模式,提出如下措施。

8.3.1 加强联盟的项目管理

现有科技计划采用的是以大学、专家为主的选项和立项配置方式,偏重于单项技术的组合研发,而联盟是围绕产业技术创新链的协同研发,因此要建立以企业需求、联盟需求、产业需求为导向的立项机制,从基础研究、高技术研究、应用支撑、成果转化、产业化等方面实现"点—线—面"的全方位科技计划配置方式。同时,创新财政的科技投入方式,运用无偿资助、后补助、贷款贴息、风险投资、偿还性资助、政府购买服务等多种方式支持联盟产业技术创新。明确联盟作为计划项目实施单位的管理职责,保证联盟在项目决策、组织实施、审计监督、评估等环节的调控权。

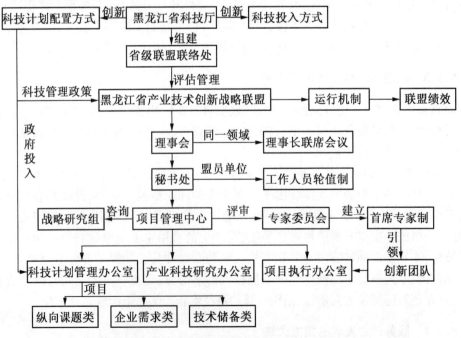

图8-3 黑龙江省产业技术创新战略联盟的组织机构与项目管理模式

联盟项目分为企业需求类项目、技术储备类项目和纵向课题类项目三种,逐步形成纵向项目抓推进、横向课题重转化、储备项目看方向的项目管理模式;由联盟组织制定产业标准,规范企业的生产和经营行为,运行成熟后力争转化为国家标准;加大对联盟骨干企业的项目支持,以鼓励企业对配套资金的投入,改进联盟内部技术转移与合作支持的方式,组建示范基地。促进科技成果转化,承担项目的企业优先进行转化;没有转化的科技成果将在联盟内部实行有偿共享,扩大技术辐射面,加大对科研能力有限的中小企业的扶持力度,实现行业的共同发展。

8.3.2 健全联盟的运行机制

联盟可通过建立资源平台共享机制、人才支持培养机制、知识产权分配机制、成员协同创新机制等各项有效激励机制,促进联盟成员建立信任关系;联盟通过网站、简报、年报、定期会议等建立信息公开机制,促进信息交流;建立秘书处工作人员轮值制,促进成员间的相互信任和知识交流共享;根据社会责任、行业地位、行业贡献、技术创新优势等建立盟员动态准入制度,根据成员贡献度、违约风险、信任风险等建立盟员的退出机制,加强盟员的自律。

建立信用盟员档案,开展信用管理和评价,按年度对联盟成员信用进行考核,以此在联盟内形成一种良好的诚信氛围;推动盟员单位沟通协调,促进盟员单位建立良好的合作关系,互相信任;牵头企业开放实验室、仪器设备、产品服务、信息资源以及国际合作平台优先与联盟盟员单位共享,以此推进联盟信用机制的建立。各单位把联盟框架内的技术创新工作纳入国有企业和大学、科研机构的业绩考核指标体系,增强盟员参与联盟创新的积极性。

8.3.3 规范联盟的组织机构

成立黑龙江省级联盟联络处,对联盟进行统一规范管理(如图8-3所示),制定联盟绩效评估管理办法,开展联盟的评估考核,提高联盟运行效率;规范联盟理事会、专家委员会、秘书处等组织机构的建设,按照联盟协议规定召开理事会、专家委员会和秘书处工作会议,定期安排任务,划拨经费,促进联盟成员间的交流和沟通;可借鉴乳业联盟的做法,实施首席专家制,由首席专家领军建立创新团队,引领产业共性技术及企业生产关键技术研发;首席专家对企业工艺升级、产品结构调整、检测技术和标准比对验证等个性技术需求进行一对一的专项解决,更利于为企业提供实际的技术服务;建立黑龙江省农业、能源装备、新材料等产业领域联盟理事长联席会议,加强不同产业领域联盟的交流合作,分享各联盟的技术创新成就,扩大联盟技术创新的影响力。

8.3.4 加大产业辐射的力度

要求每个联盟都要建立联盟网站,定期发布行业信息和动态;配合省科技厅,秘书处组织盟员单位实地调研,针对产业发展实际,进行产业战略规划和发展趋势研究;每年定期举办各种产业技术研讨会,进行学术前沿和行业动态交流;建立联盟新闻发言人制度,针对行业中发生的应急事件和技术问题,由首席专家共同商讨,形成统一意见,联盟新闻发言人发出郑重声明,正确引导舆论,切实维护行业利益;设立与媒体的沟通平台,通过网站定期提供产品信息、科研最新成果,使网站成为产业权威的信息发布源。

8.4 黑龙江省产业技术创新战略联盟的典型案例

资料链接

新时代 新需求 新乳业——2018 中国国际乳业合作大会盛大开幕

黑龙江地处世界公认的黑土带、黄金玉米种植带和黄金奶牛养殖带。4 月 27 日,2018 中国国际乳业合作大会暨第十六届中国国际奶业展览会在哈尔滨盛大开幕。大会立足奶业全产业链,服务奶农、乳品企业及消费者,促进了中外交流合作。本届大会是在国家市场监督管理总局、黑龙江省人民政府、中国科学技术协会、中国农业科学院指导下,由中国检验检疫学会、黑龙江省贸促会、黑龙江省畜牧兽医局、国家乳业工程技术研究中心主办,黑龙江省会展事务局、长城国际展览有限公司、《中国乳业》杂志社、《中国乳品工业》杂志社承办。大会以"新时代 新需求 新乳业"为主题,目的是传播行业声音,汇聚行业智慧,凝聚发展共识。

黑龙江省委常委、副省长贾玉梅,新西兰初级产业部副部长涂珂豪,中国检验检测创新联合体主席张晓刚,美国威斯康星州农业贸易与消费者权益保障厅国际农业商务中心主任杰克·海纳曼,国家标准化管理委员会副主任陈洪俊,加拿大乳业委员会执行总裁高级顾问王蓓,中国农业科学院农业信息研究所党委书记刘继芳,中国农业科学院成果转化局副局长、中国农垦乳业联盟主席冯艳秋,黑龙江省完达山乳业股份有限公司董事长王景海,黑龙江飞鹤乳业有限公司副总裁魏静,内蒙古蒙牛乳业(集团)股份有限公司执行总裁石东伟,内蒙古伊利实业集团股份有限公司副总裁王维,以及新西兰驻华大使馆、美国威斯康星大学河瀑分校的领导和嘉宾等,完达山、飞鹤、蒙牛、伊利、君乐宝等乳品企业的管理人员,以及规模奶牛场负责人、教学与科研机构的学者齐聚冰城,参会人数达 2 000 余人。开幕式由黑龙江省政府副秘书长王有国主持。

贾玉梅省长在致辞中指出,黑龙江产业基础优势明显,在区位优势方面,位于北纬 43°~53°,地处世界公认的黑土带、黄金玉米种植带、黄金奶牛养殖带;气候冷凉,空气纯净,细菌和疾病传染率低,为发展畜牧业特别是乳业提供了天然的保护屏障。在资源优势方面,现有耕地面积 2.39 亿亩,粮食产量稳居全国第一,草原面积 3 100 万亩,饲料饲草资源丰富,按照土地利用的总体规划,到 2020 年黑龙江省将安排畜禽养殖用地 60 万亩,完全能够满足养殖需求,土地资源潜能巨大。在产业基础方面,黑龙江是全国最大的奶粉和婴幼儿配方奶粉的生产基地,雀巢、伊利、蒙牛、光明、贝因美等一批国内外著名的乳品企业在黑龙江投资建厂;省内的完达山、飞鹤、红星等一批全国知名的品牌乳业,对推动黑龙江乳业持续健康发展起到了重要的引领作用。在人才支撑方面,黑龙江每年有超过6 000名高校相关专业的毕业生,为发展乳业储备了大量的技能型和经营管理型人才。近年来黑龙江省委省政府按照党中央、国务院的决策部署,特别是习近平总书记对我省的重要讲话精神,把畜牧业作为振兴发展战略性的产业,以推进实施乡村振兴战略和供给侧结构性改革为主线,以粮头食尾、农头工尾为抓手,充分利用畜牧业连头带尾、接二连三的产业属性,推进一、二、三产业深入融合,实行粮变肉、草变乳的畜牧业发展的强劲势头,使奶业发展质量效益和竞争力不断提升。

中国国际乳业合作大会在黑龙江已成功举办三届,正在成为中外业界具有较大影响力和知名度的国际交流合作平台。黑龙江连续两年将办好乳业大会作为重点工作写入了省政府的工作报告。本次大会以"新时代 新需求 新乳业"为主题,注重引导优化消费结构,将举办9个方面、28项子活动,展览内容涵盖养殖、加工、消费、全产业链,设了6个专业展区,中外业界嘉宾聚首龙江,分享新经验,分析新形势,交流新理念,对统筹上下游产业链,推进养殖与加工协调发展意义重大,对优化完善相关政策体系,合理规范监管机制等必将起到积极的促进作用。

当前,中国已经进入新时代,生产出让人民群众满意放心的高品质乳业产品,打造具有国际竞争力的乳业产业,培育具有世界知名度的乳业品牌,既是推动高质量发展的重要体现,也是解决人民日益增长的美好生活需要和不平衡、不充分的发展之间的矛盾的具体措施。随着国家产业政策保障和服务监管体系的不断完善,中国正在成为世界新兴乳品消费增长最快的国家。中国乳制品工业已成为全球最活跃的乳品经济板块,发展前景广阔,非常值得期待。相信在主承办单位的共同努力下,在各有关方面的大力支持下,本届乳业大会暨奶业展必将成为中外客商展示风采的窗口、结交友谊的纽带、共谋商机的舞台。衷心地希望各位嘉宾,各位同人继续关注和支持黑龙江的乳业发展,真诚地期待在本届乳业大会暨奶业展上开展更深层次、更高水平、更广领域的务实合作。

(摘编自2018年5月21日乳业资讯网)

8.4.1 国家乳业产业技术创新战略联盟

1. 联盟简介

乳业产业技术创新战略联盟成立于2009年11月,是国家科技部首批批准组建的36家试点创新联盟之一。联盟以国家乳业工程技术研究中心为理事长单位和常设机构秘书处,由国内27家大型乳品企业(伊利、蒙牛、光明、完达山等国内乳品生产企业,成员单位的乳制品的产值占到全国乳品行业产值的70%以上)、13所大学和6家科研院所共46家单位组成。联盟建立"国家乳业创新人才培养示范基地"等示范与产业化基地5个;组织共建研发中心10个;开放母乳数据库、乳酸菌资源库等共享技术创新服务平台6个。经过3年的发展壮大,2012年,成员单位增至55家,联盟建立了以企业为主体、以市场为导向、产学研相结合的技术创新体系,实现了以"引导产业发展、推动技术创新"为宗旨的企业、大学和科研机构在战略层面的有效结合。2012年被科技部评为A类联盟。

联盟作为国家实施重大科技专项的主体,通过整合全国的技术创新资源,已形成中国乳业共性技术创新体系的核心。重点围绕乳品加工业长期存在的质量安全、技术装备、配料包材等方面的问题,以乳品营养、生物技术和工程科学为基础,通过乳品加工高新技术与装备相结合,以乳品高效、安全加工与资源高效利用为目标,研究适宜乳制品质量提高、资源高效利用、产品质量安全可控等的重要创新技术,实现技术突破,形成具有自主知识产权的核心技术。联盟通过建立核心技术标准,支撑和引领产业技术创新,全面提升了我国乳业的自主创新能力。

2. 核心成员单位

表 8-2 核心成员单位一览表

	大学	中心、实验室	主要研究机构	部分企业
核心成员单位	东北农业大学、中国农业科学院、江南大学和中国农业大学等食品领域"985"和"211"高校	国家乳业工程技术研究中心、乳业生物技术国家重点实验室	东北农业大学、内蒙古农业大学两个教育部重点实验室和国家级研究机构	伊利、光明、三元、完达山、蒙牛等乳业前 10 强企业

3. 科技成果

"乳制品综合加工技术与质量安全控制体系"项目通过了科技部组织的项目可行性论证。2012 年 10 月,科技部启动"十二五"国家科技支撑计划"乳制品综合加工技术与质量安全控制体系"项目、课题可行性论证工作,联盟组织专家对 25 个相关入库项目进行梳理,凝练出 12 个课题,技术路线、研究内容、经费预算全部通过专家评审,2013 年正式启动实施。

"乳制品综合加工技术与质量安全控制体系"项目签订课题任务书。2013 年 2 月联盟组织实施"十二五"科技支撑项目"乳制品综合加工技术与质量安全控制体系",课题参与单位完成课题任务书网络填写、签订工作。

2012 年 7 月,根据《产业技术创新战略联盟评估工作方案(试行)》的通知(国科办政〔2012〕47 号),科技部组织开展 2012 年度产业技术创新战略联盟评估工作,联盟评估分为两种形式:一是自评估报告;二是问卷调查。在全体盟员单位的共同努力下,联盟圆满完成评估任务,并且获得科技部好评,评估结果为 A。

乳酸菌益生机理与功能基因组研究也取得丰硕成果。

乳酸菌是生活在人、动植物以及食品等营养丰富环境中的一个多元化的微生物群体。内蒙古农业大学张和平教授围绕乳酸菌益生机理、关键功能基因的进化开展了系统性研究,挖掘出 13 株具有优良益生特性的乳酸菌,开发的相关产品在内蒙古伊利、黑龙江完达山、云南欧亚、旗帜乳业等企业应用,累计新增利润上亿元。

该研究首次从基因组学、蛋白组学水平诠释了干酪乳杆菌的益生机制,鉴定出 48 个可能参与适应酸性和胆盐胁迫环境的蛋白质。在此基础上,构建中国健康人群肠道微生物框架,从宏基因组角度揭示益生乳酸菌与肠道微生物的互作关系,阐明益生机理,建立了体外、体内相结合的益生乳酸菌筛选模型和功能评价体系。完成213株乳杆菌全基因组精细图谱,从基因组进化的角度解释演化及与之伴随的功能基因的获得、丢失事件(如图8-4)。指出乳杆菌属于一个并系类群,即兼性异型发酵乳杆菌为了适应环境逐渐分化成严格同型和严格异型发酵乳杆菌,获得、丢弃与环境相关的碳水化合物水解和蛋白水解系统。基于全基因组重构系统发育框架,建立与其进化特征相吻合的乳酸菌功能基因组,为乳酸菌特异性的挖掘提供了科学的指导。

上述研究成果已发表SCI论文100余篇,他引超过700余次,授权发明专利24项,主编学术专著3部,并获得2009年度国家科学技术进步奖二等奖、2010年度内蒙古自治区自然科学一等奖、2011年度教育部高等学校科学技术进步奖二等奖和2012年度内蒙古自治区科学技术进步奖一等奖等多项奖励。

乳业产业技术创新战略联盟组织实施的"十二五"国家科技支撑计划"乳制品综合加工技术与质量安全控制体系"项目顺利通过验收。针对乳品加工装备和包装材料落后、乳品质量安全缺乏保障、产品结构不合理、品种单一、品质和附加值不高、特色乳资源开发利用严重不足等突出问题,重点在产品开发、关键工艺技术、加工设备、质量安全控制与特色乳资源开发利用等方面开展研究工作,取得了显著成绩。产品开发方面,开发了新型发酵乳制品、新一代婴配粉、MPC等新产品,丰富了乳制品市场,建立了奶酪用菌种资源库,获得高微生物凝乳酶活力的资助知识产权菌株,开发了红曲奶酪等6种天然奶酪、披萨奶酪等4种再制奶酪。关键工艺技术方面,筛选出具有自主知识产权优良乳酸菌11种,完成了4株乳酸菌的基因测序,开发了乳酸菌高密度培养、高活力冻干保护、高活性发酵剂制备、液氮深冷造粒、微胶囊活性保持等发酵剂制备应用关键技术。研制了羊奶脱膻、乳清蛋白应用等工艺技术。首次应用膜技术生产高附加值乳基配料,实现了膜技术在乳品行业的产业化应用,填补了国内空白。加工设备方面,引进、吸收、消化国际先进技术,开发了干乳加工关键设备,实现了乳粉生产关键设备国产化,其具备节能、环保、运行成本低、自动化程度高等特点,产品质量达到国际先进干乳设备生产制品要求。自主开发高速无菌灌装机设备,高速稳定,价格仅为国际同类产品的三分之一,真正打破国外垄断,使国外设备企业下调产品价格,为乳品企业节约了成本。质量安全控制与特色乳资源开发利用方面,开展了乳制品关键危害因素检测与控制技术研究,缩短了致病菌的检测时间,提升了致病菌检测的灵敏度、效率和操作的简便性,降低检测成本近30%,提升了企业致病菌防控能力。开发形成了水牛乳、马奶等特色乳资源综合加工关键技术。

该项目共形成新技术、新工艺86项;开发新产品93项;研制新设备27台套;建立中试线22条,示范线37条;建立生产示范基地10个;制定规范及申报标准76项;发表论文239篇,其中SCI或EI收录87篇,出版专著6部;申请发明专利234项,实用新型42项,软件3项;授权发明专利85项,实用新型36项,软件3项。培养硕士、博士255人,技术骨干330人,技术人员600人,形成研发团队12个,搭建包含首席专家、骨干、研究人员的结构合理的团队,其中申获科技部重点领域创新团队和教育部长江学者创新团队各1支,建立东北农业大学A级学科团队1个。项目参与企业生产总值占行业生产总值的

70%,成果辐射范围巨大。

8.4.2 国家大豆产业技术创新战略联盟

资料链接

2009年7月18日,由国家大豆工程技术研究中心主持发起,来自国内大豆产业的企业、大学、科研机构等19家单位参加的大豆产业技术创新战略联盟成立大会在哈尔滨举行,黑龙江省副省长孙尧与会并讲话。该创新战略联盟的成立标志着我国大豆产业产学研结合又搭建了一个新的平台。

当日,联盟召开第一次理事会,中科院东北地理与农业生态研究所副所长刘晓冰当选为理事。理事会同时通过了专家技术委员会人选,东北地理所研究员韩晓增、许娇艳当选为委员。

"大豆联盟"是针对目前我国大豆种植业尚处于粗放经营状态,生产规模小而分散,生产成本居高不下,种植科技含量低,经济效益不高,产业格局不尽合理,大豆加工业生产经营方式总体上比较落后,原料型产品多,加工层次低,产业链条短,投入不足,产品增值率低,国内供给缺口大等问题,由东北农业大学国家大豆工程技术研究中心牵头提议组建的。

大豆产业技术创新战略联盟旨在整合我国大豆产业资源,具有长效合作机制和战略合作关系,进行行业创新资源整合,建设公共技术创新平台,解决以往国内大豆产业产学研合作中,短期项目合作多、战略层面合作少;区域合作多、全国合作少;低水平合作多、高档次合作少;联合争取政府项目多、解决企业生产实际困难少;缺乏稳定合作机制,导致持续发展动力不足等问题。真正实现了优势互补,开放共享,彼此依托,机制灵活,多赢共进,是紧密合作的产业技术创新战略联盟,全面提升了我国大豆产业的自主创新能力。

(摘编自2009年7月21日中国科学院网站)

中国已经成为全球最大的大豆进口国。2009年我国国内大豆产量为1 560万吨,进口大豆4 255万吨,国内产能仅能满足需求的1/3,大豆产业外贸依赖度近70%。同期大豆进口额占农产品进口总额的35.7%。国外大豆持续大量进口对国产大豆形成巨大冲击。

大豆产业发展滞缓不是单纯的生产、加工或者政策的问题,而是整个产业缺乏核心竞争力,农户一盘散沙、企业孤军奋战,难以与现代化的集团农业、跨国企业相抗衡。大豆产业发展的问题绝不仅仅是技术进步所能解决的,然而技术进步却是一个有效的突破口,可以提升产业市场竞争力与产品技术含量。

1. 联盟简介

为了提升整个大豆产业的技术创新能力,增强大豆产业核心竞争力,2009年7月18

日由东北农业大学国家大豆工程技术研究中心发起,来自国内大豆产业的企业、大学、科研机构等19家单位在哈尔滨华旗饭店成立大豆产业技术创新战略联盟。大豆产业技术创新战略联盟(以下简称"大豆联盟")紧紧围绕国家科技部对试点联盟的总体要求,积极培育发展大豆新兴产业和改造提升传统产业,积极探索构建产学研合作长效机制,加强大豆产业技术研发创新和成果扩散,完善大豆产业技术创新链,带动企业创新发展,提升产业核心竞争力。

大豆联盟立足于提高整个产业的国内外竞争力,而提高竞争力的实质是规模农业与传统农业的竞争,是资本集聚与劳动密集的竞争,是企业化经营与分散农户的竞争。联盟的成立为大豆产业技术研发搭建了一个新的、综合性的技术创新平台,对解决大豆产业存在的共性问题和关键性技术提供了一个新的途径,对整个产业的发展具有战略性意义。联盟内部开展联盟政策需求的调研,开展联盟承担国家科技计划存在的问题的调研,对联盟发展中的重大、关键问题进行深入研究,总结国内外联盟发展的经验,提供决策咨询服务;参与联盟政策法规的研究和制定工作,为政府加强宏观调控和管理提出建议;反映联盟诉求,争取政策支持。推动交流合作,促进产业技术创新战略联盟企业之间开展技术创新合作,组织开展跨领域、跨行业的重大技术创新问题研究,推动联盟内企业联合开展重大产业技术的研发。

2. 核心成员单位

表8-3 核心成员单位一览表

核心成员单位		
理事会成员单位	理事长	冯晓副校长 东北农业大学
	副理事长	田仁礼董事长 九三粮油工业集团有限公司 刘树林董事长 黑龙江省阳霖油脂集团有限公司 李登龙董事长 谷神生物科技集团有限公司 包 军校长 黑龙江八一农垦大学 金征宇副校长 江南大学 李 琳副校长 华南理工大学 王玉臣董事长 内蒙古扎兰屯市淳江油脂有限责任公司 肖志敏副院长 黑龙江省农业科学院
	理事	郭顺堂副院长 中国农业大学食品学院 江连洲院长 东北农业大学食品学院

续表 8-3

	核心成员单位	
专兼职负责人	主任单位	国家大豆工程技术研究中心
	副主任	焦光纯处长 东北农业大学科技处 冷友斌董事长 齐齐哈尔飞鹤大豆食品科技有限公司 刘国超董事长 黑龙江辰能哈工大高科技风险投资有限公司 刘晓冰副所长 中国科学院东北地理与农业生态研究所农业技术中心 王曙明主任 国家大豆工程技术研究中心吉林分中心大豆所 王兴国副院长 江南大学农产品加工研究院 王 哲总经理 黑龙江双河松嫩大豆生物工程有限责任公司 杨晓泉副院长 华南理工大学食品科学与工程学院 张金泽副院长 中国食品发酵工业研究院 张耀辉董事长 哈高科大豆食品有限责任公司 赵向华总裁 天圜营养集团有限公司
专家委员会	主任委员	盖钧镒院士 南京农业大学
	副主任委员	韩天富研究员 中国农业科学院作物科学研究所 江连洲教授 东北农业大学食品学院 李里特教授 中国农业大学 涂顺明教授级高级工程师 中国食品发酵工业研究院 王兴国教授 江南大学 刘忠堂研究员 黑龙江省农业科学院
	委员	卞清德高级工程师 九三粮油工业集团有限公司 龚振平教授 东北农业大学 韩 俊高级工程师 哈高科大豆食品有限责任公司 胡国华研究员 黑龙江省农垦科研育种中心 华欲飞教授 江南大学 石彦国教授 哈尔滨商业大学 王建忠高级工程师 谷神生物科技集团有限公司 王乐凯研究员 黑龙江省农业科学院 王曙明主任 国家大豆工程技术研究中心吉林分中心 于殿宇教授 东北农业大学 张木春高级工程师 内蒙古扎兰屯市淳江油脂有限责任公司 赵谋明教授 华南理工大学 周川农高级工程师 天圜营养集团有限公司 朱秀清研究员 国家大豆工程技术研究中心 许艳丽研究员 中国科学院东北地理与农业生态研究所农业技术中心 韩晓增研究员 中国科学院东北地理与农业生态研究所农业技术中心 刘丽君研究员 黑龙江省农业科学院大豆研究所

3. 联盟的宗旨与作用

联盟成员坚持平等自愿、优势互补、风险共担、利益共享的原则自愿加入。联盟各项事宜由理事会统一组织,按照联席会议制度决定,保障联盟成员责、权、利一致。为实现联盟目标、完成各项重点任务,联盟设立理事会、专家技术委员会和秘书处。

项目在盟员单位中征集获得,项目经费以联盟成员投入为主,遵守国家知识产权相关规定,事先约定所产生的知识产权归属问题及推广应用时的利益分配原则。知识产权无偿向联合开发成员单位辐射和推广。

联盟秘书处积极为企业服务,搜集整理企业技术需求、国家产业政策走向、科研院所技术优势。先后搜集和整理了多项产业发展共性问题,并且形成了专门的项目建议和报告,以联盟名义上报科技部等相关部委,得到了认可与支持。

联盟搭建技术创新平台,高校和科研院所与企业共同建立研发团队开展技术攻关,大大提高了企业的科技创新能力,解决制约产业发展的共性、关键性技术问题,并通过重点龙头企业的示范作用,带动其他企业,促进大豆生产企业的整体技术进步。同时,为企业培养锻炼了一批科技人才,解决了企业研发能力弱的问题,进而使大豆生产加工企业由目前的解决生存问题过渡到快速发展壮大阶段,从而为将来与国际粮商抗衡奠定基础。

4. 工作重点——围绕产业技术进步加快构建技术创新链

①以加工技术研发和应用为突破口,组织面向大豆行业的国内和国际交流,通过成果扩散和转移提升产业技术水平。

① 大豆油脂加工领域。

针对大豆油脂加工中能耗高,油、粕品质波动大等问题,以及蒸汽消耗高、污水排放量大等问题,研究开发预处理节能、减损关键技术与装备,重点研究脱皮、调质、膨化工艺条件对大豆成分变化及油和粕质量的影响,开发高效大豆预处理技术;研究大豆成分、酶活和预处理工艺条件对豆油返色、回味的影响及其控制技术;研究新型溶剂浸出及装备;研究大豆油精炼过程中的组分变化规律,开发干法脱胶、无水脱皂、生物法精炼技术,低温炼制稳定化加工技术,绿色加工过程安全控制技术;研制高传质效率的节能脱臭装置;研究开发精炼洗涤废水处理及循环利用、二次蒸汽综合利用技术及其装备改造。

3~5年内开发产业化重大产品1~3个、具有自主知识产权的新型装备3~5台/套,建成大豆油脂高效、节能综合技术加工示范基地1个,技术示范生产线1条;建立绿色浸出制油示范线1条、中试线1条;改造大豆油脂新型炼制关键技术产业化生产线1条、毛油酶法脱胶生产线1条,全面提升参与企业的自主创新能力和行业地位。

② 大豆蛋白加工领域。

紧紧围绕大豆蛋白加工中存在的关键共性技术问题,结合产业发展和国内外市场的紧迫需求,重点研发高附加值功能的大豆蛋白加工新技术和装备,实现大豆蛋白质的现代分子修饰技术、新型分级分离技术、定向分子重组技术等关键技术和双螺杆挤压装备制造的突破,在功能型抗冷冻蛋白、抗环境胁迫蛋白、高活性矿物蛋白、专用特用型蛋白、高强纤维化蛋白等产品的设计开发和连续化生产上完成创新技术集成,填补了国内空白。力争3~5年内在大豆蛋白加工新工艺、新技术、新装备等方面取得实质性突破,建成大豆蛋白高值化生产示范线3~4条、中试生产线1~2条。开发产业化重大产品10~12个;申请和获得专利9~12项,制/修定标准8~10项,建立1~3类主要食品加工标准体系,形成新技术,开发具有自主知识产权的新型装备2~4台/套,培养技术骨干和硕博研究生100~120人,全面提升参与企业的自主创新能力和核心竞争力。

③大豆食品加工领域。

围绕现阶段大豆食品加工中存在的关键技术问题,结合产业发展和国内外市场的紧迫需求,重点开展豆乳生香、控香关键技术,速溶豆乳粉新加工技术,益生酸豆奶及酸豆奶饮料加工关键技术,大豆食品安全控制技术,酱油、豆酱、腐乳和豆豉发酵调味品的品质改进和控制技术等关键技术,集成现代化关键技术和装备,开发原ả香型豆乳、调配型豆乳、发酵型益生菌酸豆乳、酸豆奶发酵剂和配料、速溶无糖豆乳粉、较大婴儿豆基配方粉、低盐发酵大豆食品和方便食品专用型发酵大豆调味品等产品,并建立相应的生产示范线,部分填补国内空白。构建适合现代消费需求的大豆食品加工技术体系,增强我国大豆产业的市场竞争力。

力争3~5年内建立年产1 000吨无糖速溶豆乳粉、5 000吨发酵型酸豆乳等的示范生产线3~5条;建立年产5 000吨低盐发酵食品的加工生产示范线1~2条。预计可实现年产值1.2亿元,利税2 400万元。

(2)构筑产业技术创新平台。

联盟成员优势互补,共同开展大豆产业发展战略研究和共性、关键技术联合研发,解决行业发展中遇到的技术、产业化问题。统一协调和充分利用优势科技资源,建立在产业技术创新价值链基础之上的契约式协作机制;互惠互利、优势互补,建立技术转移和回馈机制。

(3)打通产业链壁垒。

通过加工环节对原材料需求的变化引导生产者的种植意愿,通过产品销售影响消费需求,进而促进产业良性持续发展。

(4)服务企业。

针对大豆产业目前面临的产能难以消化、企业竞争力不强的现实,联盟利用资源整合的优势,重点服务于有代表性的大型企业。通过征集企业技术需求与产业发展中遇到的问题,系统整理产业发展思路呈送国家及省相关部门。

5. 阶段性成果

(1)引导创新要素向企业集聚,提高企业核心竞争能力。

积极发挥联盟科研力量雄厚、技术成果储备多的特点,紧紧围绕《联盟技术创新技术路线图》中所规划的研究方向与内容,按照发展战略研究、大豆生产技术和大豆加工技术研发领域和方向,组成了由大学、科研机构和企业共同参加的技术创新团队7个,其中战略研究方向创新团队1个,大豆生产技术方向建立了大豆育种和大豆栽培2个创新团队,大豆加工技术方向设立了大豆蛋白、大豆油脂、大豆副产物、传统豆制品及其他4个创新团队。每个创新团队均由所在领域的大学、科研机构和企业的行业领军人才共同组成,围绕产业技术创新链初步实现了产学研紧密结合。联盟秘书处以创新团队为依托,多次有针对性地组织开展调研和技术需求征集、对接等活动,引导创新要素向企业集聚。2009年,按照《联盟技术创新技术路线图》的规划内容和盟员企业技术创新的共同需求,围绕产业发展技术创新链,联盟先后组织13家盟员单位开展了"年产5 000吨改性醇法大豆浓缩蛋白产业化"和"大豆磷脂精深加工及产业化应用"等6个联盟自立技术创新项目的联合攻关,总投资2.32亿元。突破大豆蛋白生物改性、醇法连续浸提浓缩蛋白、功能肽生物制备、乳清废水动态膜超滤、油脂酶法精炼及功能因子开发6项共性关键技术。截至2012年,"年产5 000吨改性醇法大豆浓缩蛋白产业化""大豆磷脂精深加工及产业化应用"等4个项目已经全面投入生产,为企业新增生产线7条,提升大豆加工能力200万吨,增加新产品5个,储备技术研发产品12个;累计新增产值16.33亿元,新增利税2.85亿元;新投产项目增加就业岗位2 400余个;建立了6个大豆生产基地,带动农户2 600户。在为企业提升竞争能力、创造良好经济效益的同时,也创造了良好的社会效益。

(2)以政府项目为支持平台,汇聚联盟资金、智力、科研设施,逐步形成优势互补、利益共享的协同创新共同体。

以科技部项目为平台,分别在2011年和2012年召开了联盟专家委员会会议,围绕大豆产业发展技术路线图,联盟组织在资金、智力、科研设施等方面优势互补的24家盟员单位,承担了科技部下达的"大豆油加工关键技术和装备研究与示范""高值化大豆食品现代加工关键技术集成与产业化"两个"十二五"国家科技支撑计划项目。并于2011年、2012年先后启动实施,共获得国家支持资金1 933万元。其中"大豆油加工关键技术和装备研究与示范"项目进展顺利,主要技术指标基本完成,2013年验收合格。项目完成后,突破大豆油加工关键技术2项、装备技术难点4项,建立2条示范生产线,更新了传统生产机器设备。同时将油脂产业从以制油为主、饼粕为饲料原料的传统观念转移到利用现代生物技术对油脂与蛋白、活性成分与功能性产品的精准开发上,形成了一条既能从油料中制出优质油,又能充分利用其中全营养成分的新工艺生产线,形成产值7 800万元,利税1 200万元。这些技术提高了原料的利用率,促进了我国油料、油脂产业的可持续发展。

联盟成员单位东北农业大学、江南大学、合肥工业大学、河南工业大学等单位承担的国家863计划课题"油脂非均相反应和多相分离精制技术"在2012年3月15日顺利通过国家科技部验收。该课题围绕《大豆产业技术创新路线图》中对大豆油脂方向提出的"加快油脂精炼和分子修饰技术及新产品开发和提升油脂精深加工装备水平"的整体要求,经过3年的联合攻关,完成了固定化脂酶在超临界CO_2状态下催化生产低热量油脂、中长肽链脂肪酸油脂、脂肪酸糖脂和甘油二酯,开发了高效油脂分离纯化技术,研发了适合于各种酶促油脂改性和修饰的水相、无溶剂、有机溶剂、超临界和微乳等反应体系4种,开发生物反应器2种,研究适用于脂相的膜分离技术2种,开发专用型食用油结晶反应器1套,建立了3类功能性油脂高效、低破坏性分离纯化技术。

通过以上项目的实施,促进了联盟针对政府立项,提供资金支持,盟员中的大学、科研机构参与研发,企业提供配套资金,享受研发成果,促进企业的发展走上健康轨道,三者逐步形成长期、稳定、紧密的合作关系,最终为产业发展服务。

(3)建立良好的信用关系和利益共享分配机制,保障创新项目工作的开展。

以成员单位共同签署的联盟协议为基础,2011年经联盟理事会讨论通过了《大豆联盟项目管理制度》《大豆联盟经费筹集与管理制度》《大豆联盟知识产权与利益分配管理制度》等6项管理制度,对成员的进出、项目的管理,特别是联盟成立后所形成的知识产权保护等敏感问题进行了全面的规范,形成了较好的利益分配关系,避免了联盟成员各自为战,并逐步在联盟内建立了良好的信用关系,形成了较为稳定的利益共同体,保证了联盟各项工作的实施。

联盟成立以来联盟成员共申请专利92项,其中获得授权专利65项。先后有《食用植物油销售包装》《大豆肽粉》《食品工业用大豆蛋白》《婴幼儿配方粉企业良好生产规范》和《大豆低聚糖》5个标准获得国家标准化管理委员会批准。先后获国家科学技术进步奖二等奖2项,省级科学技术进步奖一等奖2项、二等奖1项、三等奖1项,省长特别奖1项,以及行业协会组织评审一等奖1项、二等奖1项。

(4)积极建言献策,为政府决策提供参考,为产业发展创造良好政策环境。

为有效指导大豆产业的发展,围绕产业发展的现实问题,联盟在充分调研的基础上,先后向中共中央办公厅提交了《大豆产业情况》;向国家科技部提交了《大豆产业调研报告》《大豆产业发展与科技创新调研报告》;向黑龙江省委提交了《黑龙江省大豆产业发展建议》《落实九部委关于大豆产业健康发展若干建议》等重要提案6个。这些提案反映了行业要求,提出了合理的产业政策建议,得到了国家有关部委和领导的重视,其中的主要观点和策略在行业工作中得以落实,为产业发展创造了良好的政策环境。

(5)发挥成员优势,打造产业示范和人才培养平台,为行业服务。

2012年位于哈尔滨市松北科技创新园区的联盟发起单位国家大豆工程技术研究中心的1.81万平方米的综合实验大楼投入使用。国家大豆工程技术研究中心与其他3家成员单位共同投入资金3 126.8万元,积极以开放实验室(平台)形式对个人、企业以及研究团队开展成果转移、技术支持、新产品研发、功能性食品检测等工作,提供全方位、多领域、全过程综合性服务。

联盟成员以科研机构和大学为主,分别采取国家与成员单位联合投入、成员间联合投入等方式先后建立了植物油料资源开发中心、粮食信息处理控制实验室等5个研发平台,并以联盟名义签订了《大豆联盟仪器共享服务平台协议书》,平台内共有仪器设备267台套,实现共享设备80多台套。

联盟多年来利用成员中的大学和科研机构,开展人才培养,为企业提供人才培训400余人次,增强了企业的研发能力;联盟以专家团队为依托,直接对接企业开展共性技术研发服务,为企业平均节约研发成本30%以上,项目投产时间缩短了一半以上。这些举措降低了投资风险,提高了投入产出效率。

(6)积极开展对外宣传,扩大联盟影响力和认可度。

2010年5月组织联盟成员单位参加在北京举行的"第十三届中国北京国际科技产业博览会——2010现代农业与绿色技术展",此次会议共有9家成员单位的18个项目参展。2012年成员单位主办或协办各类展会和学术会议6次,总参会人数达6万多人次。

联盟依托单位自筹资金建立了联盟网站和内刊《科技信息》,通过各盟员联络员广泛征集企业需求,对盟员单位进行大力的宣传。通过宣传联盟不断拓展为盟员和行业提供成果展示和学术交流的平台和机会,扩大了联盟在行业中的影响力和社会认可度。

8.4.3 国家小浆果产业技术创新战略联盟

资料链接

国家小浆果产业技术创新战略联盟成立,突破技术瓶颈,提升产业整体水平

全国首个"国家小浆果产业技术创新战略联盟"27日在哈尔滨成立。据了解,该联盟将搭建一个中国小浆果行业产学研相结合的技术创新体系和协同发展平台,通过构建产业技术创新战略联盟,以科技为动力、以创新为手段,快速提升我国小浆果产业整体水平,积极推动小浆果产业快速健康发展。

国家产业技术创新战略(培育)联盟常务副理事长、秘书长孙小林在成立大会上介绍说,国家小浆果产业技术创新战略联盟的成立是国家产业技术创新战略联盟构建工作的又一重大成果。旨在深入实施国家技术创新工程,推动产业技术创新战略联盟的构建与发展,加快建立以企业为主体、市场为导向、产学研相结合的技术创新体系,提升企业自主创新能力和产业核心竞争力,促进经济结构调整和产业优化升级。在过去的5年里,在科技部《关于推动产业技术创新战略联盟构建与发展的实施办法(试行)》的指导下,多个产业技术创新战略联盟先后成立,为"建设创新型国家"发展战略做出了积极探索和重要贡献。本次国家小浆果产业技术创新战略联盟经过半年多的筹备,将为中国小浆果产业的转型升级提供新的动力和发展机遇。

孙小林说,国家小浆果产业技术创新战略联盟在科技部指导下,通过国内外相关大学、科研院所及与小浆果有关的各类企业组成产学研相结合的技术创新体系,以多样化、多层次的自主研发与开放合作创新相结合,以形成产业核心竞争力为目标,围绕优化小浆果产业技术创新链,运用市场机制集聚创新资源,创新小浆果行业产学研结合机制,必将突破小浆果材料技术创新和产业发展的技术瓶颈,提升我国小浆果产业整体水平。

国家小浆果产业技术创新战略联盟理事长、联盟牵头单位哈尔滨奥鑫科技开发有限责任公司董事长孙建国表示,"国家小浆果产业技术创新战略联盟"的成立具有三个重要意义。首先,联盟的成立是一个创新之举,创造性地用平台思维推动产业升级转型。其次,联盟的成立又是一个务实之举,在"新常态"的背景下,将快速把握宏观经济环境变化下的机遇,促进产业转型与升级,联盟将用切实可行的机制逐步推动行业发展难题的破解。再次,联盟的成立是一个共赢之举,通过产业生态链的构建,可有效贯通技术研发、产品制造、销售渠道、人才交流等多个环节,大大节约成本,有效提高效率,最终实现互惠互利、合作共赢的发展格局。

(摘编自2015年7月29日《科技日报》)

1. 联盟简介

2017年7月27日,"国家小浆果产业技术创新战略联盟"在哈尔滨正式成立。国家小浆果产业技术创新战略联盟,是在国家科技部的指导下,由创新型企业、高新技术企业、新兴产业企业及其他希望提高自主创新能力的企业和大学、科研单位(兼顾政、产、学、研、用部门及大、中、小型、上、中、下游单位)组成的非营利性的创新联盟,是以企业的发展需求和各方的共同利益为基础,以提升产业技术创新能力为目标,以具有法律约束力的契约为保障,形成的联合开发、优势互补、利益共享、风险共担的技术创新合作组织。旨在为企业开拓市场和加强国际交流合作而提供服务,在政府与企业、项目与资金之间发挥桥梁和纽带作用。

该联盟旨在搭建中国小浆果行业产学研相结合的技术创新体系和协同发展平台,通过构建产业技术创新战略联盟,以科技为动力、以创新为手段,快速提升我国小浆果产业整体水平,积极推动小浆果产业快速健康发展。该联盟的成立将为中国小浆果产业的转型升级提供新的动力和发展机遇。

2. 核心成员单位

联盟的核心成员单位主要有哈尔滨奥鑫科技开发有限责任公司、黑龙江省农业科学院园艺分院、辽宁省农业科学院果树所、东北农业大学园艺学院等22家。哈尔滨奥鑫科技开发有限责任公司董事长孙建国当选为该联盟首任理事长。

3. 产品优势——小浆果(树莓、蓝靛果、软枣猕猴桃、沙棘、蓝莓)

(1)树莓。

第一代水果:梨、苹果、葡萄。它们是经过人工选育栽培的传统水果,栽培历史一般在几百年或千年以上。

第二代水果:猕猴桃、草莓、山楂、冬枣。它们是近几十年才开始人工栽培的野生山果,经济效益和营养价值明显高于第一代水果。

第三代水果:树莓、黑莓、刺梨、桑葚等。它们是具备药理功能的药食同源水果。科学证明它们的营养价值是前两代水果的几百甚至上千倍。其中水果之王树莓被外媒誉为生命之果、贵族水果、减肥新宠、金玉之品,联合国粮食及农业组织称其为"第三代黄金水果"。

(2)蓝靛果。

蓝靛果又名蓝果忍冬,属于第三代水果,其营养价值非常丰富,同时具有很多功效。蓝靛果具有极高的抗氧化活性,富含大量的营养。蓝靛果可以鲜食,可以速冻加工,含有很高的花青素。浆果含有7种氨基酸和维生素C,可提供色素,亦可酿酒、做饮料和果酱。除具极高的食用价值外,果实中还含有丰富的VP活性物质,具有极高的药用价值。果实不仅有清热解毒之功效,而且对降压、提高血球数、治疗小儿厌食症有一定疗效。目前产地主要集中在吉林、内蒙古、黑龙江、辽宁等地。

(3)软枣猕猴桃。

软枣猕猴桃是比较罕见的野生水果,只有在东北地区才能生长,其形状和猕猴桃差不多,其含有的维生素成分比一般的水果高好几倍,能有效降低血中胆固醇,预防心血管疾病,同时它还具有帮助神经传导、安神和提升睡眠质量的作用。它本身含有优良的膳食纤维和丰富的抗氧化物质,能够起到清热降火、润燥通便的作用,可以有效预防和治疗便秘和痔疮。

(4)沙棘。

十大功效:对心脑血管疾病具有防治作用;祛痰止咳;养胃,增强胃动力,保护胃肠道;抗炎生肌,促进组织再生;增强免疫功能,延缓衰老;降低血糖,稳定糖尿病的病情;改善视网膜功能,预防眼疾,保护视力;保护肝脏;清理泌尿系统,预防泌尿系统炎症,防止尿结石,对肾脏及骨髓均有明显保护作用;对癌症有预防作用。

(5)蓝莓。

美国农业部人类营养中心研究表明,与所试验的 40 种水果和蔬菜相比较,蓝莓的抗氧化活性最高。每百克蓝莓的抗氧化值为 2 400,而每百克橙子为 750,花椰菜为 890。蓝莓的强氧化能力可减少人体代谢副产物自由基的生成,自由基与人类衰老和癌症的发生具有某种关系。蓝莓还具有预防泌尿系统感染的功效,可保护视力。成分中黄酮类化合物可以有效抑制癌症细胞繁殖。

正是由于小浆果独特的风味及营养保健价值,其果实及产品风靡世界,供不应求,在国际市场上售价昂贵。其中蓝莓鲜果大量收购价为 3.0~3.5 美元/kg,市场鲜果零售价高达 10~20 美元/kg,蓝莓冷冻果国际市场价格为 2 600~4 000 美元/吨。蓝莓果实加工成的浓缩果汁,国际市场价为 30 000~40 000 美元/吨。北美、欧洲和日本是目前蓝莓果品的最大消费和贸易市场。根据北美蓝莓协会统计,蓝莓产品中大约 50% 参与国际贸易,日本是亚洲最大的蓝莓产品进口国,2004 年蓝莓鲜果进口量达 4 000 吨,冷冻果进口量达 10 000 吨。美国尽管是蓝莓主产国,仍满足不了市场的需求。

我国到目前为止还没有形成蓝莓等小浆果完善的产品市场。就产品生产来讲,目前主要是供应果酒市场,近几年出现了蓝莓鲜果,但售价昂贵,而且销售量很小。

4. 联盟的组织机制

(1)组织原则。

国家小浆果产业技术创新战略联盟本着平等、自愿、资源共享、风险共担、利益共赢、优势互补的组织原则,整合和优化资源,构建小浆果产业技术创新平台,大大提升了科技创新的效率和效益。平等、自愿是联盟合作的前提。联盟各方通过平等、自愿的方式加入联盟,积极主动地参与合作,支持联盟建设和各项工作活动的开展。资源共享、风险共担、利益共赢是联盟高效运作的保障。只有联盟各方完全资源共享、信息共享,才能整合和充分利用全行业的优势资源,集合各方优势力量,联合攻关,突破行业瓶颈。风险共担、利益共赢规定了联盟各方在合作过程中的风险和利益分配机制,风险共担能够提高联盟整体的风险抵御能力,而利益共赢则在联盟的范围内为各成员谋求最大的利益。优势互补能够优化联盟结构,提高联盟战斗力,促进联盟运作效率的提升。在小浆果产业技术创新战略联盟中,企业、科研机构是一个优势互补的有机结合体。专门的科研机构注重产业内的专业性技术研究和利用,企业则提供资金、实验和产业化支持。

(2)联盟的管理机制。

在联盟的日常管理中,通过联盟单位之间缔结的联盟协议来对各方行为进行规范,这也是联盟高效运作的保障。

在组织结构方面,联盟内部明确设立决策机构和执行机构,并根据具体情况设立咨询机构。联盟的决策机构是理事会,秘书处为联盟常设执行机构,专家委员会为理事会咨询机构。此外,对各机构的组成、职责、议事规则、管理机制都有相应的规定。联盟的组织结构是联盟内部各项工作得以正常开展的组织保障。

在成员单位的管理方面,联盟对成员的基本资格条件,成员的权利和义务,成员加入、退出、除名的程序和方式等做了明确表述。新进成员要与联盟理事长单位建立契约关系方能成为联盟成员。

在联盟经费管理方面,主要从经费来源、经费用途、经费管理方式、经费管理机构及其责任、经费的使用规则等方面予以规定,并在联盟中建立经费管理和使用的内部监督机制以确保经费的使用效率。联盟经费由理事会委托给理事长单位。信托单位设立独立账目进行管理,并接受理事会的监督和联盟成员共同认可的第三方审计。在经费管理的实施中将所有经费分为三块分别管理,即公用办公经费、项目研发经费和政府资助资金。

项目管理方面,制定联盟项目管理办法,明确界定联盟收益范畴,约定联盟收益的归属、使用和分配原则,以及知识产权投入、共享、转让机制。

(3)联盟的展望。

东北黑土地属于酸性土壤,是最适合浆果生长的沃土。黑龙江小浆果种类相当丰富,有蓝莓、树莓、黑加仑、五味子等,对外出口非常受欢迎。国家小浆果产业技术创新战略联盟由黑龙江的小浆果企业牵头组建,就是源于黑龙江具有小浆果产业发展的多项优势。联盟将产学研联合起来,重点攻关小浆果产业发展的核心瓶颈技术,建立产业技术标准。比如小浆果大多比较小,不容易采摘,人工采摘成本过高,联盟将有针对性地研发机械化采摘;小浆果一般不耐储存,联盟还要就此研究如何精深加工延长小浆果的食用时间。此外,联盟还将建立产品追溯系统,可查到生产出处。联盟还将建立小浆果的公共技术平台,实现创新资源的有效分工与合理衔接,实行产权专有、技术共享;实施技术转移,积极申报和建设小浆果工程研究中心,建设小浆果产业基地等,全面提升我国小浆果产业的核心竞争力。

(4)新成员申请表(见表8-4)

表8-4 国家小坚果产业技术创新战略联盟新成员申请表

一、企业基本情况			
企业名称			
地址		邮编	
法定代表人		组织机构代码	
企业注册资本金		是否上市	

续表 8-4

企业性质	⊚事业单位　⊚股份有限公司　⊚有限责任公司　⊚股份合作企业 ⊚国有企业　⊚中外合资企业　⊚其他			
联系人		电话	手机	邮箱

二、企业优势介绍

阐述本单位在所处行业中的优势：

1. 企业优势

描述企业的行业地位(领军企业 or 按规模排名 or 骨干企业)，从产值、利税、技术、人才、品牌、影响力等方面加以说明。

2. 技术优势

技术的先进性、创新性、成熟度、与同类技术的对比。

3. 研发优势

研发团队、研发投入、已有的研发经历等。

4. 科技成果优势

知识产权及其他科技成果的状况。

5. 产业化优势

产业化基础和能力。

企业人才状况	硕士学历及以上	本科学历	大专学历	高级职称	中级职称	初级职称

企业盖章：
法定代表人签字：
年　月　日

三、联盟审核意见

联盟责任承担主体单位：
盖章(签字)
年　月　日

8.4.4 石墨产业技术创新战略联盟

资料链接

"2017 中国石墨产业创新发展高峰论坛暨石墨产业技术创新战略联盟大会"在鸡西召开

9月5日上午，由黑龙江省鸡西市人民政府主办，中国石墨产业技术创新战略联盟承办，中国国际石墨烯资源产业联盟、中国非金属矿工业协会石墨专业委员会、黑龙江省石墨产业协会、黑龙江省石墨产品标准化技术委员会为支持单位的"2017 中国石墨产业创新发展高峰论坛暨石墨产业技术创新战略联盟大会"在黑龙江省鸡西市召开。

会议邀请了中国工程院院士、哈尔滨工业大学教授、博士生导师赵连城,黑龙江省科技厅副厅长石兆辉,双鸭山市副市长于志善、鹤岗市副市长于志伟、七台河市副市长杨子义及国内外石墨领域的专家、学者和知名企业代表共160余人参会。

鸡西市委副书记、市长张常荣致开幕辞,他介绍了鸡西市的基本情况,着重介绍了鸡西市石墨新材料领域发展的资源优势、产业基础和支撑要素。他说,当前鸡西石墨产业的布局定位越来越清晰,石墨产业的技术乘数效应越来越明显。今后鸡西将重点在培育产业链,做大做强产业规模;提升价值链,拓展产品增值空间;构建创新链,增强产业综合竞争力和升级服务链;优化企业发展环境4个方面加大力度,不断推进石墨产业向中高端发展,最大限度地释放产业发展空间,切实增强产业核心竞争力,真正把鸡西打造成名副其实的"中国石墨之都"。他还希望与会的各位专家学者能够为鸡西的石墨产业发展把脉定向、出谋划策。

论坛举办期间,共举办专题报告9场,签署6项科技合作协议。其中,鸡西市政府与苏州非金属研究院签订了府院科技合作协议;哈工大赵连城院士团队与鸡西中汇石墨制品有限公司签订了"天然石墨烯制备及石墨烯超灵敏传感器"院企科技合作协议;黑龙江大学与奥宇石墨集团签订了"化学气相沉积法制备石墨烯(CVD)"院企科技合作协议。

(摘编自2017年9月5日人民网)

石墨具有许多优异性能,在高速、耐磨、防腐、节能、导电、储能、电化等领域用途十分广泛。作为一种不可再生资源,石墨极具重要的国防战略意义,一直为世界各国高度重视并重点研究。

我国石墨矿石储量约为20亿吨,占世界石墨矿石总储量的70%,无论是矿物质资源量还是矿石资源量均居世界第一位,其中黑龙江省石墨储量则占全国储量的60%。当下我国大部分石墨生产企业仍以石墨的采选为主,石墨深加工产业链短,石墨深加工产品科技含量低,高科技深加工石墨产品较少。面对我国石墨行业的现状,国家有关部门高度重视,并积极采取相应的措施引导和促进我国石墨深加工产业的快速发展。

为了建立健全我国石墨产业技术创新平台,联合全国石墨产业研究和开发的技术力量,形成全国性质的产业链条,黑龙江省科技厅和鸡西市政府积极响应国家号召,充分利用辖区内丰富的石墨资源及生产企业,联合国内高校、科研院所、中介机构和投资机构及国内若干家从事石墨行业的骨干企业,按照"平等、自愿、合作"的原则发起并成立了石墨产业技术创新战略联盟。

1. 联盟简介

石墨产业技术创新战略联盟于2011年7月15日在哈尔滨成立,奥宇石墨集团、深圳贝特瑞新能源材料股份有限公司、黑龙江普莱德新材料科技有限公司、鸡西市普晨石墨有限责任公司、东莞新能源科技有限公司、北京大学、哈尔滨工业大学等全国知名企业和院校共38家单位加入联盟。联盟以"整合资源、纵深发展、联合创新、合作共赢"为宗旨;以"推进石墨产业在中国的发展,形成并壮大我国石墨产业链,为石墨产业发展搭建起政、产、学、研、金、介相结合的公共服务平台,形成联盟内部企业之间的优势资源互补,促进联盟成员的自身发展及石墨产业的繁荣"为核心任务。联盟设置有联盟大会、理事会、秘书处和专家委员会等组织机构。为了规范管理,保证联盟的有效运行,联盟制定了《石墨产业技术创新战略联盟章程》,并在联盟成立大会上选举奥宇石墨集团董事长韩玉凤为联盟理事长。联盟秘书处设在黑龙江省鸡西市生产力促进中心。

通过几年的发展,北京矿冶研究总院、哈尔滨理工大学等一大批科研机构和高校陆续加入进来。2013年年底,联盟通过了国家科技部的审查,正式成为国家级战略联盟试点单位,为联盟未来的发展提供了更为广阔的发展前景。

2. 成员单位

北京大学化学与分子工程学院、国家石墨产品质量监督检验中心、苏州中材非金属矿工业设计研究院有限公司、扎鲁特旗敖包石墨矿业有限责任公司、上海垦程工业设备有限公司、青岛南墅泰星石墨制品有限公司、浙江华生科技股份有限公司、北京普莱德新能源电池科技有限公司、青岛昊鑫新能源科技有限公司、深圳贝特瑞新能源材料股份有限公司。

3. 联盟组织机构设置为联盟大会、理事会、秘书处和专家组

(1)联盟大会由全体成员组成。

(2)理事会由联盟大会选举产生,由37名理事成员组成,每届任期5年,换届时由全体成员选举产生。

(3)秘书处负责联盟大会的日常工作。

(4)专家组由政府主管部门领导、行业专家和部分成员企业人士组成。

4. 理事长单位——奥宇石墨集团

奥宇石墨集团创立于1988年,是以采矿、生产、包装、贸易、精深加工等为主的节能、环保、科技领军企业。以生产各种规格的天然鳞片石墨及石墨精深加工、尾矿砂空心砖等为主的集团公司。集团下设:鸡西市奥宇石墨有限责任公司、黑龙江奥星能源科技有限公司、奥宇石墨深加工有限公司、萝北奥星新材料有限公司、乌拉特中旗豪骏实业有限责任公司、鹤岗奥宇石墨有限公司、鸡西中天石墨有限公司、奥宇采矿公司、奥宇广厦新材料砖厂等10余家企业,现有员工2 000余人,其中专家顾问12名、研发人员66名、技术骨干196名、管理人员160余名,与国内著名高等院校如清华大学、北京大学等建立了良好的技术合作和人员交流关系。拥有独立的矿山、水源地和铁路专用线,是行业最大的天然鳞片石墨供应商之一,是行业内唯一一家两次通过ISO 9001-2000质量管理体系认证、ISO 14001-2004环境管理体系认证和GB/T 28001-2001职业健康安全管理体系规范认证的企业,同时也是天然鳞片石墨新国家标准的起草和制定单位。

奥宇石墨集团是全球华商矿产行业500强企业,中国质量信誉之星企业,中国百名优秀企业金奖和开拓奖的获得者,中国企业改革全国示范企业,中国市场质量、服务、信誉AAA+级企业。凭借对行业敏锐的洞察力以及从业多年所积累的丰富经验,2009年,奥宇石墨集团成功上马了环保、节能的新材料、新能源深加工项目,引进先进的生产设备,把延伸产业链、精深加工、提高产品附加值作为工作重点。集团是以生产球形石墨、高纯石墨、微粉石墨、可膨胀石墨、密封材料、石墨纸、尾矿砂空心砖等精深加工产品为主

的节能环保、资源循环利用的国家高新技术企业。企业完成了从传统产业到高附加值产业的转变,填补了行业及东三省的空白,打造出了一个知名民族品牌,被列为国家863计划、973计划新能源材料研究重点扶持、鼓励发展的企业,有着自己的市场销售策略和高绩效的技术、生产、销售、管理团队和较高的信誉度及品牌美誉度。

奥宇石墨集团技术成熟、销售网络广、信誉好,已成为奥镁、宝钢、首钢、鞍钢、武钢、摩根、杉杉、西格里、日本碳素等大型企业的合作伙伴,产品远销美国、德国、日本、韩国、奥地利、俄罗斯等80多个国家和地区。

5. 联盟作用

(1) 促进石墨产业健康持续发展。

2013年由于国际、国内市场回暖迟滞,石墨行业的发展面临的形势十分严峻。面对石墨产品市场需求减弱、价格低迷的不利局面,联盟代表石墨企业与省工信委共同商讨对策,省工信委努力支持各石墨生产企业提档升级,寻求出路,转变经济增长方式,为奥宇石墨集团等4家联盟企业提供产业专项资金支持,激励企业自主发展,将黑龙江省宝泉岭农垦溢祥石墨有限公司等两家企业列入2014年预算项目。在深加工方面产品价格相对稳定,实现产品量2.6万吨、产值3.4亿元。许多企业开发了人造金刚石、超薄石墨纸、高档密封材料等新产品,为企业发展拓展了新空间。

(2) 组织开展石墨行业准入工作。

2012年11月21日国家工信部颁发了石墨行业准入条件,2013年5月省工信委委托石墨产业联盟、省石墨产业协会对申报准入工作进行了部署。由于石墨生产企业组建时间跨度大、管理水平参差不齐,申报材料完全满足准入要求难度很大。黑龙江省共有26家企业积极参与了申报,其中有联盟内石墨生产企业15家,占一半以上。最终形成的23条生产线获全国首批准入资格并公示。

(3) 争取政策支持。

国家在石墨产业发展上对联盟内企业给予政策支持,将黑龙江鸡西、萝北石墨产业基地建设均列入了"十二五"规划中,并支持在黑龙江省建立国家级石墨应用中心石墨应用研究中心、全球石墨制品展示中心、全球石墨制品交易中心和专业化的电子商务中心等平台,不断掌握石墨产业发展的"话语权"和"定价权"。地方政府也积极制定一系列优惠政策,鸡西市、萝北县分别制定出台了《鸡西市招商引资优惠政策》和《萝北县鼓励投资优惠政策》,同时采取一企一策等办法,吸引石墨精深加工企业及项目落户。在制定优惠政策的同时继续加大对石墨产业园区的扶持,用功能齐全、设施一流、超前服务、综合配套优质等条件,有甄别、有选择地吸引高科技产业项目入驻。

(4) 开展石墨资源需求分析。

在联盟内定期组织专家开展科研合作与需求分析预测。世界石墨资源主要用于制造耐火材料、铸造材料、润滑剂、制动衬片、铅笔以及导电材料等。我国晶质石墨消费主要集中在耐火材料、铸造材料、特种石墨、导电材料、密封材料等领域。世界石墨资源市场需求保持稳步增长态势,导电类石墨、导热石墨、电池石墨、特种石墨和密封类石墨是未来晶质石墨资源消费增长的重点领域。

根据对国际、国内石墨市场前景的分析,在现有石墨资源消费结构的基础上,2015 和 2020 年世界晶质石墨资源需求量分别达到 135 万吨和 160 万吨(预估),我国晶质石墨资源需求分别达到 67 万吨和 82 万吨(预估)(见表 8-5,表 8-6),分别占世界晶质石墨资源需求的 49.63% 和 51.25%。

表 8-5　世界晶质石墨资源需求　　　　　　　　　　　　　　单位:万吨

产品类型	2011 年	2015 年	2020 年(预估)
钢铁冶金、耐火和铸造用石墨	55	60	65
特种石墨、导电类石墨	23	35	47
柔性石墨密封类	12	16	20
铅笔类石墨	10	10	10
其他类	12	14	18
总计	112	135	160

表 8-6　中国晶质石墨资源需求　　　　　　　　　　　　　　单位:万吨

产品类型	2011 年	2015 年	2020 年(预估)
耐火材料	22	23	25
铸造用石墨	18	19	20
高纯石墨	3.3	7.2	13.75
锂离子电池负极材料	2	5	10
碱性电池正极材料	0.5	0.75	1
人造金刚石	0.3	0.7	1.5
其他高纯石墨类	0.5	0.75	1.25
特种石墨材料	3.2	4	6
柔性石墨	2	3	4
铅笔	2	2	2
石果乳	0.5	0.8	1.25
其他应用领域	7	8	10
总计(不含出口量)	61.3	74.2	95.75

8.4.5　黑龙江省信息无障碍产业技术创新战略联盟

资料链接

促进黑龙江省信息无障碍领域产学研合作进程

2012 年 8 月,亿时代数码科技开发有限公司牵头,联合哈尔滨工业大学、东北林业大学、黑龙江信息港、黑龙江联通信息集成公司等12家知名企业、院校及科研单位,共同创立组建了黑龙江省信息无障碍产业技术创新战略联盟,亿时代公司被推选为理事单位,陈威钢被推选为理事长。联盟致力于推动信息无障碍技术、产品、解决方案在各个领域的应用,引导黑龙江省信息无障碍事业沿着健康、稳定的方向蓬勃发展;2013年,亿时代公司与哈工大、中科院声学所等联盟内单位通过产学研结合的方式共同完成多个语音技术、无障碍技术相关项目的研究与开发。

(摘编自2015年4月30日人民网)

1. 联盟简介

黑龙江省信息无障碍产业技术创新战略联盟于2012年8月正式成立,联盟致力于推动信息无障碍技术、产品、解决方案在各个领域的应用,引导黑龙江省信息无障碍事业沿着健康、稳定的方向蓬勃发展。联盟是由积极投身于信息无障碍产品研发、制造、运营的企事业单位、团体在自愿参加的原则下,遵照联盟章程,共同组建的为推动信息无障碍系统工程应用的合作平台。

联盟由9家成员单位发起,设有理事会、专家委员会、秘书处等机构以及名誉主席、名誉副主席、理事长、副理事长、秘书长等职务。覆盖"技术研发、技术指导、发展方向、标准制定、项目实施、产品制造、运营应用"环节。联盟的发展目标是以自主研发的创新技术为基础,以信息无障碍产业为导向,以无障碍产业项目为支撑,寻求信息无障碍产业新的规模、标准、机能或定位,逐步形成较为完整的产业链和价值链。

联盟的成立对推进黑龙江省信息无障碍领域的研究和产业化进程具有重要的意义,充分展现了黑龙江省在信息无障碍领域的特色及亮点,同时可以发挥战略联盟中成员单位在信息无障碍产业中的作用,既是实践科学发展观和"科技惠民"的重要举措,也是弘扬人道主义精神、构建和谐社会的内在要求。

2. 联盟宗旨

联盟宗旨是整合及协调产业、社会资源,提升联盟成员在信息无障碍相关领域的研究、开发、制造、服务水平,促进信息无障碍产业快速健康发展。联盟的目的是将信息无障碍领域的业务推向更广的领域,形成产业集群和特色产出,快速占领信息无障碍行业制高点,大力推进信息无障碍事业发展,使全社会所有人平等地参与到社会活动中,实现信息技术使用手段的公平、信息应用的公平,推进残疾人事业及全省信息服务业的全面、健康、持续发展。发挥政府保障作用,完善创新服务体系;提升联盟成员的群体竞争力,营造创新环境,培养创业创新精神,力争吸引更多的社会资源和科研力量、开发更多的产品,为成员单位创造更大的社会效益。

3. 联盟的成员单位

表 8-7　黑龙江省信息无障碍产业技术创新战略联盟成员单位

序号	成员单位	地址	备注
1	哈尔滨亿时代数码科技开发有限公司	哈尔滨市香坊区红旗大街 108 号	法定代表人：陈威钢
2	黑龙江省计算中心	哈尔滨市香坊区珠江路 62 号	法定代表人：刘春燕
3	联通系统集成有限公司黑龙江省分公司	哈尔滨经开区南岗集中区长江路 380 号	法定代表人：李研
4	黑龙江省公众信息产业有限公司	哈尔滨市道里区果戈里大街 403 号	法定代表人：李林立
5	黑龙江海康软件工程有限公司	哈尔滨市香坊区文昌街 236 号	法定代表人：邱雁
6	大庆同创信息产业股份有限公司	大庆开发区创业新街 25 号	法定代表人：任仲刚
7	哈尔滨博诚科技发展有限公司	香坊区文昌街 267 号动力科技大厦	法定代表人：李照杰
8	哈尔滨沿海创意科技港发展有限公司	哈尔滨市松北区创新路 1616 号	法定代表人：张智强
9	大庆市华拓数码科技有限公司	大庆高新区服务外包产业园 D-1 座	法定代表人：徐岩
10	哈尔滨乐辰科技有限责任公司	南岗区红旗大街 178 号	法定代表人：薛扬
11	哈尔滨工业大学	哈尔滨市南岗区西大直街 92 号	
12	东北林业大学	哈尔滨市香坊区和兴路 26 号	

4. 联盟理事长单位——哈尔滨亿时代数码科技开发有限公司

哈尔滨亿时代数码科技开发有限公司创立于 2000 年 11 月，注册资金 540 万元，厂区占地 21 258 平方米。该公司是黑龙江省优秀软件企业、哈尔滨市重点高新技术企业、中国通信标准协会全权会员、黑龙江省软件协会会员。公司的技术水平处于国内领先地位，是我国目前唯一一家既参与国家标准制定，又能实施网站无障碍改造的企业，也是中国信息无障碍推进联盟成员单位，多项研究成果填补了国内空白。

公司一直致力于网络信息无障碍领域和以蓝牙技术为基础的电子通信领域的技术研究与产品开发，并在技术成果转化应用领域，取得了显著的成绩，研发能力和技术水平均处于国内领先地位。在实践中建立了从客户需求调研、产品设计开发、解决方案制订、产品销售及项目实施到售后服务一体化的完善的运营体系。全面通过了 ISO 9001 及 TS 16949 国际质量管理体系认证。目前公司拥有发明专利 4 项、实用新型专利 5 项、实用外观专利 1 项、计算机软件著作权 9 项，计划在未来两年内还将申请至少 20 项专利或专利著作权。

公司现拥有员工 120 人，其中博士 2 人、高工 2 人、硕士 6 人。技术研发人员占员工总数的75%，大专以上学历的占93%。公司一贯注重人才的吸纳和培养，重视员工的技能提升和团队建设，培养了一支善于创新、不断进取、技术过硬、富有朝气的员工队伍。

公司承担的科技部2006年火炬计划项目、黑龙江省发展高新技术产业专项资金项目、黑龙江省发展信息产业专项资金项目、哈尔滨市高新技术产业专项资金（科技型中小企业技术创新基金类）项目等国家、省、市各级政府科技项目，都取得了丰硕的技术成果，同时积累了丰富的大型项目实施与管理经验。

公司秉承自主创新、自主研发的原则，成为我国最早开展网络信息无障碍研究的企业，现已取得丰硕的成果。2002年公司研发出了帮助盲人上网使用的"蓝天语音软件"；2004年基于该软件研制出我国"第一台盲人计算机"；并开通了我国第一家专门为盲人服务的信息无障碍网站——"中国盲人网"。这些研究成果满足了弱视群体，特别是盲人朋友上网的需求。2006年公司研发的"网站内容可介入性设计指南及自动检测软件"，经专家鉴定，其填补了我国网络信息无障碍研究的空白；同时，公司应邀参与了信息无障碍国家标准《信息无障碍 身体机能差异人群 网站设计无障碍技术要求》和《信息无障碍 身体机能差异人群 网站设计无障碍评级测试方法》的起草和制定工作，两项国家标准分别于2008年7月和2008年11月先后颁布实施。2010年8月，公司跟随中国标准代表团，参加了全球国际标准《ISO/IEC JTC 1/SC 35》的研讨制定工作；2010年10月，公司参与了国家标准《电子政务标准化指南》的起草工作和信息无障碍国家标准《网页内容可访问性指南0.1》（征求意见稿）的讨论工作。

目前，国内95%以上已实施信息无障碍建设的政府门户网站、行业网站以及大型国际会议网站的建设项目，都是由该公司独立完成的，其中包括中国残疾人联合会网站、中国盲人数字图书馆网站、中国中央电视台奥运频道网站、上海市残疾人联合会网站、上海市政府门户网站、上海市民政局网站、上海市人力资源和社会保障局网站、吉林省特奥会网站、新农村信息化综合服务平台网等二十几家网站。与此同时公司还研发了多款信息无障碍辅助软件产品，主要包括：亿时代网站无障碍自动检测及修改工具、亿时代CMS无障碍接口系统、亿时代无障碍内容管理系统、亿时代网站无障碍辅助浏览工具、亿时代网站智能语音朗读插件、亿时代蓝天语音读屏软件、亿时代蓝牙无线读屏装置等。其中拥有国家发明专利的"亿时代蓝牙无线读屏装置"，于2008年北京奥运会和残奥会期间，在主要赛事场馆及首都国际机场进行了全程示范应用，同时培训了200多名奥运志愿者，得到了广泛好评。公司目前不但可以为客户提供信息无障碍网站建设的咨询、检测服务解决方案，还能为实施项目建设做好维护服务等系列工作，公司的辅助软件产品已覆盖信息无障碍网站建设到用户终端使用的各个环节，为网络信息无障碍的全面实现提供了充分保障。

2011年，陈威钢带领技术团队开发信息无障碍云服务系统项目，采用了目前国际上最新的"云计算"技术，结合公司原有"信息无障碍改造技术"，改变传统网站一次性无障碍改造的服务模式，解决了传统单网站无障碍改造方法周期长、成本高等问题，无障碍改造时间仅为传统手段的6%，改造经费为传统手段的10%，每个网站改造费用降低为4万元左右，按照全国8万个政府网站计算，将投入费用从400亿降为32亿，并且一家公司在1年内就能实施1 000个网站的改造工作，大大降低了政府建设的经费投资，为全国网站的信息无障碍改造起到了开拓性的作用,推动了"云计算"和"信息无障碍技术应用"的快速发展,对于我国科技发展、社会进步都具有深远的意义。

陈威钢率领技术团队经过两年的积累与研究,于 2013 年在北京中关村推出了众智汇网络众包平台,并于 8 月 28 日正式上线。众智汇网络平台是一个基于众包模式和互联网的交易服务类电子商务平台。平台为大量具有灵活就业条件的人群(在校大学生、失业人群、残疾人等)、拥有碎片时间的人群提供网上工作或兼职机会,从而实现集中就业或居家就业等多种就业模式,为发包企业节约 30% 以上的成本。

5. 联盟参与制定的信息无障碍技术国家标准

(1) ISO/IEC 信息无障碍标准体系(见表 8-8)。

表 8-8 ISO/IEC 信息无障碍标准体系

ISO/IEC (38 个)	信息技术 (28 个)	通用要求(5)	用户需求、标准清单、标准与需求的映射、用户系统与环境统一配置框架、图标与符号设计指导
		商业活动(3)	电子商务词汇、交易个人隐私保护、业务事件中 it 驱动编码语义组件
		生物识别(2)	司法与社会活动中的一般性指导、生物识别技术指导与包容的生物系统
		教育培训(7)	个性化在线教育基本框架、个性化需求偏好、数字资源描述、教育培训中的隐私保护、电子学习档案基本框架、虚拟实验基本框架
		开发辅助(5)	互操作性的需求与建议,Windows 可访问性 API,IAccessible2 可访问性 API,Linux、UNIX 可访问性 API,Java 可访问性 API
		交互设计(6)	用户界面可访问性、硬件可访问性、用户界面图标框架与一般性指导、图标的注册与管理、图像替代文本、音频描述文本
	人体工程学 (4 个)		软件可访问性,信息/通信设备和服务的可访问性,减少光敏发作的设计、需求、测试方法,商品触点与触条设计
	信息与文件管理 (3 个)		激光光盘、电子文档可访问性、数字化记录无障碍要求实现方法
	基础设施(3 个)		建筑环境的可访问性、儿童安全包装、地理信息传输节点

(2) ITU - T 标准体系(见表 8-9)。

表 8-9 ITU-T 标准体系

ITU - T(6个)	残疾人公共通信终端的人为因素影响
	国际电话服务连接的可访问性目标
	64Kbit/s 电路交换端到端 ISDN 连接可访问性
	针对老年人和残疾人的电信可访问性指导
	IPTV 系统的可访问性概要
	可访问性术语与定义

(3) 信息无障碍技术国家标准体系(如图 8-5 所示)。

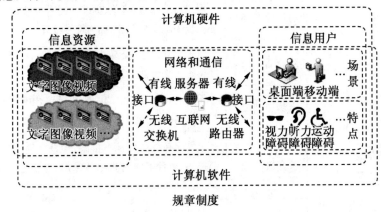

图 8-5 信息无障碍技术国家标准体系

附件1

"技术创新引导工程"实施方案
(国科发政字〔2006〕31号)

为贯彻党的十六届五中全会和全国科技大会精神,进一步增强企业自主创新能力,加快建立以企业为主体、市场为导向、产学研相结合的技术创新体系,科学技术部、国务院国资委、中华全国总工会决定实施"技术创新引导工程"。

一、基本宗旨和主要目标

基本宗旨:促进企业成为技术创新的主体,提升企业核心竞争力,增强国家自主创新能力,为建设创新型国家提供有力支撑。

主要目标:引导形成拥有自主知识产权、自主品牌和持续创新能力的创新型企业;引导建立以企业为主体、市场为导向、产学研相结合的技术创新体系;引导增强战略产业的原始创新能力和重点领域的集成创新能力。

二、指导原则和总体部署

……

三、重点内容

(一)开展创新型企业试点工作。

……

(二)引导和支持若干重点领域形成产学研战略联盟。

引导若干重点领域,以共性技术和重要标准为纽带,以大中型骨干企业和行业龙头企业为核心,形成各种形式的产学研战略联盟,并给予优先支持。以国家高新区等产业集群中的技术联盟企业为主体,配合国家科技计划、重大专项和条件平台项目,采用竞争机制,组织产学研联合开展对引进先进技术的消化吸收和再创新。

(三)优化资源配置,加大对企业技术创新的引导。

……

(四)加强企业研究开发机构和产业化基地建设。

……

(五)加强面向技术创新的公共服务平台建设。

……

(六)激励广大职工为企业技术创新建功立业。

……

四、保障措施

……

五、组织实施

(一)建立部门间分工负责机制,保证本方案确定的各项任务落到实处。

……

(二)建立协调沟通机制,形成推进工程实施的合力。

……

(三)各级科技、国资监管机构和工会组织要进一步解放思想,大胆创新,务求实效。

……

(四)科技部、国务院国资委和全国总工会将会同相关部门抓紧制订本方案确定的创新型企业试点、引导产学研战略联盟试点、建设企业研究开发机构及产业化基地、加强技术创新的公共服务平台建设、激励职工为技术创新建功立业等重点工作的具体方案,并下发实施。

附件 2

中央发布实施创新驱动发展战略的意见,明确支持联盟发展

2015年3月13日《中共中央国务院关于深化体制机制改革 加快实施创新驱动发展战略的若干意见》正式发布。该文件对如何深化改革、全面落实国家创新驱动发展战略提出了三十条意见。其中,在第七条意见中明确提出:鼓励构建以企业为主导、产学研合作的产业技术创新战略联盟。在第十九条意见中再次提出：推动以生产经营活动为主的转制科研院所深化市场化改革，通过引入社会资本或整体上市，积极发展混合所有制，推进产业技术联盟建设。

附件3

国务院办公厅发布《促进科技成果转移转化行动方案》，支持联盟承担重大科技成果转化项目

2016年4月21日，国务院办公厅发布了《国务院办公厅关于印发促进科技成果转移转化行动方案的通知》(国办发〔2016〕28号)，落实《中华人民共和国促进科技成果转化法》，加快推动科技成果转化为现实生产力，明确了重点任务分工及进度安排。其中，第8项重点任务就是由科技部、工信部、中科院等部门牵头，围绕国家重点产业和重大战略，构建多种形式的产业技术创新战略联盟。以下为原文：

围绕"中国制造2025"、"互联网+"等国家重点产业发展战略以及区域发展战略部署，发挥行业骨干企业、转制科研院所主导作用，联合上下游企业和高校、科研院所等构建一批产业技术创新联盟，围绕产业链构建创新链，推动跨领域跨行业协同创新，加强行业共性关键技术研发和推广应用，为联盟成员企业提供订单式研发服务。支持联盟承担重大科技成果转化项目，探索联合攻关、利益共享、知识产权运营的有效机制与模式。

附件4

"十三五"国家技术创新工程规划大力支持联盟在构建产业创新体系中发挥作用

4月27日，科技部、发改委等15个部门联合发布了《关于印发"十三五"国家技术创新工程规划的通知》(国科发创〔2017〕104号)，其中多处提出建设产业技术创新体系，加强产业技术创新，围绕产业链构建创新链，把联盟作为新形势新需求下，支撑产业技术创新、完善我国技术创新体系建设的重要抓手。

在总体目标中，提出到2020年，"企业主导的产学研合作深入发展，建设一批带动产业整体创新能力提升的产业技术创新战略联盟，试点联盟达到300家以上。突破一批产业核心、关键和共性技术，形成一批国际和国家技术标准"。

在六大重点任务中，第三大任务专门针对联盟提出，围绕优化布局、提升功能、指导服务等几方面，发展产业技术创新战略联盟，促进产学研协同创新。

"在深化改革基础上，按照自愿原则和市场机制，优化产业技术创新战略联盟总体布局，提升联盟功能，加强服务，发挥联盟对推动产业重大技术创新和促进产学研协同创新的重要作用。

鼓励产学研联盟发展。加强对联盟引导，聚焦新兴产业发展及传统产业转型升级，围绕长江经济带、京津冀等重点区域，结合重点任务实施和重大成果应用，鼓励产学研联合组建产业技术创新战略联盟，协调推进完善技术创新生态体系建设，推动产业技术、标准、服务与应用达到国际领先水平。鼓励成立跨行业、跨领域协同创新联盟。及时总结运行规范、在推动产业技术创新中发挥重要作用的联盟经验，发挥联盟示范带动作用，鼓

励承担国家重大科技计划和任务的实施。

提升联盟功能。围绕发展战略性新兴产业、改造提升传统产业、培育现代服务业,引导联盟开展产业技术研发创新,强化联盟在制订技术标准、编制产业技术路线图、加快技术转移和成果转化、构建和完善产业创新链等方面的重要作用。探索依托联盟成员单位建设国家科技创新基地,企业以市场化方式设立产业投资基金,建设研发与产业化实体,面向产业提供人才培养、技术熟化等服务。

加强对联盟指导服务。鼓励联盟在自愿基础上构建协同创新网络,搭建联盟自组织与协同互动的桥梁与平台,促进联盟交流,引导联盟健康发展。拓展联盟宣传交流、信息咨询、法律援助、国际合作渠道,研究完善支持联盟发展的政策措施,探索突破联盟法人实体地位。加强联盟内部组织和制度建设,完善运行与发展机制。"

附件5

《＊＊＊＊＊产业技术创新战略联盟协议书》(部分)

一、标题部分

＊＊＊＊＊产业技术创新战略联盟

二、序文部分

1. 缔约方基本信息如下:

首批缔约方为＊家,其中企业＊家,高等院校＊家。名单如下:

1.1 公司名称:

地址:

1.2 公司名称:

地址:

2. 鉴于条款

2.1 本协议缔约各方均具有独立法人资格,具有签订本协议的合法主体资格,且各方相互确认彼此履行本协议的资格和能力。

2.2 本协议缔约各方签订本协议旨在成立＊＊＊＊＊产业技术创新战略联盟,并规范联盟运作。

2.3 定义部分(视联盟具体情况制定,可省略)

本联盟是指由企业、大学,以企业的发展需求和各方的共同利益为基础,以提升＊＊＊＊＊产业技术创新能力为目标,以具有法律约束力的契约为保障,形成的联合开发、优势互补、利益共享、风险共担的技术创新合作组织。

三、主文部分

1. 联盟名称、组织原则和组建宗旨

1.1 本联盟名称

＊＊＊＊＊产业技术创新战略联盟。

1.2 联盟的宗旨

"整合资源、优势互补、联合创新、合作共赢"。

1.3 联盟的原则

本联盟是指由企业、大学,以企业的发展需求和各方的共同利益为基础,以提升＊＊＊＊＊产业技术创新能力为目标,以具有法律约束力的契约为保障,形成的联合开发、优势互补、利益共享、风险共担的技术创新合作组织。

联盟为非政府组织和非法人机构,归联盟理事会领导。其行政和财务体系挂靠依托单位,接受国家科技、产业和行业主管部门的业务指导。联盟成员在内部形成有机整体的基础上实施科技、产业、商务和金融的国际合作。在国际合作方面,未经联盟同意,只顾自己单位利益的单一活动是不允许的。联盟遵守《中华人民共和国宪法》、法律、法规和国家政策,贯彻执行国家和地方政府相关产业发展的方针、政策。

2. 联盟的技术创新目标、任务和联盟成员的任务分工

2.1 技术创新目标

建立系统完善、具有自身特色的科技创新体系,自主创新能力明显提升,紧跟世界该技术领域的先进适用技术。

充分发挥联盟内成员单位的技术积累、人力资源优势。

2.2 联盟的任务

2.2.1 组织企业、大学等围绕产业技术创新的关键问题,开展技术合作,突破产业发展的核心技术,形成重要的产业技术标准。

2.2.2 建立公共技术平台,实现创新资源的有效分工与合理衔接,实行知识产权共享。

2.2.3 实施技术转移,加速科技成果的商业化运用,提升产业整体竞争力。

2.2.4 联合培养人才,加强人员的交流互动,为产业持续创新提供人才支撑。

2.2.5 积极为产业发展争取政府部门的政策、项目等的支持,为政府部门制定政策以及组织实施重大项目提供决策参考。

2.3 任务分工

联盟成员单位围绕产业技术创新的关键问题,开展技术合作,突破产业发展的核心技术。企业是技术研究开发的承担单位之一,是系统技术中单元技术开发的牵头负责企业,是研究开发的主要力量,是＊＊＊＊＊技术的拥有者和主要技术开发的投资者。在利用国家有限资金投入的基础上,企业作为＊＊＊＊＊的拥有者和产品的销售者,应增大研发资金投入,将国家利益和企业发展紧密结合,增强企业的核心竞争力。并且建立技术的研发体系,加强对关键技术的研发。

大学和科研机构集中了国家最优秀的科技人才,具有学科齐全、相互交叉渗透的科研网络,能够跟踪国际最先进的技术,对国际科技发展进步反应最灵敏,最了解国际前沿技术。其作为国家层面的科研力量,利用自身的人才和研究设施优势,从事公共技术的研发工作和工程项目的勘察设计,促进企业的技术升级,完成国家技术进步的任务。根据国家项目的总体计划和企业的需求,进行关键技术和系统技术的研究攻关,融入设备制造企业的产品开发中,利用市场对资源的最佳配置,参与技术的研究与开发。在具体工程应用中,把握技术发展方向,进行必要的工程技术咨询,完成从工程设计到工程实施的技术服务。

3. 联盟的组织机构及职责

3.1 本协议各方共同约定＊＊＊＊＊单位(一般是联盟理事长单位)作为联盟对外承担责任的主体,代表联盟与相关政府管理部门签订科技计划项目任务书等文件;联盟对外签署的其他文件可由相关联盟成员就具体事项,共同出具授权委托书,委托联盟理事长单位签署。

3.2 设立理事会、专家委员会和秘书处。理事会为联盟决策机构;专家委员会为理事会咨询机构;秘书处为联盟常设执行机构。

3.3 理事会的组成、职责和议事规则

3.3.1 理事会的组成

联盟成立初期,理事会成员主要由联盟的发起单位组成。理事会由联盟理事会全体成员选举产生,每届任期＊年。联盟设理事长1名、副理事长若干名。

3.3.2 理事会的职责

(1)审定联盟的基本管理制度。
(2)审定联盟发展规划和工作方针。
(3)审定联盟年度工作报告和各工作组工作报告。
(4)批准年度财务预、决算报告。
(5)审定各工作组、秘书处工作报告。
(6)批准联盟成员的加入和除名。
(7)审定提请联盟大会变更或终止联盟的决议。
(8)审定其他重大事项。

3.3.3 理事会议事规则

理事会每年召开1~2次会议,由理事长召集。理事会会议需要半数以上成员参加,会议表决有三分之二以上参会成员通过的决定有效。

3.4 专家委员会的组成、职责和议事规则

3.4.1 专家委员会的组成

专家委员会是由省市企业资深专家和主管相关科研、技术、产品、标准、内容、运营和产业化的领导、负责人和专家构成的虚拟组织。主要负责联盟理事会单位间的技术协调和咨询工作,对重大技术和产业发展策略提供指导和支持。

3.4.2 专家委员会的职责

(1)制定联盟的技术发展规划方向与工作重点。
(2)对行业的重大技术攻关、技术开发、技术推广、技术改造和技术引进项目的确定和实施提供咨询论证。
(3)负责对联盟组织开发的研发项目的经费预算编制、项目招标、项目鉴定、评审、验收等工作进行技术把关。

3.4.3 专家委员会的议事规则

根据需要定期与不定期召开专家技术委员会会议,须有三分之二以上(含三分之二)委员出席,其审核事项须经到会委员三分之二以上(含三分之二)表决通过方能生效。

3.5 秘书处的组成、职责

3.5.1 秘书处的组成

秘书处是联盟的常设办事机构,是联盟具体事宜的执行组织。根据联盟章程规定,联盟秘书长由理事长提名、常务理事会任命。联盟理事长拟提名××同志担任联盟秘书处秘书长,依托单位对外承担联盟责任。

3.5.2 秘书处的职责

(1) 负责制定并执行联盟的日常工作管理制度、业务流程、岗位职责。

(2) 执行理事会决议,负责组织、管理、协调联盟的各项工作。

(3) 起草联盟年度工作报告,负责联盟理事会会议的筹备和召开。

(4) 负责财务管理工作,起草年度财务预、决算报告。

(5) 负责受理加入联盟的申请,对申请单位的资格进行初步审查。

(6) 依据联盟有关处罚制度提议除名违规联盟成员及受理联盟成员退出联盟的申请。

(7) 联盟理事会交办的其他事项。

4. 联盟成员

4.1 联盟成员的基本条件

凡承认并遵守联盟章程,具有独立法人资格,无不良经营记录,与行业相关的企业单位、事业单位、社团组织以及投融资机构等,均可自愿提出申请,经联盟理事会批准后成为联盟成员。拥有自主核心技术、具有区域影响力或产业链各环节的龙头单位可优先批准入会。

4.2 联盟成员的权利

4.2.1 可以使用联盟成员的称号、标志等。

4.2.2 参加联盟大会,参与讨论和表决与联盟发展有关的重大政策、决议和事项。

4.2.3 向秘书长提议召开联盟大会临时会议。

4.2.4 受邀列席理事会会议。

4.2.5 联盟组织换届的选举权和被选举权。

4.2.6 优先、优惠共享理事会成员的项目研发成果。

4.2.7 自愿入会及自由退会权。

4.3 联盟成员的义务

4.3.1 遵守本联盟章程,执行联盟决议,维护联盟合法权益。

4.3.2 积极参加和支持联盟组织的各项活动和各工作组的工作。

4.3.3 维护联盟的信誉,不得以联盟的名义向企业摊派、乱收费等,不以联盟名义开展未经核准的业务。

4.3.4 服从联盟领导,执行联盟理事会决议,努力完成联盟交办的工作任务。

4.3.5 对联盟及其下属机构组织编发的有关信息资料负有保密责任。

4.3.6 任何联盟成员单位不得私自以联盟的名义组织或参加联盟外的各类活动。

4.3.7 各联盟单位推荐一名联络员,及时提供可对外发布的信息及业绩材料,以供宣传和存档。

4.3.8 及时缴纳会费。

4.4 联盟新成员的加入程序

4.4.1 向联盟秘书处提交填写完整的加盟申请表。

4.4.2 联盟秘书处初审申请表并上报理事会。

4.4.3 理事会审议通过。

4.4.4 签署相关协议并缴纳会费。

4.4.5 成为联盟成员。

4.5 联盟成员的退出

4.5.1 联盟成员退出联盟时应提前三十日向秘书处提出书面通知,并补齐应交的年费。秘书处在收到书面通知后于三个工作日内报理事会批准,取消其成员资格,并取消其在联盟中的一切权利。

4.5.2 联盟不返还已交纳的会费和赞助费。

4.5.3 联盟成员退出后,一年内不得申请重新加入联盟。

4.6 联盟成员的除名

4.6.1 凡联盟成员无特殊原因连续三次不参加联盟会议或联盟组织的活动,或逾期3个月不交纳会费者,按自动退出联盟予以除名。

4.6.2 经理事会审议批准,可以对不履行义务的联盟成员做出除名的决定。

4.6.3 联盟成员严重违反本联盟章程,损害本联盟利益或声誉,经理事会审议批准予以相应的处罚或除名。

4.6.4 联盟成员被除名,联盟不返还已交纳的会费和赞助费。

4.6.5 联盟成员除名后,两年内不得申请重新加入联盟。

5. 联盟的经费管理

5.1 联盟经费的来源

联盟经费的来源主要包括联盟承担项目争取的国拨科研经费、联盟成员投入的自筹经费、政策性国家银行贷款、行业或企业委托研发经费、联盟成员基本会费、捐赠资金和成果的部分技术转移收益。

5.2 联盟经费用途

项目研发、公用办公等。

5.3 联盟经费管理

5.3.1 联盟经费由理事会委托理事长单位或联盟常设机构依托单位设立独立账目进行管理。经费来源属于政府财政资助的,将明确执行国家有关经费管理监督规定,接受理事会的监督和联盟成员共同认可的第三方的审计。

5.3.2 联盟经费专款专用,实行独立的财务预决算制度,保证会计体系合法、真实、准确、完整,严格执行国家规定的财务管理制度。社会捐赠、资助的应当尊重捐赠人、资助人的意愿,并将有关情况以适当方式向社会公开。通过联盟共性技术转化获得的成果转化收益,由理事会事先批准的协议约定分配。

5.4 公用办公经费的来源及管理和使用

公用办公经费的来源是联盟成员的基本会费,主要用于秘书处常设机构办公及人员经费,联盟的会议、交流等公共费用的支出。各联盟成员基本会费缴纳额度由理事会会议协商确定。

5.5 项目研发经费的来源及管理和使用

项目研发经费以联盟承担项目争取的国拨科研经费和联盟成员投入的自筹资金为主,以政策性国家银行贷款、行业或企业委托研发经费、捐赠资金和成果的部分技术转移收益为辅,全部用于项目研发活动。

5.6 政府资助经费的管理和使用

政府资助经费的使用要按照相关规定接受有关部门的监督。

5.7 联盟研发基金

根据联盟成立后近期主要工作任务和联盟成员的需求,多方筹措联盟研发基金,全部用于研发活动。联盟研发基金的使用办法另行规定。

6. 联盟的项目管理

6.1 项目立项

根据国家产业政策和重大科技项目规划及产业需求,由秘书处征集项目建议,经由专家技术委员会论证、理事会同意后,由联盟秘书处组织联盟内单位向国家或地方相关部门申报。联盟或外部企业的委托项目由秘书处制订项目计划,经由专家技术委员会论证、理事会同意后,由联盟以择优或招标的形式确定项目实施单位;联盟成员间的产学研合作项目,由联盟秘书处在联盟成员内择优推荐合作方。同等条件下,联盟成员有优先获得项目支持的权利。

6.2 项目管理

项目的实施由联盟秘书处组织项目承担单位并签订协议或合同。项目实行课题制,负责人按计划进度定期向技术委员会和理事会汇报。技术委员会负责项目评估、监管。承担的国家项目需接受国家相关规定的监督、检查、评估、审计。

6.3 项目经费管理

根据国家有关规定,经费按单位领导下的课题负责制管理,承担任务的联盟单位实行全面预算、过程控制和全成本核算。项目负责人对具体项目经费的使用做出安排,报秘书处备案,接受秘书处的监督,秘书处定期向理事会报告。项目结束,接受理事会确认的会计事务所审计,报理事会审查。

6.4 项目验收

根据国家的有关管理办法或协议/合同约定的方式进行验收。

7. 联盟收益分配原则和知识产权管理

7.1 现有知识产权的投入和共享

7.1.1 联盟成员在加入联盟前和在联盟组织的项目以外、未利用联盟资源和条件自行研发的现有技术成果,知识产权仍归其享有。

7.1.2 在联盟组织的项目中,项目合作方应签订协议,明确各自投入的现有知识产权及其权利共享的范围和方式。

（1）在联盟组织项目的研发阶段,如项目合作一方在项目合作中需要使用联盟其他成员的专利技术,可不经授权无偿合理使用;如需使用联盟其他成员的现有的非专利技术(如非公知技术信息、技术秘密等),项目合作方之间根据现有知识产权投入的约定范围和方式使用,项目合作方和非项目合作方的联盟其他成员之间可通过协商,签订技术许可或转让协议。

（2）在联盟组织项目的产业化阶段,如项目合作一方因项目研发成果的应用而需要使用联盟其他成员的现有知识产权,项目合作方之间根据现有知识产权投入的约定范围和方式,在公平合理条件下使用;项目合作方和非项目合作方的联盟其他成员之间可通过协商,签订技术许可或转让协议。

7.1.3 联盟组织项目的合作方,未经许可不得将他人投入的知识产权用于联盟项目之外的其他用途。

7.2 新知识产权的权利归属、使用和利益分配

7.2.1 在联盟组织项目执行过程中,各方应对课题执行过程中产生的科技成果按下列方式及时采取知识产权保护措施。

（1）根据联盟组织项目任务分工,在各方的工作范围内独立完成的科技成果及其形成的知识产权归各方独自所有。一方转让其专利申请权时,其他各方有以同等条件优先受让的权利。

（2）在联盟组织项目执行过程中,由各方共同完成的科技成果及其形成的知识产权归各方共有。一方转让其共有的专利申请权的,其他各方有以同等条件优先受让的权利。一方声明放弃其共有的专利申请权的,可以由另一方单独申请或者由其他各方共同申请。合作各方中有一方不同意申请专利的,另一方或其他各方不得申请专利。

（3）由各方共同完成的技术秘密成果,各方均有独自使用的权利。未经其他各方同意,任何一方不得向第三方转让技术秘密。

（4）共同完成的科技成果的精神权利,如身份权,依法取得的荣誉称号、奖章、奖励证书和奖金等荣誉权归完成方共有。

7.2.2 各方对共有科技成果实施许可,转让专利技术、非专利技术而获得的经济收益由各方共享。收益共享方式应在行为实施前另行约定。

7.3 联盟知识产权管理和保护

7.3.1 由联盟全额出资的项目,其知识产权属联盟所有。所完成的发明创造、实用新型或外观设计以联盟的名义申请专利和申报科技成果奖。联盟有权确定成果的使用范围,项目承担单位和联盟有优先使用权。未经联盟同意,研究成果不得转让或折资入股。

7.3.2 部分使用联盟科技项目经费所形成的科技成果,其知识产权由各出资方共有,知识产权的使用、转让以及收益的分配办法由出资方和项目承担单位在合同(任务)书中约定,合同(任务)书中没有约定的,也可以通过专门的协议做出约定。

7.3.3 项目成果不宜申请专利的,可作为技术秘密,保密范围和期限在合同中规定,研发人员和其他了解、接触技术秘密内容的有关人员,依照规定承担保密义务。联盟拥

有知识产权的成果,在保密期内,未经联盟允许,不得利用论文、期刊、书籍、交流等形式私自披露其核心技术。对联盟发展有重大影响的核心竞争力的技术秘密,不受保密期限限制。

7.3.4 涉及国家秘密的科技成果,按照《科学技术保密规定》进行密级评定或确认,并实施管理。

8. 联盟的解散和清算

8.1 联盟因终止、解散或分立、合并等需要撤销的,由秘书处提出,理事会表决且五分之四以上(含五分之四)同意方能通过。

8.2 联盟终止前,须在国家部委相关单位及有关机构指导下由理事会负责组织成立清算组织,清理债权债务,处理善后事宜。清算期间,不开展清算以外的活动。剩余财产按照国家相关规定决定用途。

9. 违约责任

9.1 任何协议方违反本协议约定的义务,经联盟理事会决定,可从联盟中除名,并由联盟理事长单位或联盟理事会指定的其他联盟成员代表联盟追回其承担联盟研发项目所得政府资助资金和联盟配套资金,给其他联盟成员造成经济损失的,应承担赔偿责任。

9.2 联盟成员被除名时,其不再享受本协议约定的联盟成员权利,但仍应承担保守联盟及联盟成员技术秘密的义务;对已经许可联盟其他成员在联盟项目中使用的知识产权,相应联盟成员仍有权按原有条件继续使用;对其已投入联盟的各类资金不予退还。

10. 一般内容

10.1 不可抗力:由于不可抗力的原因而不能履行协议或延迟履行协议的一方可不负有违约责任。

10.2 争议解决:因履行本协议而引起的任何纠纷应通过相关各方友好协商解决,或通过联盟理事会调解解决;协商或调解不成的,向联盟常设机构所在地的人民法院提起诉讼。

10.3 法律适用:本协议及其解释适用中华人民共和国法律。

10.4 协议的生效和变更:本协议经协议各方法定代表人签署(如由法定代表人的授权委托人签署的,须附法定代表人出具的授权委托书)并加盖公章后生效,协议各方各执一份,具有同等法律效力。对本协议的任何变更须经协议各方一致同意,并以书面形式做出。

四、结尾部分

联盟成员单位签章、签署日期等。

签章部分由联盟成员加盖单位公章,由联盟成员单位的法定代表人签署。如由法定代表人的授权委托人签署的,须附法定代表人出具的授权委托书。

法定代表人/委托代理人: (签名)

日期:

第9章 研究报告

9.1 哈尔滨市产业技术创新战略联盟发展状况分析

9.1.1 哈尔滨市产业技术创新战略联盟发展环境分析

从全国的产业联盟发展情况来看,通过政府支持产业联盟的发展以促进产业创新已成为各地区产业政策的重要发展趋势。联盟的成立必然为传统产业升级换代、焕发生机带来全新的创新发展理念。

在哈尔滨市政府和科学技术局倡导下,2015年7月哈尔滨奥鑫科技开发有限公司牵头成立小浆果产业技术创新战略联盟,国家产业技术创新战略(培育)联盟常务副理事长兼秘书长孙小林在成立大会上做出重要讲话。同月,哈尔滨市依洁经贸有限公司牵头的国家智能硬件产业技术创新战略联盟成立大会在哈尔滨召开,国家科技部相关领导、国家产业技术创新战略(培育)联盟相关领导,以及行业内知名企业领导,高校、科研机构的专家共100余人参加了大会。同时,哈尔滨亿时代数码科技开发有限公司牵头的信息无障碍产业技术创新战略联盟得到国家和黑龙江省的重点扶持。哈尔滨市产业技术创新战略联盟不断发展壮大。2017年6月28日,黑龙江省虚拟现实产业技术创新战略联盟在腾讯众创空间(哈尔滨)召开成立大会,联盟由哈尔滨爱威尔科技有限公司发起,联合腾讯众创空间(哈尔滨)、哈尔滨维尔星空科技有限公司等企业和高校,按照"自愿、平等、合作"的原则自愿联合成立,省科学技术厅郭大春副厅长、哈尔滨市科技局李奇志副局长、哈尔滨市经济技术开发区科技局陈立科局长等有关领导及联盟45家成员单位出席会议。

在这样的背景下,推动哈尔滨市产业技术创新战略联盟构建和发展,是整合哈尔滨市产业技术创新资源、引导创新要素向企业集聚的迫切要求,是促进产业技术集成创新、提高产业技术创新能力、提升产业核心竞争力的有效途径,具有重要的现实意义。哈尔滨市产业技术创新战略发展路径研究课题组成员通过近一年的走访、座谈及调研,对哈尔滨部分联盟的理事会单位(核心成员企业)的运行情况进行了梳理,希望能协助政府有关部门了解联盟实际情况,研究制定联盟相关政策,为科技计划择优支持等方面提供重要依据和参考。

9.1.2 联盟开展活动情况

1. 技术创新合作不断深化

在国家和黑龙江省委、哈尔滨市政府及各部门的关怀、支持、指导下,哈尔滨市产业技术创新战略联盟的规模与实力进一步发展壮大,联盟充分发挥各成员单位现有的科研和产业优势,结合产业发展重大技术需求,以加快行业基础科学、前沿技术、应用技术和配套装备综合能力稳步提高为目标,重点开展产业技术创新发展战略研究及共性技术的联合研发,积极联合各成员单位申报产业重大项目,较好地解决了制约产业发展的关键技术问题。例如,哈尔滨亿时代数码科技开发有限公司牵头的信息无障碍产业技术创新战略联盟开发了蓝天语音读屏软件等产品,通过与哈飞汽车股份有限公司合作,开发了相关汽车配套产品,在技术创新合作方面实现了科技成果转化,取得了很好的市场效果。

2. 项目研究成果显著

哈尔滨市产业技术创新战略联盟内部各企业通过项目进行合作,这是联盟内部合作的一种重要方式。例如,高纬度地区电动汽车产业技术创新战略联盟的重大项目"高纬度地区电动汽车充电站及配网系统产业化",其投产运行情况通过省发改委专家组现场检查评估;联盟成员单位的"智能变电站系统的研究与开发"和"电动汽车电池管理系统关键核心技术的研究与应用"获准列入哈尔滨市重大科技攻关计划。

哈尔滨亿时代数码科技开发有限公司牵头的信息无障碍产业技术创新战略联盟,其联盟成员哈尔滨亿时代数码科技开发有限公司、哈尔滨工业大学、省计算机中心等企业共同承担项目,获得经费支持50万元。联盟成员通过技术合作,积极申请国家科技部项目及市场相关招投标项目,在盲人计算机、盲人读屏软件、残疾人培训等方面展开了深入的合作。

3. 促进行业企业与科研机构深度交流

联盟通过科技创新活动,加强了行业企业与科研机构之间的交流与沟通。例如,为了更好地促进石墨行业的技术合作交流、加大石墨企业科技力量的投入、促进外界对石墨行业现实状况的了解,石墨产业技术创新战略联盟先后组织协调成员单位到中国国际高新技术成果交易会、中国-俄罗斯博览会等展会进行技术交流,同时组织学校及企业先后考察了株洲弗拉德科技有限公司、慈溪恒立密封材料有限公司、湖北宜昌、浙江国泰建设集团有限公司,并与中南大学、武汉理工大学、哈尔滨工业大学(威海)等高校、科研院所进行了科技项目对接。

9.1.3 哈尔滨市产业技术创新战略联盟现有模式

1. 政府引导型联盟模式

政府引导型联盟模式,指的是在某些重大产业技术创新领域,当市场前景不明确以及面临的技术创新风险较大时,各个创新主体通常不会主动参与该类型的产业技术创新活动,此时政府可以通过直接或者间接的方式介入,并引导形成产业技术创新战略联盟,以便提高国家和区域技术创新能力,促进经济快速健康发展。在该模式中,政府处于主导地位,针对企业、高校以及科研机构对产业技术创新的现实需要,在推动科学技术发展的前提下,制定相应的技术创新政策和规划,整合产业技术创新战略联盟各个参与主体的优势资源,实施联盟的相关计划,促进社会以及经济不断发展,以优化产业结构并促进产业结构升级,提高企业、高校和科研机构的综合技术创新能力。

政府引导型联盟模式的优势主要表现为:第一,政府具有制定相关政策法规的权利,能够在一定程度上对联盟予以一些政策优惠;第二,具有较高的良好信誉,能够促进联盟的顺利构建;第三,政府拥有充足的资金,可以为联盟发展提供强大的资金支持。该模式在政府的引导下,通过制定明确的任务和计划来构建战略联盟,积极采取有效的激励措施,能够促进联盟正常运行,顺利完成任务和计划,并加速完成联盟技术成果转化。

2. 学研驱动型联盟模式

学研驱动型联盟模式,指的是在某些科技含量相对较高的产业发展领域,在市场前景非常明确的背景下,大学和科研机构能够主动承担技术创新风险,充分发挥两者的相关资源和技术优势,通过自我调控的形式实现技术创新的产品化以及产业化。该模式的本质特征在于:大学和科研机构既可以成为科技成果的研发者,也可以成为将科研成果转化为现实产品并推进产业化生产的创造者。

在该模式中,科研机构具有主导作用,在发挥科技及人力等资源优势的基础上,不断完善科技创新与政府、企业发展的共生共存体制与机制。一方面,大学和科研机构可以作为政府部门的思想和智慧提供者,为社会经济的发展提供有力的智力支持;另一方面,大学和科研机构将各自的科研和服务供给与企业的现实技术创新需求相联系,可以帮助企业收集并整理相关技术创新信息,增强与企业的密切联系。

该类型联盟模式的特征:以大学和科研机构为主导,以科研成果为导向,大学和科研机构通过参与产业技术创新的基础研究、开发研究、工艺设计、应用研究、中试、技术成果产品化以及产品产业化,指导占有市场份额的整个流程。

例如,哈尔滨亿时代数码科技开发有限公司牵头的信息无障碍产业技术创新战略联盟,就是以哈尔滨亿时代数码科技开发有限公司为核心公司,其开发的信息无障碍相关技术产品,以及和高校的合作作为整个联盟运行的主导,以相关福祉技术为合作基础,联合相关硬件和软件企业,促进整个产业技术创新战略联盟的运作。

3. 市场驱动型联盟模式

市场驱动型联盟模式,指的是在市场前景相对乐观的背景下,企业为增强自身市场竞争实力和适应现实市场经济发展要求,通过委托大学和科研机构予以研究开发或者共同开发的方式,在新技术开发、技术支持以及服务方面寻求与大学和科研机构的相互合作,进而提高企业的技术创新水平和经济效益。在该模式中,企业处于主导地位,它从解决现实市场需求和自身需要的实际技术问题出发,在明确企业自身优势与劣势的前提下,选择战略联盟的合作伙伴,充分发挥联盟的优势互补与资源共享的协同创新效应。当联盟在技术研发和产品创新等方面存在差异的情况下,企业通过对联盟进行过程管理来规范联盟的收益协调与分配机制,以保障联盟的正常运行以及联盟预期目标的顺利实现。

例如,国家小浆果产业技术创新战略联盟运用市场机制集聚创新资源,联盟成员单位有300多家,从前期的育种、栽培,到后期的加工,创新小浆果行业产学研结合机制。通过产业生态链的构建,可有效贯通技术研发、产品制造、销售渠道、人才交流等多个环节,大大节约成本,有效提高效率,以形成产业核心竞争力。

9.2 哈尔滨市产业技术创新战略联盟发展的优势和条件分析

哈尔滨市产业技术创新战略联盟内部企业之间及企业与政府之间存在动态的交互关系,而这种关系就形成了复杂的网络。为了更好地分析哈尔滨市产业技术创新战略联盟的发展现状及存在的问题,找到联盟发展的优化路径,有必要对联盟内的这种网络关系进行分析。基于联盟内核心企业对联盟的重要影响,本书基于核心企业网络能力理论,对联盟发展的优势、劣势及影响机理进行了分析。

9.2.1 哈尔滨市产业技术创新战略联盟发展的优势

产业技术创新战略联盟核心企业的网络能力是联盟网络所具有的,并直接影响联盟间技术交流活动的过程和效果。本书根据相关文献资料以及哈尔滨市产业技术创新战略联盟实际情况认为,哈尔滨市产业技术创新战略联盟的优势主要体现在核心企业所具备的能力。

1. 战略规划能力

哈尔滨市产业技术创新战略联盟网络的发展对行业发展状况和经济、社会环境存在严重依赖,联盟核心企业需要提升识别技术发展方向的管理技能,从而针对具体方向制定或修正发展战略,并进一步发掘网络价值。加强联盟整体网络愿景的塑造,只有联盟成员都认同联盟的战略意图,才能够更积极地参与到联盟研发过程中来,共享、创造更多有价值的信息资源。

2. 网络学习能力

这种学习能力强调的是网络内技术知识、经验的累积、分享、创新和应用,体现了知识资源在哈尔滨产业技术创新战略联盟成员间有效分析和传递的能力,尤其是隐性知识,需要核心企业通过紧密联系在学习交往中逐渐获得。知识资源的整合能力,更多地强调对现有网络知识的结合,以及对潜在知识的挖掘,这种整合或转化要求联盟成员具备一定的吸收能力,掌握获取的新知识,通过交流、学习、融合,产生新的知识。知识资源的创新能力,主要通过知识资源的流动和碰撞,产生新思维、新方法、新价值,并应用到新的领域。创新在哈尔滨产业技术创新战略联盟网络中起着重要的作用。

3. 网络管理能力

哈尔滨市产业技术创新战略联盟需要制定和执行各种制度和网络管理任务,协调各网络节点的关系,保证网络活动的正常进行。网络管理能力是指对各种网络关系的组合,并对联盟网络活动过程进行动态管理。核心企业在这方面的能力主要体现为活动的有效安排、成员冲突的处理、网络活动的控制等。

9.2.2 哈尔滨市发展产业技术创新战略联盟的条件

本书通过梳理相关文献,及通过与哈尔滨市产业技术创新战略联盟核心企业,如信息无障碍产业技术创新战略联盟的牵头公司哈尔滨亿时代数码科技开发有限公司,以及国家小浆果产业技术创新战略联盟的牵头公司哈尔滨奥鑫科技开发有限责任公司等产业技术创新战略联盟的核心企业的相关领导进行深度座谈,总结出发展产业技术创新战略联盟的条件,即其主要影响因素,包括:知识存量、文化开放性、网络多样性、网络联系强度、网络外部环境(如图9-1所示)。

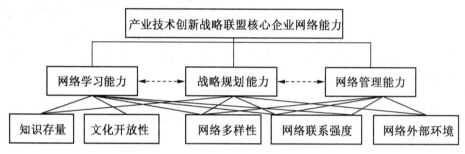

图9-1 哈尔滨市产业技术创新战略联盟核心企业网络能力影响因素

1. 知识存量

网络能力的首要表现是各成员内部相关知识的集合,因此对于哈尔滨市产业技术创新战略联盟核心企业来说,知识的存量就成为网络能力的主要影响因素,企业自身的知识存量是企业应用、改进和拓展联盟网络间传递和共享的知识集合的根本性条件。当联盟企业缺乏相应的知识存量时,与其他联盟企业的技术转移和资源传递就无法有效进行。该因素主要体现为核心企业科研人员配备的数量、企业合作经验及企业拥有的专利数量等。

2. 文化开放性

文化开放性体现了企业文化氛围的开放程度,主要包括灵活性、自主性和包容性。开放性的企业文化在哈尔滨市产业技术创新战略联盟内部核心企业吸收外源知识和资源时发挥重要作用,其提升在一定程度上促进了联盟企业间合作关系的建立和维持,主要包括追求变革、提倡团队精神和乐于分享等。

3. 网络多样性

网络多样性是衡量网络规模的主要指标。在复杂多变的环境中,哈尔滨市产业技术创新战略联盟网络需要多样性的信息和资源,网络关系越多,网络资源投入程度越大,则网络差异性越大,拥有更多的异质性资源,更有利于联盟网络获得竞争优势。

4. 网络联系强度

由于产业技术创新战略联盟的形成和发展过程本质是联盟成员间的互动过程,联盟企业间会经常发生高频率的互动和联系,因此,网络联系强度成为衡量哈尔滨市产业技术创新战略联盟发展程度的重要参数,包括核心企业与其他企业之间交流的频率和深度等。

5. 网络外部环境

网络外部环境会对哈尔滨产业技术创新战略联盟核心企业的网络能力造成直接或间接的影响,包括外部的政策环境及产业技术环境等。

9.2.3 基于解释结构模型的核心企业网络能力影响机理分析

1. 基于ISM的核心企业网络能力影响因素关联模型

根据前文提到的哈尔滨市产业技术创新战略联盟核心企业网络能力的影响因素:知识存量(S_1)、文化开放性(S_2)、网络多样性(S_3)、网络联系强度(S_4)、网络外部环境(S_5),对这5个影响因素进行ISM系统分析。本书采用专家调查方式来确定这5个影响因素之间的相互关系,并根据各因素间的相互关系来建立邻接矩阵和可达矩阵。ISM模型运用具体步骤如下:

第一步,系统要素分析,分析内容如上文。

第二步,建立邻接矩阵。对于各要素之间的关系本书以5×5方形矩阵A来表示,邻接矩阵中元素a_{ij}定义如下:

$$a_{ij} = \begin{cases} 1, & \text{当} s_i \text{对} s_j \text{有影响时} \\ 0, & \text{当} s_i \text{对} s_j \text{无影响时} \end{cases}$$

综合专家调查得到的意见得到邻接矩阵如下:

$$A = \begin{matrix} s_1 \\ s_2 \\ s_3 \\ s_4 \\ s_5 \end{matrix} \begin{bmatrix} 0 & 0 & 0 & 0 & 0 \\ 1 & 0 & 1 & 1 & 0 \\ 1 & 0 & 0 & 0 & 0 \\ 1 & 0 & 0 & 0 & 0 \\ 0 & 0 & 1 & 1 & 0 \end{bmatrix}$$

第三步,求出可达矩阵。通过布尔运算得到可达矩阵M,可达矩阵表示从一个要素到另一个要素是否存在连接的路径。其运算公式为$(A+I)^{k-1} \neq (A+I)^k = (A+I)^{k+1} = M$。根据该计算公式计算得出可达矩阵如下:

$$(A+I)^3 = \begin{bmatrix} 1 & 0 & 0 & 0 & 0 \\ 1 & 1 & 1 & 1 & 0 \\ 1 & 0 & 1 & 0 & 0 \\ 1 & 0 & 0 & 1 & 0 \\ 1 & 0 & 1 & 1 & 1 \end{bmatrix} = (A+I)^2 = M$$

第四步,对可达矩阵进行分解。由可达矩阵M可以求得各个要素的可达集$R(S_i)$和先行集$Q(S_i)$,以及共同集合$R(S_i) \cap Q(S_i)$。可达集$R(S_i)$是指从该要素出发可以到达的全部要素的集合;先行集$Q(S_i)$是指可以到达该要素的全部要素的集合。通过计算,当可达集与共同集包含的因数相同时,得到最上级单元,然后从原来的可达矩阵 M 中删除共同集中因素所在的行与列,同理可求出次一级单元,依次划分下去,最后将因素划分为多阶梯结构。划分之后得到的各阶层可达集与先行集见表9-1至表9-3。

表9-1 第一层可达集与先行集

要素	可达集	先行集	共同集
S_1	S_1	$S_1、S_2、S_3、S_4、S_5$	S_1
S_2	$S_1、S_2、S_3、S_4$	S_2	S_2
S_3	$S_1、S_3$	$S_2、S_3、S_5$	S_3
S_4	$S_1、S_4$	$S_2、S_4、S_5$	$S_1、S_4$
S_5	$S_1、S_3、S_4、S_5$	S_5	S_5

表9-2 第二层可达集与先行集

要素	可达集	先行集	共同集
S_2	$S_2、S_3、S_4$	S_2	S_2
S_3	S_3	$S_2、S_3、S_5$	S_3
S_4	S_4	$S_2、S_4、S_5$	S_4
S_5	$S_3、S_4、S_5$	S_5	S_5

表9-3 第三层可达集与先行集

要素	可达集	先行集	共同集
S_2	S_2	S_2	S_2
S_5	S_5	S_5	S_5

第五步,进行层级分解并绘制关系示意图。根据上一步骤的分析来清晰确定各要素之间的层级关系,最顶层表示系统的最终目标,往下各层分别表示上一层的原因。利用这种方法,科学地建立界面风险过程类比模型。

根据表9-1至表9-2的分析可知,各层级要素分别为:最高层级要素集为$\{S_1\}$,是系统的最终目的;第二层级要素集为$\{S_3,S_4\}$;最低层级要素集为$\{S_2,S_5\}$,该集是引起系统运动的根本原因。各层级之间的关系如图9-2所示。

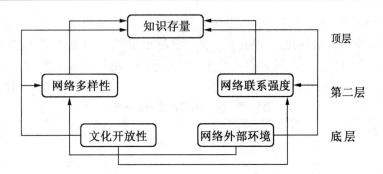

图 9-2　哈尔滨市产业技术创新战略联盟核心企业网络能力影响因素结构图

2. 核心企业网络能力影响因素关联耦合作用机理分析

哈尔滨市产业技术创新战略联盟核心企业网络能力影响因素解释结构模型如图 9-4 所示，根据该图对各影响因素之间的关联耦合作用进行逐层的分析。

(1) 顶层因素为知识存量。

从可达矩阵可以看出，到达 S_1 可达要素最多，分别为 S_1、S_2、S_3、S_4、S_5，各要素都可以直接到达 S_1，说明网络多样性、网络联系强度、文化开放性、网络外部环境都可以对知识存量产生直接影响，而通过各可达要素的关联耦合实现知识存量的增强、提高核心企业的竞争能力是系统的最终目标。

(2) 第二层因素为网络多样性和网络联系强度。

从可达矩阵可以看出文化开放性 S_2 和网络外部环境 S_5 对网络多样性和网络联系强度产生直接影响，说明联盟内核心企业具有较好的开放文化和较好的外部环境，如政策优惠等，都会增强网络多样性和网络联系强度，同时也说明政府角色在促进哈尔滨市产业技术创新战略联盟高效运行中起到了重要的作用。

(3) 底层因素为文化开放性和网络外部环境。

从可达矩阵可以看出，文化开放性 S_2 和网络外部环境 S_5 对其他两个层次因素都产生直接影响，还通过网络多样性和网络联系强度对知识存量产生间接影响。文化开放性和网络外部环境是引起该系统运动的根本原因。

3. 结果分析

通过 ISM 各要素之间的关联耦合分析得出结论：

文化开放性和外部环境是引起该系统运动的根本原因，并通过网络多样性和网络联系强度影响知识存量。只有通过提高知识存量从而提高核心企业的网络能力，才能最终达到联盟整体运行绩效的优化。

9.3　哈尔滨市产业技术创新战略联盟存在的主要问题

为了分析目前哈尔滨市产业技术创新战略联盟在运行过程中存在的问题，有必要对联盟内核心企业网络能力状况进行评价，并对评价结果进行分析，从而得出联盟目前存在的问题。

9.3.1 核心企业网络能力评价指标体系建立

产业技术创新战略联盟核心企业网络能力是一个多层次的复杂对象,因此哈尔滨市产业技术创新战略联盟核心企业网络能力评价的指标体系应当具有多方面的评价和分析能力,并且能够充分衡量出联盟内核心企业的战略规划能力、网络学习能力和网络管理能力。

1. 评价指标体系构建原则

为科学合理地选择评价指标,评价指标体系构建过程中应遵从以下原则。

(1) 综合性原则。

在制定哈尔滨市产业技术创新战略联盟核心企业网络能力评价指标体系时,应当广泛考虑各种影响因素,按层次类别划分,并且根据实际情况对指标进行修正。

(2) 代表性原则。

筛选出来的评价指标应当能够较好地契合哈尔滨市产业技术创新战略联盟核心企业现状,具有一定的代表性。

(3) 可操作性原则。

纳入该体系的各项指标因素必须概念明确、内容清晰,能够实际计量或测算,以便进行定量分析。

2. 评价指标体系设计框架

评价指标体系框架图如图 9-3 所示。

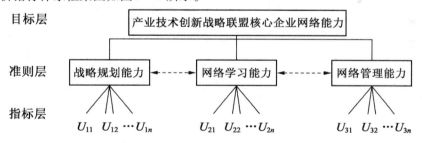

图 9-3 哈尔滨市产业技术创新战略联盟核心企业网络能力评价指标体系框架图

根据对哈尔滨市产业技术创新战略联盟核心企业网络能力系统的分析,本书从战略规划能力、网络学习能力和网络管理能力三个准则指标来建立评价体系,由此构建出由目标层、准则层、指标层组成的评价指标体系。

3. 评价指标体系构建方法

(1) 基于影响因素指标的提出。

从前面的分析可以看出对哈尔滨市产业技术创新战略联盟核心企业网络能力的分析应当包括战略规划能力、网络学习能力和网络管理能力，因此评级指标应当反映企业在这3方面的能力，所以把这3方面作为准则层。而对哈尔滨市产业技术创新战略联盟影响较大的各因素包括：知识存量、文化开放性、网络多样性、网络联系强度、网络外部环境，因此核心企业的网络能力评价指标也应当涵盖这些影响因素的相关指标。

(2) 基于频次指标的筛选。

以国内外相关学者所选企业网络能力相关指标为研究对象，对使用频率较高且符合哈尔滨市产业技术创新战略联盟现状的指标进行筛选得到相关指标。

(3) 基于理性视角指标的调整。

总结国内外企业网络能力相关指标，并且基于哈尔滨市产业技术创新战略联盟实际情况对相关指标进行理性调整。

4. 评价指标体系的建立

通过以上评价指标体系的构建方法，本书筛选并建立了哈尔滨市产业技术创新战略联盟核心企业网络能力评价指标体系（见表9-4）。

本书从核心企业的战略规划能力、网络学习能力和网络管理能力3个方面进行了指标的细化，指标的选择和确定听取了哈尔滨市产业技术创新战略联盟核心企业相关管理人员和专家的建议，并参考了相关文献，结合哈尔滨市产业技术创新战略联盟核心企业现状进行了整合。与准则层和指标层密切相关的影响因素在表中进行了标注。

本书建立的哈尔滨市产业技术创新战略联盟核心企业网络能力评价指标体系，可以针对某个产业技术创新战略联盟内单独的核心企业网络能力进行评价，也可以对哈尔滨市产业技术创新战略联盟核心企业的网络能力进行综合的评价，以明确其整体水平。

本书采用的是对哈尔滨市产业技术创新战略联盟核心企业网络能力综合的测度，因此在数据选取时选择了哈尔滨市多个产业技术创新战略联盟数据，并邀请相关专家对相关指标采用德尔菲法进行打分，选取相关数据。

表9-4 哈尔滨市产业技术创新战略联盟核心企业网络能力评价指标体系表

目标层	准则层	指标层	相关影响因素
U 哈尔滨市产业技术创新战略联盟核心企业网络能力	U1 战略规划能力	U11 识别行业技术发展趋势	网络多样性 网络外部环境
		U12 合理选择合作伙伴	
		U13 明确合作目标	
		U14 联盟企业数量	
		U15 资源多样性	

续表 9-4

目标层	准则层	指标层	相关影响因素
U 哈尔滨市产业技术创新战略联盟核心企业网络能力	U2 网络学习能力	U21 知识共享水平	知识存量 文化开放性
		U22 知识交流水平	
		U23 合作经验	
		U24 研发人员数量水平	
		U25 技术专利数量水平	
		U26 提倡团队精神	
		U27 乐于分享包容	
	U3 网络管理能力	U31 联盟工作相关制度的完备性	网络联系强度 网络外部环境
		U32 处理联盟内冲突的能力	
		U33 信息交流平台的建设水平	
		U34 维持合作关系的能力	

9.3.2 哈尔滨市产业技术创新战略联盟核心企业网络能力评价模型构建

概率统计、模糊综合评价法和灰色系统是 3 种常用的不确定性系统研究方法。对于哈尔滨市产业技术创新战略联盟核心企业网络能力的评价属于典型的不确定性系统研究,因此本书采用以模糊数学为基础的模糊综合评价法,并结合专家打分法来确定指标的权重。

模糊综合评价模型具体构建步骤如下:

第一步,构建评判因素集,记为 $U = \{u_1, u_2, \cdots, u_n\}$。在本模型中评判的因素集主要通过专家打分法得到。

第二步,确定评语集,记为 $V = \{v_1, v_2, \cdots, v_m\}$,本书建立评语集为 $V = \{$高,较高,中等,较低,低$\}$。

第三步,确定各因素权重,各指标之间的权重是 U 上的一个模糊向量,记为 $W = (\beta_1, \beta_2, \cdots, \beta_n)$,其中 β_i 是第 i 个因素的权重,且满足 $\sum_{i=1}^{n} \beta_i = 1$。

第四步,在评判因素集 U 与评语集 V 之间进行单因素评价,建立模糊关系矩阵 $\boldsymbol{R}$,

$$\boldsymbol{R} = \begin{bmatrix} r_{11} & r_{12} & \cdots & r_{1j} \\ r_{21} & r_{22} & \cdots & r_{2j} \\ \cdots & \cdots & \cdots & \cdots \\ r_{i1} & r_{i2} & \cdots & r_{ij} \end{bmatrix}$$

上式中 r_{ij} 表示核心企业网络能力因素集中第 i 个因素 u_i 对应于评语集 V 中第 j 个等级 v_j 的相对隶属度,其计算公式为

$$r_{ij} = d_{ij}/d \tag{1}$$

式(1)中 d_{ij} 表示对评价对象因素集中的第 i 个评价因素做出第 j 个评语的专家人数;d 表示专家组的总人数。

第五步,计算模糊综合评价值。核心企业网络能力模糊综合评价运算为 W 与 R 的合成运算,即

$$B = W \cdot R = (\beta_1, \beta_2, \cdots, \beta_n) \begin{bmatrix} r_{11} & r_{12} & \cdots & r_{1j} \\ r_{21} & r_{22} & \cdots & r_{2j} \\ \cdots & \cdots & \cdots & \cdots \\ r_{i1} & r_{i2} & \cdots & r_{ij} \end{bmatrix} = (b_1, b_2, \cdots, b_j) \tag{2}$$

式(2)中 b_j 为模糊综合评价结果,且 $b_j = \sum_{i=1}^{n}(\beta_i \times r_{ij})$,对网络能力每一个子集 U_i 按一级评价模型进行评价,然后将 U_i 作为一个因素,用 β_i 作为单因素评价集进行二级综合评价:$B = W \cdot R$。最后根据评价结果,按照最大隶属度原则对结果进行分析。

9.3.3 哈尔滨市产业技术创新战略联盟核心企业网络能力评价结果分析

确定评议矩阵。由哈尔滨市产业技术创新战略联盟核心企业 10 位相关专家对评判因素进行评议:$V=\{$高,较高,中等,较低,低$\}$。每一个因素的评议结果构成模糊集,形成 V 到 U 的模糊关系。10 位专家的评议结果见表 9-5。

以战略规划能力中识别行业技术发展趋势为例,有 2 位专家认为识别趋势为高(概率区间为[0.7,1]),有 4 位专家认为需求趋势较高(概率区间为[0.5,0.7]),有 4 位专家认为需求趋势中等(概率区间为[0.3,0.5]),则 $R11 = (0.2,0.4,0.4,0,0)$,同理可得 $R12 = (0.4,0.4,0.2,0,0)$,$R13 = (0.4,0.3,0.3,0,0)$,同理可得 $R14$、$R15$。

表 9-5 模糊评判专家意见表

模糊因素		各等级评判专家人数					权重	
准则层	指标层	高	较高	中等	较低	低	指标层	准则层
U1 战略规划能力	U11	2	4	4	0	0	0.2	0.2
	U12	4	4	2	0	0	0.2	
	U13	4	3	3	0	0	0.1	
	U14	2	3	4	1	0	0.2	
	U15	1	3	4	2	0	0.3	

续表 9-5

模糊因素		各等级评判专家人数					权重	
准则层	指标层	高	较高	中等	较低	低	指标层	准则层
U2 网络学习能力	U21	0	1	4	5	0	0.2	0.4
	U22	0	2	3	3	2	0.15	
	U23	0	4	3	2	1	0.15	
	U24	0	3	4	2	1	0.2	
	U25	0	3	4	3	0	0.1	
	U26	0	2	3	4	1	0.1	
	U27	0	2	4	3	1	0.1	
U3 网络管理能力	U31	0	2	3	3	2	0.2	0.4
	U32	0	2	4	4	0	0.3	
	U33	0	1	2	5	2	0.2	
	U34	0	2	4	4	0	0.3	

则构成的评议矩阵为

$$R_1 = \begin{bmatrix} 0.2 & 0.4 & 0.4 & 0 & 0 \\ 0.4 & 0.4 & 0.2 & 0 & 0 \\ 0.4 & 0.3 & 0.3 & 0 & 0 \\ 0.2 & 0.3 & 0.4 & 0.1 & 0 \\ 0.1 & 0.3 & 0.4 & 0.2 & 0 \end{bmatrix}$$，同理可得其他评议矩阵。

对根据专家打分法得到的权重进行综合评价。

$B_1 = w_1 \circ R_1 = (0.2 \quad 0.2 \quad 0.1 \quad 0.2 \quad 0.3) R_1 = (0.23 \quad 0.34 \quad 0.35 \quad 0.08 \quad 0)$

从计算结果可以看出，$\text{Max}(B_{11}, B_{12}, B_{13}, B_{14}, B_{15}) = 0.35$，相对应的是评判等级为中等的评语，可见专家倾向于认为哈尔滨市产业技术创新战略联盟核心企业网络能力中的战略规划能力属于中等水平。同理计算可得网络学习能力和网络管理能力的评价等级。

$$B_2 = w_2 \circ R_2 = (0.2 \quad 0.15 \quad 0.15 \quad 0.2 \quad 0.1 \quad 0.1 \quad 0.1) R_2$$
$$= (0 \quad 0.24 \quad 0.36 \quad 0.315 \quad 0.085)$$

$B_3 = w_3 \circ R_3 = (0.2 \quad 0.3 \quad 0.2 \quad 0.3) R_3 = (0 \quad 0.18 \quad 0.34 \quad 0.4 \quad 0.08)$

$$B = w \circ R = (0.2 \quad 0.4 \quad 0.4) \begin{bmatrix} 0.23 & 0.34 & 0.35 & 0.08 & 0 \\ 0 & 0.24 & 0.36 & 0.315 & 0.085 \\ 0 & 0.18 & 0.34 & 0.4 & 0.08 \end{bmatrix}$$
$$= (0.046 \quad 0.236 \quad 0.35 \quad 0.302 \quad 0.066)$$

$\text{Max}(0.046 \quad 0.236 \quad 0.35 \quad 0.302 \quad 0.066) = 0.35$，对应综合评价等级中的中等等级。从评价结果来看，哈尔滨市产业技术创新战略联盟核心企业网络能力目前处于中等的水平,但0.35和0.302数值接近,因此核心企业网络能力整体水平处于中等偏低;在战略规划能力中0.34和0.35数值比较接近,所以有中等向较高水平发展的倾向性,说明核心企业网络规划能力在逐渐加强;网络学习能力中0.36和0.315数值比较接近,说明网络学习能力处于中等偏低的水平,知识共享、知识交流水平及研发力量等方面都需要加强;网络管理能力处于较低水平,因此相关的管理能力还要加强。

根据评判的结果,可以看出哈尔滨市产业技术创新战略联盟核心企业网络能力正在向好的方向发展,但整体水平处于中等。对于对哈尔滨市产业技术创新战略联盟核心企业网络能力发展影响较大的因素应当给予密切关注,并通过相应的措施提高整体可持续发展水平。

9.3.4 哈尔滨市产业技术创新战略联盟发展存在的问题

通过对联盟内部核心企业网络能力的评价分析可以看出,哈尔滨市产业技术创新战略联盟在管理机制方面、知识共享等方面都需要加强,本书根据评价结果并结合走访与实地调查,认为哈尔滨市产业技术创新战略联盟在运行过程中仍然存在以下几方面的问题。

1. 合作方式单一

联盟的合作方式目前偏重于项目的合作。这种合作方式是目前企业、高校和科研机构联合承担政府科技项目获得资助的一种常见手段和方式,但仅仅依靠这种合作方式想获得长远的发展是不够的,哈尔滨市产业技术创新战略联盟必须采取多元化的合作方式,才能促进联盟持续长久的良性运转。

2. 企业、高校和科研机构信息交流过程缺乏主动性

哈尔滨市产业技术创新战略联盟的成员交流方式目前主要是通过每年两次的例会,例会的目的主要是通过技术联盟成员之间定期开展交流,实现相互间信息资源的共享。可是有些技术联盟成员对本联盟的其他成员的优势并不是很了解,有些技术联盟的成员甚至只对和其经常有项目联系的成员了解,对与其从来未合作过的成员不了解甚至于不知道这个成员的存在,可见联盟内的企业、高校和科研机构在信息交流过程中缺乏一定的主动性。

3. 企业在技术联盟中的主体地位不突出

哈尔滨市产业技术创新战略联盟成员合作的根本目的在于技术创新,从而促进经济发展,增加社会福利。企业处于发展经济的最前沿,是技术创新的主体,在产业技术创新战略联盟中扮演着主体角色。但目前哈尔滨市产业技术创新战略联盟中企业的主体地位尚未真正形成。不少企业只寻求一些短、平、快的项目,而且认为企业只需要负责拿出资金,高校与科研机构负责开发出其所需要的产品与技术。这样企业就过多地将技术的开发与创新的过程交给高校和科研机构,人为地割裂了产业技术创新战略联盟的系统性,阻碍了产品和技术进一步发展和提升的可能性,使产业技术创新战略联盟的最大效用难以发挥出来。企业在哈尔滨市产业技术创新战略联盟中的需求主体、投入主体和研发主体地位需要进一步加强。通过对哈尔滨市产业技术创新战略联盟的实地调查研究

发现,不少企业安于现状,对通过技术进步和技术创新来提升企业的核心竞争能力缺乏危机感和紧迫感,对企业创新缺少长远的规划和打算。

4. 合作动力不足

通过对哈尔滨市产业技术创新战略联盟的各合作成员的实地调查研究得知,产业技术创新战略联盟的主体之间并没有真正形成利益共享、风险共担机制,合作各方的积极性不高,合作的动力不足。当前仍然有很多企业沉溺于通过规模扩张来增加企业的效益,以粗放型经济发展方式作为企业的主要发展战略,企业自主创新的愿望不足,对技术还是重引进轻吸收。因此,对技术创新和技术研发的兴趣不大,对技术的需求不足。另外,高校以发表学术论文、论著以及成果获得政府奖励为评价导向,以争取科研经费的多少来衡量科研水平,尤其是用 SCI/EI 论文数量来衡量科研水平,对技术的市场应用性考虑甚少,对与产业界的合作愿望不强烈。由于改制等因素的影响,一些研发能力较强的院所都有自己的企业进行成果转化,而一些生存困难的院所无力为企业服务。

5. 知识产权意识不强

哈尔滨市产业技术创新战略联盟内有很多个企业与高校和科研院所共同组建的技术联合体,主要任务是解决行业共性关键技术和竞争前的技术问题,其产出主要是知识产权,产业技术创新战略联盟内如何共享、保护、评价知识产权及其收益,急需建立相关的规则体系。哈尔滨市产业技术创新战略联盟目前还没有提升到以知识产权为纽带、以重要标准为连接这样的层次。高校和科研院所的知识产权的保护和管理制度还不健全,尚没有建立规范的知识产权保护与管理制度,没有承担起相应的法律责任。

6. 未形成合作的长效机制

哈尔滨市产业技术创新战略联盟的主体之间主要以获取资源为主,结合度不强,没有真正形成合力,没有形成合作的长效机制,并且以短期的合作项目居多,缺乏战略层次的合作。大多数企业是为了从大学、科研院所获得技术解决方案,而大学和科研院所则是为了从企业拿到科研经费。合作各方大多是基于一个项目或一项技术的开发而合作,合作通常都是随着项目或是课题的结束而终止。哈尔滨市多家技术联合体中的企业,一直和相关高校、科研院所联合申报国家或是省市的重大科研项目,但是往往在执行过程中各自是相对独立的,参与其中的高校和科研院所通常不愿意深入企业,与企业共同作战,项目或者课题结束后联合机制也就随之解散,企业还在重复着购买别人技术的老路,自主创新能力没有得到根本的提升。

9.4　哈尔滨市产业技术创新战略联盟发展路径选择

前文对哈尔滨市产业技术创新战略联盟核心企业网络能力影响因素进行了分析及评价,通过分析核心企业网络能力及联盟存在的问题,得出哈尔滨市产业技术创新战略联盟的发展路径,即以市场为导向,以政策、科技和管理创新为支撑,真正促进政府、联盟、企业等多层次的全面发展。

9.4.1 政府层面路径选择

从前面的分析可以看出,外部环境对核心企业的网络多样性和网络联系强度等都产生直接作用,并间接对企业的知识存量产生影响,在能力方面会直接影响到核心企业的战略规划能力和网络管理能力。哈尔滨市政府虽然是网络成员之一,但政府介入并不能直接提高传统产业联盟核心企业的网络能力,企业网络能力的提高是企业多种因素共同作用的结果,政府介入个别企业的发展,尤其是对个别企业的扶持从长久来说可能损害企业竞争力的培育,不利于企业的成长。但政府是本地网络成员,也是企业的本地网络资源,可以增加企业的异质性资源,因此从宏观层面上看,哈尔滨市政府及相关主管部门应当为哈尔滨市产业技术创新战略联盟创造好的发展环境,并引导联盟核心企业提升网络能力,从而更好地促进联盟发展。

1. 发挥制度保障作用

哈尔滨市产业技术创新战略联盟是涉及多种民事法律关系的主体,是一个复杂的动态系统,其中各主体的社会服务功能、价值取向等存在很大差异。为此,政府必须制定相应的法律法规以保障各方权责,加强知识产权保护。这些法律法规有效维护了联盟各方的利益,调动了核心企业及产学研三方的积极性,为产业联盟的有序运行提供了制度保障。

针对每个产业技术创新战略联盟,指派专人负责与相关部门进行日常协调工作,提出有针对性的建议和措施。创建快速通道,在联盟或核心企业遭遇重大问题时,帮助和支持企业积极应对,为其提供及时可靠的支持。政府应充分利用职能部门的优势,促进联盟内部管理水平的提升,定期组织联盟与省外相关联盟进行经验交流。

2. 发挥政策引导作用

出台相关税收优惠、金融扶持及促进人员流动等政策措施,努力为联盟运行创造一个有效宽松的政策环境。

根据哈尔滨市社会经济发展的总体要求和建设目标,积极进行引导和扶持,把企业的技术创新方向与区域支柱产业发展紧密结合起来,引导联盟的经济发展工作,为哈尔滨市的总体战略服务。加强科技计划项目对联盟的倾斜,对于联盟提出的产业重大创新需求,可列入相关科学技术项目,并直接委托联盟组织实施,指导并监督科技计划项目执行过程,引导和监督联盟根据具体项目积极地进行成果扩散,提高整个行业的核心竞争力。

3. 促进互动平台的搭建

通过联盟促进企业与大学、科研机构以及金融机构的联系,实现科技成果的转化与推广,促进知识的快速转移。设立专门的委员会,负责解决部门之间在科技创新政策、计划和项目方面的协调和配合问题,从组织机构和制度建设上推进产业技术创新战略联盟的发展。

搭建联盟知识共享平台,指导联盟建立信息中心,加强信息交流平台建设,指导核心企业科研立项、技术攻关、产品开发、专利申请,以及技术交流等,起到参谋作用。哈尔滨市政府可以借助财税等优惠政策支持产业联盟的信息基础设施建设,进一步完善产业技术创新战略联盟信息服务体系。

4. 积极协调联盟内部成员的关系

引导联盟成员建立持续稳定的合作关系,促进产业技术创新链的构建。积极协调联盟内部的纠纷,促进联盟知识共享和技术转移,监督联盟使行业共性技术向行业内部扩散,从而增强核心企业的网络规划能力,增加联盟内企业数量并保证资源的多样性。

9.4.2 联盟层面路径选择

在中观层面上,需要发挥哈尔滨市产业技术创新战略联盟的作用,使得核心企业之间相互促进。

1. 发挥联盟平台指导、协调及服务作用

哈尔滨市政府应重视对重点产业的行业指导,积极搭建行业平台,支撑行业发展,组建产业联盟,并依靠这些平台为企业提供强有力的技术、服务支撑。

强化产业联盟平台指导、协调及服务的作用,对外沟通企业与政府,对内协调同行企业的生产经营活动。在提供信息方面,应加强对国内外市场信息、商业信息和技术信息的采集,进而分析和整理产业发展的信息,使产业联盟内部企业可以根据信息进行调整。加强与其他联盟之间的交流,促进科技创新,提高产品质量,使之更好地与国际接轨。

2. 完善产业联盟管理制度

完善哈尔滨市产业技术创新战略联盟管理制度,包括会员管理制度、会议民主决策制度、人事管理制度以及财务管理制度等,从而加强联盟内的科学管理,促进联盟内各企业紧密联系,优化内部组织机制以提高成员的积极性,确保联盟的实际效率。

首先,成员数量不宜太多,最好包括行业共性技术需求最强烈、研发实力较强的核心企业,以及少数实力较强的研究机构或大学;其次,保证一定数量的企业研究人员参与,成立联合实验室;再次,企业投入的研发经费可以用于非共性技术的研究开发,但是要鼓励和促进不同企业研发人员之间的交流及合作。

9.4.3 企业层面路径选择

核心企业提升网络能力的路径应当主要从提升网络学习能力和网络管理能力两个方面来进行。

1. 加强知识交流与共享

核心企业在提升自身网络学习能力过程中必须有一定的相关知识基础,才能吸收外部知识。在国内大部分企业的技术吸收能力还很薄弱的情况下,企业与大学、科研院所进行产学研"无缝"对接非常困难,双方存在明显甚至巨大的鸿沟。从产业价值链的增值环节来看,越接近价值链上游,大学和科研院所在基础性、创造性科学方面的研究和技术开发的能力越强,优势越突出;越接近价值链下游,企业在生产和市场开拓方面的能力越突出,具有明显优势;反之,两者在价值链另一端的能力薄弱得多。因此,核心企业应当借助联盟的平台,加强与大学、科研院所、政府、金融机构、创新平台、非营利性组织等多元主体之间的协同,利用资金、技术、人才、环境等多种资源实现彼此之间的深度合作,促使创新主体自觉围绕产业发展目标实现彼此之间的能力对接,弥补科技成果转化中核心企业和其他主体的能力缺口。

2. 加强技术创新

技术创新及应用是制约核心企业及产业联盟发展的重要因素。技术创新是企业存在和发展的必要条件,不仅可以推动产业的发展,还可以促进产业结构的升级优化。因此,核心企业应响应政府号召,加强企业的自主创新,促进企业产业结构的优化,提升企业的竞争能力,以市场为导向,不断完善核心技术的创新模式,加快自主创新的步伐,提升企业发展的后劲和竞争力。

首先,要提升企业的资源配置能力。通过市场机制,有效利用广大高校、科研院所的技术、成果、项目、人才等资源,达到"不求所有,但求所用"。通过"校企联盟"的组织方式,动员高校、科研院所的科技力量主动服务企业。

其次,提升企业内在的研发能力。企业要生存发展,就必须有一定的自主研发能力,即使转化别人的成果,也要有必要的吸收和消化能力。鼓励有能力的企业成立自己的研发中心,自主地进行一些基础研究,或者与大专院校合作进行新技术、新产品等的实用研究。

3. 大力引进、培养专业技术人才

核心企业提升网络能力的最基本的载体是人,没有高素质的员工和良好的机制,就不可能提升企业的网络能力。企业的学习和创新归根结底是由企业中的人来完成的,人力资源是现代企业最重要、最稀缺的资源。因此,哈尔滨市产业技术创新战略联盟核心企业要尽快建立、实施人才资源开发管理与人才成长的机制。要把人才资源开发战略纳入企业可持续发展战略之内,强化员工的继续教育,加大人力资本的投资,营造温馨、融洽、和谐的人文氛围,在产业内创造人才辈出的良好环境与运行机制;要合理地配置人才资源,打破学历、资历的界限,把最优秀的人才配置到最具有潜力的竞争位置上;还要采取相应的奖励机制,鼓励人才的发展,使优秀人才成为真正的富有者。

积极引进人才,特别是行业高端人才。人力资源部要不断到各大学招聘大学毕业生,将他们充实到公司的各个岗位,提高公司的实力。

在联盟内核心企业可以和高校和科研院所合作,共同培养人才,有目标地为高层次人才提供良好的成长环境,提升核心企业的知识存量、研发人才的数量和技术专利的数量,保护知识产权。

4. 企业开展多种合作,明确创新目标

哈尔滨市产业技术创新战略联盟核心企业应当密切加强与联盟内相关企业的合作,基于产业链推进价值创新链的协同,实现核心企业网络能力的提升,最终提升企业的绩效。产业链是创新链的载体,要提高创新的水平和效率,技术创新就必须紧紧围绕产业链,把创新链融入到产业链中来进行。当创新链与产业链互相融合、相互协同,成为一体的时候,创新的方向、目标就会更加明确,合力就会不断增强,创新的水平和效率就会显著提高。对于产业技术创新战略联盟而言,由于技术的交叉融合和技术轨道的不可预见性,多维主体的协同创新应围绕产业链,做好产业技术路线图的绘制工作,从技术层面找出要实现的技术目标以及达到目标的路径,找到路径上的关键技术节点,进而针对产业链上的技术节点进行产学研合作,开展关键技术和共性技术攻关,同时做好统筹协调,这对于提高项目协同效率和创新绩效有着重要意义。

总之,哈尔滨市级联盟还没有统一管理的机构,相应的评价体系也不完善。联盟还处于发展初期,对于各项政策设计以及执行中不断出现的新问题,应以联盟理论为指导,充分借鉴国家级试点联盟及省级联盟的成功做法,结合市域实际情况,创新联盟组织机构与项目运作管理模式,最终促进宏观、中观、微观路径的实现(如图9-4所示)。

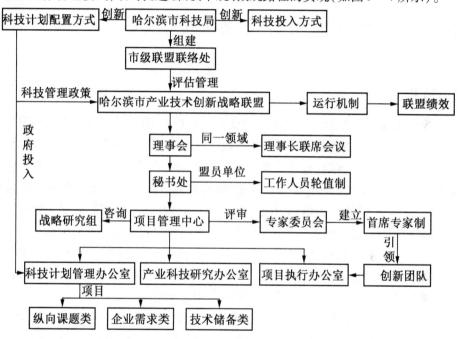

图9-4 哈尔滨市产业技术创新战略联盟组织机构与项目运作管理模式

附 录

附录一 2016年度产业技术创新战略联盟活跃度评价报告

一、前言

产业技术创新战略联盟作为新型产学研协同创新组织形态,已成为实施国家创新驱动发展战略,建设我国技术创新体系的重要载体。自2007年6月启动全国产业技术创新战略联盟试点工作以来,陆续有三批共146家联盟参加了试点工作。大部分联盟开拓探索,勇于实践,积极围绕产业链构建技术创新链,打通科技成果转化为现实生产力的通道;针对产业技术创新中的关键、共性问题,组织联合攻关,共同研究制定和完善产业技术标准,引领产业技术进步;整合盟员单位资源,建立面向行业的技术研发和技术创新服务平台及机制,推进研发条件资源和知识产权共享;联合培养创新人才,促进产学研科技人员交流、互动,为产业持续创新提供人才支撑。同时也在不断加强自身组织建设和健全运行规范,努力发挥着引领和带动产业技术进步的作用。

2013年至2015年,试点联盟联络组对试点联盟已开展了三次活跃度评价,取得了良好的效果,在协助政府有关部门了解联盟实际情况、研究制定联盟相关政策,以及科技计划择优支持等方面提供了重要依据和参考。通过公布评价指标和评价结果,发挥了对联盟的引领和示范作用。为了更好地对试点联盟发展方向进行政策引导,把握试点联盟每年度活动情况,2016年度的活跃度评价工作由中国产业技术创新战略联盟协同发展网(以下简称"协发网")秘书处在试点联盟联络组的工作基础上组织实施。

为开展此项工作,协发网建立了"联盟动态信息数据库"。2016年12月8日,由科技部创新发展司发文,启用动态信息数据库,面向146家试点联盟开展信息录入工作。通过联盟联络组联络员点对点通知到各试点联盟联系人及时录入信息。为保证录入质量,协发网技术支撑组分别在2016年12月和2017年1月举办了两场数据库信息录入培训辅导会。一百多家联盟派人参加了辅导。截至2017年1月27日,基本完成信息录入工作。2016年度的活跃度评价将以各试点联盟录入到数据库的信息作为主要依据。

二、活跃度评价工作的组织

为保证评价工作的质量,协发网秘书处召开多次专题会,依据国家实施创新驱动发展战略对联盟发展的新要求,明确了评价原则、完善了评价指标、组建了评价专家组、确定了评价程序。

1. 活跃度评价的原则

在指标设计方面主要考虑以下四个原则:

①体现国家政策导向,强化联盟在创新驱动发展战略中的功能。

②基于各联盟发展不平衡现状,兼顾成熟联盟和发展中联盟的实际状态。

③兼顾开展联盟工作的共性要求和各联盟所属产业的特点和差异性。

④基于对联盟诚信度的信任,以及信息的可采集性、可比较性。

2. 活跃度评价指标及内容

基于活跃度评价的原则,评价指标主要侧重考量联盟的三个方面情况:

①联盟组织机构建设与运行。

②联盟协同创新活动。

③联盟带动产业发展成效。

评价指标包括3个一级指标,20个二级指标。每项指标都设立了明确的评价标准。

——联盟组织机构建设与运行。主要考察联盟工作常态的规范与否。如能否按照联盟相关协议章程定期召开理事会、专家委员会、成员大会和秘书处工作会议,体现了联盟组织机构建设是否健全,运行是否正常;是否建立网站、网页,能否及时更新,反映了联盟成员间的交流、行业宣传平台运行是否正常;秘书处对外联络是否畅通,能够反映秘书处是否专职化及规范运行。

——联盟协同创新活动。通过考察联盟组织成员单位开展的自设协同创新项目、承担的各级政府项目和非政府委托项目、知识产权共享活动、制定技术标准、共建研发平台、学术交流、研究产业发展趋势、联盟间跨领域合作等方面的情况,反映联盟在实际运行过程中是否建立有效联合创新机制,脚踏实地地开展协同创新活动。

——联盟带动产业发展成效。主要考察联盟围绕产业链构建技术创新链、掌握产业核心技术、制定产业技术标准、开展行业技术推广、促进产业创新人才交流培养等情况,反映联盟对产业的支撑引领能力;同时考察媒体报道情况,其可一定程度上客观反映社会对联盟的评价。

3. 组建活跃度评价专家组

2017年3月29日,协发网秘书处召开"2016年度产业技术创新战略联盟活跃度"评价工作会。来自协发网理事单位的代表共同确定了评价专家组的组成原则、人选、专家评价工作纪律。评价专家组专家主要由来自联盟工作一线的人员、联盟活动成效显著的联盟秘书长、专家委员会成员、办公室主任和熟悉联盟政策的专家组成。

4. 本次评价范围和程序

试点联盟总数为146家,根据信息数据库显示,参与录入信息数据库的试点联盟有129家,未录入信息的试点联盟有17家。在参与录入信息数据库的129家联盟中,有29家由于信息录入不完整,不具备被评价的基本条件,评价专家组讨论研究决定,本次评价范围为信息录入较全的100家试点联盟。此次评价范围涵盖了前三批试点联盟,评价内容时限为 2016 年 1 月 1 日至 2017 年 1 月 27 日。

为保证评价工作的客观、公正,减少专家掌握评价指标尺度差异的影响,专家组确定了分散与集中评价的原则,设计了分组初评、交叉分组集中复评、重点差异集体讨论会评的三部曲程序。

本次评价将各试点联盟活跃度划分为四个区域:活跃度高(85~100 分)、活跃度较高(70~84 分)、活跃度一般(50~69 分)、活跃度差(49 分以下)。

三、试点联盟活跃度情况分析

1. 总体情况

评价结果显示,活跃度高和较高的联盟有 52 家,达到总数的 52%。活跃度高联盟共 29 家,占参评联盟的 29%,占试点联盟总数的 19.86%;活跃度较高的联盟共 23 家,占参评联盟的 23%,占试点联盟总数的 15.75%;活跃度一般的联盟共 30 家,占参评联盟的 30%,占试点联盟总数的 20.55%;活跃度差的联盟共 18 家,占参评联盟的 18%,占试点联盟总数的 12.33%(如图 1、图 2 所示)。

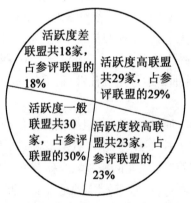

图 1　参评联盟中四档分别占参评联盟的比例

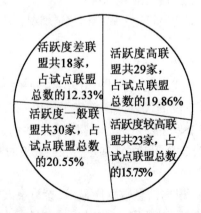

图 2　参评联盟中四档分别占试点联盟总数的比例

2. 第一批试点联盟总体情况（如图3、图4所示）

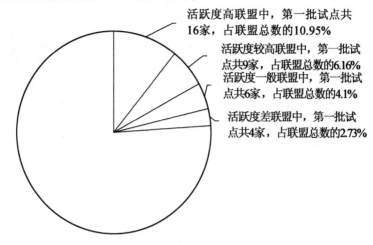

图3　第一批试点联盟四档分别占联盟总数的比例

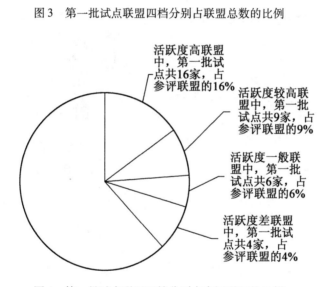

图4　第一批试点联盟四档分别占参评联盟的比例

3. 第二批试点联盟总体情况（如图5、图6所示）

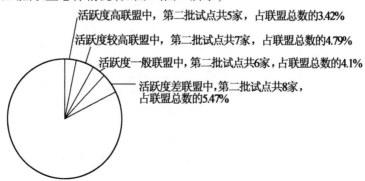

图5　第二批试点联盟四档分别占联盟总数的比例

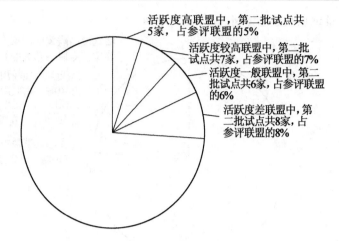

图 6　第二批试点联盟四档分别占参评联盟的比例

4. 第三批试点联盟总体情况（如图 7、图 8 所示）

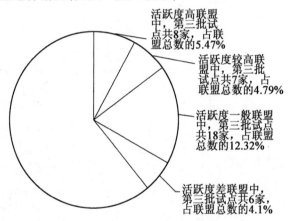

图 7　第三批试点联盟四档分别占联盟总数的比例

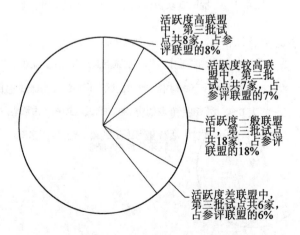

图 8　第三批试点联盟四档分别占参评联盟的比例

5. 活跃度高联盟的情况分析

活跃度高的29家联盟,占参评联盟的29%(85~100分)(如图9所示),其中半导体照明产业技术创新战略联盟、木竹产业技术创新战略联盟、农业装备产业技术创新战略联盟3家联盟获得了满分,都是第一批试点联盟,特别是半导体照明产业技术创新战略联盟连续三年获得满分。活跃度高联盟中,第一批试点达16家,占活跃度高联盟的55%,占第一批52家试点联盟总数的30.76%。说明第一批试点联盟的高活跃度联盟由于运行时间相对较长,基本已经探索出适合本联盟发展的有效机制,并不断壮大,在组织机构规范、协同创新、产业辐射、交流活动等各方面表现突出,运行机制和经验值得向其他联盟推广。第二批试点联盟中的住宅科技产业技术创新战略联盟得99分,个别联盟表现优异,活跃度高联盟中第二批试点5家,占活跃度高联盟17%,占第二批39家试点联盟总数的12.82%,活跃度高联盟整体比例稍落后于第一批和第三批。第三批试点联盟虽然成立时间相对较短,但活跃度高有8家,占活跃度高联盟的28%,占第三批55家试点联盟总数的14.54%,说明这批活跃度高联盟虽然经验少,但正在积极探索,发展势头良好。

这些活跃度高联盟的突出做法值得其他联盟借鉴和学习。

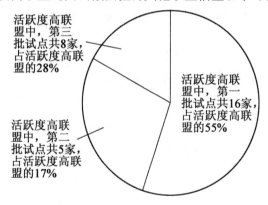

图9 活跃度高联盟共29个,占参评联盟的29%(85~100分)

6. 活跃度较高联盟的情况分析

活跃度较高的23个联盟,占参评联盟的23%(70~84分)(如图10所示),活跃度较高联盟中第一批试点9家,占活跃度较高联盟的39%,占第一批52家试点联盟总数的17.3%;活跃度较高联盟中第二批试点7家,占活跃度较高联盟的30.5%,占第二批39家试点联盟总数的17.94%;活跃度较高联盟中第三批试点7家,占活跃度较高联盟的30.5%,占第三批55家试点联盟总数的12.72%。

图10 活跃度较高联盟共23个,占参评联盟的23%(70~84分)

7. 活跃度一般联盟的情况分析

活跃度一般联盟共30家,占参评联盟的30%(50~69分)(如图11所示),活跃度一般联盟中第一批试点6家,占活跃度一般联盟的20%,占第一批52家试点联盟总数的11.53%;活跃度一般联盟中第二批试点6家,占活跃度一般联盟20%,占第二批39家试点联盟总数的15.38%;活跃度一般联盟中第三批试点18家,占活跃度一般联盟的60%,占第三批55家试点联盟总数的32.72%。

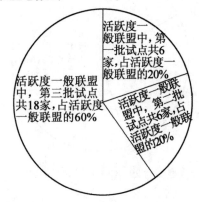

图11 活跃度一般联盟共30家,占参评联盟的30%(50~69分)

8. 活跃度差联盟的情况分析

活跃度差联盟共18家,占参评联盟的18%(49分以下)(如图12所示)。活跃度差联盟中第一批试点4家,占活跃度差联盟的22%,占第一批52家试点联盟总数的7.69%。活跃度差联盟中第二批试点8家,占活跃度差联盟的44.5%,占第二批39家试点联盟总数的20.51%;活跃度差联盟中第三批试点6家,占活跃度差联盟的33.5%,占第三批55家试点联盟总数的10.9%。

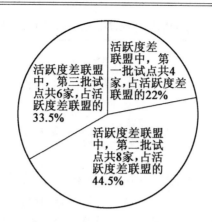

图12 活跃度差联盟共18家,占参评联盟的18%(49分以下)

活跃度高的联盟、活跃度较高的联盟中,第一批试点共25家、第二批试点共12家、第三批试点共15家;活跃度一般联盟,活跃度差联盟中,第一批试点共10家、第二批试点共14家、第三批试点共24家,第三批总数明显加大,表明第三批试点联盟的活跃度呈现两极分化的局面。

四、从各项指标来看试点联盟活跃度情况

1. 在联盟组织机构建设与运行方面

活跃度高、活跃度较高联盟绝大多数都能够定期按照联盟协议规定召开理事会、专家(技术)委员会会议和秘书处工作会议,且配备了秘书处专职人员,制定了完备的秘书处工作制度,大多数联盟拥有对外宣传的网站或网页,发布的内容及时更新,反映了其组织机构运转正常,运行规范。活跃度一般联盟突出问题表现在召开理事会或专家(技术)委员会活动少,或不规范,不能发挥理事会的决策领导作用和专家(技术)委员会的咨询作用,且秘书处日常组织协调作用发挥不够,联盟交流宣传网站或网页不健全,反映了其组织机构运转存在问题,运行不够规范。活跃度差联盟几乎不召开理事会、专家(技术)委员会,秘书处缺少甚至没有专职人员,工作制度不完备,日常工作松懈,个别联盟有对外宣传的网站和网页,但长达半年以上不更新内容,反映了其组织机构形同虚设,运转不正常。参评的100家联盟中,共有60家联盟拥有交流宣传的网站和网页。

2. 在联盟协同创新活动方面

活跃度高联盟全部开展了围绕产业链构建创新链活动,活跃度较高和活跃度一般联盟也大多数开展了此项工作,活跃度差联盟很少开展或者没有以联盟名义组织多家成员共同参与此项活动。

表1中的统计数体现了活跃度高的29家联盟在全面协同创新方面强有力的组织作用。

表1　29家活跃度高联盟在协同创新活动中各分项工作开展情况的统计数

自设协同创新项目	政府项目	外部委托项目	知识产权共享活动	制定技术标准（规范）	共建研发平台	组织展览、论坛、学术会议	研究产业技术发展规划和发布产业发展报告	联盟间合作与交流
28家	29家	29家	27家	27家	28家	29家	29家	29家

表2中的统计数体现了活跃度较高的23家联盟大多数开展了协同创新活动，相比活跃度高的联盟，在外部委托项目、知识产权共享、研究产业技术发展规划和发布产业发展报告、联盟间合作与交流这四个方面工作开展得相对要弱一些。

表2　23家活跃度较高联盟在协同创新活动中各分项工作开展情况的统计数

自设协同创新项目	政府项目	外部委托项目	知识产权共享活动	制定技术标准（规范）	共建研发平台	组织展览、论坛、学术会议	研究产业技术发展规划和发布产业发展报告	联盟间合作与交流
20家	21家	17家	18家	21家	20家	22家	18家	18家

活跃度一般联盟主要表现在自设协同创新项目、外部委托项目、知识产权共享活动、制定标准技术、研究产业技术发展规划和发布产业发展报告五个方面工作开展得相对欠缺，失分较多。

而活跃度差联盟协同创新活动少，只有个别联盟开展一些协同创新活动，这也是分数拉开差距的主要原因之一。

3. 联盟带动产业发展成效方面

活跃度高、活跃度较高联盟大多能够在形成产业技术创新链、掌握产业核心技术、行业技术推广及服务、促进人才交流培养、媒体报道及社会评价五个方面积极开展工作；相比而言，活跃度一般联盟在形成产业技术创新链、媒体报道及社会评价两个方面明显表现不佳，活跃度差联盟基本没有开展这五个方面的工作。

各联盟在带动产业发展取得的成效方面也有许多不同的特点，比如半导体照明产业技术创新战略联盟组织成立的半导体照明联合创新国家重点实验室，围绕产业技术创新链构建，通过契约式手段、资源所有权与使用权相结合、产业界参与的投入方式，以及集中与分布的运营方式，建立体制机制创新的开放式国际化公共研发平台。该国家重点实验室是技术创新中心、人才培养中心、标准研制中心和产业化的辐射中心。

化纤产业技术创新战略联盟在天津组织建设的"纤维新材料产业化技术研发基地"初步建设完成并投入使用，多家成员单位在基地开展工艺技术研究、关键设备与装备验证，以及纤维新材料产业技术攻关等关键共性技术的研究与开发工作，取得显著成效。

住宅科技产业技术创新战略联盟在北京组织成员单位投资建设的"住宅联盟北京试

验示范基地"初步建设完成并投入使用，成员单位在基地开展试验示范工程的研究与建造、内装工业化研究与试验示范，积极探索产业技术创新中心的新模式。

TD产业技术创新战略联盟获得国家科学技术进步奖特等奖。牵头承担并完成了超亿元规模的国家重大专项课题。近年来，投资数千万元搭建的终端一致性测试平台已为国内多家芯片、终端、仪表厂家提供测试及联调服务，并获得业界一致好评。

五、小结

以上评价结果基于对各试点联盟自填数据库信息的真实性、准确性的认可，不排除联盟误报信息和填写数据不符合事实的极少数情况，这些因素可能使个别联盟具体分值存在一些偏差，但从得分区域看，评价结果客观反映了试点联盟的实际状态，可作为把握联盟运行发展情况、指导联盟健康发展的决策依据和参考。

1. 秘书处运行规范是联盟健康发展的前提和保证

此次活跃度评价指标增加了"秘书处联络畅通"评价项目，增加了秘书处工作例会次数的考核。通过对各联盟得、失分的情况分析可以看出，组织机构运行规范的联盟，特别是秘书处规范运行的联盟，一般各项得分都比较高，反向观察各项得分都比较低的联盟，组织机构运行规范都较差，秘书处建设尚不完善。这表明秘书处健全与否、工作质量好坏直接关系到联盟能否正常运行和发挥应有的积极作用。

2. 部分联盟在组织协同创新活动方面有待加强

除活跃度高联盟外，其余联盟在以联盟名义接受外部委托项目方面存在不足；活跃度一般和差联盟在联盟自设协同创新项目方面明显不足，这些也是许多联盟失分和拉开差距的主要因素。这也说明联盟大多重视申请承担政府科研项目，与联盟自设协同创新项目和外部委托项目相关的创新活动需要加强。因为联盟自设协同创新项目和外部委托项目往往体现了行业发展的市场需求，是联盟与市场对接的纽带与桥梁。

此外，联盟尚需加强国际、国家、地方、行业、联盟标准研究、修订和制定等方面的工作。联盟在组织成员单位取得技术创新成果的同时，还应加快联盟标准的制定和发布。随着产品和技术的生命周期越来越短，联盟对产业技术发展的带动作用和技术创新的主体地位日益突出，国家标准委出台相关政策鼓励联盟制定和发布联盟标准，以提高行业技术水平，规范行业有序竞争。同时，这也是联盟以标准引领产业，促进产业升级，提高我国产业国际竞争力的需要。

3. 联盟还需通过宣传和示范活动发挥更大作用

联盟是产学研协同创新的新型组织形态，已成为实施国家创新驱动发展战略、建设我国技术创新体系的重要载体。但从本次活跃度评价结果来看，多数联盟在对外宣传和项目示范中积极性不够，不能通过自身项目示范和宣传推广，发挥联盟在行业中的引领带动作用。

六、部分联盟未能参与活跃度评价的原因分析

没能参加本次评价的试点联盟共有46家，其中17家联盟没有按科技部创新发展司

[2016]52号发文参与数据库信息录入。

另外,还有29家联盟虽然进行了信息录入工作,但信息录入不全,没有达到评价基本条件,主要原因:一是对信息录入工作重视不够,未能在时限内完成信息录入;二是联盟近一年开展协同创新活动不多;三是对信息数据库的架构、录入要求理解有误,不排除这部分联盟也积极开展了协同创新活动。

七、有关建议

(1)许多联盟目前无法得到来自政府相关部门对其自律规范和自身建设等方面的关注、辅导和认可。联盟协发网急需发挥更大的作用,政府有关部门应充分发挥联盟活跃度评价结果的作用,建立试点联盟的退出机制。

(2)要总结在推动产业技术创新中发挥重要作用的联盟经验,发挥联盟示范带动作用,尽快组织研究制定国家示范联盟标准。

(3)在国家重大创新项目的立项和组织实施过程中,充分发挥示范联盟构建技术创新链、推动产业重大技术创新和促进产学研协同创新的重要作用,以体现国家创新驱动战略对联盟的政策导向。

附件:2016年度产业技术创新战略联盟活跃度评价结果

序号	联盟名称	评分
活跃度高联盟(共29家)		
1	农业装备产业技术创新战略联盟	100
2	半导体照明产业技术创新战略联盟	100
3	木竹产业技术创新战略联盟	100
4	化纤产业技术创新战略联盟	99
5	住宅科技产业技术创新战略联盟	99
6	太阳能光热产业技术创新战略联盟	98
7	粉末冶金产业技术创新战略联盟	98
8	TD产业技术创新战略联盟	96
9	烟气污染治理产业技术创新战略联盟	96
10	汽车轻量化产业技术创新战略联盟	95
11	WAPI产业技术创新战略联盟	95
12	新一代纺织设备产业技术创新战略联盟	94
13	非晶节能材料产业技术创新战略联盟	94
14	建筑信息模型(BIM)产业技术创新战略联盟	94
15	集成电路封测产业链技术创新战略联盟	93
16	再生资源产业技术创新战略联盟	92

续表

序号	联盟名称	评分
活跃度高联盟（共29家）		
17	电动汽车电驱动系统全产业链技术创新战略联盟	92
18	装配式钢结构民用建筑产业技术创新战略联盟	91
19	闪联产业技术创新战略联盟	90
20	高粱产业技术创新战略联盟	90
21	应急救援装备产业技术创新战略联盟	90
22	畜禽良种产业技术创新战略联盟	88
23	科研用试剂产业技术创新战略联盟	88
24	国产科学仪器设备应用示范产业技术创新战略联盟	87
25	稻米精深加工产业技术创新战略联盟	87
26	存储产业技术创新战略联盟	86
27	肉类加工产业技术创新战略联盟	86
28	冶金矿产资源高效开发利用产业技术创新战略联盟	86
29	生物质能源产业技术创新战略联盟	86
活跃度较高联盟（共23家）		
30	兽用化学药品产业技术创新战略联盟	84
31	乳业产业技术创新战略联盟	83
32	工业酶产业技术创新战略联盟	83
33	大豆加工产业技术创新战略联盟	82
34	滚动轴承产业技术创新战略联盟	82
35	光纤材料产业技术创新战略联盟	82
36	航天制造装备产业技术创新战略联盟	82
37	农业生物技术产业技术创新战略联盟	82
38	智能电网终端用户设备产业技术创新战略联盟	81
39	茶产业技术创新战略联盟	79
40	激光加工产业技术创新战略联盟	79
41	染料产业技术创新战略联盟	78
42	医疗器械产业技术创新战略联盟	78
43	农作物种业产业技术创新战略联盟	78
44	智能交通产业技术创新战略联盟	77
45	马铃薯产业技术创新战略联盟	73
46	钒钛资源综合利用产业技术创新战略联盟	73
47	高效精密磨具产业技术创新战略联盟	72

续表

序号	联盟名称	评分
活跃度较高联盟（共23家）		
48	电子贸易产业技术创新战略联盟	71
49	传染病诊断试剂产业技术创新战略联盟	71
50	新一代煤（能源）化工产业技术创新战略联盟	70
51	地理信息系统产业技术创新战略联盟	70
52	食品装备产业技术创新战略联盟	70
活跃度一般联盟（共30家）		
53	南海区海水种苗产业技术创新战略联盟	68
54	碳纤维及其复合材料产业技术创新战略联盟	68
55	工业设计产业技术创新战略联盟	67
56	特种分离膜产业技术创新战略联盟	67
57	油菜加工产业技术创新战略联盟	66
58	快堆产业化技术创新战略联盟	66
59	杂交水稻产业技术创新战略联盟	64
60	饲料产业技术创新战略联盟	64
61	干细胞与再生医学产业技术创新战略联盟	63
62	牧草产业技术创新战略联盟	63
63	长风开放标准平台软件联盟	62
64	小卫星遥感系统产业技术创新战略联盟	62
65	四方国件中间件产业技术创新战略联盟	62
66	贵金属材料产业技术创新战略联盟	62
67	卤水精细化工产业技术创新战略联盟	62
68	花卉产业技术创新战略联盟	61
69	海洋监测设备产业技术创新战略联盟	61
70	安全自主软硬件产业技术创新战略联盟	60
71	肿瘤微创治疗产业技术创新战略联盟	59
72	海参产业技术创新战略联盟	59
73	数字音视频编解码（AVS）产业技术创新战略联盟	58
74	机器人产业技术创新战略联盟	56
75	深部地质矿产勘查产业技术创新战略联盟	56
76	磁电与低温超导磁体应用产业技术创新战略联盟	54
77	食用菌产业技术创新战略联盟	54
78	污泥处理处置产业技术创新战略联盟	52

续表

序号	联盟名称	评分
活跃度一般联盟（共30家）		
79	数控机床高速精密化技术创新战略联盟	51
80	高档数控系统及其应用产业技术创新战略联盟	51
81	玉米产业技术创新战略联盟	50
82	马产业技术创新战略联盟	50
活跃度差联盟（共18家）		
83	淮河流域再生水利用与风险控制产业技术创新战略联盟	47
84	电动汽车产业技术创新战略联盟	47
85	射频识别（RFID）产业技术创新战略联盟	47
86	多晶硅产业技术创新战略联盟	46
87	冷链食品物流产业技术创新战略联盟	46
88	光刻设备产业技术创新战略联盟	45
89	膜生物反应器（MBR）产业技术创新战略联盟	45
90	食用植物油产业技术创新战略联盟	44
91	导航定位芯片与终端产业技术创新战略联盟	42
92	长三角科学仪器产业技术创新战略联盟	41
93	金属矿产资源综合与循环利用产业技术创新战略联盟	41
94	空间信息智能服务产业技术创新战略联盟	39
95	生物医用材料产业技术创新战略联盟	38
96	物流中心自动化装备及系统产业技术创新战略联盟	38
97	燃料电池汽车产业技术创新战略联盟	35
98	节能降耗水处理装备产业技术创新战略联盟	32
99	高档重型机床产业技术创新战略联盟	31
100	先进稀土材料产业技术创新战略联盟	31

附录二 2017年度产业技术创新战略联盟活跃度评价报告

一、前言

产业技术创新战略联盟作为新型产学研协同创新组织形态，已成为实施国家创新驱动发展战略，建设我国技术创新体系的重要载体。《中共中央国务院关于深化体制机制改革加快实施创新驱动发展战略的若干意见》,中共中央办公厅、国务院办公厅印发的《深化科技体制改革实施方案》,国务院发布的《中国制造2025》、《十三五科技创新规划》等一系列文件都明确要发挥产业技术创新战略联盟的作用。2017年国务院十五个部门联合发布《十三五国家技术创新工程规划》,把建设发展一批联盟作为规划的重点战略任务。

自2007年6月启动全国产业技术创新战略联盟试点工作以来,陆续有三批共146家联盟参加了试点工作。大部分联盟开拓探索,勇于实践,积极围绕产业链构建技术创新链,打通科技成果转化为现实生产力的通道;针对产业技术创新中的关键、共性问题,组织联合攻关,共同研究制定和完善产业技术标准,引领产业技术进步;整合盟员单位资源,建立面向行业的技术研发和技术创新服务平台及机制,推进研发条件资源和知识产权共享;联合培养创新人才,促进产学研科技人员交流、互动,为产业持续创新提供人才支撑。同时也在不断加强自身组织建设和健全运行规范,努力发挥着引领和带动产业技术进步的作用。

在协助政府有关部门了解联盟实际情况、研究制定联盟相关政策,以及科技计划择优支持等方面提供了重要依据和参考。2013年至2016年,试点联盟联络组和中国产业技术创新战略协同发展网(以下简称"协发网")对试点联盟已开展了四次活跃度评价,取得了良好的效果。同时通过公布评价指标和评价结果,发挥了对联盟的引导和示范作用。

2016年,协发网在科技部创发司的支持下建立了"联盟动态信息数据库",并于2016年12月8日,由科技部创新发展司发文,启动动态信息数据库,面向146家试点联盟开展信息录入工作。通过数据库两年的实际运营,协发网进一步完善了数据库,有效地支撑了活跃度评价工作。

根据科技部创新发展司的意见,协发网秘书处在试点联盟联络组的工作基础上继续组织开展了2017年度的活跃度评价工作。本年度的活跃度评价以各试点联盟录入到"联盟动态信息数据库"的信息为主要依据。2018年1月,协发网向各试点联盟发布"关于开展2017年度产业技术创新战略联盟活跃度评价工作的通知",通过联盟联络组联络员点对点通知到各试点联盟联系人及时录入信息。

二、活跃度评价工作的组织

为保证评价工作的质量,依据国家实施创新驱动发展战略对联盟发展的新要求,在完善信息数据库的基础上明确了评价原则、完善了评价指标、组建了评价专家组、确定了评价程序。

1. 活跃度评价的原则

在指标设计方面主要考虑以下四个原则:

①体现国家政策导向,注重联盟在创新驱动发展战略中的功能。
②基于各联盟发展不平衡现状,兼顾成熟联盟和发展中联盟的实际状态。
③兼顾开展联盟工作的共性要求和各联盟所属产业的特点和差异性。

④基于对联盟诚信度的信任,以及信息的可采集性、可比较性。

2.活跃度评价指标及内容

基于活跃度评价的原则,评价指标主要侧重考量联盟的三个方面情况:

①联盟组织机构建设与运行。

②联盟协同创新活动。

③联盟带动产业发展成效。

评价指标包括3个一级指标,20个二级指标。每项指标都设立了明确的评价标准。

——联盟组织机构建设与运行。主要考察联盟工作常态的规范与否。如能否按照联盟相关协议章程定期召开理事会、专家委员会、成员大会和秘书处工作会议,体现了联盟组织机构建设是否健全、运行是否正常;是否建立网站,网页,能否及时更新,反映了联盟成员间的交流、行业宣传平台运行是否正常;秘书处对外联络是否畅通,能够反映秘书处是否专职化及规范运行。

——联盟协同创新活动。通过考察联盟组织成员单位开展的自设协同创新项目、承担的各级政府项目和外部委托(非政府委托)项目、知识产权共享活动、组织和参与制定技术标准、共建研发平台、学术交流、研究产业发展趋势、联盟间跨领域合作等方面的情况,反映联盟在实际运行过程中是否建立有效联合创新机制,脚踏实地地开展协同创新活动。

——联盟带动产业发展成效。主要考察联盟围绕产业链构建技术创新链、掌握产业核心技术、开展行业技术推广、促进产业创新人才交流培养等情况,反映联盟对产业的支撑引领能力;同时考察媒体报道情况,其可一定程度上客观反映社会对联盟的评价。

3.组建活跃度评价专家组

协发网理事共同确定了评价专家组的组成原则、人选、专家评价工作纪律。评价专家组专家主要由来自联盟工作一线的人员、联盟活动成效显著的联盟秘书长、专家委员会成员、办公室主任和熟悉联盟政策的外部教授等27位专家组成。

4.本次评价范围和程序

试点联盟总数为146家,根据信息数据库显示,参与录入信息数据库的试点联盟有110家,未录入信息的试点联盟有36家。在参与录入信息数据库的110家联盟中,有9家由于信息录入不完整,不具备被评价的基本条件,评价专家组讨论研究决定,本次评价范围为信息录入较全的101家试点联盟。此次评价范围涵盖了前三批试点联盟,评价内容时限为2017年1月1日至2017年12月31日。为保证评价工作的客观、公正,减少专家掌握评价指标尺度差异的影响,专家组确定了分散与集中评价的原则,设计了分组初评、交叉分组集中会评、重点差异集体讨论复核三个程序。

2018年3月6日,召开2017年度产业技术创新战略联盟活跃度评价工作启动会,开展初评工作。

2018年3月15日,在北京组织联盟活跃度评价会评、复核。

5.评价结果

本次评价将各试点联盟活跃度划分为四个等级:活跃度高(85~100分)、活跃度较高(70~84分)、活跃度一般(50~69分)、活跃度较差(49分以下)。

三、试点联盟活跃度情况分析

1. 总体情况

评价结果显示,活跃度高和较高的联盟有46家,达到参评联盟的45.54%。活跃度高联盟共24家,占参评联盟的23.77%,占试点联盟总数的16.44%;活跃度较高联盟共22家,占参评联盟的21.78%,占试点联盟总数的15.07%;活跃度一般联盟共35家,占参评联盟的34.65%,占试点联盟总数的23.97%;活跃度差联盟共20家,占参评联盟的19.8%,占试点联盟总数的13.7%(如图1、图2所示)。

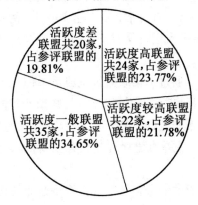

图1　参评联盟中四档分别占参评联盟的比例

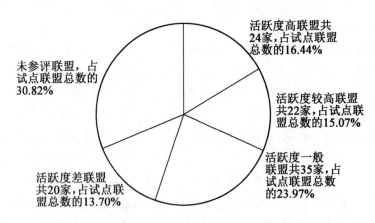

图2　参评联盟中四档分别占试点联盟总数的比例

2. 第一批试点联盟总体情况（如图3、图4所示）

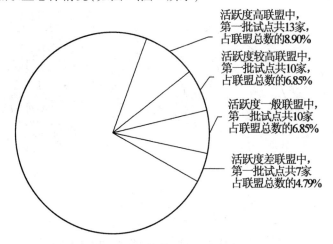

图3　第一批试点联盟四档分别占联盟总数的比例

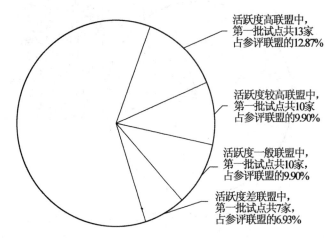

图4　第一批试点联盟四档分别占参评联盟的比例

3. 第二批试点联盟总体情况（如图5、图6所示）

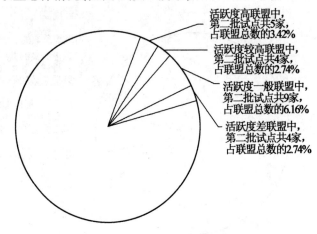

图 5　第二批试点联盟四档分别占联盟总数的比例

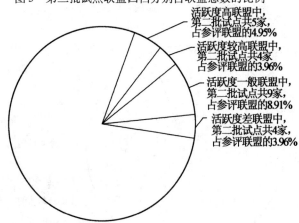

图 6　第二批试点联盟四档分别占参评联盟的比例

4. 第三批试点联盟总体情况（如图7、图8所示）

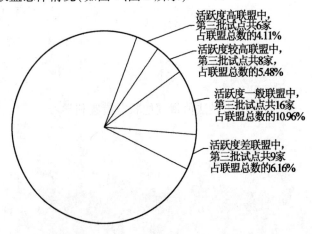

图 7　第三批试点联盟四档分别占联盟总数的比例

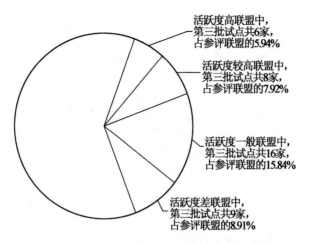

图8 第三批试点联盟四档分别占参评联盟的比例

5. 活跃度高联盟的情况分析

活跃度高联盟有24家,占参评联盟的23.77%。95分以上联盟共有10家,其中第一批试点联盟有7家(半导体照明产业技术创新战略联盟、农业装备产业技术创新战略联盟、TD产业技术创新战略联盟、木竹产业技术创新战略联盟、集成电路封测产业链技术创新战略联盟、化纤产业技术创新战略联盟、太阳能光热产业技术创新战略联盟),特别是第一批的半导体照明产业技术创新战略联盟连续四年获得满分。活跃度高联盟中,第一批试点达13家,占活跃度高联盟的54.17%,占第一批52家试点联盟总数的25%。说明第一批试点联盟的活跃度高联盟由于运行时间相对较长,基本已经探索出适合本联盟发展的有效机制,并不断壮大,在组织机构规范、协同创新、产业辐射、交流活动等各方面表现突出,运行机制和经验值得向其他联盟推广。另外,第一批试点联盟中A类联盟获得科技部科研项目推荐权,这也是第一批试点联盟发展良好的重要原因。

第二批试点联盟个别表现优异,95分以上有两家(住宅科技产业技术创新战略联盟、烟气污染治理产业技术创新战略联盟)。活跃度高联盟中第二批试点5家,占活跃度高联盟的20.83%,占第二批39家试点联盟总数的12.82%。活跃度高联盟整体比例稍落后于第一批和第三批。第三批试点联盟虽然成立时间相对较短,但活跃度高有6家,占活跃度高联盟的25%,占第三批55家试点联盟总数的10.9%(如图9所示)。说明活跃度高联盟中第三批虽然经验少,但正在积极探索,发展势头良好(如粉末冶金产业技术创新战略联盟评价得分跃居前列)。

这些活跃度高联盟的突出做法值得其他联盟借鉴和学习。

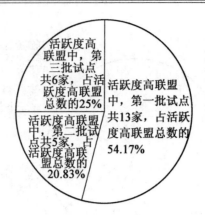

图 9 活跃度高联盟共 24 家,三批各占比(85~100 分)

6. 活跃度较高联盟的情况分析

活跃度较高联盟有 22 家,占参评联盟的 21.78%,活跃度较高联盟中第一批试点 10 家,占活跃度较高联盟的 45.46%,占第一批 52 家试点联盟总数的 19.23%;活跃度较高联盟中第二批试点 4 家,占活跃度较高联盟的 18.18%,占第二批 39 家试点联盟总数的 10.26%;活跃度较高联盟中第三批试点 8 家,占活跃度较高联盟的 36.36%,占第三批 55 家试点联盟总数的 14.55%(如图 10 所示)。

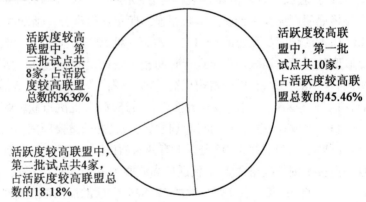

图 10 活跃度较高联盟共 22 家,三批各占比(70~84 分)

7. 活跃度一般联盟的情况分析

活跃度一般联盟共 35 家,占参评联盟的 34.65%,活跃度一般联盟中第一批试点 10 家,占活跃度一般联盟的 28.57%,占第一批 52 家试点联盟总数的 19.23%;活跃度一般联盟中第二批试点 9 家,占活跃度一般联盟的 25.71%,占第二批 39 家试点联盟总数的 23.08%;活跃度一般联盟中第三批试点 16 家,占活跃度一般联盟的 45.72%,占第三批 55 家试点联盟总数的 29.09%(如图 11 所示)。

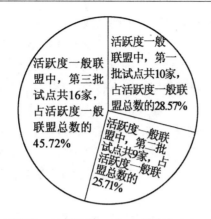

图 11 活跃度一般联盟共 35 家,三批各占比(50~69 分)

8. 活跃度差联盟的情况分析

活跃度差联盟共 20 家。占参评联盟的 19.81%。活跃度差联盟中第一批试点 7 家,占活跃度差联盟的 35%,占第一批 52 家试点联盟总数的 13.46%;活跃度差联盟中第二批试点 4 家,占活跃度差联盟的 20%,占第二批 39 家试点联盟总数的 10.26%;活跃度差联盟中第三批试点 9 家,占活跃度差联盟的 45%,占第三批 55 家试点联盟总数的 16.36%(如图 12 所示)。

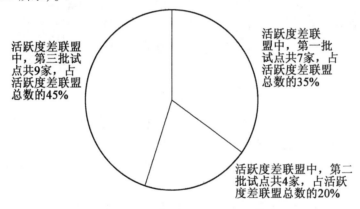

图 12 活跃度差联盟共 20 家,三批各占比(49 分以下)

活跃度高联盟、活跃度较高联盟中,第一批试点共 23 家、第二批试点共 9 家、第三批试点共 14 家;活跃度一般联盟、活跃度差联盟中,第一批试点共 17 家、第二批试点共 13 家、第三批试点共 25 家,第三批总数明显加大,表明第三批试点联盟的活跃度呈现两极分化的局面。

四、从各项指标来看试点联盟活跃度情况

1. 联盟组织机构建设与运行

活跃度高、活跃度较高联盟绝大多数都能够定期按照联盟协议规定召开理事会、专家(技术)委员会会议和秘书处工作会议,且配备了秘书处专职人员,制定了完备的秘书处工作制度,大多数联盟拥有对外宣传的网站或网页,发布的内容及时更新,反映了其组织机构运转正常,运行规范。活跃度一般联盟的突出问题表现在召开理事会或专家(技术)委员会活动少,或不规范,不能发挥理事会的决策领导作用和专家(技术)委员会的咨询作用,且秘书处日常组织协调作用发挥不够,联盟交流宣传网站或网页不健全,反映了其组织机构运转存在问题,运行不够规范。活跃度较差联盟几乎不召开理事会、专家(技术)委员会,秘书处缺少甚至没有专职人员,工作制度不完备,日常工作松懈,个别联盟有对外宣传的网站和网页,但长达半年以上不更新内容,反映了其组织机构形同虚设,运转不正常。参评的101家联盟中,共有57家联盟拥有交流宣传的网站和网页。

2. 联盟协同创新活动

活跃度高联盟全部开展了围绕产业链构建创新链活动,活跃度较高和活跃度一般联盟也大多数开展了此项工作,活跃度差联盟很少开展或者没有以联盟名义组织多家成员共同参与。

表1中的统计数体现了活跃度高的24家联盟在全面协同创新方面强有力的组织作用。

表1 24家活跃度高联盟在协同创新活动中各分项工作开展情况的统计数

自设协同创新项目	政府项目	外部委托项目	知识产权共享活动	组织和参与制定技术标准	共建研发平台	组织展览、论坛、学术会议	研究产业技术发展规划和发布产业发展报告	联盟间合作与交流
24家	23家	23家	24家	22家	24家	24家	23家	24家

表2中的统计数体现了活跃度较高的22家联盟大多数开展了协同创新活动,相比活跃度高的联盟,在自设协同创新项目、外部委托项目、组织和参与制定技术标准、研究产业技术发展规划和发布产业发展报告这四个方面工作开展得相对要弱一些。

表2 22家活跃度较高联盟在协同创新活动中各分项工作开展情况的统计数

自设协同创新项目	政府项目	外部委托项目	知识产权共享活动	组织和参与制定技术标准	共建研发平台	组织展览、论坛、学术会议	研究产业技术发展规划和发布产业发展报告	联盟间合作与交流
16家	22家	10家	22家	16家	21家	22家	19家	20家

活跃度一般联盟主要表现在自设协同创新项目、外部委托项目、组织和参与制定技术标准三个方面工作开展得相对欠缺,评分较低。

活跃度差联盟在协同创新活动中各分项工作都开展得较差,这是评分低的重要原因。

3. 联盟带动产业发展成效

活跃度高、活跃度较高联盟大多能够在形成产业技术创新链、掌握产业核心技术、行业技术推广及服务、促进人才交流培养、媒体报道及社会评价五个方面积极开展工作;相比而言,活跃度一般联盟在形成产业技术创新链、媒体报道及社会评价两个方面明显不足,活跃度较差联盟基本没有开展这五个方面的工作。

各联盟在带动产业发展取得的成效方面也有许多不同的特点,比如半导体照明产业技术创新战略联盟经过多年发展,积极探索了技术创新引领、科技服务支撑、金融资本联动的科技服务新模式,启动了"智慧之光·众创空间"、照亮"一带一路"、产业金融服务三大行动计划,形成了协同创新、科技服务、产业金融、国际合作四大工作平台,有效整合了产业内技术创新力量,支撑和引领了中国半导体照明产业的跨越式发展,推动了全球产业对话与合作,增强了中国半导体照明产业的国际影响力和话语权。

粉末冶金产业技术创新战略联盟积极组织国内产学研力量和资源协同开展国际合作与交流,极大提升了我国粉末冶金行业在国际上的话语权和影响力,使我国60年来首次获得"世界粉末冶金大会"的举办权。同时,在京津冀、长江经济带等区域积极开展了一系列协同创新活动和项目,支持国家重点区域战略实施。

化纤产业技术创新战略联盟25 000平方米的"纤维新材料产业化技术研发基地"建设完成并投入使用,80多家/次联盟成员单位在基地开展工艺技术研究、关键设备与装备验证以及纤维新材料产业技术攻关等关键共性技术的研究与开发工作,到2017年已合作开发项目30多项,取得显著成效。

住宅科技产业技术创新战略联盟组织成员单位投资建设占地23 000平方米的"住宅联盟(北京)试验示范基地",积极探索产业技术创新中心的新模式。另外,住宅联盟联合成员单位共建了四个联盟开放实验室(住宅设备系统性能足尺模拟开放实验室、全天候环境模拟开放实验室、人机功效学足尺模拟开放实验室、居住环境检测与评估开放实验室)。联盟开放实验室的共建共享提升了联盟创新活动能力,支撑了联盟重大项目的研发,推动了产业的发展。

农业装备产业技术创新战略联盟组织开展现代节能高效设施园艺装备研制与产业化示范,在设施园艺与健康养殖的设施结构、能源利用、环境调控、高效生产等方面取得了130多项具有自主知识产权、技术水平高、市场示范应用效果前景好的关键技术和重大装备成果,申请专利280多件,制、修订标准40多项。

TD产业技术创新战略联盟牵头承担并完成多项国家重大专项课题,曾获国家科学技术进步奖一等奖、特等奖。TD产业联盟通过搭建起政企沟通平台、IPR共享机制、产业技术共享交流平台,长期推动4G、5G、移动物联网、互联网+的发展,整合产业优质资源,营造产业发展良好环境,推进信息通信技术与垂直行业的创新融合发展,得到国内外政府监管机构及产业界的广泛认可。

五、总结

以上评价结果基于对各试点联盟自填数据库信息的真实性、准确性的认可,不排除联盟误报信息和填写数据不符合事实的极少数情况,这些因素可能使个别联盟具体分值存在一些偏差,但从得分区域看,评价结果客观反映了试点联盟在试点工作中的实际状态,可作为把握联盟运行发展情况、指导联盟健康发展的决策依据和参考。

1. 秘书处运行规范是联盟健康发展的前提和保证

通过对各联盟得、失分的情况分析可以看出,组织机构运行规范的联盟,特别是秘书处规范运行的联盟,一般各项得分都比较高,反向观察各项得分都比较低的联盟,组织机构运行规范都较差,秘书处建设尚不完善。这表明秘书处的健全与否、工作质量的好坏直接关系到联盟能否正常运行和发挥应有的积极作用。

2. 部分联盟在组织协同创新活动方面有待加强

除活跃度高联盟外,其余联盟在以联盟名义接受外部委托项目方面存在不足;活跃度一般和差联盟在联盟自设协同创新项目方面明显不足,这些也是许多联盟失分和拉开差距的主要因素。这也说明联盟大多重视申请承担政府科研项目,与联盟自设协同创新项目和外部委托项目相关的创新活动需要加强。因为联盟自设协同创新项目和外部委托项目往往体现了行业发展的市场需求,是联盟与市场对接的纽带与桥梁。

此外,联盟尚需加强国际、国家、地方、行业、联盟标准研究、修订和制定等方面的工作。联盟在组织成员单位取得技术创新成果的同时,还应加快联盟标准的制定和发布。随着产品和技术的生命周期越来越短,联盟对产业技术发展的带动作用和技术创新的主体地位日益突出,国家标准委出台相关政策鼓励联盟制定和发布联盟标准,以提高行业技术水平,规范行业有序竞争。同时,这也是联盟以标准引领产业、促进产业升级、提高我国产业国际竞争力的需要。

3. 联盟还需通过宣传和示范活动发挥更大作用

联盟是产学研协同创新的新型组织形态,已成为实施国家创新驱动发展战略、建设我国技术创新体系的重要载体。但从本次活跃度评价结果来看,多数联盟在对外宣传和项目示范中积极性不够,不能通过自身项目示范和宣传推广,发挥联盟在行业中的引领带动作用。

附件:2017 年度产业技术创新战略联盟活跃度评价结果

序号	联盟名称	批次[*]	评分
活跃度高联盟(共 24 家)			
1	半导体照明产业技术创新战略联盟	109	100
2	粉末冶金产业技术创新战略联盟	320	100
3	农业装备产业技术创新战略联盟	104	98
4	TD 产业技术创新战略联盟	105	98
5	住宅科技产业技术创新战略联盟	233	98
6	木竹产业技术创新战略联盟	129	96
7	集成电路封测产业链技术创新战略联盟	138	96

续表

序号	联盟名称	批次*	评分
活跃度高联盟（共24家）			
8	烟气污染治理产业技术创新战略联盟	235	96
9	化纤产业技术创新战略联盟	118	96
10	太阳能光热产业技术创新战略联盟	125	95
11	存储产业技术创新战略联盟	119	94
12	建筑信息模型(BIM)产业技术创新战略联盟	354	94
13	WAPI产业技术创新战略联盟	114	93
14	新一代纺织产业技术创新战略联盟	124	92
15	电动汽车电驱动系统全产业链技术创新战略联盟	317	92
16	花卉产业技术创新战略联盟	341	92
17	再生资源产业技术创新战略联盟	154	90
18	航天制造装备产业技术创新战略联盟	304	90
19	滚动轴承产业技术创新战略联盟	207	89
20	光纤材料产业技术创新战略联盟	215	89
21	汽车轻量化产业技术创新战略联盟	107	87
22	电动汽车产业技术创新战略联盟	212	87
23	高粱产业技术创新战略联盟	342	87
24	肉类加工产业技术创新战略联盟	135	86
活跃度较高联盟（共22家）			
25	地理信息系统产业技术创新战略联盟	144	84
26	冶金矿产资源高效开发利用产业技术创新战略联盟	152	82
27	科研用试剂产业技术创新战略联盟	307	82
28	乳业产业技术创新战略联盟	136	80
29	商用汽车与工程机械新能源动力系统产业技术创新战略联盟	126	79
30	智能电网终端用户设备产业技术创新战略联盟	322	79
31	牧草产业技术创新战略联盟	334	78
32	稻米精深加工产业技术创新战略联盟	337	78
33	非晶节能材料产业技术创新战略联盟	217	77
34	肿瘤微创治疗产业技术创新战略联盟	236	77
35	兽用化学药品产业技术创新战略联盟	336	77
36	卤水精细化工产业技术创新战略联盟	348	77
37	新一代煤(能源)化工产业技术创新战略联盟	102	76
38	装配式钢结构民用建筑产业技术创新战略联盟	346	76

续表

序号	联盟名称	批次*	评分
活跃度高联盟(共22家)			
39	光线接入(FTTx)产业技术创新战略联盟	116	75
40	数控机床高速精密化产业技术创新战略联盟	106	74
41	有色金属钨及硬质合金技术创新战略联盟	117	74
42	高档重型机床产业技术创新战略联盟	206	73
43	应急救援装备产业技术创新战略联盟	347	73
44	茶产业技术创新战略联盟	127	72
45	杂交水稻产业技术创新战略联盟	128	71
46	玉米产业技术创新战略联盟	223	70
活跃度一般联盟(共35家)			
47	干细胞与再生医学产业技术创新战略联盟	234	69
48	钢铁可循环流程技术创新战略联盟	101	67
49	淮河流域再生水利用与风险控制产业技术创新战略联盟	203	67
50	南海区海水种苗产业技术创新战略联盟	229	67
51	煤炭开发利用技术创新战略联盟	103	65
52	长三角科学仪器产业技术创新战略联盟	137	65
53	城市生物质燃气产业技术创新战略联盟	153	65
54	极端环境重大承压设备设计制造与维护产业技术创新战略联盟	315	65
55	深部地质矿产勘查产业技术创新战略联盟	352	65
56	钒钛资源综合利用产业技术创新战略联盟	353	65
57	大豆加工产业技术创新战略联盟	113	64
58	污泥处理处置产业技术创新战略联盟	350	63
59	畜禽良种产业技术创新战略联盟	133	61
60	工业酶产业技术创新战略联盟	351	61
61	智能数字家电产业技术创新战略联盟	220	60
62	食用植物油产业技术创新战略联盟	224	60
63	马铃薯产业技术创新战略联盟	331	60
64	先进稀土材料产业技术创新战略联盟	309	59
65	闪联产业技术创新战略联盟	115	58
66	食品装备产业技术创新战略联盟	226	57
67	国产科学仪器设备应用示范产业技术创新战略联盟	239	57
68	机器人产业技术创新战略联盟	326	57
69	快堆产业化技术创新战略联盟	329	57

续表

序号	联盟名称	批次*	评分
	活跃度一般联盟(共35家)		
70	冷水性鱼类产业技术创新战略联盟	340	56
71	海洋监测设备产业技术创新战略联盟	349	55
72	下一代广播电视网产业技术创新战略联盟	319	54
73	染料产业技术创新战略联盟	123	53
74	多晶硅产业技术创新战略联盟	121	51
75	饲料产业技术创新战略联盟	134	51
76	通用名药物品种产业技术创新战略联盟	231	51
77	碳纤维及其复合材料产业技术创新战略联盟	321	51
78	特种分离膜产业技术创新战略联盟	327	51
79	生物质能源产业技术创新战略联盟	222	50
80	贵金属材料产业技术创新战略联盟	325	50
81	马产业技术创新战略联盟	344	50
	活跃度差联盟(共20家)		
82	食用菌产业技术创新战略联盟	339	48
83	传染病诊断试剂产业技术创新战略联盟	148	47
84	尾矿综合利用产业技术创新战略联盟	150	45
85	安全自主软硬件产业技术创新战略联盟	302	45
86	生猪产业技术创新战略联盟	343	45
87	高档数控系统及其应用产业技术创新战略联盟	303	43
88	水环境监测装备产业技术创新战略联盟	306	41
89	抗生素产业技术创新战略联盟	108	40
90	新型健身器材产业技术创新战略联盟	232	39
91	射频识别(RFID)产业技术创新战略联盟	316	35
92	抗肿瘤药物产业技术创新战略联盟	205	34
93	长风开放标准平台软件联盟	111	33
94	空间信息智能服务产业技术创新战略联盟	328	33
95	医疗器械产业技术创新战略联盟	149	32
96	生物医用材料产业技术创新战略联盟	216	30
97	油菜加工产业技术创新战略联盟	131	29
98	激光加工产业技术创新战略联盟	210	29
99	石墨产业技术创新战略联盟	318	26
100	金属矿产资源综合与循环利用产业技术创新战略联盟	147	24
101	轮胎产业技术创新战略联盟	324	24

* 备注:三位数字中的第一位数字代表联盟被批准成为试点联盟的批次;第二、三位数字代表该联盟在被批准文件中排列的顺序。

附录三　产业技术创新战略联盟成员单位调查问卷

为全面客观评价产业技术创新战略联盟试点过程中的运行情况,以及联盟在推动产业技术创新方面发挥的作用,特编制此问卷,请联盟成员单位如实填写,并加盖公章寄回评估工作组。

本单位承诺本调查问卷所填信息真实、有效,并承担相应责任。

联盟成员单位(盖章):

年　　月　　日

本单位参与的联盟名称:＿＿＿＿＿＿＿＿＿＿＿＿＿＿＿＿＿＿＿＿＿＿＿＿

本单位是联盟的　　□理事长单位　　□副理事长单位　　□理事单位　　□一般成员

单位名称		加入联盟时间(年、月)	
通信地址		邮政编码	
法定代表人		电　　话	
联 络 人		移动电话		电子信箱	
单位类型	□高等院校　　□科研机构　　□国有企业　　□私营企业　　□外资企业 □其他＿＿＿＿＿＿		

1. 你单位参加联盟的主要动机:　　　　　　　　　　　　　　　　　(　)

 A. 满足本单位的技术发展需求

 B. 获得更多与其他成员的交流机会

 C. 得到更好的行业服务

 D. 承担政府科技计划项目

 E. 没有明确的需求

 F. 其他:＿＿＿＿＿＿

2. 你单位近年来是否参加过该联盟组织召开的理事会会议:　　　　　(　)

 A. 是

 B. 否

 如是,参加次数为:2011 年＿＿＿＿＿＿(次);2012 年＿＿＿＿＿＿(次);2013 年＿＿＿＿＿＿(次)

3. 你单位是否承担了该联盟的日常运行管理经费(会费)：   (   )
   A. 是，具体金额为：_____万元/年
   B. 否
4. 你单位在联盟运行中相关利益是否得到保障：   (   )
   A. 是
   B. 否
   C. 没什么利益
5. 你单位是否参与了该联盟的合作研发项目：   (   )
   A. 是，共参加(   )项，名称为_____
   B. 否
   如是，你单位在合作创新项目中承担的任务是否明确、具体：   (   )
   A. 明确、具体,任务内容是_____
   B. 一般
   C. 不明确、不具体
6. 联盟在确定合作创新项目之前是否征求了成员单位的意见：   (   )
   A. 是
   B. 否
   如是，通过何种途径征求：   (   )
   A. 正式会议
   B. 日常交流
   C. 信件、电话等方式
7. 关于合作创新项目经费：
   (1)你单位是否为联盟合作创新项目提供经费支持：
   A. 是,金额为_____万元
   B. 否
   (2)你单位是否在联盟合作创新项目中获得经费支持：
   A. 是,金额为_____万元
   B. 否
8. 你单位是否参与过联盟组织的信息交流、学术会议、人员培训、产业推广、展览等服务产业的活动：   (   )
   A. 是,具体活动类型或名称为：_____
   B. 否
   如是，这些活动对本单位发展的益处：   (   )
   A. 很大
   B. 一般
   C. 没有

9. 你单位通过参加联盟获得了哪些实际收益： （   ）
   A. 与成员单位共同形成产业链
   B. 仪器设备/数据资源共享
   C. 突破本单位发展中的技术瓶颈
   D. 知识产权共享
   E. 申请国家科技计划项目
   F. 扩大本单位在行业内的影响
   G. 信息交流与人员培训
   H. 其他：_____
10. 联盟运行的内部激励约束机制是否健全有效： （   ）
    A. 有效
    B. 一般
    C. 无效
11. 联盟在推动产业技术创新和带动产业发展方面发挥的作用： （   ）
    A. 重要
    B. 一般
    C. 没作用
    D. 负面作用
12. 你单位对该联盟的总体运行情况的评价： （   ）
    A. 很好
    B. 较好
    C. 一般
    D. 较差
    E. 很差
13. 对该联盟未来发展的意见和建议：

_____

_____

附录四　国家产业技术创新战略试点联盟名单

各省、自治区、直辖市及计划单列市科技厅(委、局)，新疆生产建设兵团科技局，各有关单位：

为贯彻落实《中共中央 国务院关于深化科技体制改革加快国家创新体系建设的意见》(中发〔2012〕6号)和《国务院办公厅关于强化企业技术创新主体地位全面提升企业创新能力的意见》(国办发〔2013〕8号)，根据科技部等部门《关于推动产业技术创新战略联盟构建的指导意见》和《关于推动产业技术创新战略联盟构建与发展的实施办法(试行)》有关规定,在地方和部门等单位推荐的基础上,经综合评估,同意将节能减排标准化产业技术创新战略联盟等55家联盟作为第三批国家产业技术创新战略试点联盟(名单见附件1),试点期2年;将日用及建筑陶瓷产业技术创新战略联盟等41家联盟作为重点培育联盟(名单见附件2),待进一步完善并具备条件后优先纳入后续批次国家试点联盟。

各国家试点联盟要围绕国家战略目标和产业转型升级,不断探索、完善市场经济条件下联合开发、优势互补、利益共享、风险共担的产学研用长效合作机制,加强产业共性技术研发和成果转化扩散,带动中小企业创新发展,完善产业链和创新链,大力提升产业核心竞争力。

各重点培育联盟要根据反馈意见,进一步明确技术创新方向和目标任务,继续加强联盟组织和机制建设,推进产学研用紧密结合和创新资源共享,不断提升产业技术创新能力和行业影响力。

科技部将完善政策措施,对联盟加强跟踪指导和服务,加大科技计划、平台基地等对联盟的支持力度。对国家试点联盟建立定期评估考核和淘汰机制,联盟试点期满后按照《产业技术创新战略联盟评估工作方案(试行)》组织评估考核,并根据评估结果进行动态调整。

各地方科技厅(委、局)、各有关部门科技主管单位等要加强对联盟的支持,进一步完善联盟发展环境,帮助其完善组织机制,增强创新能力,提升发展水平,促进联盟健康发展。联盟发展过程中的重要情况和问题,请及时报告我部。

联系方式:科技部创新体系建设办公室(010—58881762)。

附件1:2013年度国家产业技术创新战略试点联盟名单

序号	联盟名称	责任主体单位
1	节能减排标准化产业技术创新战略联盟	中国标准化研究院
2	安全自主软硬件产业技术创新战略联盟	中国软件与技术服务股份有限公司
3	高档数控系统及其应用产业技术创新战略联盟	武汉华中数控股份有限公司
4	航天制造装备产业技术创新战略联盟	上海航天设备制造总厂
5	膜生物反应器(MBR)产业技术创新战略联盟	北京碧水源科技股份有限公司
6	水环境监测装备产业技术创新战略联盟	聚光科技(杭州)股份有限公司
7	科研用试剂产业技术创新战略联盟	北京牛牛基因技术有限公司
8	数字视频产业技术创新战略联盟	新奥特(北京)视频技术有限公司
9	先进稀土材料产业技术创新战略联盟	北京有色金属研究总院
10	工业设计产业技术创新战略联盟	圣泓工业设计创意有限公司

续表

序号	联盟名称	责任主体单位
11	微纳加工与制造产业技术创新战略联盟	中国科学院苏州纳米技术与纳米仿生研究所
12	高速列车产业技术创新战略联盟	南车青岛四方机车车辆股份有限公司
13	物流中心自动化装备及系统产业技术创新战略联盟	中国普天信息产业股份有限公司
14	磁电与低温超导磁体应用产业技术创新战略联盟	山东华特磁电科技股份有限公司
15	极端环境重大承压设备设计制造与维护产业技术创新战略联盟	合肥通用机械研究院
16	射频识别(RFID)产业技术创新战略联盟	上海华虹计通智能系统股份有限公司
17	电动汽车电驱动系统全产业链技术创新战略联盟	上海电驱动股份有限公司
18	石墨产业技术创新战略联盟	黑龙江奥宇石墨集团有限公司
19	下一代广播电视网产业技术创新战略联盟	东方有线网络有限公司
20	粉末冶金产业技术创新战略联盟	钢铁研究总院
21	碳纤维及其复合材料产业技术创新战略联盟	中国冶金科工集团有限公司
22	智能电网终端用户设备产业技术创新战略联盟	上海电器科学研究所(集团)有限公司
23	燃料电池汽车产业技术创新战略联盟	同济大学
24	轮胎产业技术创新战略联盟	三角集团有限公司
25	贵金属材料产业技术创新战略联盟	贵研铂业股份有限公司
26	机器人产业技术创新战略联盟	沈阳新松机器人自动化股份有限公司
27	特种分离膜产业技术创新战略联盟	南京九思高科技有限公司
28	空间信息智能服务产业技术创新战略联盟	武汉武大科技园有限公司
29	快堆产业技术创新战略联盟	中国原子能科学研究院
30	设施蔬菜产业技术创新战略联盟	山东省寿光蔬菜产业集团有限公司
31	马铃薯产业技术创新战略联盟	黑龙江省农业科学院
32	林业有害生物防治产业技术创新战略联盟	江西天人生态股份有限公司
33	农业生物技术产业技术创新战略联盟	山东冠丰种业科技有限公司
34	牧草产业技术创新战略联盟	中国农业大学
35	生物农药与生物防治产业技术创新战略联盟	中国农业科学院植物保护研究所

续表

序号	联盟名称	责任主体单位
36	兽用化学药品产业技术创新战略联盟	天津瑞普生物技术股份有限公司
37	稻米精深加工产业技术创新战略联盟	河南黄国粮业股份有限公司
38	海参产业技术创新战略联盟	好当家集团有限公司
39	食用菌产业技术创新战略联盟	中华全国供销合作总社昆明食用菌研究所
40	冷水性鱼类产业技术创新战略联盟	中国水产科学研究院黑龙江水产研究所
41	花卉产业技术创新战略联盟	北京林业大学
42	高粱产业技术创新战略联盟	山西省农业科学院高粱研究所
43	生猪产业技术创新战略联盟	中国科学院亚热带农业生态研究所
44	马产业技术创新战略联盟	昭苏县西域马业有限责任公司
45	盐湖资源综合利用产业技术创新战略联盟	青海盐湖工业股份有限公司
46	装配式钢结构民用建筑产业技术创新战略联盟	宝钢集团有限公司
47	应急救援装备产业技术创新战略联盟	新兴重工集团有限公司
48	卤水精细化工产业技术创新战略联盟	山东默锐科技有限公司
49	海洋监测设备产业技术创新战略联盟	山东省科学院海洋仪器仪表研究所
50	污泥处理处置产业技术创新战略联盟	上海城市污染控制工程研究中心有限公司
51	工业酶产业技术创新战略联盟	中国科学院天津工业生物技术研究所
52	深部地质矿产勘查产业技术创新战略联盟	中国地质装备总公司
53	钒钛资源综合利用产业技术创新战略联盟	攀钢集团有限公司
54	建筑信息模型(BIM)产业技术创新战略联盟	中国建筑科学研究院
55	公共体育设施产业技术创新战略联盟	中国体育用品业联合会

附件2:2013年度国家产业技术创新战略重点培育联盟名单

序号	联盟名称	责任主体单位
1	日用及建筑陶瓷产业技术创新战略联盟	景德镇陶瓷股份有限公司
2	无人机遥感产业技术创新战略联盟	中航贵州飞机有限责任公司
3	印刷电子产业技术创新战略联盟	北京毕升新技术开发中心
4	钛产业技术创新战略联盟	云南省科学技术发展研究院
5	电梯产业技术创新战略联盟	浙江联合应用科学研究院
6	重载机车车辆产业技术创新战略联盟	南车戚墅堰机车有限公司
7	不锈钢长材产业技术创新战略联盟	永兴特种不锈钢股份有限公司
8	绿色制造产业技术创新战略联盟	中国机械工业联合会

续表

序号	联盟名称	责任主体单位
9	汽车电子产业技术创新战略联盟	重庆长安汽车股份有限公司
10	通用航空发动机产业技术创新战略联盟	中国南方航空工业(集团)有限公司
11	兰炭产业技术创新战略联盟	西安建筑科技大学
12	轻工机械产业技术创新战略联盟	汕头市华鹰软包装设备总厂有限公司
13	地热能高效利用产业技术创新战略联盟	天津大学
14	数字与新媒体出版产业技术创新战略联盟	时代出版传媒股份有限公司
15	城市轨道客车产业技术创新战略联盟	长春轨道客车股份有限公司
16	果蔬及制品流通与安全控制产业技术创新战略联盟	中华全国供销合作总社济南果品研究院
17	速生材产业技术创新战略联盟	江苏东盾木业集团有限公司
18	生物基材料产业技术创新战略联盟	中国林业科学研究院林产化学工业研究所
19	稳定性肥料产业技术创新战略联盟	中国科学院沈阳应用生态研究所
20	优质中国泡菜现代化产业技术创新战略联盟	四川省食品发酵工业研究设计院
21	椰子产业技术创新战略联盟	中国热带农业科学院椰子研究所
22	热带花卉产业技术创新战略联盟	中国热带农业科学院热带作物品种资源研究所
23	蛋鸡产业技术创新战略联盟	河北凯特饲料有限公司
24	林木种苗与花卉产业技术创新战略联盟	浙江省花卉协会
25	桉树产业技术创新战略联盟	国家林业局桉树研究开发中心
26	甘薯加工产业技术创新战略联盟	中国农业科学院农产品加工研究所
27	葡萄产业技术创新战略联盟	河北省林业科学研究院
28	罗非鱼产业技术创新战略联盟	百洋水产集团股份有限公司
29	枸杞产业技术创新战略联盟	国家枸杞工程技术研究中心
30	蒙药产业技术创新战略联盟	内蒙古天奇中蒙制药股份有限公司
31	建筑垃圾资源化产业技术创新战略联盟	北京新奥混凝土集团有限公司
32	中药产业技术创新战略联盟	湖北中医药大学

续表

序号	联盟名称	责任主体单位
33	海洋防腐蚀产业技术创新战略联盟	中国科学院海洋研究所
34	特色药物(维药)产业技术创新战略联盟	新疆华世丹药业股份有限公司
35	南药黎药产业技术创新战略联盟	海南医学院
36	电解锰清洁生产产业技术创新战略联盟	中国环境科学研究院
37	人参产业技术创新战略联盟	长白山皇封参业有限公司
38	污染场地修复产业技术创新战略联盟	南开大学
39	动物生物制品产业技术创新战略联盟	中农威特生物科技股份有限公司
40	三七产业技术创新战略联盟	文山市苗乡三七实业有限公司
41	黄芪产业技术创新战略联盟	山西振东制药股份有限公司

科技部

2013年10月30日

参考文献

[1] 闫广实,王春梅.哈尔滨市产业技术创新战略联盟发展路径研究[R].2018.

[2] 闫广实,田雪莲.哈尔滨市产业技术创新战略联盟核心企业网络能力的提升路径研究[R].2016

[3] YAN Guangshi,TIAN Xuelian,et al. The Research of the Evaluation System Towards A Core Enterprise's Network Capability in the Industrial Technology Alliance[C]. Materials Science,Energy Technology,and Power Engineering I:2017.

[4] 闫广实,刘鑫.基于多模型的鲁棒软测量建模方法[J].黑龙江科技大学学报,2018(5):598-602.

[5] 闫广实,李晗龙.高等学校承接服务外包的优势及类型研究[J].商业经济,2010(11):107-108,110.

[6] 闫广实.石墨产业发展现状及对策研究[J].学理论,2013(8):78-79.

[7] 闫广实.地方高校营销人才培养路径的思考与实践[J].商业经济,2015(4):151-153.

[8] 王春梅,田雪莲.区域产业竞争力实证分析[J].经济师,2010(8):51-52.

[9] 王春梅,田雪莲.黑龙江区域产业竞争力指标体系研究[J].经济师,2010(9):234-235.

[10] 王春梅,闫红博.区域产业竞争力分析——以黑龙江省为例[J].经济研究导刊,2009(5):54-55.

[11] 王春梅,桑红莉.黑龙江省产业结构优化发展的对策[J].商业经济,2009(16):10-11.

[12] 刘春丽,刘春苗,郭红 基于全面风险管理视角下的煤炭企业财务管理研究[J].商业经济,2019(1):146-147,167.

[13] 霍影,王春梅,李巍巍,等.战略性新兴产业培育与传统优势产业升级协同发展机制研究——以黑龙江省为例[J].哈尔滨学院学报,2015(9):46-48.

[14] 霍影,李巍巍,王春梅.黑龙江省战略性新兴产业培育与传统优势产业升级协同发展策略研究[J].统计与咨询,2015(2):24-25.

[15] 桑红莉,王春梅,马紫薇.基于协同度模型的技术创新与制度创新研究——以黑龙江省煤炭企业为例[J].佳木斯大学社会科学学报,2016(3):76-79.

[16] 宋彧,王明杰,王春梅.我国煤炭产业科技资源优化配置的对策分析[J].煤炭技术,2009(10):7-9.

[17] 宋彧,田雪莲,王春梅,等.基于低碳经济的石墨产业可持续发展评价指标体系研究[J].中国矿业,2014(7):38-42.

后　　记

　　当前,产业创新在我国越来越受到重视,而产业技术创新战略联盟是促进产业创新的重要组织形式。哈尔滨市产业技术创新战略发展路径研究课题组关注并研究产业技术创新战略联盟问题已经多年。本书是在课题组成员发表的多篇学术论文、研究报告基础上,围绕产业技术创新战略联盟的主题形成的。其中研究报告《哈尔滨市产业技术创新战略联盟核心企业网络能力的提升路径研究》,获哈尔滨市第二十四次社会科学优秀科研成果"二等奖"(201824029)。

　　由于产业技术创新战略联盟的发展极为迅猛,会不断涌现出新的经验、方法,我们研究的广度和深度还远远不够,书中的一些观点和结论也有待实践检验,请广大读者和同行批评指正。

　　我们的邮箱是260589169@qq.com。

作　　者

2020年6月于哈尔滨